TOEIC 절대어휘 3000

지은이 황장연, 김지욱
펴낸이 정규도
펴낸곳 (주)다락원

초판 1쇄 인쇄 2011년 8월 10일
초판 2쇄 발행 2012년 2월 9일

책임편집 이연희
디자인 조화연

다락원 경기도 파주시 문발로 211
내용문의: (02)736-2031 내선 304
구입문의: (02)736-2031 내선 113, 114
Fax: (02)732-2037
출판등록 1977년 9월 16일 제300-1977-23호

Copyright © 2011, 황장연, 김지욱

저자 및 출판사의 허락 없이 이 책의 일부 또는
전부를 무단 복제 · 전재 · 발췌할 수 없습니다.
잘못된 책은 바꿔 드립니다.

값 13,000원
ISBN 978-89-277-0597-0 13740

http://www.darakwon.co.kr

다락원 홈페이지를 방문하시면 상세한 출판 정보와 함께 동영상 강좌,
MP3자료 등 다양한 어학 정보를 얻으실 수 있습니다.

100% 기출정답어휘만으로 구성된

TOEIC 절대어휘 3000

DARAKWON

Preface
머리글

15년이 넘게 수많은 토익 수험생들을 가르치면서 보람도 컸지만 늘 새로운 도전을 경험하고 있습니다. 특히, 다양한 토익 수험생들에게 맞는 꼭 필요한 양질의 토익 학습 자료를 제공하는 일은 언제나 중요한 과제로 남아 있습니다. 성공적인 토익 학습의 비결은 무엇보다도 토익 수험생들 각자의 영어 실력이나 학습 목표에 적합한 자료로 학습하는 것에서 출발하기 때문입니다. 그중에서도 토익 수험생들에게 공통적으로 가장 필요한 자료는 효과적인 토익 어휘 자료였습니다.

토익 어휘는 토익의 전부이다!

어휘력은 언어 학습의 성패를 가르는 필수 요건입니다. 오랫동안 토익 수험생들의 도전과 성공을 지켜본 결과 TOEIC 시험도 예외는 아니었습니다. 수험생들의 어휘력에 따라 TOEIC 시험 점수도 크게 좌우됐습니다.

더구나 TOEIC 시험은 비즈니스 상황에서 쓰이는 영어를 평가하고 있기 때문에 입문자뿐 아니라 중고급자들도 PART 5 & 6 어휘 문제는 물론이고 PART 7의 독해 문제에서 좋은 점수를 기대하려면 효과적이고 집중적인 토익 어휘 학습이 반드시 필요합니다. TOEIC 시험의 어휘는 비즈니스 분야의 새로운 어휘나 관용 표현 등의 지식이 필요하기도 하지만, 오히려 이미 알고 있는 기본적인 어휘가 비즈니스 상황이라는 새로운 문맥 속에서 어떤 용법과 의미로 쓰이고 있는지 파악하는 것도 매우 중요하기 때문입니다.

토익 강사들조차도 문법에 치우쳐 어휘의 중요성을 간과하는 경우가 종종 있지만, 아래의 Part 5 문제 유형 분석표만 보더라도 토익 R/C에서 가장 중요한 비중을 차지하는 문제 유형은 문법이 아니라 어휘 문제라는 것을 분명히 알 수 있습니다.

〈Part 5 문제 유형 분석표〉

문법	어휘		
	기능어(전치사)	내용어(명사, 형용사, 부사, 동사)	
10 문항	4~7 문항	어형 문제 10~12 문항	의미 문제 14~17 문항

토익 어휘, 기출 정답 어휘부터 공략하자!

막상 토익 어휘를 공부하려고 하면, 어떤 어휘가 중요하고 왜 중요한지 잘 몰라서 막막하기 쉽습니다. 그러나 TOEIC 시험의 어휘 문제는 반복해서 출제됩니다. Part 5 & 6 어휘 문제의 기출 정답 어휘는 그만큼 토익에서 유의해야 할 어휘이므로 반복해서 출제되기 마련입니다. 또한 L/C 지문이나 Part 7 독해 지문의 어휘도 지문 유형이나 주제에 따라 기본적인 어휘들이 반복적으로 출제되는 것은 마찬가지입니다. 기본적인 어휘를 제외한 토익 기출 어휘는 약 3,000 단어입니다. 정확한 통계는 없지만 토익에서 700점 이상을 받기 위해서는 이 단어들의 70%, 800점을 원한다면 80%, 900점을 목표로 한다면 90%를 알아야 합니다.

본책은 기존 어휘집과 달리 순수하게 TOEIC 시험에서 출제되었던 기출 정답 어휘와 기출 응용 예문만으로 구성했습니다. Part 5 & 6 어휘 문제의 기출 정답 어휘 1,000여 개와 Part 7의 동의어 문제 기출 정답 어휘 및 독해 지문 필수 기출 어휘 2,000여 개를 실었습니다.

실전에 강한 토익 어휘, 이렇게 만들자!

실제로 학원 현장에서 그동안 TOEIC 시험에 출제되었던 기출 정답 어휘들을 모아 문제 출제 포인트와 함께 정리한 토익 어휘 암기 자료는 많은 토익 수험생들의 토익 실력 향상을 가져다주었습니다. 토익 어휘는 실전 문제 출제 포인트와 함께 포인트 있게 암기해야 실전에 강한 어휘력을 키울 수 있습니다.

본책에 소개된 기출 정답 어휘와 기출 응용 예문을 학습하다 보면 자연스럽게 TOEIC Part 5 & 6 어휘 문제뿐만 아니라 Part 7 독해에도 강해지는 실전에 강한 어휘력을 쌓을 수 있을 것입니다. 또한 TOEIC 어휘력과 더불어 실용 영어 기초를 튼튼하게 다지실 수 있을 것이라고 자신합니다.

저자 황장연, 김지욱

Features
이 책의 특징

100% 기출 정답 어휘와 100% 기출 응용 예문으로 포인트 있게 학습한다!

■ 표제어

Section 1, 2는 TOEIC Part 5 & 6를 결정짓는 100% 기출 정답 어휘 1,000여 개를 수록했다. Section 1에는 올바른 문장 완성하기 유형의 어형 문제 기출 정답 어휘를, Section 2에는 문맥상 어울리는 어휘 찾기 유형의 의미 문제 어휘를 제시했다. Section 3에는 TOEIC Part 7의 기출 동의어와 독해력을 결정짓는 주제별 기출 표현 2,000여 개를 실었다.

실전 문제 출제 포인트로 실전에 강한 어휘력을 쌓는다!

■ 예문과 출제 포인트

표제어마다 100% 기출 응용 예문을 실전 문제의 출제 포인트와 함께 제시했다. 어형 문제 어휘를 다루고 있는 Section 1에서는 예문의 문장 구조를 분석하면서 단어의 품사별 쓰임새를 함께 암기한다. 의미 문제를 다루고 있는 Section 2에서는 기출 동의어, 연어, 관용표현, 혼동 어휘를 함께 정리한다. 어휘 암기와 함께 기출 문제 유형 학습이 동시에 이루어져 실전에 강한 어휘를 쌓을 수 있다.

어형 문제의 출제 포인트
어형 문제는 빈칸에 들어갈 알맞은 품사를 묻는 문제 유형이다. 여러 단어가 모여 한 문장을 이루는 규칙에 따라 올바른 문장을 구성할 수 있는지를 평가한다. 주어 자리에는 주어가 쓰였는지, 동사 자리에는 동사가 제대로 왔는지, 전치사 뒤에는 전치사의 목적어가 바르게 왔는지 등 문장을 이루는 데 필요한 모든 문장 요소를 올바르게 갖추고 있는지를 묻는다.

의미 문제의 출제 포인트
Part 5 & 6의 의미 문제는 어형 문제에서 묻는 단어의 품사에 대한 지식과 더불어 어휘의 정확한 의미를 알고 문맥에 적합하게 사용할 수 있는지를 평가한다. 더 나아가서 실용 영어 표현을 얼마나 알고 적절하게 활용할 수 있는지를 평가한다.

어형 문제 대비법

1. 빈칸에 알맞은 문장 성분을 찾기 위해서는 각 품사의 문장 성분 역할과 문장 속 위치를 알고 있어야 한다. 단어를 암기할 때 예문의 문장 구조를 분석하면서 단어의 품사적인 쓰임새와 품사별 문장 속 위치를 함께 암기한다.
2. 동일한 어근에 어떤 접미사가 붙느냐에 따라 명사·형용사·부사·동사가 되기도 한다. 각 품사별 접미사들을 숙지하고, 단어를 암기할 때 동일한 어근을 가진 다른 품사들도 같이 암기한다.

의미 문제 대비법

1. 빈칸에 들어갈 문맥에 알맞은 어휘를 고르기 위해서는 단어의 정확한 뜻을 알고 문맥에 따라 응용할 할 수 있는 단어 활용 능력이 있어야 한다. 단어의 우리말 뜻 외에 영영 풀이를 참조하여 정확한 뜻과 쓰임새를 파악한다.
2. 단어의 문맥 속 의미가 분명해질 때까지 예문을 여러 번 반복해서 읽는 것이 중요하다.
3. 동의어와 연어, 관용표현 등을 정리하여 단어의 사전적인 뜻만으로 해결할 수 없는 실제 상황에서 쓰이는 영어 표현 문제에 대비한다.

효과적인 학습자료로 더 빠르게 더 쉽게 암기한다!

■ 덩어리로 외우는 핵심 표현
효과적인 단어 암기법 중 하나는 그 단어의 쓰임새와 의미가 드러나는 표현 덩어리로 외우는 것이다. 기출 응용 예문에서 표제어를 포함한 핵심 표현을 따로 뽑아 동사구, 전치사구, 명사구, 형용사구 등으로 통째로 암기할 수 있게 했다.

■ 학습 계획에 용이한 구성
Section 1과 2는 약 20개의 단어들로 구성된 50개의 Unit으로 나뉘어 있어서 학습자가 하루 학습 분량을 20개 단위로 조절할 수 있다.

■ CHECK UP과 무료 단어 테스트 파일
각 UNIT에서 약 10개의 단어마다 핵심 표현을 활용하여 만든 CHECK UP 코너로 중간 복습을 할 수 있으며, UNIT의 전체 단어를 복습할 수 있는 무료 다운로드 단어 테스트 파일도 제공한다.

■ 무료 단어 암기용 MP3 파일 2종
미국식 발음과 영국식 발음으로 단어만 따로 녹음한 단어 암기용 파일을 이용해 귀로 듣고, 눈으로 보고, 손으로 쓰고, 입으로는 따라 말하면서 오감으로 단어를 암기할 수 있게 했다. 우리말 뜻과 단어 발음을 함께 녹음한 파일로는 우리말을 듣고 영단어를 연상하며 복습할 수 있다.

How to use this book
이 책의 구성과 활용법

Section 1

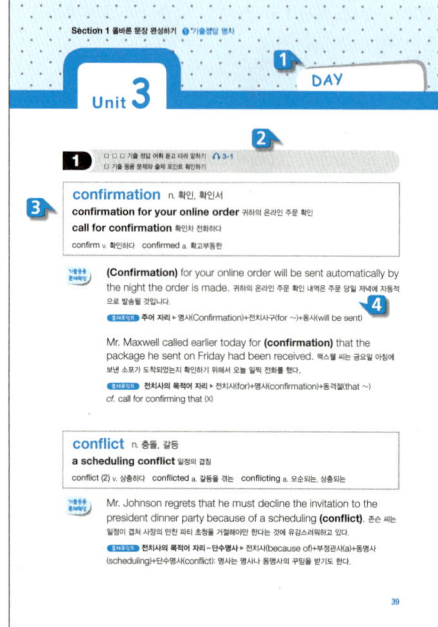

Section 2

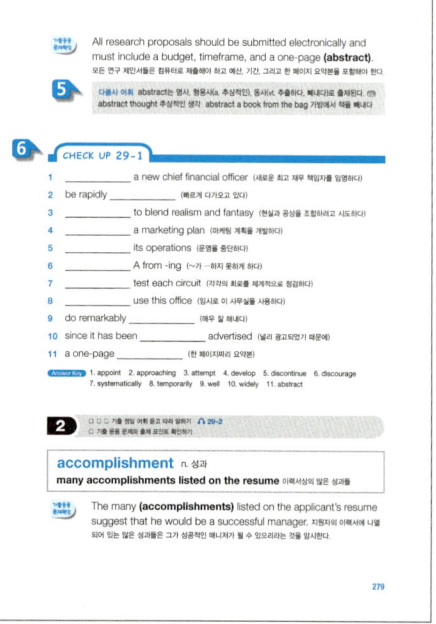

1 학습 계획 세우기
Section 1과 Section 2는 Unit 1개당 단어 20개씩, 총 50개의 Unit으로 나뉘어 있다. 학습자 자신에게 알맞은 일일 학습 분량을 정하여 계획성 있게 학습한다.

2 무료 MP3 파일로 정확한 원어민 발음 확인하기
절대로 발음 기호로 공부하지 말자! 원어민과 우리가 서로 말하는 단어를 알아듣지 못한다면 단어를 아무리 많이 알아도 소용이 없다. 단어의 정확한 발음을 알아듣고 말할 수 있으려면, 새로운 단어에 의미를 부여하기 전에 먼저 원어민의 정확한 발음을 듣고 따라하는 연습을 충분히 해야 한다.

첫째, 눈으로 보고, 귀로 듣고, 손으로 쓰고, 입으로 따라 말하면서 오감으로 단어를 외운다.
둘째, 우리말 뜻을 듣고 영단어를 떠올리면서 단어 암기 테스트를 한다.

3 표제어 · 핵심 표현 · 파생어 암기하기
단어는 반드시 문맥을 통해서 암기하자! 기출 응용 예문에서 뽑은 핵심 표현으로 표제어의 문맥적인 뜻은 물론 문법적인 쓰임새까지 통째로 암기한다. 같은 어근을 가진 명사, 형용사, 부사, 동사를 정리해 토익 어휘를 더 쉽고 빠르게 정복한다.

Section 3

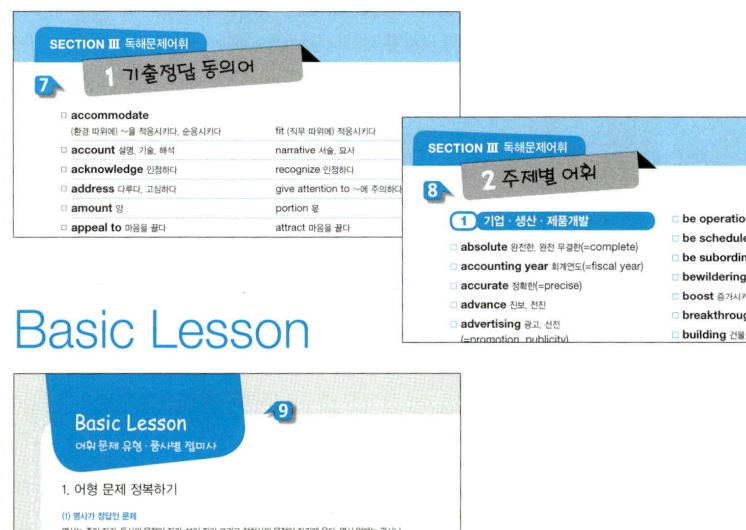

Basic Lesson

무료 단어 테스트 파일 다운로드
무료 MP3 파일 다운로드
단어 듣기 파일 (미국식–미국식–영국식)
뜻과 단어 듣기 파일 (우리말 뜻 – 미국식–미국식–영국식)

4~5 예문과 출제 포인트로 토익 실전 문제 풀이 능력 키우기
어형 문제의 문장 구조 분석과 의미 문제의 동의어 · 연어 · 관용표현 · 혼동 어휘 · 다품사 어휘 정리로 단어의 쓰임새와 문맥적 의미를 이해하고 활용하는 능력을 키운다.

6 CHECK UP과 무료 단어 테스트 파일로 복습하기
어휘 학습에서 반복은 필수다! 어휘 습득에 관한 연구에 따르면 새로운 어휘를 완전히 습득하기까지는 적어도 12번의 반복이 필요하다. CHECK UP과 무료 단어 테스트 파일로 Unit 중간 복습과 전체 복습을 한다.

7~8 기출 동의어어와 주제별 어휘 확인하기
2006년부터 현재까지 출제된 Part 7 기출 동의어 정답 어휘를 총 망라했다. Part 7의 주제별 기출 필수 어휘를 알파벳 순으로 정리하여 사전처럼 활용할 수 있다.

9 기초 학습 자료로 토익 어휘 암기에 필요한 기초 지식 쌓기
예시를 들어 각 토익 어휘 문제 유형의 출제 포인트를 상세하게 설명하였으며, 어휘력 확장에 필수적인 명사, 형용사, 부사, 동사를 만드는 접미사를 정리했다. 본격적인 학습 이전에 토익 어휘 암기에 필요한 기초 지식을 쌓을 수 있다.

머리글 Preface /004
이 책의 특징 Features /006
이 책의 구성과 활용법 How to use this book /008
어휘 문제 유형과 품사별 접미사 Basic Lesson /012

SECTION I WORD FORMS
어형문제 공략 》》 올바른 문장 완성하기

어형문제어휘 1　기출정답 명사 UNIT 1~8

UNIT 1 /022　　UNIT 2 /030
UNIT 3 /039　　UNIT 4 /047
UNIT 5 /055　　UNIT 6 /065
UNIT 7 /074　　UNIT 8 /083

어형문제어휘 2　기출정답 형용사 UNIT 9~14

UNIT 9 /094　　UNIT 10 /103
UNIT 11 /113　　UNIT 12 /122
UNIT 13 /131　　UNIT 14 /140

어형문제어휘 3　기출정답 부사 UNIT 15~19

UNIT 15 /150　　UNIT 16 /159
UNIT 17 /169　　UNIT 18 /178
UNIT 19 /187

SECTION II WORDS IN CONTEXT
의미문제 공략 》》 문맥에 어울리는 어휘 찾기

어형문제어휘 1　기출정답 명사 · 형용사 · 부사 · 동사 UNIT 20~47

UNIT 20 /200　　UNIT 21 /209
UNIT 22 /218　　UNIT 23 /226
UNIT 24 /235　　UNIT 25 /244
UNIT 26 /252　　UNIT 27 /260
UNIT 28 /268　　UNIT 29 /276
UNIT 30 /284　　UNIT 31 /292
UNIT 32 /300　　UNIT 33 /308
UNIT 34 /316　　UNIT 35 /324

UNIT 36 /332 UNIT 37 /340
UNIT 38 /348 UNIT 39 /356
UNIT 40 /364 UNIT 41 /371
UNIT 42 /379 UNIT 43 /388
UNIT 44 /396 UNIT 45 /403
UNIT 46 /411 UNIT 47 /419

어형문제어휘 2 기출정답 전치사 UNIT 48~50
UNIT 48 /428 UNIT 49 /436
UNIT 50 /449

SECTION III DICTIONARY for TOEIC READING
독해문제 공략 》 주제별 토익 어휘력 쌓기

독해문제어휘 1 기출정답 동의어 /456
독해문제어휘 2 주제별 어휘
1. 기업 · 생산 · 제품개발 /460   2. 채용 · 경영 /465
3. 업무 회의 · 일반 사무 /467   4. 경제 /470
5. 금융 · 투자 · 회계 /473   6. 주거 · 음식 /475
7. 교통 · 통신 · 컴퓨터 /478   8. 건강 /482
9. 무역 · 상거래 /484   10. 마케팅 · 쇼핑 · 서비스 /486
11. 출장 · 여행 /488   12. 대중매체 · 오락 /490
13. 규칙 · 법률 · 정치 /491   14. 교육 · 과학 /494

Appendix Index /496

홈페이지 다운로드 자료

1. 무료 단어 암기용 MP3 파일
   단어 듣기 파일 (미국식-미국식-영국식)
   뜻과 단어 듣기 파일 (미국식-미국식-영국식)
2. 무료 단어 테스트 파일
   www.darakwon.co.kr

Basic Lesson
어휘 문제 유형 · 품사별 접미사

1. 어형 문제 정복하기

(1) 명사가 정답인 문제

명사는 주어 자리, 동사의 목적어 자리, 보어 자리 그리고 전치사의 목적어 자리에 온다. 명사 앞에는 관사나 형용사가 올 수 있으며 셀 수 있는 명사는 부정관사가 앞에 오거나 복수형이 될 수 있다. 주로 행위, 성질, 상태 등을 나타내는 추상명사를 묻는 문제가 출제되며, 특히 문맥상으로 행위자와 행위 자체를 가리키는 명사들을 구분하는 문제에 유의해야 한다.

어형문제유형 001
주어 자리
(관사 a/an/the) + _____ + 전치사구 + 동사

The _____ of a new ingredient to the recipe made the bread appealing to the clients.
(A) **additon** (B) additional (C) adding (D) add

- add v. 첨가하다 addition n. 추가 additional a. 부가적인
- 주어(The addition)+전치사구(of a new ingreiden to the recipe)+동사(made)

어형문제유형 002
목적어 자리
주어 + 동사 + _____

Yesterday, the manager signed an _____ for the financing of a company plane to be used by the president and her secretary while traveling.
(A) agrees (B) **agreement** (C) agreements (D) agreed

- agree v. 동의하다 agreement n. 합의; 계약, 계약서
- 주어(the manager)+동사(made)+목적어(an agreement)

어형문제유형 003
전치사의 목적어 자리
전치사 + (관사) + (형용사) + _____ +전치사

Mr. Black's application for _____ to the certificate program was not received before the due date.
(A) admitting (B) **admission** (C) admitted (D) admit

- admit v. 인정하다 admitted a. 공인된 admission n. (승인을 받고) 들어감
- 전치사(for)+명사(admission)+전치사(to)

어형 문제유형 004
형용사의 수식을 답을 받는 자리/명사의 수식을 받는 자리/명사를 수식하는 자리
(관사/소유격) + 형용사 + _____
(관사/소유격) + (형용사) + 명사 + _____
(관사/소유격) + (형용사) + _____ + 명사

A local health clinic is offering a screening conducted by healthcare _____ affiliated with the general hospital.
(A) **professionals** (B) professional (C) profession (D) professionally

- profession n. 직업 professional n. 전문가 a. 전문직의, 프로의
- 전치사(by)+복합명사(healthcare professionals)

명사 어형 문제 오답 피하기 공식

1. 사람명사 vs. 추상명사: 문맥에 따라 행위자인 사람명사와 행위를 가르키는 추상명사를 구분한다.
2. 단수명사 vs. 복수명사: 앞에 나오는 관사나 수량형용사의 수 또는 빈칸이 주어 자리인 경우는 동사의 수에 따라 단수명사와 복수명사를 구분한다. (1) 부정관사 다음에는 단수명사가 온다. (2) 복수형용사 뒤에는 복수명사가 온다. (3) 셀 수 있는 명사 앞에 관사가 없을 경우에는 복수명사가 온다. (4) 복수동사 앞에는 복수명사가 주어로 온다.
3. 명사 vs. 동명사: 명사와 동명사는 둘 다 주어, 동사의 목적어, 전치사의 목적어가 될 수 있지만 동명사는 목적어나 보어, 부사어구를 취할 수 있다는 차이점이 있다.
4. 병렬 구조 파악하기: 주어나 목적어 자리에 접속사 and, or, but 등으로 병렬 연결된 명사구가 오는 경우에 유의한다.

---

(2) 형용사가 정답인 문제
형용사는 명사를 앞뒤에서 한정하는 명사 수식어 자리 또는 주어나 목적어를 설명해 주는 주격 보어나 목적격 보어 자리에 쓰인다.

어형 문제유형 005
명사 수식어 자리
(관사/소유격) + _____ + 명사

Josephine Pharmaceuticals made an _____ recovery by posting increasing profits after three consecutive quarters of declining sales.
(A) amazement (B) amaze (C) amazingly (D) **amazing**

- amaze v. 놀라게 하다 amazement n. 놀라움 amazing a. 놀라운 amazingly ad. 굉장하게
- 동사(made)+관사(an)+형용사(amazing)+명사(recovery)

어형 문제유형 006
보어 자리
주어 + be동사 + _____

The internship program is mutually _____ to students of George Brown College and to local businesses.
(A) benefit (B) benefits (C) **beneficial** (D) beneficially

- benefit n. 혜택, 이득   beneficial a. 유일한   beneficially ad. 유익하게
- 동사(is)+부사(mutually)+형용사(beneficial)

> **형용사 어형 문제 오답 피하기 공식**
> 1. 현재분사형이나 과거분사형 형용사가 명사를 수식하는 경우에 유의한다.
> 2. 주격 보어 자리에 오는 경우 전치사구와 함께 쓰이는 〈be동사+형용사+전치사〉 형태에 유의한다.
> 3. 목적어를 설명해 주는 목적격 보어 자리에 형용사가 오는 경우에 유의한다.
> 4. 비교급, 원급, 최상급으로 쓰이는 경우에 유의한다.

(3) 부사가 정답인 어휘문제

어형 문제유형 007
동사 수식어 자리
주어 + _____ + 동사 / 주어 + 동사 + _____

The newscaster _____ mispronounced the name of the president on the news program on television last night.
(A) accident (B) accidental (C) **accidentally** (D) accidents

- accident n. 사고   accidental a. 우연한, 돌발적인   accidentally ad. 우연히, 잘못하여
- 부사(accidentally)+동사(mispronounced)+목적어(the name ~)

어형 문제유형 008
형용사 수식어 자리
주어 + be동사 + _____ + 형용사 / _____ + 형용사 + 명사

Every month, you must check your equipment to ensure that the warning lights are _____ visible for safety purposes.
(A) clear (B) cleared (C) **clearly** (D) clearness

- clear a. 깨끗한   clearly ad. 명확히, 분명히, 또렷하게   cleared a. 허가된
  clearness n. 분명함, 선명함
- be동사(are)+부사(clearly)+형용사(visible)

어형 문제유형 009
부사 또는 문장 수식어 자리
_____ + 부사 / _____, 주어 + 동사

Ms. Stevens has worked _____ hard during the last few months and has earned several bonuses because of that.
(A) exceptional (B) except (C) exception (D) **exceptionally**

- except prep. ~을 제외하고는   exception n. 예외   exceptional a. 예외적인
  exceptionally ad. 유난히, 특별히, 예외적인 경우에만
- 동사(has worked)+부사(exceptionally)+부사(hard)

> **기타 주의해야 할 부사의 여러 가지 위치**
> 1. 현재 진행형 문장에서 부사의 위치에 유의한다. [주어 + be동사 + 부사 + 현재분사(-ing)]
> 2. 수동태 문장에서 부사의 위치에 유의한다. [주어 + be동사 + 부사 + 과거분사(-ed)]
> 3. 조동사가 있는 문장에서 부사의 위치에 유의한다. [주어 + 조동사 + 부사 + 동사원형]
> 4. 완료형 문장에서 부사의 위치에 유의한다. [주어 + have동사 + 부사 + 과거분사(-ed)]

2. 의미 문제 정복하기

(1) 명사의 의미를 묻는 어휘 문제

Sun Microsystems, Inc., announced the _____ of Susan Anderson to the position of Corporate Development Director yesterday.
(A) division (B) intention (C) permission (D) **promotion**

- division n. 부서   intention n. 의향, 목적   permission n. 허락, 허가   promotion n. 승진
- '개발 이사직'이라는 표현으로 미루어 보아 빈칸에는 '승진(promotion)'이 문맥상 가장 적절하다.

> **명사 의미 문제 풀이 공식**
> 1. 형용사가 빈칸 앞뒤에 있을 경우, 형용사의 적절한 수식을 받는 명사를 선택한다.
> 2. 빈칸이 주어나 목적어 자리일 경우는 동사와의 관계를, 보어 자리일 경우는 주어와의 관계를 따져 본다.
> 3. 빈칸 앞에 오는 전치사, 소유격, 관사, 지시대명사, 수량형용사와의 관계를 따져서 문맥에 알맞은 명사를 선택한다.

(2) 형용사의 의미를 묻는 문제

Due to _____ weather conditions, the outdoor activity will be postponed until further notice.
(A) functional (B) prompted (C) **unfavorable** (D) incomplete

- functional a. 기능상의   prompted a. 자극받은   unfavorable a. 형편이 나쁜, 순조롭지 않은   incomplete a. 불완전한
- 복합명사인 weather conditions(기상 상태)와 어울리는 형용사는 '호의적이지 않은, 기상 악화의'라는 의미를 가진 unfavorable이 알맞다.

형용사 의미 문제 풀이 공식
1. 빈칸이 보어 자리인지 명사를 수식하는 자리인지 확인한다.
2. 명사를 수식하는 경우, 빈칸 앞에 오는 한정사(관사, 소유격, 수량형용사, 지시대명사)에 유의하여 뒤에 오는 명사를 적절하게 꾸며주는 형용사를 선택한다.
4. 전치사와 명사 사이에 빈칸이 있는 경우, 앞뒤에 나오는 전치사와 명사와의 관계를 따져 본다.
5. 빈칸 앞에 and와 같은 등위접속사가 있을 경우, 접속사 앞에 나오는 단어와의 관계를 따져 본다.

(3) 부사의 의미를 묻는 문제

Since the restaurant has been _____ busy, the owner is planning to recruit more staff.
(A) **unexpectedly** (B) attentively (C) immediately (D) exactly

- unexpectedly 뜻밖에, 갑자기 attentively 조심스럽게, 정중히 immediately 즉시 exactly 정확하게
- 빈칸 뒤에 나오는 형용사 busy와 함께 어울러서 '예상치 못하게 바빴기 때문에 직원들을 추가 고용할 것이다'라는 내용이므로 unexpectedly가 문맥상 알맞다.

부사 의미 문제 풀이 공식
1. 부사는 명사를 제외한 동사, 형용사, 다른 부사 혹은 문장 전체를 수식하므로 수식하는 단어를 빠르게 찾아서 문맥에 따라 정답을 결정한다.
2. 빈칸 뒤에 형용사가 있을 경우, 형용사를 수식하는 부사 자리이므로 형용사를 적절하게 수식하는 부사를 선택한다.
3. 동사의 앞뒤에 나올 경우, 동사와의 관계를 따져본다.
4. 부사가 부사 뒤에 나올 수 있다는 것도 명심하자.

(4) 동사 어휘 문제 공략법

The Geneva Inc. recently had to _____ fees for the service of the new members due to rising expenses.
(A) pretend (B) remind (C) repair (D) **increase**

- pretend v. ~인 체하다   increase v. 증가하다   repair v. 수리하다   remind v. 상기시키다
- 빈칸 뒤에 나오는 목적어 fees(수수료)에 알맞은 동사는 '증가시키다'라는 의미의 increase가 문맥상 적절하다.

> **동사의 의미 문제 풀이 공식**
> 1. 동사를 선택할 때는 가장 먼저 주어와의 관계를 확인한다.
> 2. 동사 뒤에는 보어가 목적어가 나올 수 있으므로 뒤에 나오는 명사와의 관계를 따져 본다.
> 3. 동사가 수동태인 경우, 주어와의 관계를 따져 본다.

3. 어휘력 확장에 필수적인 품사별 접미사

[명사를 만드는 접미사]

- ☐ **행위, 성질, 상태**　-tion(addition 추가)　-sion(admission 입장, 입학)　-ing(funding 자금, 재정지원)　-ery/-ry(delivery 배달)　-al(approval 승인)　-f(belief 신념)　-ment(accomplishment 성과, 성취)　-dom(freedom 자유)　-ance(acceptance 수락)　-ence(experience 경험)　-tude(attitude 태도)　-y(discovery 발견)　-sis(analysis 분석)　-ity(ability 능력)　-logy(biology 생물학)　-ness(brightness 빛남)　-th(growth 성장)
- ☐ **자격, 특성**　-ship(partnership 공동, 협력)
- ☐ **주의, 특성**　-ism(capitalism 자본주의)
- ☐ **정치**　-cracy(democracy 민주주의)
- ☐ **시대, 관계**　-hood(childhood 어린 시절)
- ☐ **학문**　-ics(economics 경제학)
- ☐ **사람**　-er(developer 개발업자)　-ee(employee 종업원)　-or(actor 연기자)　-ic(comic 희극배우)　-ian(comedian 코미디언)　-ant(applicant 지원자)　-ist/-yst(artist 예술가)

[형용사를 만드는 접미사]

- ☐ **가능성, 능력, 적합성**　-able, -ible(accessible 접근 가능한)
- ☐ **풍부**　-ful(awful 지독한)
- ☐ **결여, 결핍**　-less(careless)
- ☐ **성질, 성향**　-ate(deliberate 신중한)　-ant(hesitant 망설이는)　-ent(competent 유능한)　-y(healthy)　-ous(anonymous 익명의)　-ic(authentic 진짜의, 진품인)　-al(additional 추가적인)　-cal(classical 고전적인)　-ing(alarming 걱정스러운)　-ed(anticipated 기대했던)　-ial(beneficial 유익한)　-ory(advisory 조언하는)　-ary(imaginary 상상의)　-ive(attentive 주의 깊은, 친절한)　-ish(childish 어린애 같은)　-ly(costly 값비싼)　-some(awesome 대단한, 멋진)　-like(businesslike 사무적인)

[부사를 만드는 접미사]

- ☐ **방식**　-ly(accidentally 우연히, 잘못하여)
- ☐ **방법, 방향**　-way(s)(always 항상, anyway 어쨌든)　-wise(otherwise 달리)　-ward(upward 위쪽으로)

[동사형 접미사]　-ize(dramatize 각색하다)　-(i)fy(justify 정당화하다)　-ate(initiate 시작하다)　-en(strengthen 강하게 하다)

SECTION I WORD FORMS

어형문제 공략
올바른 문장 완성하기

어형문제어휘 ❶ 기출정답 명사 UNIT 1~8

어형문제어휘 ❷ 기출정답 형용사 UNIT 9~14

어형문제어휘 ❸ 기출정답 부사 UNIT 15~19

SECTION I WORD FORMS
어형문제 공략 》 올바른 문장 완성하기

어형문제 어휘 ❶
기출정답 명사 UNIT 1~8

명사가 정답인 어형문제 유형
주어, 동사의 목적어, 보어, 그리고 전치사의 목적어 자리에 온다. 명사 앞에는 관사나 형용사가 올 수 있으며, 셀수 있는 명사는 부정관사가 앞에 오거나 복수형이 될 수 있다. 주로 행위, 성질, 상태 등을 나타내는 추상명사가 자주 출제되며, 특히 문맥상으로 행위자와 행위 자체를 가리키는 명사들을 구분하는 문제가 자주 출제된다.

어형문제 유형 1 ▶ 주어 자리
어형문제 유형 2 ▶ 동사의 목적어 자리
어형문제 유형 3 ▶ 전치사의 목적어 자리
어형문제 유형 4 ▶ 형용사의 수식을 받는 자리
　　　　　　　　명사의 수식을 받는 자리/명사를 수식하는 자리

°Section 1 올바른 문장 완성하기 ❶ 기출정답 명사

Unit 1

DAY

1 □ □ □ 기출 정답 어휘 듣고 따라 말하기 🎧 1-1
□ 기출 응용 문제와 출제 포인트 확인하기

accordance n. 일치

in accordance with their contract 계약에 따라

in accordance with (규칙·지시 등에) 따라 accordingly ad. (상황에) 부응해서; 그런 이유로

In **(accordance)** with their contract, the agency charges rental fees every month. 계약에 따라 그 대행 업체에서는 매달 임대료를 청구한다.

> 출제포인트 전치사의 목적어 자리 ▶ 전치사(in)+명사(accordance)+전치사구(with ~)

acquaintance n. 동료, 지인

many friends and acquaintances 많은 친구들과 지인들

be acquainted with ~와 알다

The news of Dr. Peter's retirement spread quickly as he has many friends and **(acquaintances)** at the company. 피터 박사의 퇴직 소식은 빠르게 퍼졌는데 그것은 그가 회사에 많은 친구와 지인들이 있기 때문이다.

> 출제포인트 목적어 자리 – 병렬 구조 – 복수명사 ▶ 동사(has)+수량형용사(many)+복수명사(friends) and 복수명사(acquaintances)

adaptation n. 각색; 적응

a faithful adaptation of ~의 충실한 각색

adapt v. (새로운 용도·상황에) 맞추다, 적응하다   adapted a. 개조된, 개작[각색, 번안]된
adapter n. 개작자, 번안자; (기계) 어댑터

The newly released movie *Mamma Mia* is a faithful **(adaptation)**

of Catherine Johnson's well-known musical. 최근에 개봉한 영화 〈맘마미아〉는 캐서린 존슨이 쓴 유명한 뮤지컬을 충실하게 각색한 작품이다.

출제포인트 보어 자리-형용사의 수식 대상-추상명사 ▶ 동사(is)+관사(a)+형용사(faithful)+추상명사(adaptation)+전치사구(of ~) *cf.* a faithful adapter (X)

addition n. 추가, 추가된 것
addition of a new ingredient 새로운 재료의 첨가

add v. 추가하다   additional a. 추가의   additionally a. 게다가, 덧붙여

The **(addition)** of a new ingredient to the recipe made the bread appealing to the clients. 요리법에 새로운 재료를 첨가한 덕분에 그 빵은 고객들에게 좋은 반응을 얻었다.

출제포인트 주어 자리 ▶ 관사(The)+명사(addition)+전치사구(of ~)+전치사구(to ~)+동사(made)

admission n. 입학, 입원, 가입; 입장, 입국
admission to the certificate program 자격증 과정 입학

admit v. 인정하다, 시인하다   admitted a. 공인된

Mr. Black's application for **(admission)** to the certificate program was not received before the due date. 블랙 씨의 자격증 과정 입학 신청서는 마감일이 지나서 도착했다.

출제포인트 전치사의 목적어 자리 ▶ 전치사(for)+명사(admission)+전치사구(to ~): 동명사 admitting 뒤에는 목적어가 온다. *cf.* for admitting to the certificate program (X)

advance n. 진전, 발전
a great advance in medical technology 의료 기술상의 대단한 발전

advance (2) v. 진보하다   advancement n. 진보, 승진

(Advances) in medical technology have allowed doctors to diagnose illnesses more accurately than in the past. 의료 기술의 발전들로 의사들은 과거보다 더 정확하게 질병을 진단할 수 있게 되었다.

출제포인트 주어 자리-복수명사 ▶ 복수명사(Advances)+전치사구(in ~)+복수동사(have allowed)

advisor n. 고문, 조언자
a quality-assurance advisor 품질보증 전문가

advise v. 조언하다, 충고하다   advice n. 조언, 충고

The new quality-assurance **(advisor)** will investigate the recent problems with defective replacement parts. 새로 온 품질보증 전문가가 불량 교체 부품들과 관련해서 최근의 문제점들을 조사할 것이다.

▶ 주어 자리 – 명사＋명사 – 사람명사 ▶ 관사(The)＋형용사(new)＋명사구(quality-assurance advisor)＋동사(will investigate) cf. quality-assurance advice (X)

agreement n. 동의; 협정; 계약(서)
sign an agreement 계약서에 서명하다

agree v. 동의하다

Yesterday, the manager signed an **(agreement)** for the financing of a company plane to be used by the president and her secretary while traveling. 어제 부서장은 사장과 비서가 출장 시에 이용할 회사 비행기에 드는 융자 계약서에 서명했다.

▶ 목적어 자리 – 단수명사 ▶ 부정관사(an)＋단수명사(agreement)＋전치사구(for ~)

alternative n. 대안
an alternative to ~의 대안

alternative (2) a. 대안이 되는, 대체 가능한   alternatively ad. 그 대신에

A modified schedule for completing the contract has been suggested as an **(alternative)** to the one currently in place. 그 계약을 성사시키기 위한 변경된 일정안이 현재 잡혀 있는 일정의 대안으로 제시되었다.

▶ 전치사의 목적어 자리 – 단수명사 ▶ 전치사(as)＋부정관사(an)＋단수명사(alternative)＋전치사구(to ~)

analysis n. 분석

analysis of the lab result 실험 결과 분석
a thorough cost analysis 철저한 비용 분석

analyze v. 분석하다   analyzer n. 분석기   analyst n. 분석가   analytical a. 분석적인

The **(analysis)** of the lab result revealed no connection between hair loss and the material used in Anderson Construction's hard hats. 실험 결과를 분석해 보니 머리가 빠지는 것과 앤더슨 건설사의 안전모에 사용된 소재 사이에 연관성이 없는 것으로 드러났다.

출제포인트 주어 자리-추상명사 ▶ 추상명사(Analysis)+전치사구(of ~)+동사(revealed)
cf. analyst of the lab result revealed (X)

We need to carry out a thorough cost **(analysis)** in order to get more precise data. 우리는 더 정확한 데이터를 얻기 위해서 철저한 비용 분석을 실시할 필요가 있다.

출제포인트 목적어 자리-명사+명사 ▶ 관사(a)+형용사(thorough)+명사구(cost analysis)
cf. a thorough cost analyzer (X)

CHECK UP 1-1

1. in _____ with their contract (계약에 따라)
2. many friends and _____ (많은 친구들과 지인들)
3. a faithful _____ of (~의 충실한 각색)
4. _____ of a new ingredient (새로운 재료의 첨가)
5. _____ to the certificate program (자격증 과정 입학)
6. a great _____ in medical technology (의료 기술상의 대단한 발전)
7. a quality-assurance _____ (품질보증 전문가)
8. sign an _____ (계약서에 서명하다)
9. an _____ to (~의 대안)
10. a thorough cost _____ (철저한 비용 분석)

Answer Key 1. accordance 2. acquaintances 3. adaptation 4. addition 5. admission 6. advance
7. advisor 8. agreement 9. alternative 10. analysis

2 ☐ ☐ ☐ 기출 정답 어휘 듣고 따라 말하기 🎧 1-2
☐ 기출 응용 문제와 출제 포인트 확인하기

---

announcement n. 발표, 성명; 공고, 공지
an announcement made over the public-address system
사내 방송으로 전달된 공지
announce v. 발표하다, 알리다   announcer n. 아나운서

The **(announcement)** made over the public-address system stated that there would be changes in hiring procedures. 사내 방송으로 전달된 공지에서 고용 절차에 변경 사항들이 있을 것이라고 했다.

출제포인트 ▶ 주어 자리 - 추상명사 ▶ 관사(The)+추상명사(announcement)+분사구(made over ~)+동사(stated) *cf.* The announcer made over ~ (X)

---

applicant n. 지원자
interview the applicants 지원자들을 인터뷰하다
apply v. 지원하다; 적용하다   application n. 지원서; 적용; 응용   applied a. 응용의

Tomorrow, Mr. Smith will be interviewing the **(applicants)** for our new branch office. 내일 스미스 씨는 새 지점에 지원한 사람들을 인터뷰할 것이다.

출제포인트 ▶ 목적어 자리 - 사람명사 ▶ 동사(will be interviewing)+관사(the)+사람명사(applicants) *cf.* interview the applications (X)

---

appreciation n. 감탄, 감상; 감사
express appreciation for ~에 대한 고마움을 표현하다
appreciate v. 진가를 알아보다; 고마워하다   appreciative a. 감탄하는; 고마워하는

Dr. Graham sent an email to her colleagues expressing **(appreciation)** for their help during her hardship. 그레이엄 박사는 어려움을 겪는 동안 도움을 줬던 동료들에게 감사를 표하는 이메일을 보냈다.

출제포인트 ▶ 현재분사의 목적어 자리 ▶ 현재분사(expressing)+명사(appreciation)+전치사구(for ~)

approach n. 접근; 접근법

an innovative marketing approach for ~을 위한 혁신적인 마케팅 접근법

approach (2) v. 다가가다, 다가오다; (문제·업무 등에) 접근하다

The Sales Department introduced some fresh and innovative marketing **(approaches)** for the new products in order to boost sales. 영업부는 매출 증대를 위해서 신상품들에 필요한 참신하고 혁신적인 마케팅 접근법들을 소개했다.

▶ 출제포인트 ◀ 목적어 자리 – 명사+명사 – 복수형 ▶ 동사(introduced)+수량형용사(some)+형용사(fresh and innovative)+명사구(marketing approaches)

approval n. 승인

final approval from the management 경영진의 최종 승인
be subject to approval by the board of directors 이사회의 승인을 받아야 한다

approve v. 찬성하다, 승인하다   approved a. 승인된, 인정된   approving a. 찬성하는, 좋다고 여기는
approvingly ad. 찬성하는 듯이

Since we have received final **(approval)** from the management, we can start the construction of the shopping mall. 경영진으로부터 최종 승인을 받았으므로 쇼핑센터의 건축을 시작할 수 있다.

▶ 출제포인트 ◀ 목적어 자리 – 형용사의 수식 대상 ▶ 동사(have received)+형용사(final)+명사(approval)+전치사구(from ~) cf. receive final approving from (X)

All advertising at Johnson Ads is subject to **(approval)** by the board of directors. 존슨 광고사의 모든 광고는 이사회의 승인을 받아야 한다.

▶ 출제포인트 ◀ 전치사의 목적어 ▶ is subject to+명사(approval)+전치사구(by ~)
cf. is subject to approve by (X)

assistance n. 도움, 원조, 지원

seek assistance with ~과 관련해서 도움을 구하다
assist v. 돕다   assistant n. 조수, 보조원

Anderson Staffing Solutions is seeking **(assistance)** with its new online marketing initiative. 앤더슨 스태핑 솔루션즈 사는 새롭게 시도하는 온라인 마케팅 계획과 관련해서 도움을 구하고 있는 중이다.

출제포인트 목적어 자리 - 추상명사 ▶ 동사(is seeking)+무관사+추상명사(assistance)
cf. seek assistant (X) seek an assistant 보조자를 구하다

Employees are asked to call the help desk at extension 4357 for **(assistance)** with any technical difficulties. 직원들은 기술적인 문제가 발생했을 때 내선 4357번으로 업무 지원 센터에 전화해서 지원을 요청하도록 되어 있다.

출제포인트 전치사의 목적어 자리 ▶ 전치사(for)+명사(assistance)+전치사구(with ~)

assurance n. 확신, 확언; 보장
give assurance that ~에 대해 확답을 주다
assure v. 확언하다; 보장하다   assured a. 확실한; 자신감 있는   assuredly ad. 분명히, 틀림없이

Ms. Krause has given the client her **(assurance)** that the sales plan for the new clothing line will be completed by July 1. 크라우스 씨는 고객에게 그 의류 신상품에 대한 판매 계획이 7월 1일까지 세워질 것이라고 확답을 주었다.

출제포인트 목적어 자리 ▶ 동사(has given)+간접목적어(the client)+소유격(her)+명사(assurance)+동격절(that ~)

attendance n. 출석; 참석자의 수
attendance at the conference 회의 참석자 수
attendant n. 안내원   attendee n. 참석자

(Attendance) at the information technology conference reached 3,000 this year, breaking last year's record of 2,500. 올해 정보 기술 학회의 참석자 수는 지난해의 2,500명 기록을 깨고 3,000명에 달했다.

출제포인트 주어 자리 ▶ 무관사+집합명사(Attendance)+동사(reached)
cf. Attendants[Attendees] ~ reached 3,000 (O)

attention n. 주의, 주의력; 관심
superb attention to detail 세세한 사항까지 관심을 기울이는 뛰어난 주의력
attend v. 참석하다

Peter's superb **(attention)** to detail is well-known throughout the company because he has often caught mistakes which were made by his coworkers. 피터의 세세한 사항까지 관심을 기울이는 뛰어난 주의력은 회사 내에 정평이 나 있는데 동료들이 저지르는 실수를 종종 짚어내왔기 때문이다.

> **출제포인트** 주어 자리 - 형용사의 수식 대상 - 추상명사 ▶ 소유격(Fred's)+형용사(superb 훌륭한, 뛰어난)+추상명사(attention)+전치사구(to ~)+동사(is well-known)
> cf. Fred's superb attendant to the detail (X)

authority n. 권위, 권위자; 권한

a leading authority on ~ 분야의 선구적인 권위자

authoritative a. 권위적인, 권위 있는   authoritatively ad. 위압적으로

Given her extensive research in the field, Dr. Smith is widely considered the leading **(authority)** on sea turtle migration. 그 분야에 대한 광범위한 연구로 스미스 박사는 바다거북의 이동에 관한 선구적인 권위자로 널리 인정받고 있다.

> **출제포인트** 형용사의 수식 대상 ▶ 관사(the)+현재분사형 형용사(leading 선도하는)+명사(authority) cf. the leading authoritatively (X)

CHECK UP 1-2

1 an _____ made over the public-address system
   (사내 방송으로 전달된 공지)

2 interview the _____ (지원자들을 인터뷰하다)

3 express _____ for (~에 대한 고마움을 표현하다)

4 an innovative marketing _____ for (~을 위한 혁신적인 마케팅 접근법)

5 final _____ from the management (경영진의 최종 승인)

6 seek _____ with (~과 관련해서 도움을 구하다)

7 give _____ that (~에 대해 확답을 주다)

8 _____ at the conference (회의 참석자 수)

9 superb _____ to detail (세세한 사항까지 관심을 기울이는 뛰어난 주의력)

10 a leading _____ on (~ 분야의 선구적인 권위자)

Answer Key 1. announcement 2. applicants 3. appreciation 4. approach 5. approval 6. assistance 7. assurance 8. attendance 9. attention 10. authority

Section 1 올바른 문장 완성하기 ❶ 기출정답 **명사**

Unit 2

DAY

1
☐ ☐ ☐ ☐ 기출 정답 어휘 듣고 따라 말하기 🎧 2-1
☐ 기출 응용 문제와 출제 포인트 확인하기

authorization n. 허가, 인가
need written authorization from a supervisor 관리자의 서면 허가가 필요하다
receive authorization for ~에 대한 승인을 받다

authorize v. 인가하다, 권한을 부여하다   authorized a. 공인된; 인정받은

Employees need written **(authorization)** from a supervisor in order to take time off from work. 직원들은 휴가를 내기 위해 관리자에게 서면 허가를 받아야 한다.

　출제포인트　목적어 자리-형용사의 수식 대상 ▶ 동사(need)+과거분사형 형용사(written)+명사(authorization)

In order to receive **(authorization)** for this purchase, you need to submit order sheets and get permission from the manager of the Purchasing Department. 이 구매를 승인받기 위해서는 주문서를 제출하고 구매부서장의 승인을 받아야 한다.

　출제포인트　to부정사의 목적어 자리 ▶ In order to 동사원형(receive)+명사(authorization)

building n. 건물; 건축
construction of the new building 새 건물의 공사

build v. 건설하다   builder n. 건축업자, 건축 회사

After Ms. Anderson approves the plans, the construction of the new **(building)** will begin. 앤더슨 씨가 계획안들 승인하고 난 다음에 새 건물의 공사가 시작될 것이다.

　출제포인트　전치사의 목적어 자리-보통명사 ▶ 전치사(of)+관사(the)+형용사(new)+보통명사(building) *cf.* the construction of the new builder (X)

30

certification n. 자격증
obtain certification to be a nurse 간호사 자격을 취득하다
certify v. 증명하다   certificate n. 증서, 증명서   birth certification 출생증명서

Obtaining **(certification)** to be a medical assistant requires a college diploma in a nursing program. 의료 보조사 자격을 취득하려면 대학교 간호학 학위가 있어야 한다.

출제포인트 **동명사의 목적어 자리** ▶ 주어[동명사(Obtaining)+명사(certification)+to부정사]+동사(requires)

challenge n. 도전적인 일
one of the toughest challenges 가장 어려운 일들 중의 하나
many new and exciting challenges 많은 새롭고 흥미진진한 도전들
challenge v. 도전하다   challenging a. 도전적인   challenged a. 장애가 있는

Developing work schedules is one of the toughest **(challenges)** faced by department heads. 작업 일정을 세우는 것은 부서장들이 직면하는 가장 어려운 일들 중에 하나이다.

출제포인트 **보어 자리 - 형용사의 수식 대상 - 복수명사** ▶ 동사(is)+one of the 최상급 형용사(toughest)+복수명사(challenges)

Ms. Graham will face many new and exciting **(challenges)** in her new position in the Marketing Department. 그레이엄 씨는 마케팅부의 새 보직을 맡으면서 많은 새롭고도 흥미진진한 도전들에 직면할 것이다.

출제포인트 **목적어 자리 - 형용사의 수식 대상 - 복수명사** ▶ 동사(will face)+수량형용사(many)+형용사(new and exciting)+복수명사(challenges)

characteristic n. 특징, 특질
a characteristic of ~의 특징

characteristic (2) a. 특유의   characteristically ad. 특징으로서; 개성적으로   character n. 성격
characterize v. ~의 특성을 나타내다

Slow profit growth is often considered a **(characteristic)** of a saturated market. 더딘 수익 성장은 흔히 과열 시장의 한 특징으로 간주한다.

> 출제포인트 ▶ 보어 자리 ▶ 동사(is)+관사(a)+명사(characteristic)+전치사구(of ~)

Needless to say, ambition is an important **(characteristic)** of all successful businessmen. 두말할 필요 없이 야망이란 성공한 모든 비즈니스맨들이 지니고 있는 중요한 특성이다.

> 출제포인트 ▶ 보어 자리 – 형용사의 수식 대상 ▶ 동사(is)+관사(an)+형용사(important)+명사(characteristic)+전치사구(of ~)

---

check n. 점검
after the routine check of ~에 대한 정기 점검 후에

check (2) v. 점검하다   checked a. 체크무늬의

 After the routine **(check)** of the plant's safety equipment was completed, the safety inspector recommended that all employees follow the safety regulations. 공장의 안전 장비 정기 점검이 이루어진 후에, 안전 감독관은 모든 직원들에게 안전 규정을 따르도록 권장했다.

> 출제포인트 ▶ 주어 자리 – 단수명사 ▶ 접속사(After)+단수명사(the routine check)+전치사구(of ~)+단수동사(was completed)   cf. the routine checks of ~ was (X)

---

choice n. 선택
the bank account of your choice 당신이 선택한 은행 계좌

choose v. 선택하다

 With the new Quick Pay system, your monthly subscription fee will be automatically debited from the bank account of your **(choice)**. 새로운 퀵페이 시스템을 이용하면 귀하의 월 구독료는 선택하신 은행 계좌에서 자동으로 인출될 것입니다.

> 출제포인트 ▶ 전치사의 목적어 자리 – 단수명사 ▶ 전치사(of)+소유격(your)+단수명사(choice)   cf. of your choices (X)

clarity n. 명료성, 명확성

consistent clarity and accuracy 한결같은 명료함과 정확성

clarify v. 명확하게 말하다　clear a. 깨끗한, 분명한　clearly ad. 분명히, 또렷하게

The Chicago Tribune has been known for its consistent **(clarity)** and accuracy. 〈시카고 트리뷴〉은 한결같은 명료함과 정확성으로 명성을 쌓아왔다.

　　출제포인트 전치사의 목적어 자리 – 병렬 구조 ▶ 전치사(for)+소유격(its)+형용사(consistent)+명사(clarity) and 명사(accuracy)

cleaning n. 청소, 세탁

provide complimentary cleaning 무상 세척[세탁]을 제공하다

Best Buys provides complimentary **(cleaning)** for any brass instrument brought in for repairs services. 베스트 바이즈는 수리 서비스를 위해 입고된 금관악기에 대해 무료 세척을 제공한다.

　　출제포인트 목적어 자리 – 형용사의 수식 대상 ▶ 동사(provides)+형용사(complimentary 무료의)+명사(cleaning)+전치사구(for ~)

cleanliness n. 청결

cleanliness of the rooms 객실들의 청결한 상태

clean a. 깨끗한　cleanly ad. 깨끗이, 깔끔하게

Mr. Black gave the Wynn Hotel his highest rating because of the **(cleanliness)** of the rooms and the outstanding hospitality. 블랙 씨는 객실들의 청결한 상태와 최상의 손님 접대로 윈 호텔에 최고 등급을 주었다.

　　출제포인트 전치사의 목적어 자리 ▶ 전치사(because of)+관사(the)+명사(cleanliness)

CHECK UP 2-1

1　need written _____ from a supervisor　(관리자의 서면 허가가 필요하다)

2　_____ of the new building　(새 건물의 공사)

3　obtain _____ to be a nurse　(간호사 자격을 취득하다)

4 many new and exciting _____ (많은 새롭고 흥미진진한 도전들)
5 a _____ of (~의 특징)
6 after the routine _____ of (~에 대한 정기 점검 후에)
7 the bank account of your _____ (당신이 선택한 은행 계좌)
8 consistent _____ and accuracy (한결같은 명료함과 정확성)
9 provide complimentary _____ (무상 세척[세탁]을 제공하다)
10 _____ of the rooms (객실들의 청결한 상태)

Answer Key 1. authorization 2. construction 3. certification 4. challenges 5. characteristic 6. check 7. choice 8. clarity 9. cleaning 10. cleanliness

2
□ □ □ 기출 정답 어휘 듣고 따라 말하기 🎧 2-2
□ 기출 응용 문제와 출제 포인트 확인하기

collection n. 수집품, 모음집
rare book collections 희귀 도서 소장품
collect v. 수집하다, 모으다   collected a. 수집된   collector n. 수집가

The Greenlight Bookstore specializes in rare book **(collections)** and out-of-print editions. 그린라이트 서점은 희귀 도서 모음들과 절판된 도서들을 전문적으로 취급한다.

출제포인트 목적어 자리 - 명사+명사 - 보통명사 ▶ 동사(specializes in)+형용사(rare) +명사구(book collections) *cf.* specializes in rare book collectors (X)

communication n. 의사소통, 연락; 통신
communication skills 의사소통 기술
communicate v. 의사소통을 하다, 전달하다   communicative a. 통신의, 전달의; 수다스러운
communicatively ad. 수다스럽게

Salespeople at Johnson Electronics listed proper training and **(communication)** skills as the most important qualities for a successful company. 존슨 일렉트로닉스 사의 영업사원들은 적절한 연수와 의사소통 기술을 성공적인 회사에 필요한 가장 중요한 자질들로 나열했다.

출제포인트 목적어 자리 - 병렬 구조 - 명사+명사 ▶ 동사(listed)+형용사(proper)+명사(training) and 명사구(communication skills) *cf.* communicative skills (X)

compensation n. 보상(금)

receive full compensation for ~에 대한 완벽한 보상(금)을 받다

compensate v. 보상하다   compensated a. 보상된

Aircraft technicians who worked extra hours due to the recurring engine problems in September will receive full **(compensation)** for their overtime work. 재발하는 엔진 문제 때문에 9월에 잔업을 한 항공기 정비사들은 잔업 시간에 대한 완벽한 보상을 받을 것이다.

출제포인트 목적어-형용사의 수식 대상 ▶ 동사(will receive)+형용사(full)+명사 (compensation)+전치사구(for ~) cf. receive full compensating for (X)

competition n. 경쟁, 대회

competition in the automotive industry 자동차 산업 분야의 경쟁
hold a competition 대회를 개최하다

compete v. 경쟁하다   competitive a. 경쟁력 있는   competitively ad. 경쟁적으로
competitor n. 경쟁자

(Competition) in the automotive industry is expected to increase because of the Free Trade Agreement between the two countries. 두 나라 사이의 자유 무역 협정의 체결로 인한 자동차 산업 분야의 경쟁이 증가할 것으로 예상된다.

출제포인트 주어 자리 ▶ 명사(Competition)+전치사구(in ~)+동사(is expected to increase)

Customers may benefit from the increasing **(competition)** between the two rival companies. 소비자들은 두 경쟁사 간의 상승하고 있는 경쟁으로부터 혜택을 받을 수 있을 것이다.

출제포인트 전치사의 목적어 자리-형용사의 수식 대상 ▶ 전치사(from)+관사(the)+현재분사형 형용사(increasing 증가하는)+명사(competition)+전치사구(between ~)

To support new project development, the Alberton Corporation has held **(competitions)** among its employees for creative proposals. 알버튼 사는 새로운 프로젝트 개발을 뒷받침하기 위해 창의적인 사업 제안들을 뽑는 경연 대회들을 직원들을 대상으로 개최해 왔다.

출제포인트 목적어 자리 ▶ 동사(has held)+명사(competitions))+전치사구(among ~)
cf. has held competing among its employees (X)

competitiveness n. 경쟁력
increase one's competitiveness 경쟁력을 증가시키다

Armando, Inc. is hoping that its new Spanish-language product line will increase its **(competitiveness)** in the South American market. 아르만도 사는 새로운 스페인어 제품 라인이 남아메리카 시장에서 지사의 경쟁력을 증가시켜줄 것이라고 기대하고 있다.

▶ 출제포인트 목적어 자리 ▶ 동사(will increase)+소유격(its)+명사(competitiveness)

complaint n. 불평
complaints are received in writing 서면으로 불만 사항들 접수되다
receive complaints from its customers 고객들로부터 불만 사항들을 접수받다
complain v. 불평하다 complainer n. 불평하는 사람

Delta Airlines will give money back to its passengers for damaged baggage when **(complaints)** are received in writing. 델타 항공은 불만 사항이 서면으로 접수되면 파손된 수화물에 대해서 승객들에게 환불해 드릴 겁니다.

▶ 출제포인트 주어 자리 ▶ 접속사(when)+명사(complaints)+동사(are received)

The storage containers were redesigned after the manufacturer received **(complaints)** from its customers. 저장 용기는 제조업체에서 고객들로부터 불만 사항들을 접수받고 난 후 재디자인되었다.

▶ 출제포인트 목적어 자리-추상명사 ▶ 접속사(after)+주어(the manufacturer)+동사(received)+추상명사(complaints) cf. receive complainers from its customers (X)

compliance n. 준수, 따름
ensure compliance with ~에 따르다
comply with v. ~을 준수하다, 따르다 compliant a. 순응하는, 따르는

Managers at Utah Valley Hospital are updating their personnel policies to ensure **(compliance)** with new government guidelines concerning employee work hours. 유타 밸리 병원의 경영진은 직원의 근무 시간에 관한 새로운 정부 지침에 따르기 위해 인사 정책을 개정하려고 한다.

> 출제포인트 to부정사의 목적어 자리 ▶ to 동사원형(ensure)+명사(compliance) +전치사구(with ~)

compliment n. 칭찬
receive compliments from customers 고객들에게 칭찬을 듣다
complimen (2) v. 칭찬하다   complimentary a. 무료의; 칭찬하는

The owner of Beth's Bazaar has received **(compliments)** from customers on the quality of the products. 베스 바자르의 점주는 고객들에게 제품들의 품질에 대해 칭찬을 들었다.

> 출제포인트 목적어 자리 – 복수명사 ▶ 동사(has received)+무관사+복수명사(compliments)
cf. has received compliment from customers (X)

conclusion n. 결론
a possible conclusion 가능한 결론
conclude v. 결론을 내리다   concluding a. 종결의, 최후의   conclusive a. 결정적인, 확실한

One possible **(conclusion)** is that bigger projects may result in huge profits for the company if they are successful. 한 가지 가능한 결론은 더 큰 프로젝트들은 성공만 한다면 회사에 막대한 이익을 가져올 수 있다는 것이다.

> 출제포인트 주어 자리 – 형용사의 수식 대상 ▶ 수량형용사(One)+형용사(possible)+명사(conclusion)+동사(is)

condition n. 상태, 상황
the company's financial condition 회사의 재정 상태
be in excellent cosmetic condition 외관 상태가 훌륭하다
conditioned a. 조건부의   conditional a. 조건부의   conditionally ad. 조건부로
conditioner n. 유연제

Salary and wage increases at Johnson Industries are based on the company's financial **(condition)**. 존슨 사의 월급 및 주급 인상은 회사의 재정 상태에 달려 있다.

출제포인트 전치사의 목적어 자리 – 형용사의 수식 대상 ▶ 전치사(on)+관사(the)+소유격 (company's)+형용사(financial)+명사(condition)

At Miller Autos, we guarantee that all of our previously-owned automobiles are in proper working order and excellent cosmetic **(condition)**. 밀러 자동차는 우리의 모든 중고차들이 올바른 작동 상태라는 것과 우수한 외관 상태라는 것을 보증합니다.

출제포인트 전치사의 목적어 자리 – 형용사의 수식 대상 ▶ be+전치사(in)+형용사(excellent)+형용사(cosmetic)+명사(condition)

CHECK UP 2-2

1. rare book _____ (희귀 도서 소장품)
2. _____ skills (의사소통 기술)
3. receive full _____ for (~에 대한 완벽한 보상(금)을 받다)
4. _____ in the automotive industry (자동차 산업 분야의 경쟁)
5. increase one's _____ (경쟁력을 증가시키다)
6. receive _____ from its customers (고객들로부터 불만 사항들을 접수받다)
7. ensure _____ with (~에 따르다)
8. receive _____ from customers (고객들에게 칭찬을 듣다)
9. a possible _____ (가능한 결론)
10. the company's financial _____ (회사의 재정 상태)

Answer Key 1. collections 2. communication 3. compensation 4. competition 5. competitiveness
6. complaints 7. compliance 8. compliments 9. conclusion 10. condition

Section 1 올바른 문장 완성하기 ❶ 기출정답 명사

Unit 3

DAY

1 □ □ □ 기출 정답 어휘 듣고 따라 말하기 🎧 3-1
□ 기출 응용 문제와 출제 포인트 확인하기

confirmation n. 확인, 확인서
confirmation for your online order 귀하의 온라인 주문 확인
call for confirmation 확인차 전화하다
confirm v. 확인하다   confirmed a. 확고부동한

(Confirmation) for your online order will be sent automatically by the night the order is made. 귀하의 온라인 주문 확인 내역은 주문 당일 저녁에 자동적으로 발송될 것입니다.

출제포인트 **주어 자리** ▶ 명사(Confirmation)+전치사구(for ~)+동사(will be sent)

Mr. Maxwell called earlier today for **(confirmation)** that the package he sent on Friday had been received. 맥스웰 씨는 금요일 아침에 보낸 소포가 도착되었는지 확인하기 위해서 오늘 일찍 전화를 했다.

출제포인트 **전치사의 목적어 자리** ▶ 전치사(for)+명사(confirmation)+동격절(that ~)
cf. call for confirming that (X)

conflict n. 충돌, 갈등
a scheduling conflict 일정의 겹침
conflict (2) v. 상충하다   conflicted a. 갈등을 겪는   conflicting a. 모순되는, 상충되는

Mr. Johnson regrets that he must decline the invitation to the president dinner party because of a scheduling **(conflict)**. 존슨 씨는 일정이 겹쳐 사장의 만찬 파티 초청을 거절해야만 한다는 것에 유감스러워하고 있다.

출제포인트 **전치사의 목적어 자리 – 단수명사** ▶ 전치사(because of)+부정관사(a)+동명사(scheduling)+단수명사(conflict): 명사는 명사나 동명사의 꾸밈을 받기도 한다.

consideration n. 사려, 숙고; 배려
show consideration for others 다른 사람들에 대한 배려를 보여 주다
consider v. 고려하다 considerate a. 사려 깊은 considerately ad. 이해심 있게; 신중하게

Please show **(consideration)** for other train passengers by turning off your mobile phone. 다른 기차 승객들에 대한 배려 차원에서 휴대폰을 꺼 주세요.

　출제포인트　목적어 자리 ▶ 동사(show)+명사(consideration)+전치사구(for ~)

construction n. 건설, 공사
for the construction of a new stadium 새 경기장 건설을 위해
construct v. 건설하다 constructed ad. 몸매가 좋은 constructive a. 건설적인

The Marriott Foundation donated half a million dollars for the **(construction)** of a new stadium in Provo. 매리어트 재단은 프로보에 있는 새로운 경기장 건설을 위해서 50만 달러를 기부했다.

　출제포인트　전치사의 목적어 자리 ▶ 전치사(for)+관사(the)+명사(construction)+전치사구(of ~)

This parking area will be closed until the **(construction)** on University Avenue has ended. 이 주차장은 유니버시티 가의 공사가 끝날 때까지 폐쇄될 것이다.

　출제포인트　주어 자리 ▶ 접속사(until)+관사(the)+명사(construction)+전치사구(on ~)+동사(has ended)

consultant n. 상담역, 고문
as a creative consultant 창의적인 상담자[고문]으로서
consult v. 상담하다; 상의하다 consultation n. 상담, 협의, 자문

Since she is a intelligent and competent person, the possibility of staying on as a creative **(consultant)** is very high. 그녀는 똑똑하고 유능한 사람이기 때문에 창의적인 고문으로서 남아 있을 확률이 매우 높다.

　출제포인트　전치사의 목적어 자리 – 사람명사 ▶ 전치사(as)+관사(a)+형용사(creative)+사람명사(consultant) cf. as a creative consultation (X)

contact n. 접촉, 만남
be one's first contact with ~와의 첫 번째 접촉이다

contact (2) v. 연락하다

Generally, seeing our advertisements in the classified section of the newspaper is a job seeker's first **(contact)** with Malvin Industries. 일반적으로 신문의 구인·구직 광고란에서 우리의 광고를 보는 것이 구직자들에게는 맬빈 사와의 첫 번째 접촉이다.

> 출제포인트 보어 자리 – 단수명사 ▶ 동사(is)+소유격(a job seeker's)+first+추상명사(contact)+전치사구(with ~): 추상명사는 셀 수 없는 명사이므로 단수형을 쓴다.

contract n. 계약
sign a three-million-dollar contract 3백 만 달러 계약에 서명하다

contract (2) v. 계약하다

Johnson & Johnson signed a three-million-dollar **(contract)** with KSU last week. 존슨앤존슨 사는 지난주에 KSU 사와 3백만 달러 계약에 서명했다.

> 출제포인트 목적어 자리 – 형용사의 수식 대상 – 단수명사 ▶ 동사(signed)+부정관사(a)+단위형용사(three-million-dollar)+단수명사(contract)+전치사구(with ~)

contribution n. 공헌, 기여
without the contribution of ~의 공헌이 없었더라면

contribute v. 기여하다, 기부하다   contributor n. 기여자, 공헌자

The improvements could not have been made without the **(contribution)** of our dedicated and hard-working engineers. 헌신적이고 근면한 기술자들의 공헌이 없었더라면 발전도 없었을 것이다.

> 출제포인트 전치사의 목적어 자리 – 전치사(without)+관사(the)+명사(contribution)+전치사구(of ~)

cooperation n. 협동, 협력
enhance cooperation among our staff 직원들 간의 협력을 강화하다
cooperate v. 협력하다, 협동하다   cooperative a. 협동의, 협력의

We will discuss ways to enhance **(cooperation)** among our staff members. 우리는 직원들 간의 협력을 강화할 수 있는 방법들을 토론할 것이다.

출제포인트 **to부정사의 목적어 자리** ▶ to 동사원형(enhance)+명사(cooperation) +전치사구(among ~)

coordination n. 조정, 조화
require careful planning and coordination 신중한 계획 수립과 조정이 필요하다
coordinate v. 대등하게 하다, 조정하다 a. 동등한, 동격의   coordinator n. (기획이나 진행) 책임자

The construction of Kennedy International Airport will require careful planning and **(coordination)**. 케네디 국제 공항 건설은 신중한 계획 수립과 조정을 필요로 할 것이다.

출제포인트 **목적어 자리 - 병렬 구조 - 추상명사** ▶ 동사(require)+형용사(careful)+추상명사(planning) and 추상명사(coordination) cf. careful planning and coordinator (X)

CHECK UP 3-1

1 _____ for your online order (귀하의 온라인 주문 확인)
2 a scheduling _____ (일정의 겹침)
3 show _____ for others (다른 사람들에 대한 배려를 보여 주다)
4 for the _____ of a new stadium (새 경기장 건설을 위해)
5 as a creative _____ (창의적인 상담자로서)
6 be one's first _____ with (~와의 첫 번째 접촉이다)
7 sign a three-million-dollar _____ (3백 만 달러 계약에 서명하다)
8 without the _____ of (~의 공헌이 없었더라면)
9 enhance _____ among our staff (직원들 간의 협력을 강화하다)
10 require careful planning and _____ (신중한 계획 수립과 조정이 필요하다)

Answer Key 1. confirmation 2. conflict 3. consideration 4. construction 5. consultant 6. contact 7. contract 8. contribution 9. cooperation 10. coordination

correspondence n. 편지, 통신문

all interoffice correspondence 모든 사내 통신문

correspond v. 일치하다, 부합하다; 편지를 왕래하다　corresponding a. 상응하는
correspondent n. 편지를 주고받는 사람; 통신원

Under the new mail room policy, all interoffice **(correspondence)** will be delivered to a central mailbox rather than to employees' desks. 새로운 우편 정책에 따라 모든 사내 우편물은 직원 책상으로 전달되지 않고 중앙 우편함으로 전달될 것이다.

출제포인트 주어 자리 - 추상명사 ▶ 수량형용사(all)+형용사(interoffice)+추상명사 (correspondence)+동사(will be delivered) *cf.* all the interoffice correspondents will be delivered (X)

decision n. 결정

reach a decision about ~에 대한 결정을 내리다

decide v. 결정하다　decisive a. 결정적인; 단호한　decidedly ad. 분명하게, 명확하게

The board of directors has reached a **(decision)** about the marketing campaign for the upcoming fiscal year. 이사회는 다가오는 회계 연도를 위한 마케팅 캠페인에 관한 결정을 했다.

출제포인트 목적어 자리 ▶ 동사(has reached)+관사(a)+명사(decision)+전치사구(about ~)

delay n. 지연, 지체

cause delays in ~에 지연을 초래하다

delay (2) v. 지연시키다, 지체시키다

Street repairs in South Prove are likely to cause **(delays)** in the delivery of supplies to local restaurants. 사우스 프로보의 도로 보수 공사는 인근 식당에 물품 배송을 지연시킬 듯하다.

출제포인트 to부정사의 목적어 자리 ▶ be likely to 동사원형(cause)+명사(delays) +전치사구(in ~)

delivery n. 배달
confirm the delivery of the products 제품의 배달을 확인하다
guarantee delivery of your documents in two hours
2시간 이내 서류 배달을 보장하다

deliver v. 배달하다   deliverable n. (회사가 고객에게 약속한) 상품   deliverer n. 배달하는 사람, 교부자

The company requires the authorization number to confirm the **(delivery)** of the products. 회사는 제품의 배달을 확인하기 위해서 인증번호를 요구한다.

출제포인트 to부정사의 목적어 자리 ▶ to 동사원형(confirm)+관사(the)+명사(delivery) +전치사구(of ~)

FedEx, Inc. guarantees **(delivery)** of your documents within the city limits in less than two hours. 페덱스 사는 시내의 경우 두 시간 이내에 서류 배달 서비스를 보장한다.

출제포인트 목적어 자리 ▶ 동사(guarantees)+명사(delivery)+전치사구(of ~)

detail n. 세부 사항; (pl.) 정보
for more details on ~에 대한 더 많은 정보를
details of the merger 합병에 관한 세부 사항들

detailed a. 상세한   detailing n. (의류 등에 붙이는) 세부 장식

For more **(details)** on Cosmos Cleaning, Inc. please feel free to call us at 555-5588 during business hours. 코스모스 클리닝 사에 관한 더 많은 정보를 원하시면 영업 시간 중에 언제든지 555-5588번으로 전화하세요.

출제포인트 전치사의 목적어 자리 – 복수명사 ▶ 전치사(For)+수량형용사(more)+복수명사 (details)

At the televised interview, the CEO of the company said that the **(details)** of the merger with the competitive company will be announced next week. 텔레비전으로 중계된 인터뷰에서 그 회사의 사장은 경쟁 회사와의 합병에 관한 세부 내용이 다음 주에 발표될 거라고 말했다.

출제포인트 주어 자리 – 복수명사 ▶ 접속사(that)+관사(the)+복수명사(details)+동사(will be announced): details는 복수형 명사로 '정보'의 의미이다.l

developer n. 개발자
a product developer 제품 개발자

develop v. 개발하다   developed a. (기술, 경제, 산업 등이) 발달한, 선진의   development n. 개발

Product **(developers)** at the Johnson Corporation work both independently and as members of a team. 존슨 사의 제품 개발자들은 독자적으로 혹은 팀의 구성원으로서 일한다.

출제포인트 주어 자리 – 명사+명사 – 사람명사 ▶ 명사구(Product developers)+전치사구(at ~)+동사(work)

development n. 개발
housing development 주택 개발

develop v. 개발하다   developed (기술, 경제, 산업 등이) a. 발단한, 선진의   developing a. 개발 도상의

The conference on housing **(development)** turned out to be more interesting than I had expected. 주택 개발에 관한 회의는 내가 기대했던 것보다 훨씬 흥미로웠다.

출제포인트 전치사의 목적어 자리 – 명사+명사 ▶ 전치사(on)+명사구(housing development)

direction n. 지시
under the direction of someone ~의 지시에 따라, 감독 아래

direct v. 감독하다, 지시하다 a. 직접적인; 직행의   directed a. 지시 받은, 유도된   directly ad. 직접적으로

Benson Laboratories, under the **(direction)** of Dr. Elizabeth Franklin, performs over one thousand tests annually. 엘리자베스 프랭클린 박사가 총괄하는 벤슨 연구소는 매년 100만 건이 넘는 테스트를 실시한다.

출제포인트 전치사의 목적어 ▶ 전치사(under)+관사(the)+명사(direction)+전치사구(of ~)

discount n. 할인
offer discounts of 30% 30% 할인을 제공하다

discount (2) v. 할인하다   discounted a. 할인된

All this week, Disney Entertainment is offering **(discounts)** of up to 30%, especially to make room for the new arrivals. 이번 주 내내, 디즈니 엔터테인먼트 사는 특별히 새로 도착하는 사람들을 위한 공간을 확보하기 위해서 30%의 할인을 제공하고 있다.

> 출제포인트 목적어 자리 – 복수명사 ▶ 동사(is offering)+무관사+복수명사(discounts)+전치사구 (of ~) cf. offer discount of (X)

display n. 전시
the display in the north art gallery 북쪽 아트 갤러리에서의 전시
display (2) v. 전시하다, 진열하다   displayer n. 전시하는 사람

 The **(display)** in the north art gallery will feature pictures taken in Paris. 북쪽 아트 갤러리에서의 전시는 파리에서 찍은 사진들을 보여줄 것이다.

> 출제포인트 주어 자리 ▶ 관사(The)+명사(display)+전치사구(in ~)+동사(will feature)

CHECK UP 3-2

1 all interoffice ＿＿＿＿＿＿ (모든 사내 통신문)
2 reach a ＿＿＿＿＿＿ about (~에 대한 결정을 내리다)
3 cause ＿＿＿＿＿＿ in (~에 지연을 초래하다)
4 confirm the ＿＿＿＿＿＿ of the products (제품의 배달을 확인하다)
5 for more ＿＿＿＿＿＿ on (~에 대한 더 많은 정보를)
6 a product ＿＿＿＿＿＿ (제품 개발자)
7 housing ＿＿＿＿＿＿ (주택 개발)
8 under the ＿＿＿＿＿＿ of someone (~의 지시에 따라, 감독 아래)
9 offer ＿＿＿＿＿＿ of 30% (30% 할인을 제공하다)
10 the ＿＿＿＿＿＿ in the north art gallery (북쪽 아트 갤러리에서의 전시)

> Answer Key 1. correspondence 2. decision 3. delays 4. delivery 5. details 6. developer 7. development 8. direction 9. discounts 10. display

Section 1 올바른 문장 완성하기 ❶ 기출정답 명사

Unit 4

DAY

1 ☐ ☐ ☐ 기출 정답 어휘 듣고 따라 말하기 🎧 4-1
   ☐ 기출 응용 문제와 출제 포인트 확인하기

---

distribution n. 분배; 배부

ensure a fair distribution of ~의 공정한 분배를 보장하다
available for distribution 배포 가능한

distribute v. 나누어 주다, 분배하다   distributional a. (동식물) 분포상의

The H&R Trading Co. has hired financial consultant Ryan Webster to ensure a fair **(distribution)** of funding in all departments. H&R 무역 회사는 모든 부서에 걸쳐 공정한 자금 분배를 보장하기 위해 금융 상담가인 라이언 웹스터를 고용했다.

▶ 출제포인트 to부정사의 목적어 자리 – 형용사의 수식 대상 ▶ to 동사원형(ensure)+관사(a)+형용사(fair)+명사(distribution)+전치사구(of ~)

There are 500 free copies of the local history book available for **(distribution)** in local schools and libraries. 지역 학교들과 도서관에 배포 가능한 무료 역사책이 500부 있다.

▶ 출제포인트 전치사의 목적어 ▶ 전치사(for)+명사(distribution)+전치사구(in ~)

---

distributor n. 판매업체

main distributor 주요 판매업체

The Picturesque Corporation is the main **(distributor)** of EUI Enterprises' products. 피처리스크 사는 EUI 기업 제품의 주요 판매업체이다.

▶ 출제포인트 보어 자리 – 형용사의 수식 대상 ▶ 동사(is)+관사(the)+형용사(main)+명사(distributor)+전치사구(of ~)

donation n. 기증, 기부
generous donation to ~에 후한 기부

donate v. 기증하다, 기부하다   donor n. 기증자, 기부자

The most generous **(donation)** to the university's fundraising campaign was made by Mr. Kane of the Geneva Steel Company. 대학 기금 마련 캠페인에 제네바 철강사의 케인 씨가 가장 후한 기부금을 주었다.

출제포인트 주어 자리 – 형용사의 수식 대상 ▶ 관사(The)+최상급 형용사(most generous)+명사(donation)+전치사구(to ~)+동사(was made)

duplication n. 중복
reduce the duplication of work 중복되는 업무를 줄이다

duplicate v. 복제하다, 복사하다 a. 똑같은, 사본의 n. 사본   duplicator n. 복사기

In an effort to reduce the **(duplication)** of work, Peninsula Manufacturing's Processing and Shipping departments will be merged. 중복되는 업무를 줄이기 위한 노력으로 펜닌슐라 매뉴팩처링의 가공과 선적 부서는 합병될 것입니다.

출제포인트 to부정사의 목적어 자리 ▶ to 동사원형(reduce)+관사(the)+명사(duplication)+전치사구(of ~)

effectiveness n. 유효성, 효과적임, 효과
assess the effectiveness of ~의 효과를 평가하다

effective a. 효과적인   effectively ad. 효과적으로

Mr. Gore is conducting a study that is assessing the **(effectiveness)** of last year's marketing campaign. 고어 씨는 작년의 마케팅 활동의 효과를 평가하는 연구를 수행하고 있다.

출제포인트 목적어 자리 ▶ 주격관계대명사(that)+동사(is assessing)+관사(the)+명사(effectiveness)+전치사구(of ~)

emphasis n. 강조, 역점

place an emphasis on ~에 역점을 두다, ~을 크게 강조하다

emphasize v. 강조하다　emphatic a. 강한, 단호한; 확실한　emphatically ad. 단호히, 강조하여

By placing an **(emphasis)** on client service, City Bank earned its reputation in the area. 고객 서비스에 역점을 두면서 씨티 은행은 그 지역에서 좋은 평판을 쌓았다.

출제포인트 동명사의 목적어 자리 ▶ 동명사(placing)+관사(an)+명사(emphasis)+전치사구(on ~)

employment n. 고용; 채용; 직업

seek employment 일자리를 구하다

employ v. 고용하다　employable a. 고용 자격을 갖춘　employee n. 직원

Newskin, Inc. is hosting a job fair that provides a broad variety of information for people seeking **(employment)**. 뉴스킨 사는 구직자들에게 폭넓고 다양한 정보를 제공하는 취업 박람회를 열고 있다.

출제포인트 현재분사의 목적어 자리 ▶ people (who are)+현재분사(seeking)+명사(employment)

enrollment n. 등록; 등록자 수

enrollment in the management classes 경영 수업의 등록자 수

enroll v. 등록하다

(Enrollment) in the evening management classes has nearly tripled compared to the last semester. 저녁 경영 수업의 등록 인원은 지난 학기와 비교해서 거의 세배가 되었다.

출제포인트 주어 자리 ▶ 명사(Enrollment)+전치사구(in ~)+동사(has tripled)

entertainment n. (영화·음악 등의) 오락(물), 여흥

entertainment on cruise ships 유람선상의 오락물

entertain v. 즐겁게 해주다　entertainer n. 연예인

Maiden Voyage has set the standard for **(entertainment)** on cruise ships with a variety of shows. 메이든 선박은 다양한 쇼를 선보이며 유람선 오락 프로그램의 기준이 되었다.

출제포인트 ▶ 전치사의 목적어 자리 ▶ 전치사(for)+명사(entertainment)+전치사구(on ~)

---

enthusiasm n. 열광, 열정
noticeable enthusiasm among consumers 소비자들의 눈에 띄는 뜨거운 반응
enthusiastic a. 열렬한, 열광적인   enthusiastically ad. 열광적으로

 There was noticeable **(enthusiasm)** among consumers when the company released a new line of fall products. 회사가 가을 신제품을 출시했을 때 소비자들의 눈에 띄는 뜨거운 반응이 있었다.

출제포인트 ▶ 주어 자리-형용사의 수식 대상 ▶ There was+형용사(noticeable)+명사(enthusiasm)+전치사구(among ~)

CHECK UP 4-1

1 ensure a fair _____ of (~의 공정한 분배를 보장하다)
2 main _____ (주요 판매업체)
3 generous _____ to (~에 후한 기부)
4 reduce the _____ of work (중복되는 업무를 줄이다)
5 assess the _____ of (~의 효과를 평가하다)
6 place an _____ on (~에 역점을 두다, ~을 크게 강조하다)
7 seek _____ (일자리를 구하다)
8 _____ in the management classes (경영 수업 등록자 수)
9 _____ on cruise ships (유람선상의 오락물)
10 noticeable _____ among consumers (소비자들의 눈에 띄는 뜨거운 반응)

Answer Key 1. distribution 2. distributor 3. donation 4. duplication 5. effectiveness 6. emphasis
7. employment 8. enrollment 9. enrollment 10. enthusiasm

enthusiast n. 열광주의자, ~광

enthusiasts of fishing 낚시광들

enthuse v. 열변을 토하다, 열광해서 말하다; 열광하게 만들다

For **(enthusiasts)** of fishing and other water activities, Atlanta Travel offers a special tour package for the lakes of Alaska. 낚시나 다른 해양 레저에 열광하는 사람들을 위해 애틀란타 여행사는 알래스카 호수 관광 특별 패키지를 제공하고 있다.

출제포인트 전치사의 목적어 자리 ▶ 전치사(for)+명사(enthusiasts)+전치사구(of ~)

estimate n. 견적서

an estimate of the proposed construction 계획중인 건축에 대한 견적서

estimate (2) v. 견적서, 추산하다   estimated a. 견적의, 추정의

The builder presented an **(estimate)** of the proposed construction to the architect. 건설업자는 건축 설계업자에게 계획중인 건축에 대한 견적서를 제시했다.

출제포인트 목적어 자리 – 단수명사 ▶ 동사(presented)+부정관사(an)+단수명사(estimate)+전치사구(of ~)

evaluation n. 평가

receive an outstanding evaluation 매우 좋은 평가를 받다

evaluate v. 평가하다

Dr. Krause received an outstanding **(evaluation)** from the research committee on his recent article at the end of the year. 크라우스 박사는 연말에 최근에 쓴 논문에 대해 연구 위원회로부터 매우 좋은 평을 받았다.

출제포인트 목적어 자리 ▶ 동사(received)+관사(an)+형용사(outstanding)+명사(evaluation)

exhibition n. 전시회

exhibition on the history of ~의 역사를 주제로 한 전시회

exhibit v. 전시하다; 보이다　exhibitor n. (전시회) 출품자

M&M canceled the summer **(exhibition)** on the history of chocolate because of the upcoming renovation project. 엠앤엠은 곧 있을 건물 보수 프로젝트 때문에 초콜릿의 역사를 주제로 한 여름 전시회를 취소했다.

▶ 출제포인트 목적어 자리 - 명사+명사 ▶ 동사(canceled)+관사(the)+명사구(summer exhibition)

expansion n. 확장, 확대

expansion of the existing facility 기존 시설의 확장

expand v. 확대시키다　expanded a. 확대된, 확장된　expansive a. 광활한, 포괄적인

Owing to the **(expansion)** of the existing facility, we were able to produce more products. 기존 시설을 확장하여 우리는 더 많은 제품을 생산할 수 있었다.

▶ 출제포인트 전치사의 목적어 자리 ▶ Owing to+관사(the)+명사(expansion)+전치사(of)

Financial concerns have prevented the proposed **(expansion)** of affordable housing in the city. 재정적인 걱정 때문에 그 도시에서 계획중인 주택의 확장을 하지 못하게 했다.

▶ 출제포인트 목적어 자리 - 형용사의 수식 대상 ▶ 동사(have prevented)+관사(the)+과거분사형 형용사(proposed)+명사(expansion)+전치사구(of ~)

expectation n. 기대, 예상

exceed shareholders' expectations 주주들의 기대를 뛰어넘다
have high expectations for ~에 대한 높은 기대감을 가지다

expect v. 기대하다　expected a. 예상되는　expecting a. 임신한

The growth of Novell Industries over the past three quarters has exceeded shareholders' **(expectations)**. 지난 삼사분기 동안 이루어진 노벨 사의 성장은 주주들의 기대치를 뛰어넘었다.

▶ 출제포인트 목적어 자리 ▶ 동사(has exceeded)+소유격(shareholders')+명사(expectations)

The public has high **(expectations)** for the long distance runner John Benson, who may win a gold medal for the country. 대중은 나라에 금메달을 안겨 줄지도 모르는 장거리 육상선수 존 벤슨에게 높은 기대감을 가지고 있다.

출제포인트 목적어 자리 ▶ 동사(has)+형용사(high)+명사(expectations)+전치사구(for ~)

expertise n. 전문 지식[기술]

have expertise in ~ 분야에 전문 지식[기술]을 가지다

expert n. 전문가 a. 전문가의   inexpert a. 비전문가의   inexpertly ad. 서투르게

The Princeton Institute has an impressive staff of planners and architects who have extensive training and **(expertise)** in environmental and community planning. 프린스턴 연구소는 환경과 사회 기획에 폭넓은 훈련과 전문적인 기술을 가진 입안자와 건축가들의 인상적인 스태프를 가지고 있습니다.

출제포인트 목적어 자리 ▶ 관계대명사(who)+동사(have)+명사(training) and 명사(expertise)

extension n. 연장

extension of the deadline 마감 시한의 연장

extend v. 연장하다   extended a. 연장된   extendable a. 연장할 수 있는

The **(extension)** of the deadline allowed the Planning Department to finish its proposal on time. 마감일의 연장은 기획부서로 하여금 그들의 제안을 정시에 끝마칠 수 있도록 허용해 주었다.

출제포인트 주어 자리 ▶ 관사(The)+명사(extension)+전치사구(of ~)+동사(allowed)

extract n. 발췌, 초록

an extract from ~에서 발췌한 내용

extracted a. 추출한   extractable a. 추출할 수 있는   extractability n. 추출률

An **(extract)** from Ms. Krause's award-winning novel *Twilight Zone* was printed in the department newspaper. 크라우스 씨의 수상작인 소설 〈트와일라이트 존〉에서 발췌한 내용이 부서 회보에 실렸다.

출제포인트 주어 자리 ▶ 관사(An)+명사(extract)+전치사구(from ~)+동사(was printed)

> **forecast** n. 예상, 예측; 예보
> **weather forecast** 일기예보
> forecas (2) v. 예측하다; 예보하다   forecasting n. 예측; (농생물학) 예찰

The weather **(forecast)** is for rain with a potential for thunderstorms, so the golf tournament will be postponed until further notice. 일기예보에서 천둥을 동반한 비를 예보하고 있으므로 골프 토너먼트는 다음 공지가 있을 때까지 연기될 것이다.

출제포인트 ▶ 주어 자리 - 명사+명사 ▶ 관사(The)+명사구(weather forecast)+동사(is)

CHECK UP 4-2

1 _____ of fishing (낚시광들)
2 an _____ of the proposed construction (계획중인 건축에 대한 견적서)
3 receive an outstanding _____ (매우 좋은 평가를 받다)
4 _____ on the history of (~의 역사를 주제로 한 전시회)
5 _____ of the existing facility (기존 시설의 확장)
6 have high _____ for (~에 대한 높은 기대감을 가지다)
7 have _____ in (~ 분야에 전문 지식[기술]을 가지다)
8 _____ of the deadline (마감 시한의 연장)
9 an _____ from (~에서 발췌한 내용)
10 weather _____ (일기예보)

Answer Key 1. enthusiasts 2. estimate 3. evaluation 4. exhibition 5. expansion 6. expectations 7. expertise 8. extension 9. extract 10. forecast

Section 1 올바른 문장 완성하기 ❶ 기출정답 명사

Unit 5

DAY

1 □ □ □ 기출 정답 어휘 듣고 따라 말하기 🎧 5-1
     □ 기출 응용 문제와 출제 포인트 확인하기

---

founder n. 설립자, 창업자

founder and chief executive 창업자이자 최고 경영자

found v. 설립하다 foundation n. 토대; 재단; 창립

Under **(founder)** and chief executive Diane Johnson, Johnson Legal has become a successful law firm. 창업자이자 최고 경영자인 다이안 존슨의 경영 아래 존슨 법률 회사는 성공적인 법률 회사가 되었다.

〔출제포인트〕 전치사의 목적어 자리 – 병렬 구조 – 사람명사 ▶ 전치사(under)+명사(founder) and 명사(chief executive)

---

funding n. 자금; 재정 지원

consider funding for something ~을 위한 재정 지원을 고려하다

fund n.기금, 자금 v. 자금을 제공하다 funded a. 자금화한, 적립되어 있는

The planning committee will consider **(funding)** for the forthcoming project because of the overall budget cuts. 총예산의 삭감 때문에 기획 위원회는 다가오는 프로젝트를 위한 재정 지원을 고려할 것이다.

〔출제포인트〕 목적어 자리 ▶ 동사(will consider)+명사(funding)+전치사구(for ~)

---

growth n. 성장; 증가

there is tremendous growth in ~ 분야에 엄청난 성장이 있다

expect a substantial growth in ~ 분야의 상당한 성장을 예상하다

grow v. 성장하다 growing a. 커지는, 성장하는 grown a. 다 큰, 장성한 grower n. 재배자

After introducing new procedures throughout the company, there has been tremendous **(growth)** in the professional services sector. 전사적으로 새로운 절차를 도입한 후에 전문 서비스 부문에 상당한 성장이 있었다.

> 출제포인트 주어 자리 – 형용사의 수식 대상 ▶ there has been+(형용사(tremendous)+명사(growth)+전치사구(in ~)

Overseas markets are expanding rapidly, so we expect substantial **(growth)** in orders during the next year. 해외 시장이 빠르게 확장되고 있기 때문에 우리는 내년도 주문에서 상당한 증가를 예상한다.

> 출제포인트 목적어 자리 – 형용사의 수식 대상 ▶ 형용사(substantial)+명사(growth)+전치사구(in ~)

---

increase n. 증가

a 25% increase in revenue 25% 소득 증가
sales increases are determined ofter 판매 증가는 ~후에 결정된다

increase v. 증가시키다   increased a. 증가한   increasing a. 증가하는

 With a 25 percent **(increase)** in revenue over the last year, the Johnson Corporation can look forward to having its best year ever. 지난해 동안 소득이 25% 증가했기 때문에 존슨 사는 최고의 해가 될 것으로 기대한다.

> 출제포인트 전치사의 목적어 자리 – 단수명사 ▶ 전치사(with)+부정관사(a)+25 percent+단수명사(increase)

Sales **(increases)** are determined after checking the annual sales figures submitted by the Sales Department at the end of the year. 판매 증가는 연말에 영업부에서 제출된 연간 매출액을 확인한 후에 결정된다.

> 출제포인트 주어 자리 – 복수명사 ▶ 복수명사(Sales increases)+복수동사(are determined)

---

information n. 정보

further information about ~에 대한 더 많은 정보
provide the requested information 요청된 정보를 제공하다

inform v. 알리다, 공지하다   informed a. 잘 아는, 정보통인   informing a. 통지하는
informational a. 정보의, 정보를 제공하는

If you would like further **(information)** about Worldwide Services Limited, please visit our website. Worldwide Services Limited에 관해 더 많은 정보가 필요하시다면 저희 웹사이트를 방문해 주세요.

> **출제포인트** 목적어 자리 – 형용사의 수식 대상 ▶ 동사(would like)+형용사(further 더 많은)+명사(information)+전치사구(about ~)

Please provide the requested **(information)** in writing to my secretary by the end of the month. 요청 드린 정보를 제 비서에게 이번 달 말까지 서면으로 제공해 주십시오.

> **출제포인트** 목적어 자리 – 형용사의 수식 대상 ▶ 동사(provide)+관사(the)+과거분사형 형용사(requested)+명사(information)+전치사구(in ~)

---

inspector n. 감독관, 조사관
a team of inspectors 감독관 일행

inspect v. 점검하다, 검사하다   inspection n. 점검, 검사

 A team of **(inspectors)** usually checks the quality of water supplied to local residents once a year. 한 팀의 감독관들이 지역 주민들에게 공급되는 수질을 보통 일 년에 한 번씩 점검한다.

> **출제포인트** 전치사의 목적어 자리 – 사람명사 ▶ 전치사(of)+사람명사(inspectors)

---

instruction n. 설명; 지시 사항
leave instructions 지시 사항들을 남기다
detailed instructions 세부 설명서

instruct v. 지시하다, 가르치다   instructional a. 교육용의   instructive a. 유익한   instructor n. 강사

 Mr. Black left **(instructions)** for his staff to follow while he is attending an annual conference in New York. 블랙 씨는 자신이 뉴욕 연례 회의에 참석하고 있는 동안 직원들이 따라야 할 지시 사항을 남겨 두었다.

> **출제포인트** 목적어 자리 ▶ 동사(left)+명사(instructions)+전치사(for)

Your new microwave oven comes with detailed **(instructions)** which will help you learn how to use it. 당신의 새로운 전자레인지는 사용법을 배우는 데 도움을 줄 세부적인 설명서가 함께 나온다.

출제포인트 전치사의 목적어 자리 ▶ 전치사(with)+과거분사형 형용사(detailed)+명사(instructions)+which will help

intention n. 목적, 의도
the intention of ~의 의도
intend v. 의도하다, ~하려고 생각하다   intentional a. 의도적인, 고의로 한

The **(intention)** of the new supply-requisition process is to reduce operating costs. 새로운 물품청구 절차의 목적은 운영비를 줄이려는 것이다.
출제포인트 주어 자리 ▶ 관사(The)+명사(intention)+전치사구(of ~)+동사(is)

It is the **(intention)** of HBC, Inc. to branch out into the private investment sector. 개인투자 부문으로 사업을 확장하는 것은 HBC 사의 의도이다.
출제포인트 보어 자리 ▶ 동사(is)+관사(the)+명사(intention)+전치사구(of ~)

interaction n. 상호작용
improve interaction among employees 직원들 간의 상호 교류를 향상시키다
interact v. 상용 작용하다, 소통하다   interactive a. 상호적인, 상호작용을 하는

To improve **(interaction)** among employees throughout the company, the directors established teams composed of members from different departments. 전사적으로 직원들 간의 상호작용을 향상하기 위해서 이사들은 다른 부서로부터 온 사원들로 구성된 팀을 만들었다.
출제포인트 to부정사의 목적어 자리 ▶ To 동사원형(improve)+명사(interaction)+전치사구(among ~)

interest n. 관심, 흥미
a lot of interest in ~에 대한 지대한 관심
have interests in many countries 여러 나라에 관심을 가지고 있다
interested a. 관심 있어 하는   interesting a. 재미있는   interestingly ad. 재미있게

A lot of **(interest)** in the proposed construction project was generated by the agreesive advertising campaign. 계획중인 건설 프로젝트에 대한 지대한 관심은 적극적인 광고 캠페인에 의해 생성되었다.

출제포인트 주어 자리 ▶ A lot of+명사(interest)+전치사구(in ~)+동사(was generated)

The trading company has **(interests)** in many countries, and its employees often travel overseas. 그 무역 회사는 여러 국가에 관심이 있으며, 회사 직원들은 자주 해외 출장을 한다.

출제포인트 목적어 자리 ▶ 동사(has)+명사(interests)+전치사구(in ~)

---

investor n. 투자자

announce to investors that ~을 투자자들에게 발표하다

invest v. 투자하다   investment n. 투자

Gangjeon Energy has announced to **(investors)** that its profits are expected to rise in the coming year. 강전 에너지는 투자자들에게 내년에는 수익이 증가할 것으로 기대된다고 발표했다.

출제포인트 전치사의 목적어 자리–사람명사 ▶ 동사(has announced)+전치사(to)+사람명사 (investors)+목적어(that ~)

CHECK UP 5-1

1. _____ and chief executive (창업자이자 최고 경영자)
2. consider _____ for something (~를 위한 재정 지원을 고려하다)
3. there is tremendous _____ in (~ 분야에 엄청난 성장이 있다)
4. a 25% _____ in revenue (25% 소득 증가)
5. provide the requested _____ (요청된 정보를 제공하다)
6. a team of _____ (감독관 일행)
7. leave _____ (지시 사항들을 남기다)
8. the _____ of (~의 의도)
9. improve _____ among employees (직원들 간의 상호 교류를 향상시키다)
10. have _____ in many countries (여러 나라에 관심을 가지고 있다)
11. announce to _____ that (~을 투자자들에게 발표하다)

Answer Key 1. founder 2. funding 3. growth 4. increase 5. information 6. inspectors
7. instructions 8. intention 9. interaction 10. interests 11. investors

2
□ □ □ 기출 정답 어휘 듣고 따라 말하기 🎧 5-2
□ 기출 응용 문제와 출제 포인트 확인하기

---

journalist n. 기자, 저널리스트
an award-winning journalist 수상 경력이 있는 기자
journal n. 신문, 저널, 학술지   journalism n. 저널리즘   journalistic a. 저널리스트의, 기자의

John Smith, an award-winning **(journalist)** at *The New York Times*, has agreed to chair the conference committee. 존 스미스는 수상 경력이 있는 <뉴욕 타임즈> 저널리스트로서 컨퍼런스 위원회의 의장직에 동의했다.

출제포인트 주어의 동격어 – 사람명사 ▶ 관사(an)+형용사(award-winning)+명사(journalist)

---

lack n. 부족
lack of technical experience 기술 경험 부족

During recent interviews, hiring committee members were surprised by the candidates' **(lack of)** technical experience. 최근에 있었던 인터뷰에서 고용 위원회 위원들은 지원자들의 기술 경험 부족에 놀랐다.

출제포인트 전치사의 목적어 자리 ▶ 전치사(by)+소유격(the candidates')+명사(lack)+전치사구(of ~)

---

leader n. 선두, 지도자
a leader in selling processed products 가공식품업계 선두주자
lead v. 안내하다, 이끌다   leading a. 선두적인, 선두의

Sun Food, Inc. has become a **(leader)** in selling processed products in China and now plans to expand to other countries. 선푸드 사는 중국 가공식품업계의 선두주자가 되었으며 현재는 다른 나라들로 확장할 계획이다.

출제포인트 보어 자리 – 단수명사 ▶ 동사(has become)+부정관사(a)+단수명사(leader)

lecture n. 강의, 강연
schedule lectures on antibiotics 항생제에 대한 강연 일정을 잡다

lecture (2) v. 강의하다   lecturer n. 강사

The Committee on Medicine Safety has scheduled **(lectures)** on antibiotics on Wednesday and Sunday evenings beginning on July 7. 의약품 안전 위원회는 항생제에 대한 강연을 수요일과 일요일 저녁에 잡았으며 7월 7일부터 시작한다.

> 출제포인트 **목적어 자리 – 복수명사** ▶ 동사(has scheduled)+무관사+복수명사(lectures): 셀 수 있는 명사 앞에 부정관사 a/an이 없으므로 복수명사를 쓴다.

level n. 수준, 정도
demonstrate a high level of expertise 높은 수준의 전문성을 보여 주다

Candidates must demonstrate a high **(level)** of expertise in international policy in order to be considered for the position. 후보자들은 그 직책에 고려될 수 있도록 국제 정책에 있어 높은 수준의 전문성을 보여 주어야 한다.

> 출제포인트 **목적어 자리 – 단수명사** ▶ 동사(must demonstrate)+부정관사(a)+형용사(high)+단수명사(level)+전치사구(of ~)

location n. 장소; 야외 촬영지
travel to international locations 해외 취재 현장으로 가다
have three locations 지점이 세 군데 있다

locate v. (~의 위치를) 찾아내다   local n. (특정 지역에 사는) 주민, 현지인 a. 지역의, 현지의
locally ad. 근처에; 장소상으로   locality 인근; (~가 존재하는) 곳

Reporters working at NBC Broadcasting travel to international **(locations)** to report current issues. NBC 방송국에서 일하는 기자들은 현재 대두되고 있는 문제들을 보도하기 위해서 해외 취재 현장으로 간다.

> 출제포인트 **전치사의 목적어 자리** ▶ 전치사(to)+형용사(international)+명사(locations)

Olive Garden's cafe now has three **(locations)** in Orney, including two on University Avenue. 올리브 가든 카페는 현재 유니버시티 가에 있는 두 군데를 포함해서 오니에 지점이 세 군데가 있다.

> 출제포인트 목적어 자리 ▶ 동사(has)+수량형용사(three)+복수명사(locations)

loss n. 손실, 손해

suffer a loss in revenue 수익 감소를 겪다

lose v. 분실하다, 잃어버리다

Percific Airlines suffered **(losses)** in revenue in the last two quarters due to increased competition from smaller airlines. 퍼시픽 항공사는 소규모 항공사들과 경쟁이 늘어나면서 지난 두 분기 동안 수익 감소를 겪었다.

> 출제포인트 목적어 자리 ▶ 동사(suffered)+명사(losses)+전치사구(in ~)

cf. suffered losing in revenue (X)

maintenance n. 유지

ongoing maintenance in ~에 대한 지속적인 관리

maintain v. 유지하다   maintained a. 재정 지원을 받는

The monthly rental fee includes the shared cost of the ongoing **(maintenance)** in the fitness facilities. 월 임대료에는 체력 단련 시설을 지속적으로 관리하는 데 드는 공동 부담비가 포함된다.

> 출제포인트 전치사의 목적어 자 – 형용사의 수식 대상 ▶ 전치사(of)+관사(the)+형용사(ongoing)+명사(maintenance)+전치사구(in ~)

majority n. 다수

a great majority of workers 대다수의 근로자들

major a. 주요한, 중대한 n. 전공

According to a recent tourism survey, a great **(majority)** of workers prefer to travel to familiar destinations during holidays. 최근 여행 설문 조사에 따르면 대다수의 근로자들은 휴가기간 동안에 익숙한 곳으로 여행하는 것을 선호한다.

출제포인트 주어 자리 ▶ 관사(a)+형용사(great)+명사(majority)+전치사구(of ~)+동사(prefer)

---

manager n. 경영자, 관리자
manager of the gift shop 선물 전문점 매니저

manage v. 관리하다; 다루다; 힘든 일을 해내다   managerial a. 경영의, 관리의

At the meeting, the **(manager)** of the gift shop will share her ideas and plans for attracting new customers. 그 회의에서 선물 전문점 매니저는 새로운 고객들을 유치하기 위한 아이디어들과 계획들을 나누려고 한다.

출제포인트 주어 자리 ▶ 관사(the)+명사(manager)+전치사구(of ~)+동사(will share)

---

manufacturer n. 제조업자[회사]
contact the manufacturer directly 제조업체에 직접 연락하다
change the manufacturer of the item 그 물품의 제조업체를 변경하다

manufacture v. 제조하다, 생산하다   manufacturing n. 제조업

Customers must contact the **(manufacturer)** directly for product repairs and replacement. 고객들이 제품 수리 및 교환을 하려면 제조업체에 직접 연락을 해야 한다.

출제포인트 목적어 자리 ▶ 동사(must contact)+관사(the)+명사(manufacturer)

Despite several attempts to change the **(manufacturer)** of the item, we could not find a better one. 그 물품의 제조업체를 변경하려고 수차례 시도해 봤지만 더 좋은 제조업체를 찾을 수 없었다.

출제포인트 to부정사의 목적어 자리 ▶ to 동사원형(change)+관사(the)+명사(manufacturer)

The Simple Deco Company has been a proud **(manufacturer)** of home furnishings for more than 20 years. 심플 데코 사는 20여 년 동안 자긍심 있는 가정용 가구 제조업체로 이어져 왔습니다.

출제포인트 보어 자리 – 형용사의 수식 대상 ▶ 동사(has been)+관사(a)+형용사(proud)+명사(manufacturer)

CHECK UP 5-2

1. an award-winning _____ (수상 경력이 있는 기자)
2. _____ of technical experience (기술 경험 부족)
3. a _____ in selling processed products (가공식품업계 선두주자)
4. schedule _____ on antibiotics (항생제에 대한 강연 일정을 잡다)
5. demonstrate a high _____ of expertise (높은 수준의 전문성 보여주다)
6. travel to international _____ (해외 취재 현장으로 여행하다)
7. suffer a _____ in revenue (수익 감소를 겪다)
8. ongoing _____ in (~에 대한 지속적인 관리)
9. a great _____ of workers (대다수의 근로자들)
10. _____ of the gift shop (선물 전문점 매니저)
11. contact the _____ directly (제조업체에 직접 연락하다)

Answer Key 1. journalist 2. lack 3. leader 4. lectures 5. level 6. locations 7. loss 8. maintenance
9. majority 10. manager 11. manufacturer

Section 1 올바른 문장 완성하기 ❶ 기출정답 명사

Unit 6

DAY

1
☐ ☐ ☐ 기출 정답 어휘 듣고 따라 말하기 🎧 6-1
☐ 기출 응용 문제와 출제 포인트 확인하기

marketing n. 마케팅
online marketing 온라인 마케팅
market n. 시장 v. (상품을) 시장에 놓다, 광고하다　marketable a. (상품이) 잘 팔리는, 시장성이 있는

Consultants from IMC Global, Inc. considered online **(marketing)** the most effective way for Max Shops to draw customers from the ages nineteen to twenty-three. IMC 글로벌 사의 컨설턴트들은 맥스 숍이 19세에서 23세 사이의 고객들을 유치하는 데 가장 효율적인 방법이 온라인 마케팅이라고 여겼다.

　출제포인트　목적어 자리 ▶ 동사(considered)+형용사(online)+명사(marketing)+목적격 보어(the most effective way)

medicine n. 의학, 의술; 약
develop new medicines 신약을 개발하다
medicinal a. 약효가 있는　medicate v. 약을 투여하다

Researchers for drug companies use the latest technology to help them develop new **(medicines)**. 제약 회사의 연구원들은 신약 개발을 위해 최신 기술을 도입하고 있다.

　출제포인트　원형부정사의 목적어 자-형용사의 수식 대상 ▶ 사역동사(help)+목적어(them)+동사원형(develop)+형용사(new)+명사(medicines)

modification n. 수정
a plan for building modification 건축 수정 계획안
modify v. 수정하다, 바꾸다

65

The engineers sent a plan for building **(modification)** to the executive officers of Sears Apparel for approval. 엔지니어들은 건축 수정 계획안을 시어즈 의류 회사 임원진에게 보내 승인을 요청했다.

> 출제포인트 전치사의 목적어 자리 - 명사+명사 ▶ 전치사(for)+명사구(building modification)

---

motivation n. 자극; 동기 부여
the team's motivation has improved 팀의 사기가 진작되었다

motivate v. 동기를 부여하다   motivational a. 동기를 부여하는   motive n. 동기, 이유

 Since Mr. Smith became the sales manager, the team's **(motivation)** has noticeably improved, and the sales figures are up 15 percent. 스미스 씨가 영업부장이 된 이후로 팀의 사기가 눈에 띄게 진작되었고, 판매 실적도 15% 상승했다.

> 출제포인트 주어 자리 ▶ 관사(the)+소유격(team's)+명사(motivation)

---

negotiation n. 협상, 교섭
future contract negotiations 앞으로의 계약 협상들

negotiate v. 협상하다   negotiable a. 협상할 수 있는   negotiator n. 교섭자

 Mr. Shmidov hired two lawyers to help with future contract **(negotiations)** to ensure that they wouldn't have any more legal troubles. 시미도브 씨는 더 이상의 법적인 문제들이 발생하지 않도록 하기 위해 앞으로 있을 계약 협상을 도와줄 변호사 두 명을 고용했다.

> 출제포인트 전치사의 목적어 자리 - 명사+명사 ▶ 전치사(with)+형용사(future)+명사구(contract negotiations)

---

nomination n. 지명, 추천
solicit nominations for ~ 후보 지명을 추천받다

nominate v. 지명하다, 임명하다

 The local newspaper is soliciting **(nominations)** for the area's best attractions to be featured at the annual parade celebrating the city's tourism industry. 그 지역 일간지는 시의 관광 산업을 기념하는 연례 퍼레이드에서 선보일 그 고장 최고의 명소 후보들을 추천받고 있다.

출제포인트 목적어 자리 ▶ 동사(is soliciting)+명사(nominations)+전치사구(for ~)

---

operation n. 사업, 영업, 경영
after five years in operation 사업을 시작한 지 5년 만에

operate (사업체) 영업하다; (기계) 작동되다, 가동하다   operational a. 운영상의, 가동상의

After five years in **(operation)**, the Johnson Corporation plans to expand its facility by the end of the year. 사업을 시작한 지 5년 만에 존슨 사는 올해 연말까지 회사 시설을 확장할 계획이다.

출제포인트 전치사의 목적어 자리 ▶ 전치사(in)+명사(operation)

---

participant n. 참가자
several participants have experience in professional leagues
몇몇 참가자들은 프로 리그 경험이 있다

participate v. 참가하다   participation n. 참가, 참여

Although the local sports league consists mostly of amateurs, several **(participants)** have had experience in professional leagues. 비록 그 지역 스포츠 리그는 대부분 아마추어 선수들로 구성이 되어 있지만 몇몇 참가자들은 프로 리그 경험을 가지고 있다.

출제포인트 주어 자리 - 사람명사 - 복수명사 ▶ 수량형용사(several)+복수명사(participants)+복수동사(have had)

---

participation n. 참가, 참여
participation in a benefit concert 자선 콘서트 참여

Patrick Damon, a popular electric violinist, has announced his upcoming **(participation)** in a benefit concert for veterans of the war. 인기 전자 바이올린 연주자 패트릭 데이먼은 곧 있을 참전 용사들을 위한 자선 콘서트에 참여한다고 발표했다.

출제포인트 목적어 자리-형용사의 수식 대상 ▶ 동사(has announced)+소유격(her)+형용사(upcoming)+명사(participation)

---

performance n. 실적, 성과
performance of the new division 신규 사업부의 실적
offer exceptional performance 뛰어난 성능을 제공하다
perform v. 수행하다, 실시하다, 공연하다   performable a. 이행할 수 있는
performer n. 연기자, 연주자

Company managers have been encouraged by the **(performance)** of the newly acquired healthcare division. 회사 경영진은 새로 인수한 건강관리 사업부의 실적에 고무되어 있다.

출제포인트 전치사의 목적어 자리-추상명사 ▶ 전치사(by)+관사(the)+추상명사(performance)+전치사구(of ~)

Most German cars offer exceptional **(performance)**, and many drivers prefer the speed and reliability they experience with those cars. 대부분의 독일 차들은 뛰어난 성능을 제공하는데 많은 운전자들은 독일 차에서 경험하는 속도감과 안정감을 선호한다.

출제포인트 목적어 자리-형용사의 수식 대상-추상명사 ▶ 동사(offer)+형용사(exceptional)+추상명사(performance)

---

permission n. 허가
have permission to attend the seminar 세미나에 참석할 수 있는 허가를 얻다
permit v. 허가하다, 허락하다   permitted a. 허가된   permissive a. 허용하는, 관대한

Sales members have **(permission)** to attend the seminar if they register by May 3. 영업 직원들은 5월 3일까지 등록하면 세미나에 참석할 수 있다.

출제포인트 목적어 자리 ▶ 동사(have)+명사(permission)+to부정사

CHECK UP 6-1

1 online _____ (온라인 마케팅)
2 develop new _____ (신약을 개발하다)
3 a plan for building _____ (건축 수정 계획안)
4 the team's _____ has improved (팀의 사기가 진작되었다)
5 future contract _____ (앞으로의 계약 협상들)
6 solicit _____ for (~ 후보 지명을 추천받다)
7 after five years in _____ (사업을 시작한 지 5년 만에)
8 several _____ have experience in professional leagues
   (몇몇 참가자들은 프로 리그 경험이 있다)
9 _____ in a benefit concert (자선 콘서트 참여)
10 _____ of the new division (신규 사업부의 실적)
11 have _____ to attend the seminar (세미나에 참석할 수 있는 허가를 얻다)

> **Answer Key** 1. marketing 2. medicines 3. modification 4. motivation 5. negotiations 6. nominations
> 7. operation 8. participants 9. participation 10. performance 11. permission

---

2 □ □ □ 기출 정답 어휘 듣고 따라 말하기 🎧 6-2
        □ 기출 응용 문제와 출제 포인트 확인하기

---

photographer n. 사진작가, 사진사

a beginning photographer 초보 사진작가

photograph n. 사진   photography n. 사진술, 사진 찍기   photographic a. 사진의, 사진술의

The new book published last month provides beginning **(photographers)** with some useful tips and techniques on taking pictures. 지난달에 출간된 그 신간은 초보 사진작가들에게 사진 촬영에 관한 유용한 정보와 기술들을 제공한다.

출제포인트 목적어 자리 – 형용사의 수식 대상 ▶ 동사(provides)+현재분사형 형용사(beginning)+명사(photographers)+전치사구(with ~)

plan n. 계획, 방안
design a master energy plan 에너지 기본 계획을 고안하다

plan (2) 계획하다　planned a. 계획된

Mr. Asera designed the master energy **(plan)** that is still used in Creek Valley to this day. 아세라 씨는 크릭 밸리에서 오늘까지도 쓰이고 있는 에너지 기본 계획을 고안했다.

▶ 출제포인트 목적어 자리 - 명사+명사 ▶ 동사(designed)+관사(the)+형용사(master)+명사구(energy plan)+관계사절(that ~)

planning n. 계획 (세우기, 과정), 입안
thanks to careful planning 신중한 계획 덕분에

planner n. 계획자, 설계자

Thanks to careful **(planning)**, the construction of the new train station in American Fork will cause very little inconvenience to the community. 신중한 계획 덕분에 아메리칸 포크에 들어서는 새 지하철역 공사는 그 지역에 거의 불편을 끼치지 않을 것이다.

▶ 출제포인트 전치사의 목적어 자리 - 형용사의 수식 대상 ▶ Thanks to+형용사(careful)+명사(planning)

position n. 일자리; 위치
a position in the Accounting Department 경리부 일자리

The final date to submit an application for a **(position)** in the Accounting Department will be emailed to each applicant by Friday. 경리부서 일자리에 대한 지원서 제출 마감일은 금요일까지 각 지원자들에게 이메일로 통보될 것이다.

▶ 출제포인트 전치사의 목적어 자리 - 단수명사 ▶ 전치사(for)+부정관사(a)+단수명사(position)+전치사구(in ~)

potential n. 가능성, 잠재력
extraordinary potential for global sales 매우 높은 해외 판매 가능성

potential (2) a. 가능성이 있는, 잠재적인   potent a. 강한, 강력한   potentially ad. 가능성 있게, 잠재적으로

Genesis, an energy-efficient convertible sedan, has extraordinary **(potential)** for global sales. 제네시스는 에너지 효율이 좋은 컨버터블 세단으로 매우 높은 해외 판매 가능성이 있다.

출제포인트 목적어 자리-형용사의 수식 대상 ▶ 동사(has)+형용사(extraordinary)+명사(potential)+전치사구(for ~)

preference n. 선호도; 선호하는 것
in order of preference 선호도 순으로
indicate one's meal preference 식사 기호를 알리다

prefer v. 더 좋아하다   preferred a. 우선의, 우선권 있는   preferential a. 우선권을 주는

Please rate the proposed suggestions in order of **(preference)** and place the ballot in the box. 건의된 제안들을 선호도에 따라 등급을 매기고 용지를 투표함에 넣으시오.

출제포인트 전치사의 목적어 자리 ▶ in order of+명사(preference)

Vegetarian participants are reminded to indicate their meal **(preferences)** or special requests during registration. 채식주의 참가자들은 등록할 때 본인의 식사 기호 또는 특별 요청 사항을 알려야 한다는 것을 잊지 말아야 한다.

출제포인트 to부정사의 목적어 자리-명사+명사 ▶ to 동사원형(indicate)+소유격(their)+명사구(meal preferences)

preparation n. 준비
in preparation for ~의 준비로, ~에 대비하여
preparations are complete for ~할 준비가 완료되다

prepare v. 준비하다   prepared a. 준비가 된   preparer n. 준비자, 입안자

In **(preparation)** for many New Year's celebrations, each department is putting together a short presentation. 각종 새해 기념식들

을 대비해서 각 부서에서는 짤막한 프레젠테이션을 하고 있다.

▶ **출제포인트** 전치사의 목적어 자리 ▶ 전치사(In)+명사(preparation)+전치사구(for ~)

(Preparations) are complete for the Perrier product demonstration at tomorrow's industrial engineering conference. 내일 열리는 산업 공학 컨퍼런스에서 있을 페리어 제품 설명 준비가 완료되었다.

▶ **출제포인트** 주어 자리-추상명사 ▶ 추상명사(Preparations)+동사(are complete)
cf. Preparers are complete (X)

---

product n. 산물, 생산품
product of intensive research 집중적인 연구의 산물

produce v. 생산하다   producer n. 생산자

The drought-resistant soybean plant is the **(product)** of many years of intensive research and experimentation. 가뭄에 내성이 있는 그 콩 작물은 수년 간의 집중적인 연구와 실험의 산물이다.

▶ **출제포인트** 보어 자리-동사(is)+관사(the)+명사(product)+전치사구(of ~)

---

productivity n. 생산성
increase worker productivity 근로자의 생산성을 높이다

productive a. 생산적인   productively ad. 생산적으로

A factory spokesperson announced last week that Winston had increased worker **(productivity)** while maintaining high safety standards. 공장 대변인은 지난주에 윈스턴이 높은 안전 기준을 유지하면서 근로자의 생산성을 높였다고 발표했다.

▶ **출제포인트** 목적어 자리-명사+명사 ▶ 동사(increased)+명사구(worker productivity)
cf. staff[employee] productivity 근로자의 생산성

Streamlining the different tasks involved in manufacturing car engines is likely to increase overall **(productivity)**. 자동차 엔진을 제조하는 데 수반된 여러 가지 공정들의 간소화는 전체 생산성을 증대시킬 것으로 보인다.

▶ **출제포인트** to부정사의 목적어 자리-형용사의 수식 대상 ▶ is likely to 동사원형(increase)+형용사(overall)+명사(productivity)

professionalism n. 전문성
sense of professionalism 프로 의식

profession n. 전문직; 직업   professional a. 전문적인, 직업의   professionally ad. 전문적으로

Mr. Payne's sense of **(professionalism)** enables him to take charge of any situation and guide it to a resolution. 페인 씨의 프로 의식은 그가 어떤 상황이라도 책임지고 해결점으로 이끌어갈 수 있게 한다.

▶ 출제포인트 전치사의 목적어 자리 ▶ 전치사(of)+명사(professionalism)
cf. sense of humor 유머 감각 sense of security 안정감 sense of direction 방향감

Ms. Harmon dealt with her clients' last-minute requests efficiently and with great **(professionalism)**. 하몬 씨는 고객들이 마지막 순간까지 요구하는 내용까지도 효율이고도 상당한 전문성을 가지고 다뤘다.

▶ 출제포인트 전치사의 목적어 자리 ▶ 전치사(with)+형용사(great)+명사(professionalism)

CHECK UP 6-2

1 a beginning _____ (초보 사진작가)
2 design a master energy _____ (에너지 기본 계획을 고안하다)
3 thanks to careful _____ (신중한 계획 덕분에)
4 a _____ in the Accounting Department (경리부 일자리)
5 extraordinary _____ for global sales (매우 높은 해외 판매 가능성)
6 in order of _____ (선호도 순으로)
7 in _____ for (~의 준비로, ~에 대비하여)
8 _____ of intensive research (집중적인 연구의 산물)
9 increase worker _____ (근로자의 생산성을 높이다)
10 sense of _____ (프로 의식)

Answer Key 1. photographer 2. plan 3. modification 4. position 5. potential 6. preference
7. preparation 8. product 9. productivity 10. professionalism

Section 1 올바른 문장 완성하기 ❶ 기출정답 명사

Unit 7

DAY

1 ☐ ☐ ☐ 기출 정답 어휘 듣고 따라 말하기 🎧 7-1
　　☐ 기출 응용 문제와 출제 포인트 확인하기

---

professional n. 전문직 종사자, 전문가
a healthcare professional 건강관리 전문가

A local health clinic is offering a screening conducted by healthcare **(professionals)** affiliated with the general hospital. 한 개인병원에서는 그 종합병원에 소속된 건강관리 전문가들에 의해 실시되는 검사를 제공하고 있다.

　출제포인트　전치사의 목적어 자리-명사+명사 ▶ 전치사(by)+명사구(healthcare professionals)

---

profit n. 수익, 이윤
year-end profit 연말 수익

Analysts predict that the Mosaic Tile Company's year-end **(profit)** will be the highest it has been in three years. 분석가들은 모자이크 타일 사의 연말 수익이 3년 만에 최고가 될 것이라고 예상하고 있다.

　출제포인트　주어 자리-명사+명사 ▶ 접속사(that)+소유격(the Mosaic Tile Company's) +명사구(year-end profit)+동사(will be)

---

profitability n. 수익성
change in profitability 수익 변화
profitable a. 수익성이 있는, 유익한　　profitably ad. 유익하게, 이익이 되게

The company's recent change in **(profitability)** can be attributed to the new president, Paul Reddy. 회사의 최근 수익 변화는 신임 사장인 폴 레디 덕분이라고 볼 수 있다.

출제포인트 전치사의 목적어 자리 ▶ 전치사(in)+명사(profitability)

promotion n. 승진
receive a promotion 승진하다

promote v. 승진시키다, 홍보하다

John Anderson received a **(promotion)** just three months after being hired by the Neon Engineering Group. 존 앤더슨은 네온 엔지니어링 그룹에 채용된 지 단 3개월 만에 승진했다.

출제포인트 목적어 자리 ▶ 동사(received)+관사(a)+명사(promotion)

The company is pleased to announce the **(promotion)** of John Blacks to lead analyst in our engineering division. 회사는 존 블랙스 씨가 기술부의 수석 분석가로 승진한 것을 발표하게 되어 기쁩니다.

출제포인트 to부정사의 목적어 자리 ▶ to동사원형(annouce)+관사(the)+명사(promotion)+전치사구(of ~)

proposal n. 제안
submit a proposal for ~에 대한 제안서를 제출하다

propose v. 제안하다   proposed a. 제안된

A local architecture firm submitted a **(proposal)** for the new shopping mall construction project. 한 지역 건축설계 회사에서 신축 쇼핑몰 건설 프로젝트 제안서를 제출했다.

출제포인트 목적어 자리 ▶ 동사(submitted)+관사(a)+명사(proposal)+전치사구(for ~)

Please review the **(proposal)** for the new safety procedures thoroughly and let us know if you want to change anything. 새로운 안전수칙 안을 철저하게 검토해 주시고 변경을 원하시는 것이 있으면 알려 주세요.

출제포인트 목적어 자리 ▶ 동사(review)+관사(the)+명사(proposal)+전치사구(for ~)

provider n. 공급자
a provider of international delivery solutions 국제 배송업체

provide v. 공급하다, 제공하다   provision n. 공급, 제공   provided conj. 만약 ~라면

Delta Services aspires to be the most successful global **(provider)** of international delivery solutions. 델타 서비스는 가장 성공한 세계적인 국제 배송업체가 되려고 하는 열망을 가지고 있다.

▶ 출제포인트 ▶ to부정사의 보어 자리-형용사의 수식 대상 ▶ the+최상급 형용사(most successful)+형용사(global)+명사(provider)

publisher n. 출판업자, 출판사
be due to the publisher 출판사에 주어야 하다

publish v. 출판하다   publishing n. 출판업

Information to be included in the annual report is due to the **(publisher)** by the end of this fiscal year. 연례 보고서에 포함되어야 할 정보는 이번 회계연도 말까지 출판사에 줘야 합니다.

▶ 출제포인트 ▶ 전치사의 목적어 자리 ▶ is due to+관사(the)+명사(publisher)   cf. be due to somebody ~에게 주어야 하다

qualification n. 자격(증); 자질
your background and qualifications 귀하의 이력과 자격 조건들

qualify v. 자격(증)을 얻다   qualified a. 자격(증)을 갖춘   qualifying a. 자격을 주는   quality 질, 양질
qualifier n. (대회의) 예선 통과자

To provide additional information about your background and **(qualifications)**, please fill out the following forms. 귀하의 이력과 자격 조건들에 대한 추가적인 정보를 제공하기 위해 다음 양식을 작성해 주세요.

▶ 출제포인트 ▶ 전치사의 목적어 자리-병렬 구조 ▶ 전치사(about)+소유격(your)+명사(background) and 명사(qualifications)

Career experts recommend that taking computer classes at a job training center can add to your **(qualifications)** and potentially lead to a better position. 직업 전문가들은 직업훈련센터에서 컴퓨터 수업을 들으면 자격 조건도 추가할 수 있고 좋은 일자리를 얻는 결과로 이어질 수 있다고 권장한다.

> 출제포인트 ▶ 전치사의 목적어 자리 ▶ 전치사(to)+소유격(your)+명사(qualifications)

question n. 문제, 질문
in question 논의가 되고 있는, 문제의

question (2) v. 질문하다   questionable a. 의심스러운   questioned a. 의문이 제기되어진
questioner n. 질문자   questionably ad. 의심스럽게

The study in **(question)** was published over twenty years ago, and its conclusions have since been repeatedly disproved. 논란이 되고 있는 그 연구는 20여 년 전에 출판되었고, 그 연구의 결론은 그 후로 여러 차례 반론이 제기되어 왔다.

> 출제포인트 ▶ 전치사의 목적어 자리 ▶ 전치사(in)+명사(question)

recommendation n. 추천; 건의, 권고
a recommendation for updating company policies 사규 개정에 관한 건의
a recommendation of the committee 위원회의 권고안

recommend v. 추천하다   recommended a. 추천되어진   recommendable a. 추천할 만할

Mr. Roger's **(recommendation)** for updating company policies will be reviewed by the board of directors. 사규 개정에 관한 로저 씨의 건의는 이사회에서 검토될 것이다.

> 출제포인트 ▶ 주어 자리 ▶ 소유격(Mr. Roger's)+명사(recommendation)+전치사구(for ~)+동사(will be reviewed)

The **(recommendation)** of the committee will be a key factor as to whether or not to expand our current facilities. 위원회의 권고안은 우리의 현재 시설을 확장 여부를 결정할 주요 요인이 될 것이다.

> 출제포인트 ▶ 주어 자리 ▶ 관사(The)+명사(recommendation)+전치사구(of ~)+동사(will be)

reference n. (정보를 얻기 위해) 참고, 참조
for your reference 귀하께서 참고할 수 있도록

refer v. 참고하다, 참조하다   referential a. 참고의, 참조의

For your **(reference)**, we have included a copy of the document that was made at the last meeting. 귀하께서 참고하실 수 있도록 지난 회의에서 작성된 문서의 사본을 포함했습니다.

출제포인트 전치사의 목적어 자리 ▶ 전치사(For)+소유격(your)+명사(reference)

CHECK UP 7-1

1 a healthcare _____ (건강관리 전문가)
2 year-end _____ (연말 수익)
3 change in _____ (수익 변화)
4 receive a _____ (승진하다)
5 submit a _____ for (~에 대한 제안서를 제출하다)
6 a _____ of international delivery solutions (국제 배송업체)
7 be due to the _____ (출판사에 주어야 하다)
8 your background and _____ (귀하의 이력과 자격 조건들)
9 in _____ (논의가 되고 있는, 문제의)
10 a _____ for updating company policies (사규 개정에 관한 건의)
11 for your _____ (귀하께서 참고할 수 있도록)

Answer Key 1. professional 2. profit 3. profitability 4. promotion 5. proposal 6. provider
7. publisher 8. qualifications 9. question 10. recommendation 11. reference

2 □ □ □ 기출 정답 어휘 듣고 따라 말하기 🎧 7-2
□ 기출 응용 문제와 출제 포인트 확인하기

reform n. 개혁
economic reforms 경제 개혁 사안들

reform (2) v. 개혁하다   reformed a. 개량된, 개혁된   reformer n. 개혁가   reformatory n. 소년원

The president's proposed economic **(reforms)** are expected to be implemented as of next year. 대통령이 제안한 경제 개혁안들은 내년부터 시행될 것으로 예상된다.

> 출제포인트 주어 자리 ▶ 소유격(The president's)+과거분사형 형용사(proposed)+형용사(economic)+명사(reforms)+동사(are)

registration n. 등록
during the registration process 등록 절차 중에
register v. 등록하다   registered a. 등록한, 등기의   registry n. 등록소, 등기소

The hotel requires that guests should present a major credit card during the **(registration)** process. 그 호텔은 고객들에게 등록 절차 시 주요 신용 카드사들의 카드를 제시할 것을 요구한다.

> 출제포인트 전치사의 목적어 자리 – 명사+명사 ▶ 전치사(during)+관사(the)+명사구(registration process)

reliability n. 신뢰성
depend on the reliability of the volunteers 자원봉사자들의 신뢰성에 달려 있다
reliable a. 믿을 수 있는, 신뢰할 수 있는

The success of the charity depends on the **(reliability)** of the volunteers devoting their time and energy. 자선사업의 성공은 시간과 노력을 들이는 자원봉사자들의 신뢰성에 달려 있다.

> 출제포인트 전치사의 목적어 자리 ▶ 전치사(on)+관사(the)+명사(reliability)+전치사구(of ~)

remainder n. 나머지
for the remainder of the week 나머지 주간 동안
remain v. 남다, 남아 있다   remaining a. 남아 있는, 남은

Some proposed models of the new building will be on display in the lobby for the **(remainder)** of the week. 신축할 건물의 몇 가지 모델들이 나머지 주간 동안 로비에서 전시될 것입니다.

> 출제포인트 전치사의 목적어 자리 ▶ 전치사(for)+관사(the)+명사(remainder)+전치사구(of ~)

removal n. 제거
for removal 제거할 수 있도록
remove v. 제거하다   removable a. 제거할 수 있는   remover n. 제거제

Surplus equipment should be set aside at the corner of the storage room for **(removal)**. 남는 비품은 치워버릴 수 있도록 창고의 코너에 따로 두어야 한다.

출제포인트 ▶ 전치사의 목적어 자리 ▶ 전치사(for)+명사(removal)

request n. 요청, 신청
fulfill requests for new office equipment 비품 신청을 이행하다
request v. 요청하다

He is responsible for fulfilling **(requests)** for new office equipment. 그는 새 사무실에 필요한 비품 신청을 이행하는 임무를 맡고 있다.

출제포인트 ▶ 동명사의 목적어 자리 – 복수명사 ▶ 동명사(fulfilling)+관사(the)+복수명사(requests): requests는 셀 수 있는 명사로 앞에 부정관사가 없으므로 복수형을 쓴다.

All **(requests)** for a catalogue of new products must be made in writing no later than January 4th. 신상품들에 대한 카탈로그의 모든 신청은 늦어도 1월 4일까지 서면으로 이루어져야 한다.

출제포인트 ▶ 주어 자리 – 복수명사 ▶ 수량형용사(All)+복수명사(requests)+동사(must be made): cf. all+불가산 명사 (o)   all+복수명사 (o)   all+단수명사 (x)

requirement n. 요구, 필요조건
meet the quality requirements of ~의 필요조건을 충족하다
require v. 요구하다, 필요로 하다

Unfortunately, the products you provided us do not meet the quality **(requirements)** of Gem Associates. 불행하게도 당신이 우리에게 제공한 제품은 젬 연합의 품질 필요조건을 충족시키지 못합니다.

출제포인트 ▶ 목적어 자리 – 명사+명사 ▶ 동사(meet)+관사(the)+명사구(quality requirements)

reservation n. 예약

make reservations[a reservation] 예약하다

reserve v. 예약해 두다, 남겨 두다   reserved a. 예약한, 남겨둔; 내성적인

We made a **(reservation)** at the Garden Cafe for tomorrow's business luncheon. 우리는 내일 있을 비즈니스 오찬을 위해 가든 카페에 예약을 했다

> 출제포인트 목적어 자리 - 단수명사 ▶ 동사(made)+부정관사(a)+단수명사(reservation)

Groups of five or more people should make **(reservations)** to ensure that seating will be available at Applebee's Restaurant. 다섯 명 이상의 단체는 애플비 식당에서 자리를 확보할 수 있도록 예약을 해야 한다.

> 출제포인트 목적어 자리 - 복수명사 ▶ 동사(should make)+복수명사(reservations)

resistance n. 저항

show resistance to ~에 대해 저항감을 보이다

resist v. 저항하다   resistant a. 저항력 있는, 저항하는

Several managers have shown **(resistance)** to the proposed 10% reduction in the project budget. 몇몇 매니저들은 프로젝트 예산으로 제안된 10%의 삭감에 대해 저항감을 보였다.

> 출제포인트 목적어 자리 ▶ 동사(have shown)+명사(resistance)+전치사구(to ~)

respect n. 존경, 경의

express one's respect 존경을 표하다

respect (2) v. 존경하다   respected a. 훌륭한, 높이 평가되는   respectable a. 존경할 만한, 훌륭한

Mr. Krause expressed his **(respect)** for the retiring vice president, who was his immediate supervisor when he joined the company. 크라우스 씨는 자신이 입사했을 당시 직속상관이었고 이제 은퇴를 앞둔 부사장에게 존경을 표했다.

> 출제포인트 목적어 자리 ▶ 동사(expressed)+소유격(his)+명사(respect)+전치사구(for ~)

> **response** n. 반응; 응답
> **receive a prompt response** 신속한 응답을 받다
> respond v. 대답하다, 응답하다   responsive a. 즉각 반응하는   responsively ad. 대답하여, 반응하여

With the new online customer service system, customers can expect to receive a prompt **(response)** to their inquiries. 새로운 온라인 고객 서비스 시스템 덕분에 고객들은 그들의 질문에 대한 신속한 응답을 기대할 수 있다.

출제포인트 to부정사의 목적어 자리-형용사의 수식 대상 ▶ to동사원형(receive)+부정관사(a)+형용사(prompt)+단수명사(response)

A number of surprising conclusions have been drawn from her analysis of survey **(responses)**. 많은 놀라운 결론들이 조사 응답에 대한 그녀의 분석으로부터 도출되었다.

출제포인트 전치사의 목적어 자리-명사+명사 ▶ 전치사(of)+명사구(survey responses)

CHECK UP 7-2

1 economic _____ (경제 개혁 사안들)
2 during the _____ process (등록 절차 중에)
3 depend on the _____ of the volunteers (자원봉사자들의 신뢰성에 달려 있다)
4 for the _____ of the week (나머지 주간 동안)
5 for _____ (제거할 수 있도록)
6 fulfill _____ for new office equipment (비품 신청을 이행하다)
7 meet the quality _____ of (~의 필요조건을 충족하다)
8 make _____ [a reservation] (예약하다)
9 show _____ to (~에 대해 저항감을 보이다)
10 express one's _____ (존경을 표하다)
11 receive a prompt _____ (신속한 응답을 받다)

Answer Key 1. reforms 2. registration 3. reliability 4. remainder 5. removal 6. requests
7. requirements 8. reservations 9. resistance 10. respect 11. response

Section 1 올바른 문장 완성하기 ❶ 기출정답 명사

DAY

Unit 8

1
- ☐ ☐ ☐ 기출 정답 어휘 듣고 따라 말하기 🎧 8-1
- ☐ 기출 응용 문제와 출제 포인트 확인하기

responsibility n. 책임
have a responsibility to ~할 책임이 있다
responsible a. 책임 있는   responsibly ad. 책임감 있게

At Benson, Inc. we believe that we have a **(responsibility)** to promote health and wellness among our employees. 벤슨 사에서 우리는 우리 직원들 사이의 보건과 건강을 증진할 책임이 있다고 믿는다.

▶출제포인트 목적어 자리 ▶ 동사(have)+부정관사(a)+단수명사+to부정사

One of the **(responsibilities)** of the chemists at Reed-Winston Laboratories is to keep materials in their work areas clearly labeled at all times. Laboratories의 화학자들이 갖는 책임 중의 하나로 물질들을 늘 라벨에 명시하여 작업장 내에 보관하는 것을 들 수 있다.

▶출제포인트 주어자리-복수명사 ▶ One of the+복수명사(responsibilities)+전치사구(of ~)+동사(is) cf. several[most/some] of the+복수명사

The director feels that it's the **(responsibility)** of the organizers to arrange a venue for the summer ball. 감독은 여름 무도회를 위한 개최지를 마련하는 것은 조직하는 사람의 책임이라고 느낀다.

▶출제포인트 보어 자리 ▶ 관사(the)+명사(responsibility)+전치사구(of ~)

review n. 비평, 평가
an annual review 연례 평가
review (2) v. 평가하다   reviewer n. 검토자, 평가자

83

Please be aware that annual **(reviews)** of employees' job performances will take place during the month of December. 12월 중에 업무수행 연례 평가가 있다는 것을 주지하십시오.

> 출제포인트 **주어 자리** ▶ 접속사(that)+관사(the)+형용사(annual)+명사(reviews)+of employees' job performances+동사(will take place)

---

schedule n. 일정, 스케줄
schedule for the convention next week 다음 주 대회를 위한 일정
schedule (2) v. 일정을 잡다 scheduled a. 예정된 scheduler n. 스케줄러

 The **(schedule)** for the convention next week has been sent to all employees and is also hanging on the wall in the employee cafeteria. 다음 주 대회를 위한 일정이 모든 직원들에게 발송됐고 직원 식당 벽에도 부착되어 있다.

> 출제포인트 **주어 자리** ▶ 관사(The)+명사(schedule)+전치사구(for ~)+동사(has been sent)

---

selection n. 선택 가능한 것들
a large selection of ~의 다양한 종류
select v. 선택하다, 선발하다 selected a. 선택된, 선발된

 Green Food Cafe offers a large **(selection)** of locally grown fruits and vegetables. 그린 푸드 카페는 지역에서 키운 다양한 종류의 과일과 야채를 제공하고 있다.

> 출제포인트 **목적어 자리** ▶ 동사(offers)+관사(a)+형용사(large)+명사(selection)+전치사구(of ~)

---

service n. 서비스; 근무
offer free shuttle service 무료 셔틀 서비스를 제공하다
serve v. 서비스를 제공하다, 일하다 serving n. (음식의) 1인분 servicing n. (기계, 차량의) 정비
server n. (테니스 등에서) 서브하는 사람

 The Bay View Hotel has announced plans to offer a free shuttle **(service)** to and from the airport. 베이뷰 호텔은 공항으로 오가는 무료 셔틀 서비스를 제공하겠다고 발표했다.

> 출제포인트 **to부정사의 목적어 자리 – 명사+명사** ▶ to 동사원형(offer)+형용사(free)+명사구(shuttle service)

The president of Nicholson Construction is retiring this year after 20 years of **(service)** at his company. 니콜슨 건설사의 사장은 근무한 지 20년만에 퇴직한다.

　출제포인트 전치사의 목적어 자리 ▶ 전치사(of)+명사(service)

Any employees who provide extraordinary **(service)** to our clients will be nominated for our employee-of-the-month award. 어떤 직원이든 우리 고객들에게 훌륭한 서비스를 제공하는 직원은 이달의 사원 상을 위해서 지명될 것입니다.

　출제포인트 목적어 자리 ▶ 주격관계대명사(who)+동사(provide)+형용사(extraordinary)+명사(service)

---

signature n. 서명
include your signature 서명을 포함하다

sign v. 서명하다

When you place an order, be sure to include your **(signature)** at the bottom of the order form. 당신이 주문하실 때 주문 양식 하단에 꼭 서명을 포함해 주세요.

　출제포인트 to부정사의 목적어 자리 ▶ to 동사원형(include)+소유격(your)+명사(signature)

---

space n. 공간
unusable space 사용할 수 없는 공간

spacious a. 넓은

Based on your initial sketches, we feel that the building you propose would contain too much unusable **(space)**. 귀하의 초기 스케치로 판단할 때 귀하가 제안한 건물은 사용할 수 없는 공간이 너무 많다고 느꼈습니다.

　출제포인트 목적어 자리 – 형용사의 수식 대상 – 단수명사 ▶ 동사(contain)+수량형용사(much)+형용사(unusable)+(space): space는 셀 수 없는 명사로 단수형을 쓴다.

---

specification n. 설계 명세서, 사양
all specifications are met 모든 사양들이 충족되다

specific a. 구체적인, 명확한　specifically ad. 구체적으로

It is the responsibility of the lead architect to ensure that all **(specifications)** for the football stadium project are met. 수석 건축가의 책임은 미식축구 경기장 프로젝트에 대한 모든 사양들이 충족되고 있음을 확실히 하는 것이다.

출제포인트 주어 자리 – 복수명사 ▶ 접속사(that)+수량형용사(all)+복수명사(specifications)+전치사구(for ~)+동사(are met)

---

statement n. 성명, 진술
in a statement issued last week 지난 주에 발표된 성명에서
state n. 상태 v. 말하다, 진술하다   stated a. 정해진; 공식의; 진술된

 In a **(statement)** issued last week, the Shopko Company announced its increase in profits. Shopko Company는 지난주 발표된 성명에서 회사 이윤의 증가를 발표했다.

출제포인트 전치사의 목적어 자리 ▶ 전치사(In)+관사(a)+명사(statement)+분사구(issued last week)

---

station n. (업무 대기) 위치; 역, 정거장
be at their stations 근무 위치에 있다
stationary a. 정지된, 움직이지 않는

 It is necessary that all cashiers should be at their **(stations)** when the store opens at 8 o'clock. 상점이 8시에 개장할 때 모든 출납원들은 반드시 자신의 근무 위치에 있어야 한다.

출제포인트 전치사의 목적어 자리 ▶ 전치사(at)+소유격(their)+명사(stations)

---

strength n. 강점, 장점
strengths in sales and research 영업 및 시장조사 분야의 강점들
strengthen v. 강화하다   strong a. 강한

 Mark Peterson's **(strengths)** in sales and research make him the ideal person to lead the new project. 마크 피터슨의 영업 및 시장조사 분야의 강점들은 그를 새로운 프로젝트를 이끌기에 이상적인 사람으로 만들었다.

출제포인트 주어 자리 ▶ 소유격(Mark Peterson's)+명사(strengths)+전치사구(in ~)+동사(make)

CHECK UP 8-1

1 have a _____ to (~할 책임이 있다)
2 an annual _____ (연례 평가)
3 _____ for the convention next week (다음 주 대회를 위한 일정)
4 a large _____ of (~의 다양한 종류)
5 offer free shuttle _____ (무료 셔틀 서비스를 제공하다)
6 include your _____ (서명을 포함하다)
7 unusable _____ (사용할 수 없는 공간)
8 all _____ are met (모든 사양들이 충족되다)
9 in a _____ issued last week (지난 주에 발표된 성명에서)
10 be at their _____ (근무 위치에 있다)
11 _____ in sales and research (영업 및 시장조사 분야의 강점들)

Answer Key 1. responsibility 2. review 3. schedule 4. selection 5. service 6. signature 7. space 8. specifications 9. statement 10. stations 11. strengths

2 □ □ □ 기출 정답 어휘 듣고 따라 말하기 🎧 8-2
□ 기출 응용 문제와 출제 포인트 확인하기

success n. 성공; 성공작
a major success 큰 성공작
succeed v. 성공하다   successful a. 성공한, 성공적인   succeeding a. 계속되는

The Bay Bridge is considered to be a major **(success)** even though it was completed behind schedule. 베이 대교는 일정보다 늦게 완공되었음에도 불구하고 큰 성공작으로 간주된다.

출제포인트 to부정사의 보어 자리 – 형용사의 수식 대상 ▶ to be+부정관사(a)+형용사(major)+단수명사(success)

The grand opening of the show was a notable **(success)** with thousands of people in attendance. 쇼의 대개막은 수천 명의 사람들이 참가하면서 주목할 만한 성공을 거두었다.

> 출제포인트 ▶ 보어 자리 ▶ 부정관사(a)+형용사(notable)+단수명사(success)

---

supervisor n. 감독관, 관리자
meet their supervisors 그들의 관리자들을 만나다
supervise v. 감독하다   supervision n. 감독, 관리   supervisory a. 감독의, 관리상의

In December, all employees will meet with their **(supervisors)** to review their progress and to set goals for the next year. 12월에 모든 직원들은 업무 진행 상황을 검토하고 내년 목표를 세우기 위해 자신들의 관리자를 만날 것이다.

> 출제포인트 ▶ 전치사의 목적어 자리 ▶ 전치사(with)+소유격(their)+명사(supervisors)

---

supplies n. (pl.) 용품, 공급물자
office supplies 사무용품
supply v. 공급하다   supplier n. 공급업자

Ms. Black's administrative assistant was given the task of restocking the closet with office **(supplies)**. 블랙 씨의 행정 직원은 수납실에 사무용품을 재보충해 두라는 업무를 받았다.

> 출제포인트 ▶ 전치사의 목적어 자리-명사+명사 ▶ 전치사(with)+명사구(office supplies)

---

support n. 지원
call for technical support 기술 지원을 요청하다
support (2) v. 지원하다   supporter n. 지지자, 후원자   supporting a. 조연의; 뒷받침하는

It is important to know the computer's serial number when you call for technical **(support)**. 기술 지원을 요청할 때 컴퓨터의 일련 번호를 아는 것이 중요하다.

> 출제포인트 ▶ 전치사의 목적어 자리 ▶ 전치사(for)+형용사(technical)+명사(support)

survey n. 조사
surveys of the industry 산업 조사

survey(2) v. 조사하다   surveying n. 측량, 측량술

In many **(surveys)** of the industry, the company has received high ranks in customer satisfaction. 그 산업 분야에 대해 실시된 많은 조사에서 그 회사는 고객 만족도에 높은 등급을 받았다.

▶ 출제포인트 ◀ **전치사의 목적어 자리** ▶ 전치사(In)+수량형용사(many)+복수명사(surveys)

technician n. 기술자
call in a technician 기술자를 부르다

technical a. 기술의, 기술적인   technicality n. 세부적인 내용   technology n. (과학) 기술

Because the automatic heating system was installed improperly, the superintendent was asked to call in a **(technician)**. 자동 난방 장치가 잘못 설치가 되어서 관리자는 기술자에게 전화하도록 요청 받았다.

▶ 출제포인트 ◀ **to부정사의 목적어 자리** ▶ to동사원형(call in)+부정관사(a)+단수명사(technician)

transportation n. 수송, 운송
have dependable transportation 믿을 만한 운송수단을 확보하다

transporter n. 대형 수송차량

Each applicant must have dependable **(transportation)** and a valid driver's license to qualify as a job candidate. 각각의 지원자는 믿을 수 있는 운송수단을 가지고 있어야 하고 일자리 후보자로서 자격 요건을 갖추기 위해선 유효한 운전 면허증을 가지고 있어야 한다.

▶ 출제포인트 ◀ **목적어 자리** ▶ 동사(have)+형용사(dependable)+명사(transportation)

variety n. 다양성, 여러 가지
a wonderful variety of art 다양하고 훌륭한 예술 작품들

vary v. 서로 다르다, 달라지다   various a. 다양한   variously 다양하게, 여러 가지로

The **(variety)** of Nike's athletic equipment and camping gear is impressive. 나이키의 다양한 운동장비와 캠핑 장비는 인상적이다.

> 출제포인트 주어 주어 ▶ 관사(The)+명사(variety)+전치사구(of ~)+동사(is impressive)

The exhibit showed a wonderful **(variety)** of art from many different countries. 전시회는 많은 여러 나라들로부터 출품된 훌륭한 작품들을 다양하게 보여 주었다.

> 출제포인트 목적어 자리 ▶ 동사(showed)+관사(a)+형용사(wonderful)+명사(variety)

---

view n. 견해, 의견
views expressed in the article 기사에 나타나 있는 견해들
viewable a. 볼만한, 볼 수가 있는   viewer n. 시청자; 보는 사람

 The **(views)** expressed in this article showed an overwhelming need for changes in government policies in education. 이 기사에 표현된 의견들은 정부의 교육 정책에 있어 변화를 위한 압도적인 필요성을 보여주고 있다.

> 출제포인트 주어 자리 ▶ 관사(The)+명사(views)+분사구(expressed ~)+동사(showed)

---

visitor n. 방문객
visitors to the auto production plant 자동차 생산 공장 방문객들
visit v. 방문하다, 찾아가다 n. 방문   visitation n. 방문권, 시찰, 감찰   visiting a. 객원의, 방문의

 All **(visitors)** to the auto production plant must register at the security checkpoint before entering. 자동차 생산 공장을 방문하는 사람들은 모두 들어가기 전에 보안 검사대에서 등록을 해야 한다.

> 출제포인트 주어 자리 – 복수명사 ▶ 수량형용사(All)+복수명사(visitors)+ 동사(must register)

---

work n. 일, 직장; 업무
complete work assigned to ~에게 맡겨진 일을 끝마치다
work (2) v. 일하다, 작업하다   worker n. 노동자, 일을 하는 사람
working a. 일을 하고 있는, 직장이 있는

Mr. Smith is an excellent employee and completes **(work)** assigned to him quickly and thoroughly. 스미스 씨는 훌륭한 직원으로 그에게 맡겨진 일을 빠르고 철저하게 끝마친다.

출제포인트 목적어 자리 ▶ 동사(completes)+명사(work)+분사구(assigned to him)

CHECK UP 8-2

1. a major _____ (큰 성공작)
2. meet their _____ (그들의 관리자들을 만나다)
3. office _____ (사무용품)
4. call for technical _____ (기술 지원을 요청하다)
5. _____ of the industry (산업 조사)
6. call in a _____ (기술자를 부르다)
7. have dependable _____ (믿을 만한 운송수단을 확보하다)
8. a wonderful _____ of art (다양한 훌륭한 예술 작품들)
9. _____ expressed in the article (기사에 나타나 있는 견해들)
10. _____ to the auto production plant (자동차 생산 공장 방문객들)
11. complete _____ assigned to (~에게 맡겨진 일을 끝마치다)

Answer Key 1. success 2. supervisors 3. supplies 4. support 5. surveys 6. technician 7. transportation 8. variety 9. views 10. visitors 11. work

SECTION I WORD FORMS
어형문제 공략 》》 올바른 문장 완성하기

어형문제 어휘 ❷
기출정답 형용사 UNIT 9~14

형용사가 정답인 어형문제 유형
형용사는 명사를 앞뒤에서 한정하거나 주어나 목적어를 서술하는 보어로 쓰인다.

어형문제 유형 5 ▶ 명사 수식어 자리
어형문제 유형 6 ▶ 주격 보어 · 목적격 보어 자리

Section 1 올바른 문장 완성하기 ❷ 기출정답 형용사

Unit 9

DAY

1 ☐☐☐ 기출 정답 어휘 듣고 따라 말하기 🎧 9-1
☐ 기출 응용 문제와 출제 포인트 확인하기

accessible a. 접근[입장, 이용] 가능한
be easily accessible to customers 고객이 쉽게 접근할 수 있다
access n. 접근 v. 접속하다; 이용하다   accessibility n. 접근 가능성, 접근하기 쉬움

Merchandise in the self-service section of the store must be easily **(accessible)** to customers. 셀프 서비스 섹션에 있는 상품은 반드시 고객이 쉽게 접근할 수 있어야 된다.

▶ 보어 자리 ▶ 동사(must be)+부사(easily)+형용사(accessible)

additional a. 추가의
hire additional help 추가적인 인원을 고용하다
at no additional charge 추가 비용 없이
add v. 추가하다   addition n. 추가된 것; 추가   additionally ad. 추가적으로; 게다가

The decision to hire **(additional)** help is discussed every winter because the store usually needs more employees during the long holiday season. 매장이 긴 휴가 기간 동안에 좀 더 많은 직원들을 필요로 하기 때문에 추가적인 종업원을 고용하기로 한 결정이 매 겨울마다 협의된다.

▶ 명사 수식어 자리 ▶ to 동사원형(hire)+형용사(additional)+명사(help)
cf. help 고용인, 종업원

The company will offer a design and artwork service at no **(additional)** charge for clients who order in bulk. 회사는 대량으로 주문하는 고객들에게 추가 비용이 없이 디자인과 삽화 서비스를 무료로 제공할 것이다.

▶ 명사 수식어 자리 ▶ 전치사(at)+no+형용사(additional)+명사(charge)

admirable a. 존경스러운, 감탄할 만한
an admirable person 존경스러운 사람

admire v. 감탄하다   admirably ad. 훌륭하게, 감탄할 만하게   admiration n. 감탄, 존경

By all accounts, our vice president, Mr. Chung, is an **(admirable)** person and well respected in the community. 누구의 말을 들어도, 우리 부사장 미스터 정은 훌륭한 사람이고 지역사회에서 상당히 존경 받는 사람이다.

출제포인트 ▶ 명사 수식어 자리 ▶ 동사(is)+관사(an)+형용사(admirable)+명사(person)

advantageous a. 이로운, 유리한
be advantageous for ~에게 유리하다

advantage n. 유리한 점, 이점, 장점   advantaged a. 혜택 받은

Ms. Robert believes that it will be **(advantageous)** for KCC Finance to consider expanding into the Quebec region before its rivals do. 로버트 씨는 KCC 금융이 경쟁 회사보다 먼저 퀘벡 지역으로 진출하는 것이 유리할 것이라고 믿는다.

출제포인트 ▶ 보어 자리 ▶ 동사(will be)+형용사(advantageous)+전치사구(for ~)

advisable a. 바람직한
be advisable to (동사원형) ~하는 것이 바람직하다

advise v. 조언하다, 충고하다   advisedly ad. 심사숙고하여   advisory a. 자문의, 고문의

It is **(advisable)** to store books in a cool, dry area and to avoid stacking them too high. 서적을 서늘하고 건조한 곳에 보관하고 너무 높이 쌓지 않는 것이 바람직하다.

출제포인트 ▶ 보어 자리 ▶ 가주어(It)+동사(is)+형용사(advisable)+진주어(to부정사)

affordable a. 입수 가능한; (가격이) 알맞은

affordable to everyone 모든 사람들이 구매할 수 있는

afford v. (~을 할) 여유가 되다　affordability n. 감당할 수 있는 비용; 적당한 가격으로 구입할 수 있는 것
affordably ad. 알맞게, 감당할 수 있게

Aadvances in computer technology have made the laptop computer **(affordable)** to everyone. 컴퓨터 산업의 기술 발전은 모든 사람이 노트북 컴퓨터를 구매할 수 있도록 했다.

출제포인트 목적격 보어 자리 ▶ 동사(have made)+목적어(the laptop computer)+목적격 보어–형용사(affordable)

alarming a. 걱정스러운, 두려운

cause alarming changes to sea life 바다 생태계에 놀라운 변화를 일으키다

alarm n. 놀람, 경보 v. 놀라게 하다, 경보하다　alarmed a. 불안해하는, 두려워하는
alarmingly a. 놀랄 만큼

The Science Journal recently reported that a climate shift could cause **(alarming)** changes to sea life. 기후 변화는 바다의 생태계에 놀라운 변화를 야기시킬 수 있다고 〈사이언스 저널〉이 최근에 보고했다.

출제포인트 명사 수식어 자리 ▶ 동사(cause)+형용사(alarming)+명사(changes)

amazing a. 놀라운

make an amazing recovery 놀라운 회복을 하다

amaze v. 놀라게 하다　amazement n. 놀라움　amazingly ad. 놀랄 만큼, 굉장하게

Josephine Pharmaceuticals made an **(amazing)** recovery by posting increasing profits after three consecutive quarters of declining sales. 조세핀 제약 회사는 3분기 연속 감소하는 매출 후에 증가하는 이윤을 게시함으로써 놀라운 회복을 했다.

출제포인트 명사 수식어 자리 ▶ 동사(made)+관사(an)+형용사(amazing)+명사(recovery)

anticipated a. 예상되는; 기대하던
anticipated operating costs 예상 운영비

anticipate v. 예상하다, 예측하다   anticipation n. 예상, 예측

The report on **(anticipated)** operating costs for the next 5 years has been submitted to the board. 향후 5년간 예상 운영비 보고서가 이사회에 제출되었다.

　출제포인트　명사 수식어 자리 ▶ 전치사(on)+과거분사형 형용사(anticipated)+명사구(operating costs)

applicable a. 해당(적용)되는
applicable experience 해당 경험

apply v. 적용하다; 신청하다   applicability n. 적용 가능성

Candidates for the position of Personnel Department manager are required to have at least five years of **(applicable)** experience.
인사부 부서장직 후보자들은 최소 5년간의 해당 경험을 가지고 있어야 한다.

　출제포인트　명사 수식어 자리 ▶ 전치사(of)+형용사+명사(experience)

athletic a. (몸이) 탄탄한; 육상의, 경기의; 활동적인
outgoing and athletic 외향적이고 활동적인

athlete v. 운동선수   athletics n. 육상경기; 운동경기

Outgoing and **(athletic)** Greg Kingsland has played professional soccer in England for the last three years. 외향적이고 활발한 그레그 킹슬랜드는 영국에서 지난 3년간 프로 축구선수로 활약했다.

　출제포인트　명사 수식어 자리-병렬 구조 ▶ 형용사(outgoing) and 형용사(athletic)+명사(Greg Kingsland)+동사(has played)

CHECK UP 9-1

1 be easily _____ to customers (고객이 쉽게 접근할 수 있다)
2 hire _____ help (추가적인 인원을 고용하다)
3 an _____ person (존경스러운 사람)
4 be _____ for (~에게 유리하다)
5 be _____ to do (~하는 것이 바람직하다)
6 _____ to everyone (모든 사람들이 구매할 수 있는)
7 cause _____ changes to sea life (바다 생태계에 놀라운 변화를 일으키다)
8 make an _____ recovery (놀라운 회복을 하다)
9 _____ operating costs (예상 운영비)
10 _____ experience (해당 경험)
11 outgoing and _____ (외향적이고 활동적인)

Answer Key 1. accessible 2. additional 3. admirable 4. advantageous 5. advisable 6. affordable
7. alarming 8. amazing 9. anticipated 10. applicable 11. athletic

  □ □ □ 기출 정답 어휘 듣고 따라 말하기 🎧 9-2
□ 기출 응용 문제와 출제 포인트 확인하기

attached a. 첨부된
follow the attached instructions 첨부된 설명서를 따르다
attach v. 붙이다, 첨부하다 attached a. 첨부된

  Please follow the **(attached)** instructions in order to return any items for a refund. 환불에 대한 물건 반납을 위해 첨부된 설명서를 따라 주세요.
출제포인트 명사 수식어 자리 ▶ 동사(follow)+관사(the)+과거분사형 형용사(attached)+명사(instructions)

attentive a. 주의 깊은, 세심한; 친절한
be attentive to the needs of patients 환자들의 요구에 주의를 기울이다
attention n. 주의, 유의 attentiveness n. 조심성 attentively ad. 조심스럽게; 정중히

The Fairway Hospital nursing staff has a reputation for being very **(attentive)** to the needs of patients. 페어웨이 병원 간호사들은 환자들의 요구에 매우 세심한 것으로 명성이 자자하다.

> 출제포인트 **동명사의 보어 자리** ▶ 전치사(for)+동명사(being)+부사(very)+형용사(attentive)

---

attractive a. 매력적인
attractive exterior designs 매력적인 외부 디자인
offer attractive benefits to ~에게 매력적인 혜택을 제공하다

attract v. 마음을 끌다 attraction n. 매력

 Sprint's newest line of mobile telephones features advanced voice technology and **(attractive)** exterior designs. 스프린트의 최신 휴대폰 제품 라인은 향상된 음성 기술과 매력적인 외부 디자인을 특징으로 한다.

> 출제포인트 **명사 수식어 자리** ▶ 동사(features)+형용사(advanced)+명사구(voice technology) and 형용사(attractive)+형용사(exterior)+명사(designs)

Because Geneva Steel, Inc. offers **(attractive)** benefits to staff members, it was able to retain the best employees in the field. 제네바 철강사는 매력적인 혜택을 제공하기 때문에 그 분야에서 가장 좋은 직원들을 보유할 수 있었다.

> 출제포인트 **명사 수식어 자리** ▶ 동사(offers)+형용사(attractive)+명사(benefits)

---

authentic a. 진짜의; 진품인
authentic works of art 진품 예술품

authenticate v. 진짜임을 증명하다 authenticity n. 진짜임 authentically ad. 진짜로, 확실히

 Jewelry based on **(authentic)** works of art will be displayed at the art museum for the remainder of the week. 진품 예술품을 바탕으로 한 보석들이 미술관에서 나머지 주간 동안 전시될 것이다.

> 출제포인트 **명사 수식어 자리** ▶ 전치사(on)+형용사(authentic)+명사(works)

authorized a. 공인된, 인가 받은

visit one of the authorized dealers 대리점 중 한 곳을 방문하다

authorize v. 인가하다, 권한을 부여하다   authorization n. (공식적인) 허가, 인가   authority n. 권한

For proper repair of your Suzuki motorcycle, we recommend that you visit one of our **(authorized)** dealers. 고객님의 스즈키 오토바이를 적절하게 수리하기 위해 저희 대리점 중에 한 곳을 방문하라고 말씀 드리고 싶습니다.

출제포인트 명사 수식어 자리 ▶ one of+소유격(our)+과거분사형 형용사(authorized)+명사(dealers)

beneficial a. 유익한, 이로운

be quite beneficial at ~에 매우 좋다
mutually beneficial to ~에게 상호 유리한

benefit n. 혜택, 이득 v. 유익하다   beneficially ad. 유익하게

The technical support team found the new software program to be quite **(beneficial)** at finding and eliminating computer viruses. 기술지원팀은 새로운 소프트웨어 프로그램이 컴퓨터 바이러스를 찾아서 제거하는 데 상당히 효과가 있다는 것을 발견했다.

출제포인트 to부정사의 보어 자리 자리 ▶ to be+부사(quite)+형용사(beneficial)

The internship program is mutually **(beneficial)** to students of George Brown College and to local businesses. 인턴 사원 프로그램은 조지 브라운 대학 학생들과 기업체들에게 서로 이득이 된다.

출제포인트 보어 자리 자리 ▶ 동사(is)+부사(mutually)+형용사(beneficial)

brief a. 간결한, 간단한; (시간이) 짧은

complete a brief survey 간단한 설문지를 작성하다

briefly ad. 간결하게, 간단히

All seminar participants will be asked to complete a **(brief)** survey before they leave the conference room. 모든 세미나 참석자들은 회의실을 떠나기 전에 간단한 설문지를 작성하도록 요구될 것이다.

출제포인트 명사 수식어 자리 ▶ to 동사원형(complete)+부정관사(a)+형용사(brief)+명사(survey)

cautious a. 조심스러운, 신중한
reasonably cautious 상당히 신중한
cautiously ad. 신중하게   caution n. 주의, 경고   cautiousness n. 조심성

Mr. Mark's immediate supervisor described him as reasonably **(cautious)**, so the board of directors decided to appoint him to be the new project manager. 마크 씨의 직속 상관은 그를 상당히 신중한 사람으로 말해서 이사회는 그를 그 새로운 프로젝트 책임자로 임명하기로 결정했습니다.

출제포인트 목적격 보어 자리 ▶ 동사(describe)+목적어(him)+as+부사(reasonably)+형용사(cautious)

All chemical technicians should remember to be **(cautious)** and must wear protective gear in the lab at all times. 모든 화학 기술자들은 조심하는 것을 명심해야 하고 실험실에서 항상 보호 장비를 착용해야 한다.

출제포인트 to부정사의 보어 자리 ▶ to be+형용사(cautious)

celebrated a. 유명한
the city's most celebrated tourist attractions 그 도시의 가장 유명한 관광 명소들
celebrate v. 기념하다, 축하하다   celebration n. 기념 행사, 축하 행사

The package tour includes the city's most **(celebrated)** tourist attractions. 그 패키지 여행은 그 도시의 가장 유명한 관광지들을 포함한다.

출제포인트 최상급 ▶ 소유격(the city's)+최상급 형용사(most celebrated)+명사구(tourist attractions)

clear a. 명확한, 확실한, 명료한
have a clear understanding of ~을 명확하게 이해하다
clearly ad. 명확하게, 깨끗하게   cleared a. 허가된, 인가된, 통관 수속을 필한

Ms. Krause makes sure all employees she supervises have a **(clear)** understanding of the future trends they will face in 2015.
크라우스 씨는 자신이 감독하는 모든 근로자들이 2015년에 직면하게 될 경향에 대해 명확하게 이해한다는 것을 확실히 하고 있다.

출제포인트 명사 수식어 자리 ▶ 동사(have)+관사(a)+형용사(clear)+명사(understanding)

close a. 가까운
be close to ~에 가깝다
closeness n. 접근, 친밀 closely ad. 밀접하게, 친밀하게 closing a. (어떤 일이나, 행동을) 마무리 짓는

 Gap, Inc. and Green Apple, Inc. are rumored to be **(close)** to reaching an agreement about combining their manufacturing operations. 갭 사와 그린 애플 사는 생산 시설을 통합하는 협의가 성사 단계에 임박했다는 소문이 있다.

출제포인트 to부정사의 보어 자리 ▶ to be+형용사(close)+전치사구(to ~)

CHECK UP 9-2

1 follow the _____ instructions (첨부된 설명서를 따르다)
2 be _____ to the needs of patients (환자들의 요구에 주의를 기울이다)
3 _____ exterior designs (매력적인 외부 디자인)
4 _____ works of art (진품 예술품)
5 visit one of the _____ dealers (대리점 중 한 곳을 방문하다)
6 mutually _____ to (~에게 상호 유리한)
7 complete a _____ survey (간단한 설문지를 작성하다)
8 reasonably _____ (상당히 신중한)
9 the city's most _____ tourist attractions (그 도시의 가장 유명한 관광 명소들)
10 have a _____ understanding of (~을 명확하게 이해하다)
11 be _____ to (~에 가깝다)

Answer Key 1. attached 2. attentive 3. attractive 4. authentic 5. authorized 6. beneficial
7. brief 8. cautious 9. celebrated 10. clear 11. close

°Section 1 올바른 문장 완성하기 ❷ 기출정답 형용사

Unit 10   DAY

1 □ □ □ 기출 정답 어휘 듣고 따라 말하기 🎧 10-1
□ 기출 응용 문제와 출제 포인트 확인하기

comfortable a. 편리한, 편안한
comfortable chairs 편안한 의자들
comfort n. 안락, 위로 v. 위로하다   comfortableness n. 쾌적함, 안락함
comfortably ad. 편리하게, 편안하게

The redecorated lobby will feature **(comfortable)** chairs. 재단장이 되는 로비는 편안한 의자들을 특색으로 할 것이다.

출제포인트 명사 수식어 자리 ▶ 동사(will feature)+형용사(comfortable)+명사(chairs)

commercial a. 상업의, 상업적인
full commercial potential 상업적인 잠재력의 최대치
commerce n. 상업, 무역   commercially ad. 상업적으로, 영리적으로
commercializing a. 상업화하는

Members of the Farmers' Association tried to maximize their farms' full **(commercial)** potential by growing various produce. 농업인 단체의 구성원들은 다양한 농산물을 재배함으로써 그들 농장의 상업적인 잠재력을 극대화하려고 노력했다.

출제포인트 명사 수식어 자리 ▶ to 동사원형(maximize)+소유격(their farms')+형용사(commercial)+명사(potential)

comparable a. 비슷한, 비교할 만한; 대등한
comparable experience 비슷한 경험
comparable quarter last year 지난해 같은 분기
be comparable in quality 질적으로 대등하다

compare v. 비교하다 comparison n. 비교 comparatively ad. 비교적

The hotel found it hard to replace their head chef for someone with **(comparable)** experience and passion for the job. 호텔은 수석 주방장을 비슷한 경험과 열정을 가진 누군가로 교체하는 일이 어려웠다.

출제포인트 **명사 수식어 자리** ▶ 전치사(with)+형용사(comparable)+명사(experience)

Although the two processors differ greatly in price and design, they are **(comparable)** in quality. 비록 두 개의 프로세서가 가격과 디자인에 있어 크게 다르지만 품질에 있어서는 대등하다.

출제포인트 **보어 자리** ▶ be동사(are)+형용사(comparable)

competitive a. 경쟁을 하는; 경쟁력 있는
be highly competitive 경쟁률이 높다
maintain a competitive advantage 경쟁 우위를 유지하다
the most competitive model 가장 경쟁력 있는 모델

compete v. 경쟁하다 competition n. 경쟁 competitor n. 경쟁자 competitively ad. 경쟁적으로

Applicants have been informed that the selection process is highly **(competitive)** and only five positions will be awarded. 지원자들은 선발 과정에서 경쟁률이 높으며 오직 다섯 자리가 주어질 것이라고 통보 받았다.

출제포인트 **보어 자리** ▶ be동사(is)+부사(highly)+형용사(competitive)

DI Textiles is expanding its staff training program to help the company maintain a **(competitive)** advantage over its rivals. DI 서유회사는 경쟁업체들보다 경쟁 우위를 유지할 수 있도록 직원 교육 프로그램을 확장하고 있다.

출제포인트 **명사 수식어 자리** ▶ 원형부정사(maintain)+관사(a)+형용사(competitive)+명사(advantage)

The Samsung S-3 smartphone is the most **(competitive)** model on the market because it has more useful features than any other brand. 삼성 S-3 스마트폰은 다른 브랜드보다 유용한 성능을 더 많이 가지고 있기 때문에 시장에서 가장 경쟁력 있는 모델이다.

출제포인트 명사 수식어 - 최상급 ▶ 동사(is)+the most+형용사(competitive)+명사(model)

---

complete a. 완벽한; 완료된

earn the complete trust of ~의 완벽한 신임을 얻다
preliminary studies are complete 기초 연구가 완료되다

completed a. 작성한, 완성된   completeness n. 완전성   completion n. 완성
completely ad. 완전히, 전적으로

Mr. Gonzales earned the **(complete)** trust of his clients by providing them sincere and prompt service. 곤잘레스 씨는 진실하고 신속한 서비스를 제공함으로써 고객들로부터 완벽한 신뢰를 얻었다.

출제포인트 명사 수식어 자리 ▶ 동사(earned)+관사(the)+형용사(complete)+명사(trust)

When preliminary studies are **(complete)**, the committee will make a decision on what to do next for the research project. 기초 연구들이 완료되면 연구가 완성이 되면 위원회가 연구 프로젝트를 위해서 다음에 무엇을 해야 할지 결정할 것이다.

출제포인트 보어 자리 ▶ be동사(are)+형용사(complete)

---

complicated a. 복잡한

be overly complicated 너무 복잡하다

complicate v. 복잡하게 만들다   complicating a. 복잡한   complicatedly ad. 복잡하게

Many students think the application process for a student loan is overly **(complicated)**. 많은 학생들은 학자금 융자를 위한 지원 절차가 너무 과도하다고 생각한다.

출제포인트 보어 자리 ▶ be동사(is)+부사(overly)+형용사(complicated)

confidential a. 기밀의, 비밀의
be strictly confidential 엄격하게 기밀에 부쳐지다

confide v. (비밀을) 털어놓다   confidentially ad. 은밀히

All information about the company's upcoming merger with RC Electronics is strictly **(confidential)**. 회사가 알씨 전자회사와 조만간 합병하게 될 것이라는 관련 정보는 모두 엄격하게 기밀에 부쳐지고 있다.

출제포인트 보어 자리 ▶ be동사(is)+부사(strictly)+형용사(confidential)

considerable a. 상당한, 많은
have a considerable effect 상당한 영향을 미치다

In her presentation, Dr. Baker said the general health of employees has a **(considerable)** effect on their performance in the workplace. 베이커 박사는 발표에서 직원들의 전반적인 건강이 업무 수행에 상당한 영향을 미친다고 말했습니다.

출제포인트 명사 수식어 자리 ▶ 동사(has)+관사(a)+형용사+명사(effect)

considerate a. 사려 깊은, (남을) 배려하는
be considerate of others 다른 사람들을 배려하다

consider v. 고려하다   consideration n. 사려, 숙고

All passengers should be **(considerate)** of others by speaking softly while they are on board. 모든 승객들은 탑승 중에 작은 소리로 이야기함으로써 다른 승객들을 배려해야 한다.

출제포인트 보어 자리 ▶ be동사(should be)+형용사(considerate)+전치사구(of ~)

continuing a. 계속적인
a continuing rise in stock prices 주가의 지속적인 상승

continue v. 계속하다   continuation n. 계속, 지속, 연속

Many market analysts are still predicting a **(continuing)** rise in stock prices in the foreseeable future. 많은 시장 분석가들은 가까운 장래에 주가의 계속적인 상승을 여전히 예상하고 있다.

> 출제포인트 명사 수식어 자리 ▶ 동사(are predicting)+관사(a)+현재분사형 형용사 (continuing)+명사(rise)

---

created a. 창작된, 만들어진
the newly created position 신설된 보직

create v. 창조하다, 만들다   creation n. 창조, 창작

 Current employees will be given hiring preference for the newly **(created)** assistant supervisor position in the Marketing Department. 기존 직원들은 새로 생긴 마케팅 부서 부책임자 보직에 우선적인 채용 대상자가 될 것이다.

> 출제포인트 명사 수식어 자리 ▶ 전치사(for)+부사(newly)+과거분사형 형용사(created)+명사구 (assistant supervisor position)

CHECK UP 10-1

1 _____ chairs (편안한 의자들)
2 _____ quarter last year (지난해 같은 분기)
3 full _____ potential (상업적인 잠재력의 최대치)
4 maintain a _____ advantage (경쟁 우위를 유지하다)
5 earn the _____ trust of (~의 완벽한 신임을 얻다)
6 be overly _____ (너무 복잡하다)
7 be strictly _____ (엄격하게 기밀에 부쳐지다)
8 have a _____ effect (상당한 영향을 미치다)
9 be _____ of others (다른 사람들을 배려하다)
10 a _____ rise in stock prices (주가의 지속적인 상승)
11 the newly _____ position (신설된 보직)

Answer Key 1. comfortable 2. comparable 3. commercial 4. competitive 5. complete
6. complicated 7. confidential 8. considerable 9. considerate 10. continuing 11. created

□ □ □ 기출 정답 어휘 듣고 따라 말하기 🎧 10-2
□ 기출 응용 문제와 출제 포인트 확인하기

critical a. 비판적인; 비평하는
be critical of ~을 비판하다

critic n. 비평가, 평론가   critically ad. 비평적으로   criticism n. 비판, 비난

 The recent report was highly **(critical)** of our procedures in hiring new employees. 최근 보고서는 신입사원의 고용절차에 대해 아주 비판적이었다.

출제포인트 보어 자리 ▶ be동사(was)+부사(highly)+형용사(critical)+전치사구(of ~)

defective a. 결함 있는
return all defective merchandise 모든 불량 제품을 반품하다

defect n. 결함   defection n. 결함, 부족; 탈당, 탈퇴

 Spartan Electronics quickly returned all **(defective)** merchandise to the manufacturer after receiving several customer complaints. 몇몇 고객으로부터 불만 사항을 받은 후에 스파르탄 일렉트로닉스는 모든 결함 있는 제품을 제조업자에게 신속하게 반납했다.

출제포인트 명사 수식어 자리 ▶ 동사(returned)+수량형용사(all)+형용사(defective)+명사(merchandise)

deliberate a. 신중한; 의도적인
deliberate marketing efforts 치밀한 마케팅 활동

deliberate (2) v. 신중히 생각하다, 숙고하다   deliberately ad. 신중하게, 고의적으로

 The increase in the company's sales has been attributed to **(deliberate)** marketing efforts. 회사의 매출 증가는 치밀한 마케팅 활동으로 얻어진 결과물로 여겨지고 있다.

출제포인트 명사 수식어 자리 ▶ 전치사(to)+형용사(deliberate)+명사구(marketing efforts)

dependable a. 신뢰할 수 있는

a dependable individual 신뢰할 수 있는 사람

depend v. 의존하다, 의지하다   dependability n. 의존할 수 있음, 믿을 수 있음

Mr. Jackson, a recipient of the employee of the year award, has shown himself to be a **(dependable)** individual with a strong work ethic. 올해의 사원상 수상자인 잭슨 씨는 강한 직장 윤리를 가진 신뢰할 수 있는 사람이라는 것을 보여 주었다.

출제포인트 명사 수식어 자리 ▶ to be+부정관사(a)+형용사(dependable)+명사(individual)

dependent a. 의존하는

be dependent on ~에 의존하다, ~에 달려 있다

dependence n. 의존, 의지

The success of the Maxwell Corporation is **(dependent)** on the effort, teamwork, and ingenuity of all its employees. 맥스웰 사의 성공은 전 직원의 노력과 팀워크, 창의성에 달려 있다.

출제포인트 보어 자리 ▶ be동사(is)+형용사(dependent)+전치사구(on ~)

desirable a. 바람직한; 호감 가는, 매력 있는

a desirable place to live 살기 좋은 곳
two highly desirable properties 매력적인 두 건물

desire n. 바람, 욕구 v. 바라다   desired a. 바랐던   desirableness n. 바람직함; 호감이 감

After construction of the Caribbean Water Park, the nearby neighborhood became an even more **(desirable)** place to live. 캐리비언 워터 파크가 지어진 이후에 인근 마을은 더욱 살기 좋은 곳이 되었다.

출제포인트 명사 수식어 자리-비교급 ▶ 동사(became)+관사(an)+부사(even)+비교급 형용사(more desirable)+명사(place)

The corporation surprised many by showing no interest in two highly **(desirable)** properties in this town. 그 기업은 이 마을에서 아주 매력 있는 두 건물에 대한 어떤 관심도 보여 주지 않음으로써 많은 사람들을 놀라게 했다.

> 출제포인트 ▶ 명사 수식어 자리 ▶ 전치사(in)+수량사(two)+부사(highly)+형용사(desirable)+명사(properties)

deteriorating a. 악화중인
be in a deteriorating condition 퇴락하는 상태에 있다
deteriorate v. 악화되다, 나빠지다   deterioration n. 악화, 저하; 퇴조

All of the city's historical buildings that are currently in a **(deteriorating)** condition will be renovated in the coming year.
현재 퇴락하는 상태에 있는 시의 모든 역사적인 빌딩들은 내년에 보수될 것이다.

> 출제포인트 ▶ 명사 수식어 자리 – 현재분사형 ▶ 전치사(in)+부정관사(a)+현재분사형 형용사(deteriorating)+명사(condition)

dignified a. 위엄 있는, 품위 있는
speak in a dignified manner 품위 있게 말하다
dignity n. 위엄; 존엄성; 자존감   dignify v. 품위 있어 보이게 하다

When meeting with clients, all customer service representatives are required to speak in a **(dignified)** manner. 고객을 만날 때 모든 고객 서비스 직원들은 품위 있게 말하도록 요구된다.

> 출제포인트 ▶ 명사 수식어 자리 – 과거분사형 ▶ 전치사(in)+부정관사(a)+과거분사형 형용사(dignified)+명사(manner)

distinctive a. 독특한, 눈에 띄는
a particularly distinctive performer 특히 눈에 띄는 공연자
distinctiveness n. 특수성   distinctively ad. 구별하여; 특징적으로
distinction n. 차이, 대조; 뛰어남, 탁월함

Jessica Roberts is a particularly **(distinctive)** performer who brings a fresh and unique style to the highly regarded Newton Dance Company. 제시카 로버츠는 명성 높은 뉴턴 댄스 회사에 신선하고 독특한 스타일을 불어넣어 주는 상당히 눈에 띄는 공연가이다.

> 출제포인트 ▶ 명사 수식어 자리 – 부사의 수식 대상 ▶ 동사(is)+관사(a)+부사(particularly)+형용사(distinctive)+명사(performer)

distinguished a. 유명한, 성공한
distinguished companies 성공적인 회사들
distinguish v. 구별하다   distinguishing a. 특징적인, 다른 것과 구별되는
distinguishable a. 구별할 수 있는

Enclosed is the latest listing of **(distinguished)** companies and institutions that use the most advanced technology. 동봉된 것은 가장 앞서 있는 기술을 사용하는 두각을 나타내고 있는 회사와 기관들의 최신 목록입니다.

출제포인트 명사 수식어 자리 – 과거분사형 ▶ 전치사(of)+과거분사형 형용사(distinguished)+명사(companies)

distracting a. 산만하게 하는
the illustrations would be too distracting 삽화들이 너무 산만할 수 있다
distract v. 집중이 안 되게 하다   distractedly ad. 주의가 산만해져서
distraction n. 집중을 방해하는 것

Mr. Anderson eliminated several illustrations from his power point presentation after deciding they would be too **(distracting)**. 앤더슨 씨는 삽화가 너무 산만하다고 결정하고 나서 파워포인트 프레젠테이션에서 몇몇 삽화를 제거했다.

출제포인트 보어 자리 – 현재분사형 형용사 – 부사의 수식 대상 ▶ be동사(would be)+부사(too)+현재분사형 형용사(distracting)

CHECK UP 10-2

1. be _____ of (~을 비판하다)
2. return all _____ merchandise (모든 불량 제품을 반품하다)
3. _____ marketing efforts (치밀한 마케팅 활동)
4. a _____ individual (신뢰할 수 있는 사람)
5. be _____ on (~에 의존하다, ~에 달려 있다)
6. a _____ place to live (살기 좋은 곳)
7. be in a _____ condition (퇴락하는 상태에 있다)
8. speak in a _____ manner (품위 있게 말하다)
9. a particularly _____ performer (특히 눈에 띄는 공연자)
10. _____ companies (성공적인 회사들)
11. the illustrations would be too _____ (삽화들이 너무 산만할 수 있다)

Answer Key 1. critical 2. defective 3. deliberate 4. dependable 5. dependent 6. desirable
7. deteriorating 8. dignified 9. distinctive 10. distinguished 11. distracting

Section 1 올바른 문장 완성하기 ❷ 기출정답 형용사

Unit 11 DAY

1
□ □ □ 기출 정답 어휘 듣고 따라 말하기 🎧 11-1
□ 기출 응용 문제와 출제 포인트 확인하기

---

diverse a. 다양한
a diverse group of voters 다양한 유권자 층
diversely ad. 다양하게   diversify v. 다양화하다   diversity n. 다양성

In the past election, the winner was the candidate who appealed to a **(diverse)** group of voters. 당선자는 지난 선거에서 다양한 유권자 층에 호소했던 후보였다.

▶ 출제포인트 명사 수식어 자리 ▶ 전치사(to)+관사(a)+형용사(diverse)+명사(group)

---

doubtful a. 의심스러운
be doubtful that ~에 대해 의심스러워하다
doubt v. 의심하다   doubtfully ad. 불확실하게, 미심쩍게

Dr. Hwang is **(doubtful)** that a replacement for her medical assistant can be found by Monday. 황 박사는 그녀의 의료 보조원을 대체할 사람을 월요일까지 찾을 수 있을지 의심하고 있다.

▶ 출제포인트 보어 자리 ▶ be동사(is)+형용사(doubtful)+that절

---

economic a. 경제의
balance its economic progress with ~와 경제적 성장 간의 균형을 맞추다
economy n. 경제   economist n. 경제학자

It is really important for the company to balance its **(economic)** progress with its social responsibilities. 회사는 경제 성장과 사회적 책임의 균형을 유지하는 것이 매우 중요하다.

출제포인트 명사 수식어 자리 ▶ to 동사원형(banalce)+소유격(its)+형용사(economic)+명사 (progress)

economical a. 경제적인, 알뜰한
economical use of office space 경제적인 사무 공간 활용
economically ad. 경제적으로   economize v. 절약하다, 아끼다

In a rapidly growing city like Dallas, the **(economical)** use of office space has been increasing over the last ten years. 댈라스와 같이 빠르게 성장하는 도시에서 지난 십년에 걸쳐 사무실 공간의 효과적인 사용이 증가되어 왔다.

출제포인트 명사 수식어 자리 ▶ 관사(the)+형용사(economical)+명사(use)+전치사구(of ~)+동사(has been increasing)

effective a. 효과적인
an effective public speaker 감동을 주는 대중 연설가
effect n. 영향, 결과 v. (어떤 결과를) 가져오다   effectively ad. 효과적으로, 실질적으로

Ms. Cruise was chosen to give the closing speech at the accounting convention because she is such an **(effective)** public speaker. 크루즈 씨는 매우 설득력 있는 대중 연설가로서 회계 컨벤션에서 폐회 연설가로 선정되었다.

출제포인트 명사 수식어 자리 ▶ 동사(is)+such an+형용사(effective)+명사구(public speaker)

elegant a. 우아한
a dress that is both elegant and comfortable 우아하면서도 편한 드레스
elegance a. 우아, 고상   elegantly ad. 우아하게

Ms. Anderson is looking for a dress that is both **(elegant)** and comfortable to wear to her store's grand opening. 앤더슨 씨는 자신의 가게 개업식에 입을 우아하면서도 편안한 옷을 찾고 있다.

출제포인트 보어 자리-병렬 구조 ▶ be동사(is)+both+형용사(elegant)+and 형용사(comfortable)

enclosed a. 동봉된
accept the enclosed coupon 동봉한 쿠폰을 수락하다
enclose v. 동봉하다   enclosure n. 편지에 동봉된 것; 울타리를 친 장소

Please accept the **(enclosed)** coupon that guarantees you 10% off your entire purchase at your next visit to our store. 다음에 저희 매장을 방문하실 때 총 구매 가격에서 10% 할인을 보장하는 동봉된 쿠폰을 받아주세요.

출제포인트 명사 수식어 자리 – 과거분사형 ▶ 동사(accept)+정관사(the)+과거분사형 형용사(enclosed)+명사(coupon)

energetic a. 활기찬
an exceptionally energetic member 유난히 활기찬 구성원
energetically ad. 정력적으로, 활동적으로   energize v. 활기를 북돋우다   energy n. 에너지

Many colleagues have described Mr. Johnson as an exceptionally **(energetic)** member of the company. 많은 동료들은 앤더슨 씨를 아주 활기찬 직원이라고 평했다.

출제포인트 명사 수식어 자리 – 부사의 수식 대상 ▶ 전치사(as)+부사(exceptionally)+형용사(energetic)+명사(member)

enthusiastic a. 열광적인, 열렬한
enthusiastic participation of employees 직원들의 열정적인 참여
enthusiasm n. 열광, 열정   enthusiast n. 열광주의자   enthusiastically 열광적으로

The Fire Corporation expressed appreciation for the **(enthusiastic)** participation of employees at the fundraising charity event. 파이어 사는 기금 조성 자선 행사에 직원들의 열 있는 참여에 대해 감사를 표시했다.

출제포인트 명사 수식어 자리 ▶ 전치사(for)+관사(the)+형용사(enthusiastic)+명사(participation)

excellent a. 훌륭한
excellent training opportunities 매우 좋은 연수 기회들
excel v. 뛰어나다, 탁월하다   excellently ad. 우수하게, 탁월하게

Ms. Krause decided to take the position in the Human Resources Department as it provides flexible working hours and **(excellent)** training opportunities. 크라우스 씨는 유연한 근무 시간과 훌륭한 연수 기회를 제공하기 때문에 인사부 직책을 받아들이기로 결심했다.

  출제포인트 **명사 수식어 자리** ▶ 접속사(as)+주어(it)+동사(provides)+ ~ +형용사(excellent)+명사구(training opportunities)

exceptional a. 이례적인, 예외적인; 특출난, 비범한
have an exceptional year 이례적인 한 해이다
award for his exceptional achievement 특출한 성과에 대해 시상하다
exception n. 예외   exceptionally ad. 예외적으로   excepted a. 제외되어, 예외인

Susan's Mystery Bookstore had an **(exceptional)** year, exceeding its expected sales goals set at the beginning of the year. 수잔스 미스터리 서점은 연초에 세웠던 매출 목표치를 초과하면서 이례적인 한 해를 보냈다.

  출제포인트 **명사 수식어 자리** ▶ 관사(an)+형용사(exceptional)+명사(year)

Mr. Brendon won this year's best employee award for his **(exceptional)** service and achievement. 브랜든 씨는 우수한 서비스와 성과에 대해 올해 최우수 근로자 상을 수상했다.

  출제포인트 **명사 수식어 자리** ▶ 전치사(for)+소유격(his)+형용사(exceptional)+명사(service)

CHECK UP 11-1

1 a _____ group of voters (다양한 유권자 층)
2 be _____ that (~에 대해 의심스러워하다)
3 balance its _____ progress with (~와 경제적 성장 간의 균형을 맞추다)
4 _____ use of office space (경제적인 사무 공간 활용)
5 an _____ public speaker (감동을 주는 대중 연설가)

6 a dress that is both _____ and comfortable (우아하면서도 편한 드레스)
7 accept the _____ coupon (동봉한 쿠폰을 수락하다)
8 an exceptionally _____ member (유난히 활기찬 구성원)
9 _____ participation of employees (직원들의 열정적인 참여)
10 _____ training opportunities (매우 좋은 연수 기회들)
11 have an _____ year (이례적인 한 해이다)

Answer Key 1. diverse 2. doubtful 3. economic 4. economical 5. effective 6. elegant
7. enclosed 8. energetic 9. enthusiastic 10. excellent 11. exceptional

2
□ □ □ 기출 정답 어휘 듣고 따라 말하기 🎧 11-2
□ 기출 응용 문제와 출제 포인트 확인하기

exciting a. 신나는, 흥미진진한
an exciting career in marketing 마케팅 분야의 흥미로운 직업

excite v. 들뜨게 만들다, 흥분하게 하다   excited a. 신이 난, 들뜬
excitably ad. 흥분을 잘해서, 격하기 쉬워

After 10 years working as a web page designer, Ms. Osborne will be leaving the company to pursue an **(exciting)** career in marketing. 웹페이지 디자이너로서 10년 일하고 난 후, 오즈번 씨는 마케팅에서 흥미진진한 경력을 쌓기 위해 회사를 떠날 것이다.

출제포인트 명사 수식어 자리 ▶ 동사(pursue)+관사(an)+형용사(exciting)+명사(career)

expected a. 예상되는
expected delivery date 예상 배송일

expect v. 예상하다, 기대하다   expectation n. 기대, 예상   expecting a. 임신한

Sales representatives are reminded to provide the customer the **(expected)** delivery date and a confirmation number. 판매 담당자는 고객에게 예상되는 배송 날짜와 확인 번호를 다시한번 알려주도록 되어 있다.

출제포인트 명사 수식어 자리 – 과거분사형 ▶ 동사(provide)+간접목적어(the customer)+관사(the)+과거분사형 형용사(expected)+명사구(delivery date)

expensive a. 비싼
be the least expensive 가장 저렴하다

expense n. 돈, 비용 expenditure n. 지출, 경비, 비용

 Of the four computer software programs they tested, the one made by Dell is the least **(expensive)**. 그들이 검사한 세 개의 소프트웨어 프로그램 중에서 델이 만든 제품이 가장 저렴하다.

▶ 출제포인트 보어 자리-최상급 ▶ be동사(is)+형용사 최상급(the least expensive)

experimental a. 실험적인; 실험의
an experimental barrier 실험적인 장벽

experiment n. 실험 v. 실험을 하다 experimentally ad. 실험적으로

 Pine trees were cultivated along the seashore as an **(experimental)** barrier to reduce the damage caused by the ocean storms. 바다 폭풍으로 야기되는 피해를 줄이기 위해 해변을 따라서 실험적인 장벽으로 소나무가 심어졌다.

▶ 출제포인트 명사 수식어 자리 ▶ 전치사(as)+관사(an)+형용사(experimental)+명사(barrier)

extensive a. 광범위한, 폭넓은; 대규모의
possess extensive marketing knowledge 폭넓은 마케팅 지식을 소유하다
receive a extensive financial support 막대한 재정 지원을 받다
have extensive laboratory experience 많은 실험실 경험이 있다
perform an extensive review of the proposal 제안에 대한 광범위한 검토를 실시하다

extensively ad. 광범위하게 extensiveness n. 광대, 대규모 extend v. 연장하다, 더 길게 만들다
extension n. 연장 extent n. 정도, 규모

 It is important to Mr. Jeffries that marketing associates possess **(extensive)** marketing knowledge. 제프리 씨에게는 영업 사원들이 폭넓은 마케팅 지식을 소유하는 것은 중요하다.

▶ 출제포인트 명사 수식어 자리 ▶ 동사(possess)+형용사(extensive)+명사구(marketing knowledge)

The Research and Development Department has received **(extensive)** financial support during the last quarter because of its recent success. 연구 개발부는 최근 성공에 힘입어 지난 분기 동안 막대한 재정 지원을 받았다.

> 출제포인트 명사 수식어 자리 ▶ 동사(has received)+형용사(extensive)+형용사(financial)+명사(support)

---

fascinating a. 매력적인, 대단히 흥미로운
in a fascinating interview with ~와의 매우 흥미로운 인터뷰에서

fascinate v. 매혹하다, 마음을 사로잡다   fascination n. (아주 강한) 매력

In a **(fascinating)** interview with reporter Jerry Harris, a renowned musician spoke about her early musical training and plans for the future. 저명한 음악가는 제리 해리스 기자와의 대단히 흥미로운 인터뷰에서 앞으로 그녀의 조기 음악 교육과 계획에 관해 얘기했다.

> 출제포인트 명사 수식어 자리 – 현재분사형 ▶ 전치사(in)+관사(a)+현재분사형 형용사(fascinating)+명사(interview)

---

favorable a. 호의적인; 순조로운
weather conditions are favorable 기상 조건이 순조롭다
under more favorable circumstances 좀 더 좋은 여건 속에서

favor n. 호의, 친절; 부탁   favorably ad. 호의적으로, 유리하게, 순조롭게

The company's outing scheduled on July 4 will take place in Rock Canyon Park as long as weather conditions are **(favorable)**. 기상 조건이 순조로우면 7월 4일로 계획된 회사 야유회는 락 캐년 공원에서 있을 것이다.

> 출제포인트 보어 자리 ▶ 주어(weather conditions)+동사(are)+형용사

Under more **(favorable)** circumstances, the board of trustees could have enjoyed a more profitable year. 좀 더 유리한 상황 아래 이사회는 좀 더 수익성 있는 한해를 즐길 수 있었을 것이다.

> 출제포인트 명사 수식어 자리 – 비교급 ▶ 전치사(under)+more+형용사+명사(circumstances)

favorite a. 매우 좋아하는
favorite color for kitchen decorating 주방 꾸미기에 사용할 좋아하는 색

In this year's annual survey, one-third of customers chose yellow as their **(favorite)** color for kitchen decorating. 금년 연례 조사에서 고객의 3분의 1이 부엌 장식에 노란색을 가장 선호하는 색깔로 선정했다.

　출제포인트 명사 수식어 자리 ▶ 전치사(as)+소유격(their)+형용사(favorite)+명사(color)

financial a. 재정의, 금융의
a primary financial concern 주된 재정적인 걱정거리

finance n. 재원; 재정 v. 자금을 대다   financially ad. 재정적으로

The cost of upgrading office technology is a primary **(financial)** concern among the owners of small and medium-sized companies. 사무실의 기술 체계를 업그레이드하는 비용은 중소기업의 소유주들에게 있어 주된 재정 관심사이다.

　출제포인트 명사 수식어 자리 ▶ 동사(is)+관사(a)+형용사(primary)+형용사(financial)+명사(concern)

frequent a. 잦은, 빈번한
frequent requests from its customers 고객들이 자주 해오는 요청 사항
become more frequent 더 잦아지다

frequency n. 빈도   frequently ad. 자주, 빈번하게

In response to **(frequent)** requests from its customers, Sun Electronics is now offering extended weekend hours. 고객들의 빈번한 요청에 대응하기 위해 썬 전자는 현재 주말 연장 시간을 제공하고 있다.

　출제포인트 명사 수식어 자리 ▶ 전치사(to)+형용사(frequent)+명사(requests)

Travelers complain that delays at Rabbley International Airport are becoming more **(frequent)**. 여행객들은 Rabbley 국제공항에서의 지연이 좀 더 빈번해지고 있다고 불평한다.

　출제포인트 보어 자리 – 비교급 ▶ be동사(are becoming)+형용사(frequent)

friendly a. 친절한

the staff members are friendly 직원들이 친절하다

friend n. 친구   friendship n. 우정

 Although they are new and inexperienced with the company, the staff members are especially **(friendly)** and eager to make customers comfortable. 직원들이 새로 들어왔고, 경험이 없지만 그들은 아주 친절하고 고객들을 편안하게 만들기를 열망한다.

출제포인트 보어 자리 – 부사의 수식 대상 ▶ be동사(are)+부사(especially)+형용사(friendly)

CHECK UP 11-2

1 an _____ career in marketing (마케팅 분야의 흥미로운 직업)
2 _____ delivery date (예상 배송일)
3 be the least _____ (가장 저렴하다)
4 an _____ barrier (실험적인 장벽)
5 possess _____ marketing knowledge (폭넓은 마케팅 지식을 소유하다)
6 receive a _____ financial support (막대한 재정 지원을 받다)
7 in a _____ interview with (~와의 매우 흥미로운 인터뷰에서)
8 weather conditions are _____ (기상 조건이 순조롭다)
9 _____ color for kitchen decorating (주방 꾸미기에 사용할 좋아하는 색)
10 a primary _____ concern (주된 재정적인 걱정거리)
11 _____ requests from its customers (고객들이 자주 해오는 요청 사항)
12 the staff members are _____ (직원들이 친절하다)

Answer Key 1. exciting 2. expected 3. expensive 4. experimental 5. extensive 6. extensive
7. fascinating 8. favorable 9. favorite 10. financial 11. frequent 12. friendly

*Section 1 올바른 문장 완성하기 ❷ 기출정답 형용사

DAY

Unit 12

1 ☐ ☐ ☐ 기출 정답 어휘 듣고 따라 말하기 🎧 12-1
☐ 기출 응용 문제와 출제 포인트 확인하기

great a. 큰, 많은; 대단한; 위대한
place greater emphasis on ~에 더 큰 역점을 두다
greatly ad. 대단히, 크게

 Compared to the previous version, the new version places **(greater)** emphasis on the quality. 이전 버전과 비교해서 새로운 버전은 품질에 더 큰 역점을 두었다.

　▶ 출제포인트 　명사 수식어 자리 – 비교급 ▶ 동사(places)+형용사 비교급(greater)+명사(emphasis)

happy a. 행복한
be extremely happy to ~하게 되어 굉장히 기쁘다
happily ad. 행복하게

 Ms. Fox was extremely **(happy)** to receive the award since she has been a dedicated member of the company. 팍스 씨는 회사의 헌신적인 일원이었고 상을 받게 되어 아주 기뻤다.

　▶ 출제포인트 　보어 자리 – 부사의 수식 대상 ▶ be동사(was)+부사(extremely)+형용사(happy)

hesitant a. 망설이는, 주저하는
seem to be hesitant to ~하기를 망설이는 듯하다
hesitance n. 망설임　hesitantly ad. 머뭇거리며

 Although Mr. Smith enjoys working in the International Department, he seems to be **(hesitant)** to apply for overseas work. 스미스 씨는 국제부에서 근무하는 것은 좋아하지만 해외 근무를 지원하는 것은 망설이는 것 같다.

출제포인트 to부정사의 보어 자리 ▶ seems to be+형용사(hesitant)

high a. 높은

this week's sales were relatively high 이번 주 매출은 상대적으로 높았다

high (2) ad. 높이   highly ad. 아주   height n. 높이, 키   heighten v. 고조되다, 고조시키다

Though this week's sales were relatively **(high)**, the stock price for Cape Point Toys fell again yesterday. 이번 주의 Cape Point Toys 판매가 상대적으로 높았을지라도 어제 주가가 다시 떨어졌다.

출제포인트 보어 자리 – 부사의 수식 대상 ▶ be동사(were)+부사(relatively)+형용사(high)

ideal a. 이상적인

the country is ideal for farming 그 나라는 농사 짓기에 이상적이다
an ideal place for your address book 주소록을 넣기에 이상적인 공간이다

idealism n. 이상주의   idealist n. 이상주의자   idealistic a. 이상주의적인   idealize v. 이상화하다

Because of its mild climate and rich soil, the southern region of the country is **(ideal)** for farming. 온화한 기후와 비옥한 토양 때문에 그 국가의 남부 지역은 농업에 이상적이다.

출제포인트 보어 자리 ▶ be동사(is)+형용사(ideal)+전치사구(for ~)

A Mirada bag is surprisingly durable and an **(ideal)** place for your address book. 미라다 가방은 놀랄 만큼 내구성이 있어서 주소록을 위한 이상적인 가방입니다.

출제포인트 명사 수식어 자리 ▶ 동사(is) ~ 관사(an)+형용사(ideal)+명사(place)

impressive a. 인상적인

have the most impressive qualifications 가장 인상적인 자격 요건들을 소지하다
be definitely impressive 매우 인상적이다

impress v. 깊은 인상을 주다   impressed a. 감명을 받은   impression n. 인상
impressiveness n. 인상적임; 장엄함   impressively ad. 인상적으로, 인상 깊게

123

Of all of the candidates who have been interviewed, Mr. Peterson has the most **(impressive)** qualifications. 인터뷰한 모든 후보자 중에서 피터슨 씨는 가장 인상적인 자격 요건들을 가지고 있다.

> 출제포인트 명사 수식어 자리 – 최상급 ▶ 동사(has)+형용사의 최상급(the most impressive)+명사(resume)

Ms. Palmer's application is definitely **(impressive)** but I am hesitant to hire her for the manager position. 팔머 씨의 지원서가 아주 인상적이지만, 저는 그녀를 매니저 직책에 고용하는 것이 망설여집니다.

> 출제포인트 보어 자리 – 부사의 수식 대상 ▶ be동사(is)+부사(definitely)+형용사(impressive)

increased a. 증가된
increased productivity at the factory 공장의 증대된 생산성

increase v. 증가하다   increasing a. 증가하는   increasingly ad. 점점 더, 갈수록 더

The newly implemented management system is responsible for **(increased)** productivity at the factory. 새로이 적용된 경영관리 시스템은 공장에서 생산성 향상을 책임지게 된다.

> 출제포인트 명사 수식어 자리 – 과거분사형 ▶ 전치사(for)+과거분사형 형용사(increased)+명사(productivity)

indicative a. ~을 시사하는, ~을 나타내는
be indicative of ~을 나타내다

indicate v. 나타내다, 보여주다   indication n. (생각, 감정 등을 나타내주는) 말, 암시

Increases in sales of beverages are not always **(indicative)** of the purchasing trend. 음료수 판매의 증가가 항상 구매 추세를 보여주는 것은 아니다.

> 출제포인트 보어 자리 ▶ be동사(are not)+부사(always)+형용사(indicative)

informative a. 유익한, 정보를 주는
give an informative presentation on ~에 대해 유용한 프레젠테이션을 하다

information n. 정보   informed a. (특정 주제, 상황 등을) 잘 아는, 정보통인   informer n. 정보 제공자

He gave an **(informative)** presentation on recent medical research on lung cancer at the annual conference in Seattle. 그는 매년 시애틀에서 열리는 학회에서 폐암에 관한 최근 의학 연구를 주제로 유익한 발표를 했다.

출제포인트 명사 수식어 자리 ▶ 동사(gave)+관사(an)+형용사(informative)+명사(presentation)

innovative a. 혁신적인

innovative techniques 혁신적인 기술

innovate v. 혁신하다, 쇄신하다   innovation n. 혁신   innovator n. 혁신자; 도입자
innovatively ad. 혁신적으로

 A visiting researcher from Canada has been invited to observe Frankline Laboratory's **(innovative)** techniques. 캐나다에서 온 객원 연구원이 프랭클린 연구소의 혁신적인 기술을 보도록 초청되었다.

출제포인트 명사 수식어 자리 ▶ to 동사원형(obeserve)+소유격(MK Laboratory's)+형용사(innovative)+명사(techniques)

instrumental a. (어떤 일을 하는 데) 중요한

be instrumental in securing the contract 계약을 확보하는 데 중요한 역할을 하다

instrument n. 기구; 계기   instrumentally ad. 방법을 써서, 수단으로서
instrumentation n. 기기 장치

 One of our company's most skilled negotiators, Mr. Perry, was **(instrumental)** in securing the contract with TR Enterprises. 우리 회사의 능숙한 협상가 중의 한 명인 페리 씨는 TR 사와의 계약을 확보하는 데 중요한 역할을 했다.

출제포인트 보어 자리 ▶ be동사(was)+형용사(instrumental)

CHECK UP 12-1

1. place _____ emphasis on (~에 더 큰 역점을 두다)
2. be extremely _____ to (~하게 되어 굉장히 기쁘다)
3. seem to be _____ to (~하기를 망설이는 듯하다)
4. this week's sales were relatively _____ (이번 주 매출은 상대적으로 높았다)
5. the country is _____ for farming (그 나라는 농사 짓기에 이상적이다)
6. have the most _____ qualifications (가장 인상적인 자격 요건들을 소지하다)
7. _____ productivity at the factory (공장의 증대된 생산성)
8. be _____ of (~을 나타내다)
9. give an _____ presentation on (~에 대해 유용한 프레젠테이션을 하다)
10. _____ techniques (혁신적인 기술)
11. be _____ in securing the contract (계약을 확보하는 데 중요한 역할을 하다)

Answer Key 1. greater 2. happy 3. hesitant 4. high 5. ideal 6. impressive 7. increased
8. indicative 9. informative 10. innovative 11. instrumental

  □ □ □ 기출 정답 어휘 듣고 따라 말하기 🎧 12-2
□ 기출 응용 문제와 출제 포인트 확인하기

leading a. 선두적인

one of the leading international journals 선두적인 국제 저널 중의 하나
a leading distributor of ~의 주요 유통업체

lead v. 인도하다, 안내하다   leader n. 지도자, 대표   leadership n. 지도력

 Fan Musical is one of the **(leading)** international journals dealing with classical music. 〈팬 뮤지컬〉은 고전음악을 다루는 선도적인 국제 잡지들 중 하나이다.

> **출제포인트** 명사 수식어 자리 – 현재분사형 ▶ one of the+현재분사형 형용사(leading)+형용사(international)+복수명사(journals)

General Industrial Supply is a **(leading)** distributor of auto parts in the region. 제너럴 산업용품은 그 지역의 주요 자동차 부속품 유통업체이다.

> **출제포인트** 명사 수식어 자리 – 현재분사형 ▶ 동사(is)+관사(a)+현재분사형 형용사(leading)+명사(distributor)

lengthy a. 긴, 장황한
a lengthy description of ~에 대한 긴 설명
a lengthy process 긴 과정
length n. 길이   lengthen v. 길게 하다, 늘이다   lengthily ad. 길게, 장황하게

Dr. Neilson's report contains a **(lengthy)** description of the methods used by Newton Laboratory researchers. 닐슨 박사의 보고서에는 뉴턴 연구소의 연구원들이 도입했던 연구 방법들에 대한 장문의 설명이 포함되어 있다.

> 출제포인트 명사 수식어 자리 ▶ 동사(contains)+관사(a)+형용사(lengthy)+명사(description)

Preparing the manuscripts for publication in the *Quaterly Science Magazine* is a **(lengthy)** process that includes a thorough fact-checking review. 〈계간 과학 잡지〉에 실을 출판용 원고를 준비하는 일은 철저한 사실 확인 작업이 포함된 긴 과정이다.

> 출제포인트 명사 수식어 자리 ▶ 동사(is)+관사(a)+형용사(lengthy)+명사(process)

limited a. 제한된, 많지 않은
limited parking facilities 제한된 주차 시설
limit n. 한계, 허용치, 경계 v. 제한하다, 한정하다   limitation n. 제한, 한정

Although the Harmon Theater has **(limited)** parking facilities, it is easily accessible. 비록 하몬 극장은 적은 주차시설을 가지고 있지만 쉽게 이용할 수 있다.

> 출제포인트 명사 수식어 자리 - 과거분사형 ▶ 동사(has limited)+과거분사형 형용사(limited)+명사구(parking facilities)

manageable a. 처리할 수 있는, 다루기 쉬운
set manageable goals 실천할 수 있는 목표들을 세우다
manage v. ~을 잘해내다; ~을 경영하다, 관리하다   managing a. 관리하는, 경영하는

Setting **(manageable)** goals is an important step toward creating and developing a good business plan. 다룰 수 있는 목표를 정하는 것은 좋은 비즈니스 플랜을 계발하고 만드는 데 중요한 단계이다.

> 출제포인트 명사 수식어 자리 ▶ 주어[동명사(Setting)+형용사(manageable)+명사(goals)]

motivated a. 의욕에 찬, 동기 부여된
creative and motivated graphic artists 창의적이고 의욕적인 그래픽 디자이너

motivate v. ~에게 동기를 부여하다, 의욕을 갖게 하다   motivation n. 동기 부여
motivator n. 동기 요인

Smith-Franklin Marketing is seeking creative, **(motivated)** graphic artists who can design and oversee the Advertising Department. 스미스-프랭클린 마케팅 사는 디자인도 할 수 있고 광고 부서를 감독하게 될 창의적이고 의욕에 찬 그래픽 아티스트를 구하고 있다.

▶ 출제포인트 **명사 수식어 자리 – 과거분사형** ▶ 동사(is seeking)+형용사(creative)+과거분사형 형용사(motivated)+명사구(graphic artists)

necessary a. 필요한
it is necessary to do ~하는 것이 꼭 필요하다
necessary documents 필요한 서류

necessarily ad. 필연적으로   necessitate v. ~을 필요로 하다
necessity n. 필수품; 필요 불가결한 것; 필요성

To receive a corporate discount, it is **(necessary)** to make hotel reservations well in advance. 기업 할인을 받으시려면 미리 호텔 예약을 하셔야 합니다.

▶ 출제포인트 **보어 자리** ▶ it is+형용사(necessary)+to부정사

Passengers should have all **(necessary)** documents in hand when they arrive at customs and immigration. 승객들은 세관 및 입국 심사대에 도달할 때 모든 필요한 서류를 손에 꺼내들고 있어야 합니다.

▶ 출제포인트 **명사 수식어 자리** ▶ 동사(have)+수량형용사(all)+형용사(necessary+명사(documents)

noticeable a. 두드러진, 눈에 띄는
indicate a noticeable rise in ~의 두드러진 상승을 나타내다

notice n. 주의; 통지; 보고 v. ~을 알아차리다, 인지하다   noticeably ad. 두드러지게, 눈에 띄게

Sales records from the retail stores indicated a **(noticeable)** rise in the purchase of computers. 소매점들의 판매 기록은 컴퓨터 구매에 주목할 만한 증가가 있었다는 것을 보여 주었다.

출제포인트 명사 수식어 자리 ▶ 동사(indicated)+관사(a)+형용사(noticeable)+명사(rise)

numerous a. 수많은, 매우 많은
offer numerous outdoor activities 매우 많은 야외 활동을 제공하다
number n. 수, 숫자 v. 번호를 매기다   numerously ad. 다수로, 수없이 많이

Along with beautiful beaches and delicious food, Santen Island also offers **(numerous)** outdoor activities for travelers. 아름다운 해변과 맛있는 음식과 더불어, 산텐 아일랜드는 여행자들을 위한 많은 야외 활동을 제공합니다.

출제포인트 명사 수식어 자리 ▶ 동사(offers)+형용사(numerous)+형용사(outdoor)+명사(activities)

optimal a. 최선의, 최상의; 최적의
for optimal computer performance 최상의 컴퓨터 성능을 위해
optimally ad. 최선으로, 최적으로   optimize v. 최적화하다   optimization n. 최적화

For **(optimal)** computer performance, use the latest version of the Security Door software program. 최상의 컴퓨터 성능을 위해 최신 버전의 시큐러티 도어 소프트웨어 프로그램을 이용하세요.

출제포인트 명사 수식어 자리 ▶ 전치사(for)+형용사(optimal)+명사구(computer performance)

optimistic a. 낙관적인, 낙천적인
be optimistic that ~라고 낙관하다
optimism n. 낙관주의   optimist n. 낙천주의자   optimistically ad. 낙천적으로, 낙관적으로

The CEO of the company is **(optimistic)** that the company's profits will increase in the upcoming year. 회사의 최고 경영자는 다가오는 해에 회사의 이윤이 증가할 것이라는 것에 대해 낙관적이다.

출제포인트 보어 자리 ▶ be동사(is)+형용사(optimistic)+that절

original a. 독창적인

some original artworks 독창적인 예술작품들

originality n. 독창성   originally ad. 독창적으로   originator n. 창작자, 창설자

A local artist has been commissioned to create some **(original)** artworks to decorate the newly built art museum. 지역 예술가는 새로이 건설된 예술 박물관을 장식하기 위한 독창적인 예술 작품을 만들어 달라는 의뢰를 받았다.

출제포인트 명사 수식어 자리 ▶ to 동사원형(create)+수량형용사(some)+형용사(original)+명사(artworks)

CHECK UP 12-2

1 one of the _____ international journals (선두적인 국제 저널 중의 하나)
2 a _____ description of (~에 대한 긴 설명)
3 _____ parking facilities (주차 시설)
4 set _____ goals (실천할 수 있는 목표들을 세우다)
5 creative and _____ graphic artists (창의적이고 의욕적인 그래픽 디자이너)
6 _____ documents (필요한 서류)
7 indicate a _____ rise in (~의 두드러진 상승을 나타내다)
8 offer _____ outdoor activities (매우 많은 야외 활동을 제공하다)
9 for _____ computer performance (최상의 컴퓨터 성능을 위해)
10 be _____ that (~라고 낙관하다)
11 some _____ artworks (독창적인 예술작품들)

Answer Key 1. leading 2. lengthy 3. limited 4. manageable 5. motivated 6. necessary 7. noticeable 8. numerous 9. optimal 10. optimistic 11. original

Section 1 올바른 문장 완성하기 ❷ 기출정답 형용사

Unit 13 DAY

 □ □ □ 기출 정답 어휘 듣고 따라 말하기 🎧 13-1
□ 기출 응용 문제와 출제 포인트 확인하기

personal a. 개인의
disclose a customer's personal information 고객의 개인 정보를 누출하다
personally ad. 개인적으로   personality n. 성격
personalize (개인 소유임을) 표시하다; (개인의 필요에) 맞추다

 Companies are required to obtain consent before disclosing a customer's **(personal)** information to others. 고객의 개인 정보를 밝히기 전에 회사들은 동의를 얻도록 요구 받고 있다.

> **출제포인트** 명사 수식어 자리 ▶ 동명사(disclosing)+소유격(customer's)+형용사(personal)+명사(information)

persuasive a. 설득력 있는
the most persuasive person at the presentation
프레젠테이션에서 가장 설득력 있는 사람
persuade v. 설득하다   persuasion n. 설득   persuasively ad. 설득력 있게

 The Mobile Corporation chose Mr. Johnson because he was by far the most **(persuasive)** person at the PT presentation. 모바일 사는 존슨 씨의 파워포인트 발표가 가장 설득력이 있어서 그를 선택했다.

> **출제포인트** 보어 자리 – 최상급 ▶ be동사(was)+최상급 수식 부사(by far)+형용사의 최상급(the most persuasive)+명사(person)

polluted a. 오염된

polluted air from industry 산업에서 발생하는 오염된 공기

pollute v. 오염시키다   pollution n. 오염

According to the recent report, **(polluted)** air from industry is the major source of global warming. 최근 보고에 따르면 산업으로부터 오염된 공기가 지구 온난화의 주요 원인이다.

▶ 출제포인트 ▶ 명사 수식어 자리 – 과거분사형 ▶ 과거분사형 형용사(polluted)+명사(air)+동사(is)

possible a. 가능한

one possible outcome 가능성 있는 결과 중의 하나

possibly ad. 아마   possibility n. 가능성, 가능함

Merging the city's two newspapers is one **(possible)** outcome of the negotiations between the publications' top executives. 그 도시의 두 신문사를 합병하는 것은 출판사의 최고 경영진 사이에서 나올 수 있는 하나의 협상 결과이다.

▶ 출제포인트 ▶ 명사 수식어 자리 ▶ 동사(is)+수량형용사(one)+형용사(possible)+명사(outcome)

predictable a. 예측할 수 있는

call the plot too predictable 줄거리가 너무나 예상하기 쉽다고 말하다

predictably ad. 예상대로

Critics of the film have called the plot too **(predictable)** by pointing out many similarities among several other movies by the same director. 영화 비평가들은 같은 작가가 쓴 몇 편의 다른 영화들 간의 많은 유사한 점들을 지적하면서 줄거리가 너무 쉽게 예상된다고 말했다.

▶ 출제포인트 ▶ 목적격 보어 자리 ▶ 동사(have called)+목적어(the plot)+부사(too)+형용사(predictable)

predicted a. 예상되는, 기대했던

be higher than predicted 예상했던 것보다 높다

predict v. 예측하다   prediction n. 예측, 예견

Delta Airlines' third quarter profits were 10 percent higher than previously **(predicted)**. 델타 항공사의 3사분기 수익은 기대했던 것보다 10% 높았다.

> 출제포인트 보어 자리 – 과거분사형 ▶ than+주어(they)+be동사(were)+부사(previously)+과거분사형 형용사(predicted)

preventive a. 예방할 수 있는
be preventable by ~함으로써 예방할 수 있다
preventability n. 예방할 수 있음, 방지할 수 있음   preventing a. 방지하는   prevention n. 예방, 방지

It can be dangerous to have flat tires, but they are often **(preventable)** by checking tires regularly. 펑크가 나는 것은 위험할 수 있으나 타이어의 정기적인 점검을 통해 펑크를 예방할 수 있다.

> 출제포인트 보어 자리 ▶ be동사(are)+부사(often)+형용사(preventable)

preventive a. 방지[예방]를 위한
take preventive steps against ~에 대비해서 예방 조치를 취하다
prevent v. 막다, 방지하다   prevented a. 방지된, 예방된

When traveling in areas with a hot climate, it is important to take **(preventive)** steps against heat exhaustion. 더운 지역을 여행할 때 열사병에 대해 예방을 위한 조치를 취하는 것이 중요하다.

> 출제포인트 명사 수식어 자리 ▶ to 동사원형(take)+형용사(preventive)+명사(steps)

probable a. 있을 것 같은, 개연성 있는
a probable outcome 있을 법한 결과
probably ad. 아마도   probability n. 개연성; 확률

The relocation of staff members is a **(probable)** outcome of the merger between two companies. 직원들의 재배치는 두 회사의 사이의 합병에 대한 있을 법한 결과이다.

> 출제포인트 명사 수식어 자리 ▶ 동사(is)+관사(a)+형용사(probable)+명사(outcome)

productive a. 생산적인
be more productive 더 생산적이다

productively ad. 생산적으로

The new research shows that full-time employees who work from home at least one day per week are more **(productive)** than previously thought. 새로운 연구는 일주일에 최소 하루 재택 근무하는 상근 근로자들이 이전에 생각했던 것보다 더 생산적이라는 것을 보여주고 있다.

출제포인트 보어 자리 ▶ be동사(are)+형용사의 비교급(more productive)+than

professional a. 직업의, 전문적인
a professional financial advisor 전문 재무 상담가

profession n. 직업   professionalism n. 전문성   professionally ad. 전문적으로

For help with your retirement plans, contact one of our **(professional)** financial advisors. 당신의 퇴직 플랜을 도울 수 있도록 저희의 전문 재정 상담가 중 한 사람에게 연락하세요.

출제포인트 명사 수식어 자리 ▶ one of+소유격(our)+형용사(professional)+형용사(financial)+명사(advisors)

CHECK UP 13-1

1   disclose a customer's _____ information (고객의 개인 정보를 누출하다)
2   the most _____ person at the presentation
    (프레젠테이션에서 가장 설득력이 있는 사람)
3   _____ air from industry (산업에서 발생하는 오염된 공기)
4   one _____ outcome (가능성 있는 결과 중의 하나)
5   call the plot too _____ (줄거리가 너무나 예상하기 쉽다고 말하다)
6   be higher than _____ (예상했던 것보다 높다)
7   be _____ by (~함으로써 예방할 수 있다)
8   take _____ steps against (~에 대비해서 예방 조치를 취하다)
9   a _____ outcome (있을 법한 결과)

10 be more _____ (더 생산적이다)

11 a _____ financial advisor (전문 재무 상담가)

Answer Key 1. personal 2. persuasive 3. polluted 4. possible 5. predictable 6. predicted
7. preventable 8. preventive 9. probable 10. productive 11. professional

---

2 □ □ □ 기출 정답 어휘 듣고 따라 말하기 🎧 13-2
□ 기출 응용 문제와 출제 포인트 확인하기

---

promising a. 전도유망한
be more promising 더 유망하다
promise v. 약속하다 n. 약속; 가능성

After years of decreasing sales, Nycon Advertising is looking to invest in some areas of research that are clearly more **(promising)**. 수년간의 판매 감소 후에 니콘 광고 사는 좀 더 전도유망한 연구 분야에 대한 투자를 고려하고 있다.

출제포인트 보어 자리 – 비교급 ▶ be동사(are)+부사(clearly)+형용사의 비교급(more promising)

---

promotional a. 홍보의, 판촉의
make promotional products 홍보용 제품을 만들다
promote v. 촉진하다; 홍보하다; 승진시키다   promotion n. 홍보; 승진

Fairview Graphics is well-known for making **(promotional)** products using the images of corporations. 페어뷰 그래픽스 사는 이미지를 사용해서 회사의 홍보용 제품을 만드는 것으로 유명하다.

출제포인트 명사 수식어 자리 ▶ 전치사(for)+동명사(making)+형용사(promotional)+명사(products)

proposed a. 제안된
proposed staffing changes 제안된 제작진 조직 변경 사안들
propose v. 제안하다, 청혼하다   proposal n. 제안

The attached document summarizes **(proposed)** staffing changes, including new working hours and pay. 첨부 문서는 새로운 근무 시간과 급료를 포함한 제안된 제작진 조직 변경 사안들을 요약하고 있다.

> 출제포인트 명사 수식어 자리 ▶ 동사(summarizes)+형용사(proposed)+명사구(staffing changes)

Two supervisors must approve all **(proposed)** changes to the sales manual before it is sent to the printer. 세일즈 매뉴얼에 모든 제안된 수정 사항들을 인쇄업자에게 보내기 전에 두 관리자가 승인해야 한다.

> 출제포인트 명사 수식어 자리 ▶ 동사(approve)+수량형용사(all)+형용사(proposed)+명사(changes)

---

ready a. 준비가 된
remain ready to lower interest rates 이자율을 낮출 준비가 되어 있다
readiness n. 준비가 되어 있음   readily ad. 손쉽게, 순조롭게

Because of the recession, the government remains **(ready)** to lower interest rates to stimulate the economy. 불경기 때문에 정부는 경제를 활성화하기 위해서 이자율을 낮출 준비가 되어 있다.

> 출제포인트 보어 자리 ▶ 동사(remain)+형용사(ready)+to부정사

---

reasonable a. (가격이) 적정한, 합리적인, 타당한
at a reasonable price 적절한 가격에
reason n. 이유, 까닭   reasonably ad. 합리적으로, 타당하게   reasoning n. 추리, 추론

Johnson Plastic negotiated with FedEx Delivery on a contract about shipping costs and now can offer international shipping at a **(reasonable)** price. 존슨 플라스틱은 페덱스 택배사와 선적 비용에 관한 계약을 협상해서 이제는 국제 선적을 저렴한 가격에 제공할 수 있다.

> 출제포인트 명사 수식어 자리 ▶ 전치사(at)+관사(a)+형용사(reasonable)+명사(price)

reduced a. 할인한, 줄인
purchase tickets at reduced rates 입장권을 할인 가격에 구매하다
work reduced hours on Friday 단축 근무를 하다
reduce v. (규모, 크기 등을) 줄이다   reduction n. 축소, 삭감, 감소

Full-price stadium tickets are available at the gate, or you can purchase them in advance at **(reduced)** rates. 경기장 티켓은 정찰가로 입구에서 구입하거나 할인 가격에 미리 구매할 수 있다.

출제포인트 명사 수식어 자리 – 과거분사형 ▶ 전치사(at)+형용사(reduced)+명사(rates)

Employees who volunteer at charitable organizations for ten hours or more per month are eligible to work **(reduced)** hours on Fridays. 자선사업 단체에 한 달에 10시간 이상 자원하는 직원들은 금요일에 단축 근무 자격이 주어진다.

출제포인트 명사 수식어 자리 – 과거분사형 ▶ be eligible to 동사원형(work)+과거분사형 형용사(reduced)+명사(hours) *cf.* be eligible to ~할 자격이 있다

regular a. 규칙적인, 정기적인
resume our regular service 정상 서비스를 재개하다
regularity n. 정기적임

We have had some recent technical problems, but we expect to resume our **(regular)** maintenance service in two days. 우리는 최근 기술적인 문제점들이 있었지만 2일 후에 정기 보수 유지 서비스를 재개할 것으로 예상한다.

출제포인트 명사 수식어 자리 ▶ 소유격(our)+형용사(regular)+명사구(maintenance service)

reliable a. 믿을 수 있는
reliable product test results 신뢰할 만한 제품 테스트 결과들
rely on v. 의지하다, 믿다   reliably ad. 믿을 수 있게

Readers depend on *Consumer Report Magazine* for **(reliable)** product test results and useful information. 신뢰할 만한 제품 테스트 결과와 다른 유용한 정보를 위해 독자들은 Consumer Report Magazine에 의존한다.

출제포인트 명사 수식어 자리 ▶ 전치사(for)+형용사(reliable)+명사(product)

reliant a. 의지하는, 의존하는
be reliant on ~에 의존하다
reliance n. 의존, 의지

The East Republic is becoming increasingly **(reliant)** on petroleum imports from Middle Eastern countries. East Republic은 중동 국가들로부터의 석유 수입에 점점 더 의존하고 있다.

> 출제포인트 보어 자리 ▶ 동사(is becoming)+부사(increasingly)+형용사(reliant)

renovated a. 보수된, 개량된
at the renovated theater 새롭게 단장한 극장에서
renovate v. 개조하다, 보수하다 renovation n. 수리; 혁신

Auditions for the upcoming opera will be held at the newly **(renovated)** Benson Theater. 새롭게 보수된 벤슨 극장에서 곧 상영될 오페라에 대한 오디션이 열릴 것이다.

> 출제포인트 명사 수식어 자리 – 부사의 수식 대상 – 과거분사형 ▶ 전치사(at)+부사(newly)+형용사 (renovated)+명사(Benson Theater)

repetitive a. 반복적인
one's tasks are repetitive 업무가 반복적이다
repeat v. 반복하다 repetition n. 반복 repetitively ad. 되풀이 하여

Company workers given a variety of assignments perform better than those whose tasks are **(repetitive)**. 다양한 업무를 지시 받은 직원들이 반복적인 일들을 지시 받은 직원들보다도 우수한 실적을 보인다.

> 출제포인트 보어 자리 ▶ be동사(are)+형용사(repetitive)

Mrs. Krause revised the report thoroughly because the language in it was too **(repetitive)**. 크라우스 씨는 보고서에 쓰인 언어가 너무 반복적이어서 보고서를 철저하게 수정했다.

> 출제포인트 보어 자리 – 부사의 수식 대상 ▶ be동사(was)+부사(too)+형용사(repetitive)

CHECK UP 13-2

1. be more _____ (더 유망하다)
2. make _____ products (홍보용 제품을 만들다)
3. _____ staffing changes (제안된 제작진 조직 변경 사안들)
4. remain _____ to lower interest rates (이자율을 낮출 준비가 되어 있다)
5. at a _____ price (적절한 가격에)
6. purchase tickets at _____ rates (입장권을 할인 가격에 구매하다)
7. resume our _____ service (정상 서비스를 재개하다)
8. _____ product test results (신뢰할 만한 제품 테스트 결과들)
9. be _____ on (~에 의존하다)
10. at the _____ theater (새롭게 단장한 극장에서)
11. one's tasks are _____ (업무가 반복적이다)

Answer Key 1. promising 2. promotional 3. proposed 4. ready 5. reasonable 6. reduced
7. regular 8. reliable 9. reliant 10. renovated 11. repetitive

Section 1 올바른 문장 완성하기 ❷ 기출정답 형용사

Unit 14 DAY

1 ☐ ☐ ☐ 기출 정답 어휘 듣고 따라 말하기 🎧 14-1
☐ 기출 응용 문제와 출제 포인트 확인하기

responsible a. 책임이 있는
angency reponsible for ~을 담당하는 기관
be responsible for purchasing office equpiment 사무 비품 구입을 담당하다
be responsible for ~할 책임이 있다   responsibly ad. 책임감 있게   responsibility n. 책임, 책무

The TLA is one of the agencies **(responsible)** nationwide for regulating translation copyright law. TLA는 번역 저작권법 조정을 전국적으로 책임지는 기관들 중의 하나이다.

▶ 출제포인트 ▶ 명사 수식어 자리 ▶ 명사(agencies)+형용사(responsible)+부사(nationwide)+전치사구(for ~)

The office manager is **(responsible)** for purchasing office equipment. 사무실 매니저가 사무장비 구입을 담당하고 있다.

▶ 출제포인트 ▶ 보어 자리 ▶ 동사(is)+형용사(responsible)+전치사구(for ~)

revised a. 개정된, 변경한
revised paper-recycling policy 변경된 종이 재활용 정책
revise v. 변경하다, 수정하다   revision n. 개정, 변경

The assistant manager will explain the **(revised)** paper-recycling policy at the staff meeting. 차장은 직원 회의에서 개정된 종이 재활용 정책을 설명할 것이다.

▶ 출제포인트 ▶ 명사 수식어 자리 – 과거분사형 ▶ 동사(explain)+관사(the)+형용사(revised)+명사구(paper-recycling policy)

rising a. 증가하는
rising rents in the city center 도심의 상승하는 임대료
rise n. 상승, 증가 v. 오르다, 올라가다

Because of **(rising)** rents in the city center, people are living on the outskirts and commuting to work. 도심부의 증가하는 임대 비용 때문에 사람들은 시외에 살면서 직장으로 통근한다.

출제포인트 ▶ 명사 수식어 자리 – 현재분사형 ▶ Because of+형용사(rising)+명사(rents)

scheduled a. 예정된, 계획된
have no scheduled travel plans 예정된 여행 계획이 없다
schedule n. 일정 v. 일정을 잡다   scheduling n. 일정 관리

Ms. Carter should be available to meet with the accounting group next week as she has no **(scheduled)** travel plans. 카터 씨는 예정된 출장 계획이 없기 때문에 다음 주 회계 팀과 모임을 가질 수 있을 것이다.

출제포인트 ▶ 명사 수식어 자리 – 과거분사형 ▶ 동사(has)+부정형용사(no)+형용사(scheduled)+명사구(travel plans)

significant a. 중요한
take significant measures 중대한 조치를 취하다
predict a significant increase in revenue 현저한 수익 증가를 예상하다
signify v. 의미하다, 뜻하다   significance n. 중요성; 의미   signification n. (특정 단어의) 의미
significantly ad. 중요하게, 의미가 있게

The company is taking **(significant)** measures to improve its productivity and employee morale. 회사는 직원들의 생산성과 사기를 향상시키기 위해 중대한 조치를 취하고 있다.

출제포인트 ▶ 명사 수식어 자리 ▶ 동사(is taking)+형용사(significant)+명사(measures)

According to the business plan, KNC Industries predicts a **(significant)** increase in revenue by mid-November. 사업 계획에 따르면, KNC 사는 11월 중순까지 현저한 수익 증가를 예상하고 있다.

출제포인트 ▶ 명사 수식어 자리 ▶ 동사(predicts)+관사(a)+형용사(significant)+명사(increase)

single a. 단일의, 단 하나의
present the single largest sale 단일 최대의 매매를 제시하다

singly ad. 혼자, 개별적으로

The deal presents the **(single)** largest sale of Sularin Buses in recent years. 그 거래는 최근 몇 년 만에 술라린 버스의 단독 최대 매매 건임을 나타낸다.

> 출제포인트 명사 수식어 자리 ▶ 동사(presents)+관사(the)+형용사(single)+형용사의 최상급 (largest)+명사(sale)

spacious a. 널찍한
spacious and well-lit 공간이 넓고 조명이 잘 되어 있는

space n. (비어 있는) 공간   spacing n. 간격   spaciousness n. 널찍함

Office workers liked the new working environment because the company's new buildings are **(spacious)** and well-lit. 회사의 새 건물이 넓고 조명이 좋았기 때문에 사무직원들은 새로운 업무 환경을 좋아했다.

> 출제포인트 보어 자리 ▶ be동사(are)+형용사(spacious) and 형용사(well-lit)

specialized a. 전문화된
workers with specialized skills in ~ 분야에 전문 기술을 가진 직원들

specialize v. 전문적으로 다루다   specialization n. 전문화

The Allstate Company is aggressively seeking ideal workers with **(specialized)** skills in accounting. 알스테이트 기업은 회계에 전문 기술을 가진 이상적인 직원들을 적극적으로 찾는 중이다.

> 출제포인트 명사 수식어 자리 – 과거분사형 ▶ 전치사(with)+과거분사형 형용사(specialized)+명사(skills)

specific a. 특정한
specific instructions 특정 지시 사항들

specify v. (구체적으로) 명시하다   specifics n. 세부 사항

They have all been given **(specific)** instructions relative to their individual roles in the project. 그들 모두는 그 프로젝트에서 각 개인의 역할과 관계있는 특정 지시를 받았다.

> 출제포인트 명사 수식어 자리 ▶ 동사(have all been given)+형용사(specific)+명사(instructions)

---

strategic a. 전략적인
strategic acquisition 전략적인 인수
strategize v. 전략을 다듬다, 전략을 짜다   strategy n. 전략   strategically ad. 전략적으로

 Evergreen Energy, Inc. announced the **(strategic)** acquisition of Ace Liquid Solutions, a company that was founded 10 years ago. 에버그린 에너지 사는 10년 전에 설립된 회사인 에이스 리퀴드 솔루션즈 사를 전략적으로 인수한다는 발표를 했다.

> 출제포인트 명사 수식어 자리 ▶ 동사(announced)+관사(the)+형용사(strategic)+명사(acquisition)

---

strong a. 강한
make the partnership stronger 관계를 더 강하게 하다
strongly ad. 튼튼하게, 강하게   strength n. 힘, 기운   strengthen v. 강화하다, 더 튼튼하게 하다

 Zet Engineering wants to make the partnership between the Personnel and Planning teams **(stronger)**. 제트 엔지니어링 인사팀과 기획팀 사이에서의 관계를 보다 강하게 만들고 싶어 한다.

> 출제포인트 to부정사의 목적격 보어 자리 – 비교급 ▶ to make+목적어(the partnership)+형용사의 비교급(stronger)

CHECK UP 14-1

1 angency _____ for (~을 담당하는 기관)
2 _____ paper-recycling policy (변경된 종이 재활용 정책)
3 _____ rents in the city center (도심의 상승하는 임대료)

4 have no _____ travel plans (예정된 여행 계획이 없다)

5 take _____ measures (중대한 조치를 취하다)

6 present the _____ largest sale (단일 최대의 매매를 제시하다)

7 _____ and well-lit (공간이 넓고 조명이 잘 되어 있는)

8 workers with _____ skills in (~ 분야 전문 기술을 가지고 있는 직원들)

9 _____ instructions (특정 지시 사항들)

10 _____ acquisition (전략적인 합병)

11 make the partnership _____ (관계를 더 강하게 하다)

Answer Key 1. reponsible 2. revised 3. rising 4. scheduled 5. significant 6. single 7. spacious
8. specialized 9. specific 10. strategic 11. stronger

2 □ □ □ □ 기출 정답 어휘 듣고 따라 말하기 🎧 14-2
□ 기출 응용 문제와 출제 포인트 확인하기

substantial a. 상당한
be given substantial pay raises 상당한 급여 인상을 받다
substantially ad. 상당히, 많이   substance n. 물질, 실체, 본질   substantiate v. 입증하다

Due to their hard work and dedication, we recommended that staff members in the Research and Development Department be given **(substantial)** pay raises. 그들의 노력과 헌신 때문에 우리는 연구 개발부서 직원들에 대한 상당한 월급의 인상을 추천한다.

 명사 수식어 자리 ▶ 동사(be given)+형용사(substantial)+명사구(pay raises)

sufficient a. 충분한
have sufficient time to do ~할 충분한 시간이 있다
sufficiency n. 충분한 양   sufficiently ad. 충분하게, 충분히

As the product launch date nears, our developers will not have **(sufficient)** time to work on other projects. 제품 출시일이 다가옴에 따라서 우리 개발자들은 다른 프로젝트에 관해 일할 시간이 충분하지 않을 것이다.

 명사 수식어 자리 ▶ 동사(will not have)+형용사(sufficient)+명사(time)

suitable a. 적합한, 알맞은
be suitable for use in homes 가정에서 사용하기에 적합하다

suit v. ~에게 맞다 n. 정장   suitability n. 적합성

Although most of our sinks and faucets are designed for office buildings, some of our products are equally **(suitable)** for use in homes. 비록 대부분의 싱크대와 수도꼭지가 사무용 빌딩에 맞게 고안되었지만 우리 제품의 몇몇은 가정에서도 똑같이 사용할 수 있다.

> 출제포인트 보어 자리 ▶ be동사(are)+부사(equally)+형용사(suitable)

understandable a. 이해할 수 있는
the instructions are easily understandable 설명서는 쉽게 이해할 수 있다

understand v. 이해하다   understanding n. 이해; 합의   understandably ad. 당연하게도, 당연히

The instructions printed on how to install the new software are easily **(understandable)**. 어떻게 새 소프트웨어를 설치해야 하는지에 관해 프린트된 사용설명서는 쉽게 이해할 수 있는 것이다.

> 출제포인트 보어 자리 ▶ be동사(are)+부사(easily)+형용사(understandable)

updated a. 최신의, 개정된
updapted employee directory 최신 직원 인명부

update v. 갱신하다   updating a. 갱신한, 최신 정보의

Additional copies of the **(updated)** employee directory are available in the Human Resources Department. 개정된 직원 인명부가 더 필요하다면 인사부에서 구할 수 있습니다.

> 출제포인트 명사 수식어 자리 ▶ 전치사(of)+관사(the)+형용사(updated)+명사구(employee directory)

vacant a. 비어 있는
the building has been vacant for a year 건물이 1년간 비어 있었다
vacancy n. 결원, 공석; 빈방   vacantly ad. 멍하니, 멀거니

The office building on University Avenue has been **(vacant)** for a year due to renovations. 유니버시티 가에 있는 사무실 빌딩은 보수 공사를 위해서 1년 동안 비어 있었다.

▶ 출제포인트 보어 자리 ▶ be동사(has been)+형용사(vacant)

valid a. 유효한
the agreement is valid 계약이 유효하다
validity n. 유효함; 타당성   validate v. 입증하다; 인증하다

The following information must be completed for the agreement to be **(valid)**. 계약이 유효하기 위해선 다음에 나오는 정보가 완성되어야 한다.

▶ 출제포인트 to부정사의 보어 자리 ▶ to be+형용사(valid)

valuable a. 소중한, 귀중한; 가치가 큰, 값비싼
valuable reference material 매우 귀중한 참고 자료
value n. 가치, 중요성 v. (소중하게) 생각하다; (가치, 가격을) 평가하다   valuably ad. 값비싸게, 고가로

Since Green Biotech entered the market, its products have become more **(valuable)**. 그린 바이오텍이 시장에 진출한 이후로 그 회사의 제품들은 더욱 가치가 커졌다.

▶ 출제포인트 보어 자리 ▶ 동사(have become)+형용사의 비교급(more valuable)

The information that we got at the meeting will be **(valuable)** reference material for the forthcoming advertising campaign. 우리가 그 미팅에서 얻은 정보는 다가오는 광고 캠페인을 위한 귀중한 참고자료가 될 것이다.

▶ 출제포인트 명사 수식어 자리 ▶ 동사(will be)+형용사(valuable)+명사(reference)

various a. 다양한

students from various universities 다양한 대학 출신의 학생들
variably ad. 변하기 쉽게, 일정치 않게   variation n. 변화, 차이   variety n. 여러 가지, 각양각색

Students from **(various)** universities apply for internships at government offices in Washington D.C. 다양한 대학 출신의 학생들이 워싱턴에 D.C.에 있는 관공서에서의 인턴과정에 지원한다.

▶ 출제포인트 명사 수식어 자리 ▶ 전치사(from)+형용사(various)+명사(universities)

vital a. 필수적인

be vital to ~에 필수적이다
vitality n. 활력   vitalize v. 생명을 주다, 생기를 불어 넣다   vitally ad. 필수적으로, 지극히

Periodic employee training is **(vital)** to maintaining Palace Corporation's dedicated, customer-focused workplace. 주기적인 직원 연수는 Palace Corporation사의 헌신적이고 고객에 초점을 맞춘 작업장을 유지하는 데 필수적이다.

▶ 출제포인트 보어 자리 ▶ be동사(is)+형용사(vital)+전치사구(to ~)

weeklong a. 1주일에 걸친

weeklong conference 일주일에 걸친 컨퍼런스
week n. 주, 일주일   weekly a. 매주의, 주간의

Hundreds of recruiters are attending this year's **(weeklong)** conference at the Santa Fe Convention Center in Mexico City. 수백 명의 직원 채용자들이 올해 멕시코시티 Santa Fe 컨벤션 센터에서 열리는 일주일에 걸친 컨퍼런스에 참석하고 있다.

▶ 출제포인트 명사 수식어 자리 ▶ 동사(are attending)+소유격(this year's)+형용사(weeklong)+명사(conference)

CHECK UP 14-2

1. be given _____ pay raises (상당한 급여 인상을 받다)
2. have _____ time to do (~할 충분한 시간이 있다)
3. be _____ for use in homes (가정에서 사용하기에 적합하다)
4. the instructions are easily _____ (설명서는 쉽게 이해할 수 있다)
5. _____ employee directory (최신 직원 인명부)
6. the building has been _____ for a year (건물이 1년간 비어 있었다)
7. the agreement is _____ (계약이 유효하다)
8. _____ reference material (매우 귀중한 참고 자료)
9. students from _____ universities (다양한 대학 출신의 학생들)
10. be _____ to (~에 필수적이다)
11. _____ conference (일주일 동안 이뤄지는 컨퍼런스)

Answer Key 1. substantial 2. sufficient 3. suitable 4. understandable 5. updapted 6. vacant
7. valid 8. valuable 9. various 10. vital 11. weeklong

SECTION I WORD FORMS
어형문제 공략 〉〉 올바른 문장 완성하기

어형문제어휘 ❸
기출정답 부사 UNIT 15~19

부사가 정답인 어형문제 유형

어형문제 유형 7 ▶ 동사 수식어 자리
어형문제 유형 8 ▶ 형용사 수식어 자리
어형문제 유형 9 ▶ 문장 및 다른 부사 수식어 자리

Section 1 올바른 문장 완성하기 ❸ 기출정답 부사

Unit 15   DAY

1 ☐ ☐ ☐ 기출 정답 어휘 듣고 따라 말하기 🎧 15-1
   ☐ 기출 응용 문제와 출제 포인트 확인하기

accidentally ad. 우연히; 잘못하여
accidently mispronounce the name of ~의 이름을 잘못 발음하다
accident n. 사고   accidental a. 우연한, 돌발적인

The newscaster **(accidentally)** mispronounced the name of the president on the news program on television last night. 그 뉴스 앵커는 지난밤 TV 뉴스 프로그램에서 대통령의 이름을 뜻하지 않게 잘못 발음했다.

▶ 출제포인트 동사 수식어 자리 – 동사 앞 ▶ 부사(accidentally)+동사(mispronounced)+목적어(the name ~)

accurately ad. 정확하게
enter client data accurately 고객 정보를 정확하게 입력하다
accurate a. 정확한   accurateness n. 정확함   accuracy n. 정확, 정확도

The manager commended him for entering client data **(accurately)** in the new electronic tracking system. 매니저는 고객 자료를 새로운 전자 추적 시스템 상에 정확하게 기입한 것에 대해 그를 칭찬했다.

▶ 출제포인트 동명사의 부사어 자리 ▶ 전치사(for)+동명사(entering)+목적어(client data)+부사(accurately)

actively ad. 적극적으로, 활발히
actively recruit ~를 적극적으로 채용하다
active a. 활동적인   activeness n. 활발함, 적극성   activity n. 활동

150

We are **(actively)** recruiting new university graduates to fill important positions in the Accounting Department. 우리는 회계부서의 중요한 일자리를 채우기 위해서 신규 대학 졸업자들을 대상으로 적극적으로 채용 활동을 벌이고 있습니다.

> 출제포인트 　진행형 문장의 수식어 자리 - 현재분사 앞 ▶ be동사(are)+부사(actively)+현재분사(recruiting)

adequately   ad. 충분히, 적절히
be trained adequately in ~에 대해 충분히 훈련이 되어 있다
adequate a. 적당한, 충분한   adequateness n. 적당함, 충분함   adequacy n. 적절, 타당성

Many employees have not yet been trained **(adequately)** in how to use the company's new accounting software program. 많은 직원들이 회사의 새로운 회계 소프트웨어 프로그램을 어떻게 사용하는지 아직 충분하게 훈련을 받지 않았다.

> 출제포인트 　수동태 완료형 문장의 부사어 자리 - 과거분사 뒤 ▶ have not yet been+과거분사(trained)+부사(adequately)

appropriately   ad. 적절하게
dress appropriately 적절한 옷차림을 하다
appropriate a. 적절한 v. 도용하다, 전용하다   appropriation n. 도용, 전용, 책정

It is advisable to dress **(appropriately)** when you have a job interview. 취업 면접을 볼 때 옷을 적절하게 입는 것은 바람직하다.

> 출제포인트 　to부정사의 부사어 자리 ▶ to 동사원형(dress)+부사(appropriately)

astonishingly   ad. 놀랍게도, 몹시
an astonishingly popular product 놀라울 정도로 인기 있는 제품
astonish v. 깜짝 놀라게 하다   astonished a. 깜짝 놀란, 크게 놀란

The Cape Tea Company put together an unusual blend of herbs and spices, resulting in an **(astonishingly)** popular product. Cape Tea 회사는 평범하지 않게 허브와 향료를 섞어 몹시 인기 있는 제품이 만들어 졌다.

151

출제포인트 형용사 수식어 자리 ▶ 전치사(in)+관사(an)+부사(astonishingly)+형용사(popular)+명사(product)

---

automatically ad. 자동적으로
be debited automatically 자동적으로 인출되다
have sth automatically renewed ~을 자동적으로 갱신되도록 하다
automatic a. 자동의   automate v. 자동화하다   automated a. 자동화된   automation n. 자동화

All corporate accounts are debited **(automatically)** unless a customer requests a different billing date. 만약 고객이 다른 청구 날짜를 요청하지 않으면 모든 회사 계정들은 돈이 자동적으로 인출된다.

출제포인트 수동태 문장의 부사어 자리 – 과거분사 뒤 ▶ be동사(are)+과거분사(debited)+부사(automatically)

All current employees will have their identification cards **(automatically)** renewed before the end of the year. 현 직원들은 모두 신분증이 연말 전에 자동으로 갱신되어질 것이다.

출제포인트 형용사 수식어 자리 – 사역동사(have)+목적어(identification cards)+부사(automatically+과거분사형 형용사(renewed)

---

carefully ad. 주의하여, 신중히; 조심스럽게
be examined carefully 신중하게 검토되다
after carefully interviewing ~를 신중하게 인터뷰한 후에
careful a. 조심스러운   carefulness n. 신중, 조심성

The design plans for the new convention center must be examined extremely **(carefully)** before they can be implemented. 신규 컨벤션 센터에 대한 설계 계획은 시행되기 전에 몹시 신중하게 검토되어야만 한다.

출제포인트 수동태 문장의 부사어 자리 – 과거분사 뒤 – 부사의 수식 대상 ▶ 주어+be동사(must be)+과거분사(examined)+부사(extremely)+부사(carefully)

After **(carefully)** interviewing highly qualified applicants, we finally chose you as the accounting manager. 자격 요건을 잘 갖춘 후보자들을 신중하게 인터뷰한 후에 우리는 마침내 당신을 회계 부장에 선임했습니다.

출제포인트 동명사의 부사어 자리 – 동명사 앞 ▶ 전치사(After)+부사(carefully)+동명사(interviewing)

cautiously ad. 조심스럽게

proceed cautiously with the negotiations 협상을 조심스럽게 진행하다
must be interpreted cautiously 신중하게 분석되어야 한다

cautious a. 조심스러운, 신중한   caution n. 조심, 경고   cautionary a. 충고성의, 경고성의

The executive board will proceed **(cautiously)** with the negotiations since the proposed terms of the merger require thorough examination. 임원단은 제안된 합병 조건이 철저한 점검을 필요로 하기 때문에 협상을 신중하게 진행 시킬 것이다.

출제포인트 동사 수식어 자리 ▶ 동사 뒤 ▶ 동사(will proceed)+부사(cautiously)+전치사구 (with ~)

The economic researchers emphasized that the available data must be interpreted **(cautiously)** until further studies have been completed. 경제 연구원들은 추후 연구가 완료될 때까지 이용 가능한 데이터를 신중하게 분석해야 한다고 강조했다.

출제포인트 수동태 문장의 부사어 자리 – 과거분사 뒤 ▶ be동사(must be)+과거분사 (interpreted)+부사(cautiously)

charitably ad. 자비롭게, 관대하게

act charitably 관대하게 행동하다

charity n. 자선 단체   charitableness n. 자비로움, 관대함

The community leaders acted **(charitably)** when they worked to reconstruct the community center. 지역 지도자들은 지역 문화 센터 재건립을 추진하는 동안 온정적인 태도로 임했다.

출제포인트 동사 수식어 자리 – 동사 뒤 ▶ 주어+동사(acted)+부사(charitably)

CHECK UP 15-1

1 _____ mispronounce the name of (~의 이름을 잘못 발음하다)
2 enter client data _____ (고객 정보를 정확하게 입력하다)
3 _____ recruit (~를 적극적으로 채용하다)
4 be trained _____ in (~에 대해 충분히 훈련이 되어 있다)
5 dress _____ (적절한 옷차림을 하다)

6 an _____ popular product (놀라울 정도로 인기 있는 제품)
7 be debited _____ (자동적으로 인출되다)
8 after _____ interviewing (~를 신중하게 인터뷰한 후에)
9 must be interpreted _____ (신중하게 분석되어야 한다)
10 act _____ (관대하게 행동하다)

Answer Key 1. accidently 2. accurately 3. actively 4. adequately 5. appropriately 6. astonishingly
7. automatically 8. carefully 9. cautiously 10. charitably

2
□ □ □ 기출 정답 어휘 듣고 따라 말하기 🎧 15-2
□ 기출 응용 문제와 출제 포인트 확인하기

clearly ad. 명확하게, 분명히; 또렷하게
must clearly mark ~을 명확하게 표시하다
be clearly visible 선명하게 보이다
be prepared to speak clearly 또렷하게 말할 준비가 되어 있다
clear a. 깨끗한   clearness n. 분명함, 선명함   cleared a. 허가된, 인가된; 통관 수속이 끝난
clearing n. (숲 속의) 빈터

To return products, customers must **(clearly)** mark the return authorization number on the outside of the packaging. 상품을 반납하기 위해 고객들은 포장지 겉에 있는 반납 승인 번호를 명확하게 표시해야만 한다.

출제포인트 동사 수식어 자리 - 조동사 뒤 ▶ 조동사(must)+부사(clearly)+동사(mark)

Every month, you must check your equipment to ensure that the warning lights are **(clearly)** visible for safety purposes. 매달 안전상의 목적을 위해서 경고 라이트가 명확하게 보일 수 있도록 당신 장비를 점검해야 한다.

출제포인트 형용사 수식어 자리 - be동사(are)+부사(clearly)+형용사(visible)

Lecturers should be prepared to speak **(clearly)** as the acoustics in general auditorium are poor. 강사들은 제너럴 강당의 음향상태가 저조하기 때문에 명확하게 말할 수 있는 준비가 되어 있어야 한다.

출제포인트 to부정사의 부사어 자리 - to 동사원형(speak)+부사(clearly)

closely ad. 밀접하여; 면밀히
work closely with one another 서로 긴밀하게 일하다
close a. 가까운   closed a. 닫힌, 폐쇄된   closure n. 폐쇄

Throughout the training period, all newly hired technicians will work very **(closely)** with one another. 교육 기간 내내 모든 신입 기술자들은 서로 서로 밀접하게 일할 것이다.

▶ 출제포인트 동사 수식어 자리 - 동사 뒤 - 부사의 수식 대상 ▶ 동사(will work)+부사(very)+부사(closely)

collaboratively ad. 협력적으로, 공동으로
work collaboratively 공동으로 일하다
collaborate v. 공동으로 일하다, 합작하다, 협력하다   collaborated a. 협력된
collaborative a. 공동의   collaboration n. 공동 작업, 협동, 합작

The four groups within the research and development division must work **(collaboratively)** to achieve our goals. 연구 개발부서에 있는 4개의 그룹들이 목표를 달성하기 위해서 협동적으로 일해야 합니다.

▶ 출제포인트 동사 수식어 자리 - 동사 뒤 ▶ 동사(must work)+부사(collaboratively)

Because the report will cover different subject areas, contributors will have to work **(collaboratively)** to meet the deadline. 보고서가 다른 주제 분야를 다룰 것이기 때문에 참석자들은 마감일을 맞추기 위해 서로 협력해서 일해야 할 것이다.

▶ 출제포인트 to부정사의 부사어 자리 ▶ to 동사원형(work)+부사(collaboratively)

completely ad. 완전히, 전적으로, 완벽하게
be filled out completely 완벽하게 작성되다
be completely functional 완벽하게 작동하다
complete a. 완벽한 v. 완성하다   completed a. 완성된   completing a. 완성하는
completion n. 완성   completeness n. 완전성

Be sure your employment application is filled out **(completely)** before you submit it to the Human Resources Department. 인사 부서로 고용 신청서를 제출하기 전에 완벽하게 작성하는 것을 명심하세요.

출제포인트 수동태 문장의 부사어 자리 - 구동사의 과거분사 뒤 ▶ 동사(is filled out)+부사(completely)

Mr. Phelps has assured us that the prototype will be **(completely)** functional by June 9. Mr. Phelps는 그 원형이 6월 9일까지 완벽하게 작동될 것이라고 우리를 확신 시켜 주었습니다.

출제포인트 형용사 수식어 자리 ▶ be동사(will be)+부사(completely)+형용사(functional)

---

conscientiously ad. 양심적으로
work conscientiously 양심적으로 일하다
conscience n. 양심   conscientious a. 양심적인, 성실한   conscientiousness n. 양심적임, 성실함

Mr. Krasner's evaluations have been very impressive, and we have few other managers who work so **(conscientiously)**. 크래스너 씨의 평가는 매우 인상적이었고 우리는 양심적으로 일하는 다른 몇몇 과장들이 있다.

출제포인트 동사 수식어 자리 - 부사의 수식 대상 ▶ 동사(work)+부사(so)+부사(conscientiously)

---

considerably ad. 상당하게
have grown considerably 상당히 성장해 있다
consider v. 고려하다는   considerable a. 상당한   considerate a. 사려 깊은, (남을) 배려하

Our South American and European markets have grown **(considerably)** since we opened many branch offices at various locations. 우리가 다양한 장소에 지사 사무실을 오픈한 후에 자사의 남미와 유럽 시장이 상당한 성장을 했다.

출제포인트 완료형 문장의 부사어 자리 - 과거분사 뒤 ▶ have+과거분사(grown)+부사(considerably)

---

consistently ad. 지속적으로
consistently impress her supervisor 상관에게 지속적으로 깊은 인상을 주다
consist ~으로 이루어져 있다   consisted a. 구성된   consistent a. 한결같은, 일관된

Ms. Wang has **(consistently)** impressed her supervisor with the quality of the work she had done in her area of research. 왕 씨는 상사들에게 자신이 연구 분야에서 이뤄낸 작업의 질을 통해서 지속적으로 깊은 인상을 주어왔다.

> **출제포인트** 완료형 문장의 부사어 자리 – 과거분사 앞 ▶ has+부사(consistently)+과거분사(impressed)

---

continuously ad. 계속적으로
be continuously available 계속적으로 이용 가능하다
continue v. 계속하다　continuity n. 지속성　continuous a. 계속되는, 지속되는

 A business consultant was **(continuously)** available to aid managers during the reorganization of the Marketing Department. 마케팅 부서를 재조직 하는 동안 매니저들을 도울 수 있도록 비즈니스 상담가는 계속적으로 이용될 수 있다.

> **출제포인트** 형용사 수식어 자리 ▶ be동사(was)+부사(continuously)+형용사(available)

---

conveniently ad. 편리하게
be conveniently located 편리한 곳에 위치해 있다
convenient a. 편리한　convenience n. 편의, 편리

 The cinema is **(conveniently)** located within easy walking distance, so you can watch movies at the theater whenever you want. 시네마가 쉽게 걸어갈 수 있는 거리에 편리하게 위치해 있어서 원하면 언제든지 영화관에서 영화를 볼 수 있다.

> **출제포인트** 형용사 수식어 자리 ▶ be동사(is)+부사(conveniently)+형용사(located)

convincingly ad. 설득력 있게

convincingly present the advantage of ~의 장점을 설득력 있게 제시하다
convince v. 설득하다   convincing a. 설득력 있는

Mr. Willams (**convincingly**) presented the advantages of his cost-cutting plan and won the support of the company's executive board. 윌리엄스 씨는 설득력 있게 자신의 비용 삭감 계획의 이점을 설명했고 회사 이사회의 지지를 얻었다.

출제포인트 동사 수식어 자리 – 동사 앞 ▶ 부사(convingcingly)+동사(presented)+목적어(the advantage ~)

CHECK UP 15-2

1 be _____ visible (선명하게 보이다)
2 work _____ with one another (서로 긴밀하게 일하다)
3 work _____ (공동으로 일하다)
4 be filled out _____ (완벽하게 작성되다)
5 work _____ (양심적으로 일하다)
6 have grown _____ (상당히 성장해 있다)
7 _____ impress her supervisor (상관에게 지속적으로 깊은 인상을 주다)
8 be _____ available (계속적으로 이용 가능하다)
9 be _____ located (편리한 곳에 위치해 있다)
10 _____ present the advantage of (~의 장점을 설득력 있게 제시하다)

Answer Key 1. clearly 2. closely 3. collaboratively 4. completely 5. conscientiously 6. considerably 7. consistently 8. continuously 9. conveniently 10. convincingly

*Section 1 올바른 문장 완성하기 ❸ 기출정답 부사

Unit 16   DAY

- □ □ □ 기출 정답 어휘 듣고 따라 말하기 🎧 16-1
- □ 기출 응용 문제와 출제 포인트 확인하기

correctly ad. 정확하게

be addressed correctly 정확하게 주소가 기입되다
correctly predict the economic downturn 경제 불황을 정확하게 예측하다

correct v. 정정하다, 수정하다 a. 정확한   correctness n. 정확함   correction n. 정정, 수정
corrective a. 교정의, 바로잡는

Please make sure that all payment correspondences are addressed **(correctly)** before sending them out. 모든 납입금 서신들을 발송하기 전에 주소가 정확하게 기입되었는지 확인하세요.

출제포인트 수동태 문장의 부사어 자리 – 과거분사 뒤 ▶ be동사(are)+과거분사(addressed)+부사(correctly)

A stock market analyst, John Smith **(correctly)** predicted last year's economic downturn. 주식시장 분석가인 존 스미스는 지난해 경제 불황을 정확하게 예측했다.

출제포인트 동사 수식어 자리 – 동사 앞 ▶ 부사(correclty)+동사(predicted)

currently ad. 현재

be currently on schedule 현재 일정대로 진행중이다

current a. 현재의

The new shopping mall construction project is **(currently)** on schedule, and it is expected to be completed early next month. 새로운 쇼핑몰 건설 프로젝트가 일정대로 현재 진행 중이며, 내달 초에 완성될 것으로 예상된다.

출제포인트 전치사구 수식어 자리 ▶ be동사(is)+부사(currently)+전치사구(on schedule)

directly ad. 직접적으로

directly from manufacturers 제조자로부터 직접
directly after graduating from secondary schools 중등교육을 받은 직후에

direct a. 직접적인 v. 지휘하다, 감독하다   directed a. 유도된, 지시 받은   directing n. 연출
direction n. 방향, 지시, 명령

To avoid paying high retail prices, Buyers Club members purchase merchandise **(directly)** from manufacturers. 높은 소매가격 지불을 피하기 위해서 바이어즈 클럽 회원들은 제조업자로부터 직접 구매한다.

▶ 출제포인트 전치사구 수식어 자리 ▶ 동사(purchase)+목적어(merchandise)+부사(directly)+전치사구(from ~)

The percentage of students entering universities **(directly)** after graduating from secondary school has dropped in recent years. 중등교육을 받은 후에 직접 대학에 들어가는 학생의 비율이 최근에 감소되었다.

▶ 출제포인트 전치사구 수식어 자리 ▶ 동명사(entering)+부사(directly)+전치사구(after ~)

dramatically ad. 급격하게

expect sales to rise dramatically 매출이 극적으로 오르기를 기대하다

dramatic a. 극적인   dramatist n. 극작가   dramatize v. 각색하다

By hiring skilled and experienced workers, Generic Technology expects sales to rise **(dramatically)** over the next few months. 지네릭 테크놀로지는 노련하고 경험 있는 직원들을 채용해서 앞으로 몇 개월 동안 판매가 급격하게 증가하길 기대한다.

▶ 출제포인트 to부정사의 부사어 자리 ▶ to 동사원형(rise)+부사(dramatically)

eagerly ad. 간절히, 상당히

an eagerly anticipated sofa line 상당히 기대했던 소파 제품

eager a. 열망하는, 갈망하는   eagerness n. 열의, 열심

The **(eagerly)** anticipated Relacomfort sofa line from the Nexon Furniture Company should soon be available in stores throughout the region. 넥슨 가구 회사가 내놓는 상당히 기대 되는 렐라컴포트 소파 제품 라인이 그 지역 전역 점포에서 곧 판매 될 것이다.

출제포인트 형용사 수식어 자리 ▶ 관사(The)+부사(eagerly)+형용사(anticipated)+명사 (Relacomfort sofa line)

---

easily ad. 쉽게

solve a problem with ~ easily ~와 관련 문제를 해결하다
can easily be repaired by ~의 해서 쉽게 수리되다
ease n. 쉬움, 용이함 v. (고통 등을) 덜어주다   easy a. 쉬운   easiness n. 용이함

Mr. Johnson solved a problem with the new software unit **(easily)** after consulting with the computer technician. 존 씨는 컴퓨터 기술자와 상의한 후에 새로운 소프트웨어 유니트의 문제점을 쉽게 해결했다.

출제포인트 동사 수식어 자리 – 목적어 뒤 ▶ 동사(solved)+목적어(a problem with ~)+부사 (easily)

Minor engine problems can **(easily)** be repaired by a certified technician at this body shop. 사소한 엔진 문제점들은 이 정비소에서 자격 있는 기술자들에 의해서 쉽게 수리될 있다.

출제포인트 수동태 문장의 부사어 자리 – 조동사 뒤 ▶ 조동사(can)+부사(easily)+be+과거분사 (repaired)

---

economically ad. 경제적으로

be economically beneficial 경제적으로 이득이다
economic a. 경제의   economical a. 경제적인   economics n. 경제학

Many researchers are currently attempting to find energy sources that are both safe and **(economically)** beneficial. 많은 연구원들이 안전하고 경제적으로 혜택을 주는 에너지원을 찾으려고 현재 시도하고 있다.

출제포인트 형용사 수식어 자리 ▶ be동사(are)+both 형용사(safe) and 형용사(economically beneficial)

161

effectively ad. 효과적으로

skills to communicate effectively with ~와 효과적으로 의사소통하는 기술
identify how effectively 얼마나 효과적으로 ~한지 밝히다
for effectively managing its recent project 최근 프로젝트를 효과적으로 운영해서

effect n. 영향, 결과 v. (어떤 결과를) 가져오다   effective a. 효과적인   effectiveness n. 유효성, 효과적임

The public relations manager has the skills to communicate **(effectively)** with a variety of clients. 홍보 부장은 다양한 고객들과 효과적으로 의사소통할 수 있는 기술을 가지고 있다.

　출제포인트 to부정사의 부사어 자리 – 동사원형 뒤 ▶ to 동사원형(communicate)+부사(effectively)

One of the objectives of the monthly staff meeting is to share ideas and identify how **(effectively)** our advertising campaigns are performing. 매월 가지는 직원회의 목적들 중 하나는 아이디어를 공유하고 우리의 광고 캠페인이 얼마나 효과적으로 시행이 되었는지를 확인하기 위한 것이다.

　출제포인트 동사 수식어 자리 – 의문사 how 뒤 ▶ how+부사(effectively)+주어(our advertising campaigns)+동사(are performing)

The product development team has been awarded for **(effectively)** managing its recent project. 프로젝트 개발 팀은 최근 프로젝트를 효과적으로 운영해서 상을 받았다.

　출제포인트 동명사의 부사어 자리 – 동명사 앞 ▶ 전치사(for)+부사(effectively)+동명사(managing its recent product)

efficiently ad. 효율적으로

work more efficiently 더 효율적으로 일하다
to produce goods more efficiently 제품을 더 효율적으로 생산하도록

efficient a. 효율적인, 능률적인   efficiency n. 효율성, 능률

The planning committee is now limited to ten members so that the group may work toward its goals more **(efficiently)**. 기획 위원회는 그룹이 그들의 목표를 향해서 좀 더 효율적으로 일할 수 있도록 현재 10명으로 제한된다.

　출제포인트 동사 수식어 자리 – 목적어 뒤 – 비교급 ▶ 동사(may work)+목적어(its goals)+부사 비교급(more efficiently)

Johnson Electronics has long been a leader in training workers to produce goods more **(efficiently)**. 존슨 전자는 제품을 효율적으로 생산하기 위한 직원 교육에 있어서 오랫동안 리더의 역할을 하고 있다.

> 출제포인트 to부정사의 부사어 자리 - 목적어 뒤 - 비교급 ▶ to 동사원형(produce)+목적어 (goods)+부사 비교급(more efficiently)

---

electronically   ad. 전자(공학)적으로, 컴퓨터로
be paid electronically 전산상으로 지불하다

electronic a. 전자의   electricity n. 전기   electronics n. 전자 공학

The fee for the conference may now be paid **(electronically)** through our recently updated website. 컨퍼런스 비용은 최근에 업데이트된 자사의 웹사이트를 통해 전자식으로 결제될 수 있다.

> 출제포인트 수동태 문장의 부사어 자리 - 과거분사 뒤 ▶ be동사(may now be)+과거분사 (paid)+부사(electronically)

CHECK UP 16-1

1 _____ predict the economic downturn (경제 불황을 정확하게 예측하다)
2 be _____ on schedule (현재 일정대로 진행중이다)
3 _____ from manufacturers (제조자로부터 직접)
4 expect sales to rise _____ (매출이 극적으로 오르기를 기대하다)
5 an _____ anticipated sofa line (상당히 기대했던 소파 제품)
6 can _____ be repaired by (~의 해서 쉽게 수리되다)
7 be _____ beneficial (경제적으로 이득이다)
8 skills to communicate _____ with (~와 효과적으로 의사소통하는 기술)
9 work more _____ (더 효율적으로 일하다)
10 be paid _____ (전산상으로 지불하다)

> Answer Key 1. correctly 2. currently 3. directly 4. dramatically 5. eagerly 6. easily 7. economically 8. effectively 9. efficiently 10. electronically

enthusiastically ad. 열광적으로, 절대적으로
enthusiastically approve a new approach 새로운 접근법에 절대적으로 지지하다
enthusiasm n. 열광, 열정   enthusiastic a. 열렬한, 열광적인

The board of directors **(enthusiastically)** approved Mr. Smith's new advertising approach. 이사진은 스미스 씨의 새로운 광고 접근법을 절대적으로 승인했다.

〔출제포인트〕 동사 수식어 자리 – 동사 앞 ▶ 부사(enthusiastically)+동사(approved)+목적어(Mr. Smith's ~ approach)

environmentally ad. 환경적으로
the most environmentally responsible building 가장 친환경적인 빌딩
environment n. 환경   environmental a. 환경의   environmentalists n. 환경주의자

By employing new construction technology, Ivanov Architects has constructed the most **(environmentally)** responsible high-rise office building. 새로운 건축 기술을 적용해서 이바노프 건축 회사는 가장 환경 친화적인 고층 사무실 빌딩을 건설했다.

〔출제포인트〕 형용사 수식어 자리 – 최상급 ▶ 최상급 부사(the most environmentally)+형용사(responsible)+형용사(highrise)+명사구(office building)

equally ad. 똑같이, 동등하게
be equally efficient at removing stains 얼룩을 제거하는 데 동일하게 효과가 있다
assignment distributed equally 균등하게 배분된 과제
equal a. 똑같은   equality n. 평등, 균등   equalize v. 동등하게 하다

The two laundry detergents, Flash and Aqua Pines, showed in the study are **(equally)** efficient at removing stains. 연구에서 보여준 두 개의 세제 플래시와 아쿠아 파인즈는 얼룩을 제거하는 데 똑같이 효과가 있다.

〔출제포인트〕 형용사 수식어 자리 ▶ be동사(are)+부사(equally)+형용사(efficient)

The assignment distributed **(equally)** between the Marketing Department and the Advertising Department will be reviewed by the board of directors at the end of the month. 광고부서와 마케팅 부서 사이에 똑같이 배분된 임무는 이사회에 의해서 이달 말에 검토될 것이다.

출제포인트 과거분사의 부사어 자리 ▶ 주어(The assignment)+[과거분사(distributed)+부사(equally)+전치사구(between ~)]+동사(will be)
cf. The assignment (which was) distributed equally ~

evenly ad. 고르게, 균등하게
spread paint more evenly on walls 벽에 페인트를 더 고르게 펴바르다
evened a. 균등하게 된   evenness n. 균등성, 평등

The Smooth-R System makes it easy for customers to spread paint more **(evenly)** on walls and ceilings. 스무스 R 시스템은 고객들이 벽과 천장을 좀 더 균일하게 페인트를 칠하는 것을 용이하게 한다.

출제포인트 to부정사의 부사어 자리 - 비교급 ▶ to 동사원형(spread)+목적어(paint)+부사 비교급(more evenly)

exceptionally ad. 유난히, 아주; 예외적인 경우에만
work exceptionally hard 유독 열심히 일하다
except prep. ~을 제외하고는   exception n. 예외   exceptional a. 예외적인

Ms. Stevens has worked **(exceptionally)** hard during the last few months and has earned several bonuses because of that. 미스 스티븐슨은 지난 몇 달 동안 아주 열심히 일해서 이로 인해서 몇 번의 보너스를 탔다.

출제포인트 부사 수식어 자리 ▶ 동사(has worked)+부사(exceptionally)+부사(hard)

excessively ad. 지나치게, 매우
be excessively concerned with ~에 대해 지나치게 걱정하다
excess n. 초과, 지나침   excessive a. 지나친, 과도한

The company has been **(excessively)** concerned with short-term profits. 그 회사는 단기 이익에 아주 관심이 있어 왔다.

▶ 출제포인트 완료형 수동태 문장의 부사어 자리 – 과거분사 앞 ▶ has been+부사(excessively)+과거분사(concerned)

exclusively ad. 독점적으로, 오로지

a company running exclusively on 전적으로 ~에 관해 독점적인 회사
be available exclusively to ~에게만 제공이 되다

exclusive a. 독점적인, 전용의   exclusiveness n. 독점성, 배타성   excluded a. 제외되는
excluding prep. ~을 제외하고는   exclusion n. 배제, 제외, 차단   exclusionary a. 배제하기 위한

If the technology is successful, JC Recycling, Inc. will be the largest company in the country running **(exclusively)** on renewable energy. 만약 기술이 성공적이면 JC 리사이클링 사는 그 나라에서 전적으로 재생에너지에 관해 운영되는 가장 큰 회사일 것이다.

▶ 출제포인트 현재분사의 부사어 자리 – 현재분사(running)+부사(exclusively)

This special offer is available **(exclusively)** to customers of the Sears Department Store during the month of December. 이 특별 세일은 12월 동안 시어스 백화점 고객들에게만 제공이 됩니다.

▶ 출제포인트 전치사구의 수식어 자리 – is available+부사(exclusively)+전치사구(to customers)

expressly ad. 분명히, 명확히

be written expressly for publication 출간을 위해 명확하게 작성되다

express v. 표현하다   expressing a. 표명하는   expressive a. (생각, 감정을) 나타내는

All articles submitted to TESOL must be written **(expressly)** for publication. TESOL에 제출되는 모든 논문은 출간을 위해서 명확하게 작성돼야 한다.

▶ 출제포인트 수동태 문장의 부사어 자리 – 과거분사 뒤 ▶ be동사(must be)+과거분사(written)+부사(expressly)

extremely ad. 아주, 극도로

be extremely difficult 극도로 어렵다

extreme a. 극도의   extremity n. 끝, 곤경; 극도

Finding proofreaders to review the article for publication turned out to be **(extremely)** difficult. 출판을 위해 논문을 검토할 교정자를 찾는 것이 아주 어렵다는 것을 알았다.

 출제포인트 형용사 수식어 자리 ▶ to be+부사(extremely)+형용사(difficult)

The manufacture of automobiles was **(extremely)** expensive until assembly-line techniques made them cheaper to produce. 분업화된 조립공정 기술이 그들(자동차들)을 생산하기 더 싸게 만들어줄 때까지, 자동차의 제조는 극히 비쌌었다.

 출제포인트 형용사 수식어 자리 ▶ be동사(was)+부사(extremely)+형용사(expensive)

finally ad. 마침내

be finally ready to 마침내 ~할 준비가 되다
have finally announced ~을 마침내 발표했다

final a. 최후의, 마지막의   finalist n. 결승전 진출 선수   finalize v. 마무리짓다, 완결시키다

After diagnosing the illness, Dr. Smith is **(finally)** ready to launch a sequel on the expanding use of the new medication. 병을 진단하고 난 후, 스미스 박사는 마침내 신규 약물의 추가적인 사용에서의 결과에 착수할 준비가 되어있다.

 출제포인트 형용사 수식어 자리 ▶ be동사(is)+부사(finally)+형용사(ready)

After months of negotiations, the Sears Company has **(finally)** announced a merger with the ZCMI Corporation. 수개월 간의 협상 후에 시어스 사는 ZCMI 사와의 합병을 발표했다.

 출제포인트 완료형 문장의 부사어 자리 ▶ 조동사 뒤 ▶ has+부사(finally)+과거분사(announced)

CHECK UP 16-2

1. _____ approve a new approach (새로운 접근법에 절대적으로 (지지하다))
2. the most _____ responsible building (가장 친환경적인 빌딩)
3. assignment distributed _____ (균등하게 배분된 과제)
4. spread paint more _____ on walls (벽에 페인트를 더 고르게 펴바르다)
5. work _____ hard (유독 열심히 일하다)
6. be _____ concerned with (~에 대해 지나치게 걱정하다)
7. be available _____ to (~에게만 제공이 되다)
8. be written _____ for publication (출간을 위해 명확하게 작성되다)
9. be _____ difficult (극도로 어렵다)
10. have _____ announced (~을 마침내 발표했다)

Answer Key 1. enthusiastically 2. environmentally 3. equally 4. evenly 5. exceptionally
6. excessively 7. exclusively 8. expressly 9. extremely 10. finally

Section 1 올바른 문장 완성하기 ❸ 기출정답 부사

Unit 17

DAY

1
- □ □ □ 기출 정답 어휘 듣고 따라 말하기 🎧 17-1
- □ 기출 응용 문제와 출제 포인트 확인하기

---

financially ad. 재정적으로

be not financially sound 재정적으로 좋지 않다
a financially sound plan 재정적으로 좋은 계획

finance n. 재정, 재무   financial a. 재정상의, 재무의

Establishing another new shopping center within the next five months is not **(financially)** sound. 또 다른 쇼핑센터를 앞으로 5개월 안에 건설하는 것은 재정적으로 건전하지 못하다.

▶ 출제포인트 ◀ 형용사 수식어 자리 ▶ be동사(is not)+부사(financially)+형용사(sound)

The advisory board has failed to come up with a **(financially)** sound plan for next year's budget. 자문 위원회는 내년도 예산을 위한 재정적으로 건전한 계획을 도출해내는 데 실패했다.

▶ 출제포인트 ◀ 형용사 수식어 자리 ▶ 관사(a)+부사(financially)+형용사(sound)+명사(plan)

---

formally ad. 공식적으로

formally appoint A to the position of A를 공식적으로 ~의 직책에 임명하다

formal a. 공식의, 정식의   formality n. 형식적임   formalize v. ~을 형식화하다, 공인하다

The board of directors **(formally)** appointed Susan Manning Park to the position of president. 이사회는 수잔 매닝을 사장에 공식 임명했다.

▶ 출제포인트 ◀ 동사 수식어 자리-동사 앞 ▶ 부사(formally)+동사(appointed)+목적어(Minsook Park)+전치사구(to ~)

fortunately ad. 다행스럽게도

fortunatley the clients were satisfied 고객들은 다행히도 만족해 했다

fortunate a. 행운의, 운이 좋은   fortune n. 재산, 운, 운명

The team had spent many late nights over the last week improving the product design, and **(fortunately)** the clients were satisfied. 팀은 지난주 동안 프로젝트 디자인 향상을 위해서 많은 밤을 늦게까지 일했고, 다행스럽게도 고객들은 만족을 했다.

출제포인트 문장 수식어 자리 ▶ 부사, 문장[주어(the clients)+동사(were satisfied)]

frequently ad. 자주

frequently publish writings by ~의 글을 자주 출판하다
by frequently being mistaken for ~로 오해를 자주 받음으로써
have their tire alignment checked frequently 타이어의 수평을 자주 확인하다

frequent a. 빈번한, 자주 일어나는   frequency n. 자주 일어남, 빈도

Computer Science Magazine **(frequently)** publishes writings by outside contributors. 컴퓨터 과학 잡지는 외부 기고가들의 글을 자주 출판한다.

출제포인트 동사 수식어 자리 – 동사 앞 ▶ 부사(frequently)+동사(publishes)

Since Mr. Black moved to this new town, he has experienced considerable inconvenience by **(frequently)** being mistaken for a well-known local newspaper reporter. 그가 이 도시로 이사 온 이후 블랙 씨는 지역 방송 뉴스 해설가로 자주 잘 못 오해를 받는 상당한 불편을 견디고 있다.

출제포인트 동명사의 부사어 자리 – 동명사 앞 ▶ 전치사(of)+부사(frequently)+동명사(being mistaken ~)

The auto body shop reminds all drivers to have their tire alignment checked **(frequently)**. 자동차 정비소는 모든 운전자들에게 그들의 차량 타이어의 수평을 자주 확인하도록 상기시켰다.

출제포인트 과거분사의 부사어 자리 – 사역동사(have)+목적어(their tire alignment)+과거분사(checked)+부사(frequently)

generally ad. 일반적으로

be generally considered good 대체적으로 양호하다고 여겨지다

general a. 전체의, 전원의; 보통의   generalized a. 일반화된, 보편화된

The local restaurant is **(generally)** considered good by business travelers who are from the other countries. 지역 식당은 다른 나라들로부터 온 비즈니스 여행객들에 의해서 일반적으로 좋다고 간주되었다.

출제포인트 수동태 문장의 부사어 자리 ▶ be동사(is)+부사(generally)+과거분사(considered)

gladly ad. 기꺼이, 기쁘게

gladly assist you 기꺼이 당신에게 도움을 주다

glad a. 기쁜   gladden v. 남을 기쁘게 하다

When you arrive at the company, please pull up to the back gate, where the loading dock manager will **(gladly)** assist you. 회사에 도착하면 하역장 감독관이 기꺼이 당신을 도울 수 있도록 뒷문으로 차를 대세요.

출제포인트 동사 수식어 자리 – 조동사 뒤 ▶ 조동사(will)+부사(gladly)+동사원형(assist)

greatly ad. 크게

be greatly aided by ~에게 큰 도움을 받다

great a. 큰, 많은   greatness n. 중대, 중요; 위대함

Our progress with the construction project has been **(greatly)** aided by the brilliant idea of Mr. Smith. 건설 프로젝트에 있어 우리의 진전은 스미스 씨의 훌륭한 착상에 의해서 크게 도움을 받았다.

출제포인트 완료형 수동태 문장의 부사어 자리 – 과거분사 앞 ▶ has been+부사(greatly)+과거분사(aided)

The new logo should **(greatly)** improve the firm's image throughout the country. 새로운 로고가 전국적으로 회사의 이미지를 크게 향상시켜주어야 한다.

출제포인트 동사 수식어 자리 – 조동사 뒤 ▶ 조동사(should)+부사(greatly)+동사원형(improve)

habitually ad. 습관적으로

habitually answer telelphone calls with a cheerful greeting
전화를 습관적으로 기분 좋은 인사로 받는다

habit n. 습관 habitual a. 습관적인

Ms. Jean **(habitually)** answers incoming telephone calls with a cheerful greeting in order to increase customer satisfaction. 진 씨는 고객의 만족을 증가시키기 위해서 걸려오는 전화를 습관적으로 기분 좋은 인사로 받는다.

▶ 출제포인트 동사 수식어 자리 – 동사 앞 ▶ 부사(habitually)+동사(answers)+목적어(incoming telephone calls)

highly ad. 높이 평가하여, 매우

be highly regarded by her clients 고객들에게 높은 평가를 받다

high a. 높은 ad. 높이

Although Miss Helen has worked as a customer service representative for only two months, she is **(highly)** regarded by her clients. 헬렌 씨는 고객 서비스 담당자로 불과 2개월 일했음에도 불구하고 고객들에게 높이 평가된다.

▶ 출제포인트 수동태 문장의 부사어 자리 – 과거분사 앞 ▶ be동사(is)+부사(highly)+과거분사(regarded)

historically ad. 역사적으로

have historically been an important part of 역사적으로 ~의 중요한 일부였다

history n. 역사 historian n. 역사학자 historical a. 역사의, 역사상의

Steel production has **(historically)** been an important part of Levington County's industrial development. 철강 생산은 레빙톤 군의 산업 개발에서 역사적으로 중요한 부분이 되어 왔다.

▶ 출제포인트 완료형 문장의 부사어 자리 ▶ has+부사(historically)+과거분사(been)+보어(an important part ~)

ideally ad. 이상적으로, 더할 나위 없이

be ideally sutied as ~로서 더할 나위 없이 적합하다

ideal a. 이상적인   ideality n. 이상적인 것   idealize v. 이상화하다

Most members of the party agreed that Thomas Baker is **(ideally)** suited as the next CEO. 대부분의 정당 회원들은 토머스 베이커가 다음 최고 경영자로 더할 나위 없이 좋다는 데 찬성했다.

출제포인트 형용사의 수식어 자리 ▶ be동사(is)+부사(ideally)+형용사(suited)

CHECK UP 17-1

1 a _____ sound plan (재정적으로 좋은 계획)
2 _____ appoint A to the position of (A를 공식적으로 ~의 직책에 임명하다)
3 _____ the clients were satisfied (고객들은 다행히도 만족해 했다)
4 by _____ being mistaken for (~로 오해를 자주 받음으로써)
5 be _____ considered good (대체적으로 양호하다고 여겨지다)
6 _____ assist you (기꺼이 당신에게 도움을 주다)
7 be _____ aided by (~에게 큰 도움을 받다)
8 _____ answer telelphone calls with a cheerful greeting
   (전화를 습관적으로 기분 좋은 인사로 받는다)
9 be _____ regarded by her clients (고객들에게 높은 평가를 받다)
10 have _____ been an important part of (역사적으로 ~의 중요한 일부였다)
11 be _____ sutied as (~로서 더할 나위 없이 적합하다)

Answer Key 1. financially 2. formally 3. fortunatley 4. frequently 5. generally 6. gladly 7. greatly
8. habitually 9. highly 10. historically 11. ideally

□ □ □ 기출 정답 어휘 듣고 따라 말하기 🎧 17-2
□ 기출 응용 문제와 출제 포인트 확인하기

inaccurately ad. 부정확하게

be inaccurately estimated 부정확하게 추정되다

inaccurate a. 부정확한   inaccuracy n. 부정확

Because the number of participants was **(inaccurately)** estimated, the organizers had to reserve the larger venue. 참석자의 숫자가 부정확하게 추정되었기 때문에 조직 위원들은 더 큰 개최지를 예약했어야만 했다.

🔷 출제포인트 수동태 문장의 부사어 자리 ▶ 과거분사 앞 ▶ be동사(was)+부사(inaccurately)+과거분사(estimated)

---

increasingly ad. 점점 더, 갈수록 더
an increasingly large number of 점점 더 커지는 숫자의
have increasingly turned to ~로 점점 더 많은 사람들이 돌아서다
increase v. 증가하다 n. 증가   increased a. 증가된   increasing a. 증가하는

 An **(increasingly)** large number of our guests make their hotel reservations online rather than by telephone. 그들의 호텔은 점점 더 증가하는 손님 수로 예약을 전화가 아닌 온라인으로 받기로 했다.

🔷 출제포인트 형용사 수식어 자리 ▶ 관사(An)+부사(increasingly)+형용사(large)+명사(number)

In order to attract more customers, the Ace Beverage Co. has **(increasingly)** turned to advertising at sporting events. 더 많은 고객을 유치하기 위해서 에이스 음료 회사는 스포츠 행사 광고 쪽으로 전향했다.

🔷 출제포인트 완료형 문장의 부사어 자리 ▶ 과거분사 앞 ▶ has+부사(increasingly)+과거분사(turned)

---

inevitably ad. 불가피하게, 필연적으로
will inevitabley be split into ~로 불가피하게 나뉠 것이다
inevitable a. 불가피한, 필연적인   inevitability n. 필연성, 피할 수 없음

 The Sales Department has grown so large that it will **(inevitably)** be split into regional divisions by next year. 영업부가 너무 커져서 불가피하게 내년까지 지역 부서로 나뉠 것이다.

🔷 출제포인트 수동태 문장의 부사어 자리 ▶ 조동사 뒤 ▶ 조동사(will)+부사(inevitably)+be+과거분사(split)

initially ad. 처음에
initially estimated that 처음에는 ~로 추정했다

initiate v. 개시하다, 착수시키다   initiated a. 개시된, 착수된

The Department of Labor **(initially)** estimated that 150,000 new jobs would be created in the steel industry last year; the actual number was 170,000. 노동부가 지난해 철강 산업에서 15만 개의 새로운 일자리가 창출될 것을 처음에 추산했는데 실제 숫자는 17만 개였다.

출제포인트 동사 수식어 자리 – 동사 앞 ▶ 부사(initailly)+동사(estimated)

kindly ad. 친절하게, 정중하게
kindly refrain from talking 정중하게 말을 삼가다

kind a. 친절한

Cineplex requests that the audience **(kindly)** refrain from talking during the movie. 시네플렉스에서는 관람객 여러분께 영화가 상영되는 동안에는 담소를 삼가해 주실 것을 정중히 요청드립니다.

출제포인트 동사 수식어 자리 – 동사 앞 ▶ 접속사(that)+주어+부사(kindly)+동사(refrain)

knowingly ad. 고의로
knowingly install ~을 고의적으로 설치하다

known a. 알려진   knowledge n. 지식   knowledgeable a. 많이 아는, 아는 것이 많은

Users who did not **(knowingly)** install the software will not be given a warning. 고의적으로 소프트웨어를 설치하지 않은 사용자들은 경고가 주어지지 않을 것이다.

출제포인트 동사 수식어 자리 ▶ 조동사 뒤 ▶ 조동사(did not)+부사(knowingly)+동사원형(install)

largely ad. 주로
be largely responsible for the success of ~의 성공에 대한 주요한 역할을 하다

large a. (규모가) 큰; (양이) 많은

Ms. Anderson is **(largely)** responsible for the success of the smooth transition following the merger of Johnson, Inc. and Anderson Manufacturing. 앤더슨 씨는 존슨 사와 앤더슨 제조사 간의 합병 후에 매끄러운 전환의 성공에 대한 책임을 주로집니다.

출제포인트 ▶ 형용사 수식어 자리 ▶ be동사(is)+부사(largely)+형용사(responsible)+전치사구(for ~)

mistakenly ad. 실수로
mistakenly throw away sth ~을 실수로 버리다
mistakenly report that ~

mistake n. 실수, 잘못 v. 오인하다, 실수하다   mistaken a. 잘못 알고 있는

 Ms. Wesley **(mistakenly)** threw away her copies of this month's sales contracts, so she had to have new ones printed. 웨슬리 씨는 실수로 이번 달 매매 계약서 사본들을 버려서 새로 출력해야 했다.

출제포인트 ▶ 동사 수식어 자리 – 동사 앞 ▶ 부사(mistakenly)+동사(threw away)+목적어(her copies of ~)

moderately ad. 적당히, 알맞게
have been moderately successful so far 지금까지 그럭저럭 성공해 왔다

moderate a. 보통의, 중간의   moderator n. 중재자

 Mr. Black's new electronics business venture in Singapore has been **(moderately)** successful so far. 싱가포르에서 진행 중인 블랙의 전자 벤처 사업이 지금까지는 원만하게 성공적이었다.

출제포인트 ▶ 형용사 수식어 자리 ▶ have been+부사(moderately)+형용사(successful)

narrowly ad. 가까스로, 간발에 차이로
narrowly miss the deadline 마감일을 간발의 차로 놓치다

narrow a. 좁은, 편협한 v. 좁아지다   narrowed a. 좁혀진

Mr. Grant **(narrowly)** missed the deadline for submitting his application. 그랜트 씨는 간발의 차이로 입사 지원서 제출 마감 날짜를 놓쳤다.

> 출제포인트 동사 수식어 ▶ 동사 앞 ▶ 부사(narrowly)+동사(missed)+목적어(the deadline ~)

---

nationally ad. 전국적으로

a nationally renowned businessman 전국적으로 유명한 사업가

nation n. 나라   national a. 국가의, 전국적인

 Mr. Smith began his career as a shopkeeper at the ABC Corp., but he has since become a **(nationally)** renowned businessman. 스미스 씨는 ABC 사에서 점주로 경력을 시작했지만 그 후로 전국적으로 유명한 기업가가 되었다.

> 출제포인트 형용사 수식어 ▶ 관사(a)+부사(nationally)+형용사(renowned)+명사(businessman)

CHECK UP 17-2

1 be _____ estimated (부정확하게 추정되다)
2 an _____ large number of (점점 더 커지는 숫자의)
3 will _____ be split into (~로 불가피하게 나뉠 것이다)
4 _____ estimated that (처음에는 ~로 추정했다)
5 _____ refrain from talking (정중하게 말을 삼가다)
6 _____ install (~을 고의적으로 설치하다)
7 be _____ responsible for the success of
   (~의 성공에 대한 주요한 역할을 하다)
8 _____ throw away sth (~을 실수로 버리다)
9 have been _____ successful so far (지금까지 그럭저럭 성공해 왔다)
10 _____ miss the deadline (마감일을 간발의 차로 놓치다)
11 a _____ renowned businessman (전국적으로 유명한 사업가)

Answer Key 1. inaccurately 2. increasingly 3. inevitabley 4. initially 5. kindly 6. knowingly
7. largely 8. mistakenly 9. moderately 10. narrowly 11. nationally

Section 1 올바른 문장 완성하기 ❸ 기출정답 부사

Unit 18   DAY

1 ☐ ☐ ☐ 기출 정답 어휘 듣고 따라 말하기 🎧 18-1
   ☐ 기출 응용 문제와 출제 포인트 확인하기

nearly ad. 거의
look nearly identical 외양이 거의 똑같다
a nearly impossible task 거의 불가능한 임무
near a. 가까운   nearness n. 근접성

 Although the two models of notebook computers feature different options, they look **(nearly)** identical. 노트북 컴퓨터 두 모델이 다른 옵션을 갖추고 있을 지라도 그것들은 거의 비슷해 보인다.

📌출제포인트 형용사 수식어 자리 ▶ look+부사(nearly)+형용사(identical)

The judges feel that choosing a winner from the finalists is a **(nearly)** impossible task, but they must remain fair and impartial. 결승전 진출자들로부터 승리자를 선택하는 것은 거의 불가능한 임무라고 느꼈지만, 그들은 편견 없고 공평하고 공정하게 유지해야 한다.

📌출제포인트 형용사 수식어 자리 ▶ 관사(a)+부사(nearly)+형용사(impossible)+명사(task)

noticeably ad. 두드러지게, 현저히
increase noticeably 두드러지게 늘어나다
notice v. (보거나 듣고) 알다   noticeable a. 두드러진

 The amount of time dedicated to advertising on the NBC television channel has increased **(noticeably)** since last quarter. NBC 텔레비전 채널에서 광고에 바쳐지는 시간의 양은 지난 분기 이후로 두드러지게 증가되었다.

📌출제포인트 완료형 문장의 부사어 자리 ▶ 과거분사 뒤 ▶ 동사(has increased)+부사(noticeably)

occasionally ad. 가끔, 때때로

meet only occasionally 가끔씩만 만나다

occasion n. (특정한) 때, 경우; 특별한 행사   occasional a. 때때로의, 임시의

Meeting only **(occasionally)**, the sales group members use email as their primary means of communicating with each other. 가끔씩 만날 뿐이기 때문에, 세일즈 그룹은 서로에게 연락할 때 이메일을 주된 의사소통수단으로 사용한다.

출제포인트 현재분사의 부사어 자리 ▶ 동사(meet)+부사(only)+부사(occasionally)

originally ad. 원래는, 본래는

than had been originally predicted 원래 예상했던 것보다
originally worked only with wood 원래는 목재만 작업했다

origin n. 기원, 근원   original a. 독창적인

The president was pleasantly surprised to hear that profits for the year were much higher than had been **(originally)** predicted. 사장은 연간 수익이 본래 예상했던 것보다 훨씬 높다는 말을 듣고 매우 놀라워 하며 기뻐했다.

출제포인트 완료형 문장의 부사어 자리 – 과거분사 앞 ▶ had been+부사(originally)+과거분사(predicted)

Carpenters **(originally)** worked only with wood but now must be able to use materials such as plastics, glass, and light metals. 목수는 원래 목재만 가지고 일을 했지만 이제는 플라스틱, 유리, 그리고 가벼운 금속과 같은 재료를 사용할 수 있어야 한다.

출제포인트 동사 수식어 자리 – 동사 앞 ▶ 부사(originally)+동사(worked)

overwhelmingly ad. 압도적으로, 상당히

be overwhelmingly positive 상당히 긍정적이다
overwhelmingly approve ~을 압도적으로 승인하다

overwhelm v. ~을 압도하다   overwhelming a. 압도적인, 불가항력의

The readers' response to the updated magazine format has been **(overwhelmingly)** positive. 개정된 잡지 포맷에 대한 독자들의 반응은 상당히 긍정적이었다.

▶ 출제포인트 형용사 수식어 자리 ▶ be동사(has been)+부사(overwhelmingly)+형용사(positive)

Last week, the board of directors **(overwhelmingly)** approved an increase in employees' hourly wages. 지난주 이사회는 직원들의 시급 인상을 압도적으로 승인했다.

▶ 출제포인트 동사 수식어 자리-동사 앞 ▶ 부사(overwhelmingly)+동사(approved)

partly ad. 일부분은, 부분적으로
be partly responsible for ~에 부분적으로 책임이 있다

part n. 부분   parting n. 분할, 구분

Poor road construction is **(partly)** responsible for the traffic congestion on the local highways. 저조한 도로 건설이 지방 고속도로의 교통체증에 대한 일부분의 책임이 있다.

▶ 출제포인트 형용사 수식어 자리 ▶ be동사(is)+부사(partly)+형용사(responsible)+전치사구(for ~)

perfectly ad. 완벽하게
match A perfectly to B ~A를 B에 완벽하게 조화시키다
perfectly straight 완벽하게 일직선으로

perfect a. 완전한   perfection n. 완성

The painters were able to match the new paint **(perfectly)** to the old paint, so there is no apparent difference between the two. 화가들은 새로운 그림이 오래된 그림에 완벽하게 일치하도록 할 수 있었기에 그 두 그림 사이에 명백한 차이는 없다.

▶ 출제포인트 동사 수식어 자리 ▶ 목적어 뒤 ▶ 동사(match)+목적어(the new paint)+부사(perfectly)

According to the contractor, the wood for the ceiling must be put in **(perfectly)** straight, or the building could easily collapse under pressure. 계약자에 의하면 천장용 나무는 완벽하게 일직선으로 설치해야 한다. 그렇지 않으면 압력을 받을 경우 빌딩은 쉽게 붕괴될 것이다.

▶ 출제포인트 부사 수식어 자리 ▶ 동사(must be put in)+부사(perfectly)+부사(straight)

periodically ad. 정기적으로

clean the recycling bins periodically 재활용 수거함을 정기적으로 닦다

period n. 기간   periodic a. 주기적인, 정기적인   periodical n. 정기 간행물

Because of sanitation purposes, we must clean the recycling bins **(periodically)** with hot, soapy water. 위생적인 목적을 위해서 우리는 재활용 용기를 뜨거운 비눗물로 정기적으로 세척해야 한다.

출제포인트 동사 수식어 자리 - 목적어 뒤 ▶ 동사(must clean)+목적어(the recycling bins)+부사(periodically)

persistently ad. 끈기 있게, 지속적으로

work persistently 끈기 있게 일하다

persistent a. 집요한, 끈기 있는   persistence n. 고집, 집요함, 인내력

Dr. Hunter has worked **(persistently)** to attract funding for her medical research. 헌터 박사는 자신의 의학 연구 기금을 모으기 위해 지속적으로 일해 왔다.

출제포인트 완료형 문장의 부사어 자리 ▶ has+과거분사(worked)+부사(persistently)

precisely ad. 정확하게

begin precisely at 3 o'clock 3시 정각에 시작하다

precise a. 정확한, 정밀한   preciseness n. 정밀성   precision n. 정확, 정밀

The annual meeting will begin **(precisely)** at 3 o'clock tomorrow, so all staff members must report to the conference room then. 연례 회의가 내일 3시에 정확하게 시작되므로 모든 직원들은 회의실로 가야 한다.

출제포인트 동사 수식어 자리 - 동사 뒤 ▶ 동사(will begin)+부사(precisely)

positively ad. 긍정적으로

be postively reviewed by ~에 의해서 긍정적으로 검토되다

positive a. 긍정적인   positivity n. 명백성, 확실성

The performance targets were **(positively)** reviewed by the head of the Personnel Department. 성취 목표들이 인사부장에 의해서 긍정적으로 검토되었다.

출제포인트 수동태 문장의 부사어 자리 ▶ be동사(were)+부사(positively)+과거분사(reviewed)

CHECK UP 18-1

1. look _____ identical (외양이 거의 똑같다)
2. increase _____ (두드러지게 늘어나다)
3. meet only _____ (가끔씩만 만나다)
4. than had been _____ predicted (원래 예상했던 것보다)
5. _____ approve (~을 압도적으로 승인하다)
6. be _____ responsible for (~에 부분적으로 책임이 있다)
7. match A _____ to B (A를 B에 완벽하게 조화시키다)
8. _____ straight (완벽하게 일직선으로)
9. clean the recycling bins _____ (재활용 수거함을 정기적으로 닦다)
10. work _____ (끈기 있게 일하다)
11. begin _____ at 3 o'clock (3시 정각에 시작하다)
12. be _____ reviewed by (~에 의해서 긍정적으로 검토되다)

Answer Key 1. nearly 2. noticeably 3. occasionally 4. originally 5. overwhelmingly 6. partly 7. perfectly 8. perfectly 9. periodically 10. persistently 11. precisely 12. postively

2

□ □ □ 기출 정답 어휘 듣고 따라 말하기 🎧 18-2
□ 기출 응용 문제와 출제 포인트 확인하기

predictably ad. 예상대로

be predictably moderate 예상대로 적당하다

predict v. 예견하다, 예보하다   prediction n. 예상

The amount of rainfall for the region has been **(predictably)** moderate as heavy rain is not normally expected until June. 많은 비가 6월까지는 일반적으로 예상되지 않기 때문에 그 지역의 강수량은 예상대로 적당했다.

출제포인트 형용사 수식어 자리 ▶ be동사(have been)+부사(predictably)+형용사(moderate)

probably ad. 아마도
will probably have finished 아마도 ~을 끝냈을 것이다
probable a. 있을 것 같은   probability n. 개연성

By next Friday, we **(probably)** will have finished the revised address list for all senior staff at the Fun Toy Company. 다음 주 금요일까지는 아마도 펀 토이 사의 고위급 직원들을 위한 개정필의 주소록을 끝마쳐야 할 겁니다.

출제포인트 문장 수식어 자리 ▶ 조동사 앞 ▶ 주어(we)+부사(probably)+동사(will have finished)

productively ad. 생산적으로
work more productively 더 생상적으로 일하다
product v. 생산하다   productive a. 생산적인

Executives at Hansen Pharmaceuticals hope that the new verification system will help staff work more **(productively)**. 한센 제약회사 임원들은 새로운 검증 시스템이 직원들을 더욱 생산적으로 일하는 데 도움이 되기를 바란다.

출제포인트 원형부정사의 부사어 자리 ▶ 비교급 ▶ 사역동사(will help)+목적어(staff)+동사원형(work)+부사 비교급(more positively)

promptly ad. 신속하게, 즉시
promptly reorganize the staff 즉각적으로 팀원을 재편하다
prompt a. 즉각적인, 지체 없는   prompting n. 설득, 유도   promptness n. 재빠름, 신속

Dissatisfied with the quarterly sales figures, the president of Armway, Inc. **(promptly)** reorganized the staff of the Marketing Department. 분기 판매 수치에 만족하지 못한 암웨이 사의 사장은 즉각적으로 마케팅 부서 팀원을 재편했다.

출제포인트 동사 수식어 자리 – 동사 앞 ▶ 부사(promptly)+동사(reorganized)+목적어(the staff of the marketing)

Please use this form in order to be reimbursed **(promptly)** for last week's travel expenses. 지난주 출장 경비를 즉각 상환 받기 위해서 이 양식을 사용하세요.

출제포인트 to부정사의 부사어 자리 ▶ to be+과거분사(reimbursed)+부사(promptly)

---

purposely ad. 의도적으로

with the bran labels purposely concealed 상표를 의도적으로 가린 채

purposeful a. 목적 의식이 있는　purposeless a. 아무 목적이 없는

As part of the study, customers were given samples of two different fruit juices with the brand labels **(purposely)** concealed. 연구의 일부로서 고객들은 의도적으로 상표를 감춘 2개의 다른 과일 주스 샘플을 받았다.

출제포인트 과거분사의 부사어 자리 ▶ 부사(purposely)+분사(concealed)

---

quickly ad. 빠르게

quickly find a way 방법을 신속하게 찾아내다
be made as quickly as possible 될 수 있는 한 빨리 ~가 되다

quick a. 빠른, 신속한　quickness n. 빠름

The city planners must **(quickly)** find a way to reduce the cost of building the conference center. 도시 계획가들은 신속하게 컨퍼런스 센터를 건설하는 데 드는 비용을 줄일 방법을 찾아야만 한다.

출제포인트 동사 수식어 자리 – 조동사 뒤 ▶ 조동사(must)+부사(quickly)+동사원형(find)+목적어(a way)

Reimbursements on faulty equipment will be made as **(quickly)** as possible after receiving the original receipts. 고장 난 장비에 관한 상환은 영수증 원본을 수령한 후에 가능한 빨리 이루어질 수 있을 것이다.

출제포인트 수동태 문장의 부사어 자리 ▶ be동사(will be)+과거분사(made)+as 부사(qucikly) as possible　cf. as quickly as possible = as soon as possible

quietly ad. 조용하게

speak quietly 조용하게 말하다

quiet a. 조용한

Please speak **(quietly)** to avoid distracting people concentrating on their studies. 연구하는 데 열중하는 사람들을 방해하지 않도록 조용히 말씀해 주세요.

출제포인트 동사 수식어 자리 – 동사 뒤 ▶ 동사(speak)+부사(quietly)

rarely ad. 드물게, 좀처럼 ~하지 않는

rarely invest in ~에 좀처럼 투자하지 않다

rarity n. 진귀한 것

The Addison Investment Company **(rarely)** invests in information technology companies that have not been in business for at least ten years. 에디슨 투자 회사는 최소 10년 이상 영업을 해오지 않은 생명공학 회사에는 좀처럼 투자하지 않는다.

출제포인트 동사 수식어 자리 – 동사 앞 ▶ 부사(rarely)+동사(invests)+전치사구(in ~)

readily ad. 손쉽게, 순조롭게

be readily accessible online 온라인상에서 손쉽게 접근할 수 있다

ready a. 준비가 된   readiness n. 준비가 되어 있음

Johnson Travel's transportation information is **(readily)** accessible online around the clock. 존슨 여행사의 교통정보는 온라인을 통해서 24시간 내내 손쉽게 이용될 수 있다.

출제포인트 형용사 수식어 자리 ▶ be동사(is)+부사(readily)+형용사(accessible)

recently ad. 최근에

recenlty changed its marketing strategy 최근들어 마케팅 전략을 바꿨다

recent a. 최근의   recentness n. 최근임

Sears Department Store **(recently)** changed its marketing strategy in order to attract more customers. 시어스 백화점은 좀 더 많은 고객들을 유치하기 위해서 마케팅 전략을 변경했다.

> 출제포인트 ▶ 동사 수식어 자리 – 동사 앞 ▶ 부사(recently)+동사(changed)

---

regretfully ad. 유감스럽게도

regretfully announce 유감스럽게도 ~을 발표하다
regretful a. 유감스러워하는

 The president of Gray Advertising **(regretfully)** announced his resignation following a scandal regarding the hiring of illegal immigrants. Gray Advertising사의 사장은 불법 이민자를 고용한 것에 관한 스캔들 후에 유감스럽게도 자신의 사임을 발표했다.

> 출제포인트 ▶ 동사 수식어 자리 – 동사 앞 ▶ 부사(regretfully)+동사(announced)

CHECK UP 18-2

1 be _____ moderate (예상대로 적당하다)
2 will _____ have finished (아마도 ~을 끝냈을 것이다)
3 work more _____ (더 생산적으로 일하다)
4 _____ reorganize the staff (즉각적으로 팀원을 재편하다)
5 with the bran labels _____ concealed (상표를 의도적으로 가린 채)
6 _____ find a way (방법을 신속하게 찾아내다)
7 speak _____ (조용하게 말하다)
8 _____ invest in (~에 좀처럼 투자하지 않다)
9 be _____ accessible online (온라인상에서 손쉽게 접근할 수 있다)
10 _____ changed its marketing strategy (최근들어 마케팅 전략을 바꿨다)
11 _____ announce (유감스럽게도 ~을 발표하다)

Answer Key 1. predictably 2. probably 3. productively 4. promptly 5. purposely 6. quickly 7. quietly 8. rarely 9. readily 10. recenlty 11. regretfully

*Section 1 올바른 문장 완성하기 ③ 기출정답 부사

Unit 19 DAY

1 ☐ ☐ ☐ 기출 정답 어휘 듣고 따라 말하기 🎧 19-1
☐ 기출 응용 문제와 출제 포인트 확인하기

regularly   ad. 정기적으로
travel regularly for business 정기적으로 출장을 가다
regularly deliver sth ~을 정기적으로 전달하다
regular a. 규칙적인, 정기적인   regularity n. 정기적임, 규칙적임

Because he travels **(regularly)** for business, Mr. Reed finds it difficult to find time to spend with his children or to relax. 미스터 리드는 사업차 규칙적으로 여행을 하기 때문에 휴식을 취하거나 그의 자녀들과 시간을 보내는 것이 어렵다.
　출제포인트　동사 수식어 자리 – 동사 뒤 ▶ 동사(travel)+부사(regularly)

When Dessert Foods has a surplus of certain products, the company **(regularly)** delivers the items to local charities. 디저트 식품 회사는 특정 제품을 잉여분으로 가지고 있을 때 지역 자선단체에 그 물품들을 정기적으로 전달한다.
　출제포인트　동사 수식어 자리 – 동사 앞 ▶ 부사(regularly)+동사(delivers)+목적어(the items)

remarkably   ad. 두드러지게, 현저하게, 매우
remain remarkably constant 놀라울 정도로 지속이 유지되고 있다
remark n. 발언, 말, 논평 v. 언급하다, 발언하다   remarked a. 언급된   remarkable a. 놀랄 한만, 놀라운

Despite the recession, the demand for luxury cars has remained **(remarkably)** constant. 불경기에도 불구하고, 고급 자동차에 대한 수요는 매우 지속적으로 유지되었다.
　출제포인트　형용사 수식어 자리 ▶ 동사(has remained)+부사(remarkably)+형용사(constant)

187

repeatedly ad. 반복적으로
have repeatedly warned that ~라고 반복적으로 경고해왔다
repeat v. 반복하다   repeater n. 연발총   repetition n. 반복

The officials have **(repeatedly)** warned that the company is facing a difficult financial situation. 당국자들은 그 회사가 어려운 재정적인 상황에 처해 있다고 반복적으로 경고해왔다.

▶ 출제포인트 완료형 문장의 부사어 자리 – 과거분사 앞 ▶ have+부사(repeatedly)+과거분사(warned)+목적어(that절)

reportedly ad. 소문에 의하면, 전하는 바에 따르면
reportedly reject 보도에 따르면 ~을 거부하다
reportedly due to weak sales 보도에 따르면 저조한 판매 때문에
report n. 보고서 v. 알리다, 보도하다   reported a. 보고된

The Minister of Environment, Janet Evans, **(reportedly)** rejected the recommendation for loosening regulations in the province. 환경부장관인 Janet Evans는 보도된 바에 따르면 지방에서의 규정을 느슨하게 하는 권고안을 거부했다.

▶ 출제포인트 동사 수식어 자리 – 동사 앞 ▶ 부사(reportedly)+동사(rejected)

Whole Grains pulled its newest product, Corn Frost, from supermarket shelves **(reportedly)** due to weak sales. 호울 그레인 사는 자사의 최신 제품인 콘 프러스트를 저조한 판매로 인해 슈퍼마켓 매장 진열대에서 거뒀였다.

▶ 출제포인트 전치사구 수식어 자리 ▶ 부사(reportedly)+전치사구(due to weak sales)

rigorously ad. 엄격히, 엄밀히
rigorously review your contract 계약서를 엄밀히 검토하다
rigor n. 엄함, 엄격   rigorous a. 엄격한

We recommend that you **(rigorously)** review your contract with your lawyer since it cannot be changed after you sign it. 당신이 계약에 서명한 다음에는 변경할 수 없기 때문에 우리는 당신의 계약을 당신의 변호사와 정확하게 검토하시길 추천합니다.

▶ 출제포인트 동사 수식어 자리 ▶ 주어(you)+부사(rigorously)+동사(review)

securely ad. 단단히

securely fasten your seatbelt 단단히 안전벨트를 매다
be securely closed 확실하게 닫히다

secure a. 안심하는 v. 안전하게 보호하다   securable a. 손에 넣을 수 있는, 확보할 수 있는
security n. 보안, 경비

Whenever you travel long distance, you must **(securely)** fasten your seatbelt. 당신이 장거리를 여행할 때는 언제든지 당신의 안전벨트를 단단히 매야 한다.

출제포인트 동사 수식어 자리 – 조동사 뒤 ▶ 조동사(must)+부사(securely)+동사(fasten)

All employees need to make sure that the doors are **(securely)** closed before leaving. 모든 직원들은 퇴근하기 전에 문이 확실하게 닫혔는지 확인해야 한다.

출제포인트 수동태 문장의 부사어 자리 – 과거분사 앞 ▶ be동사(are)+부사(securely)+과거분사(closed)

severely ad. 심하게

be severely damaged 심각하게 다치다

severe a. 심한   severeness n. 엄함, 가혹함   severity n. 엄격, 엄정

Several computer monitors were **(severely)** damaged during shipping, so they will be replaced at no extra charge. 선적 중에 몇몇 컴퓨터 모니터가 심하게 파손됐기 때문에 공짜로 교환될 것이다.

출제포인트 수동태 문장의 부사어 ▶ be+부사+과거분사(p. p.)

sharply ad. 급격하게

rise sharply 급격하게 상승했다

sharp a. 날카로운, 예리한   sharpness n. 날카로움   sharpen v. 날카롭게 하다

Sempra Generation's third-quarter net income rose **(sharply)** to $50 million in 2011. 샘프라 제너레이션의 2011년 삼사분기 순이익은 5,000만 달러로 급격히 증가했다.

출제포인트 동사 수식어 자리 – 동사 뒤 ▶ 자동사(rose)+부사(sharply)

significantly ad. 상당하게

to reduce expenses significantly 비용을 상당히 줄이기 위해서
be revised significantly 상당하게 수정되다

signify v. 의미하다, 뜻하다   significant a. 중요한   significance n. 중요성, 중대성

If companies standardize their production processes, they will be able to reduce their expenses **(significantly)**. 만약 회사가 생산과정을 표준화 한다면 회사의 비용을 상당하게 줄일 수 있을 것이다.

출제포인트 to부정사의 부사어 자리 ▶ to 동사원형(reduce)+목적어(their expenses)+부사(significantly)

The annual report has been revised **(significantly)**, but the director is still requiring modifications. 연례 보고서는 상당히 수정이 되었지만 이사는 여전히 수정을 요구하고 있다.

출제포인트 완료형 수동태 문장의 부사어 자리 – 과거분사 뒤 ▶ 동사(has been revised)+부사(significantly)

specifically ad. 분명히, 명확하게; 특별히

specifically to appeal to 특히 ~에게 호소하기 위해

specify v. 명시하다   specificity n. 특별함, 특수함

The Marriot Group has designed a new automobile insurance policy **(specifically)** to appeal to teenage drivers. 매리엇 그룹은 십대 운전자들에게 호소하기 위해 특별히 새로운 자동차 보험 약관을 만들었다.

출제포인트 부사구 수식어 자리 ▶ 부사(specifically)+to 동사원형(appeal to teenager drivers)

steadily ad. 꾸준하게

proceed steadily 꾸준하게 진행되다

steady a. 꾸준한   steadiness n. 견실함, 끈기

Renovation work is proceeding **(steadily)** according to the plans that the committee agreed on last month. 위원회가 지난달에 동의했던 계획에 따르면 보수 공사는 꾸준하게 진전되고 있다.

출제포인트 진행형 문장의 부사어 자리 – 현재분사 뒤 ▶ 동사(is proceeding)+부사(steadily)

CHECK UP 19-1

1 travel _____ for business (정기적으로 출장을 가다)
2 remain _____ constant (놀라울 정도로 지속이 유지되고 있다)
3 have _____ warned that (~라고 반복적으로 경고해왔다)
4 _____ reject (보도에 따르면 ~을 거부하다)
5 _____ review your contract (계약서를 엄밀히 검토하다)
6 _____ fasten your seatbelt (단단히 안전벨트를 매다)
7 be _____ damaged (심각하게 다치다)
8 rise _____ (급격하게 상승했다)
9 to reduce expenses _____ (비용을 상당히 줄이기 위해서)
10 _____ to appeal to (특히 ~에게 호소하기 위해)
11 proceed _____ (꾸준하게 진행되다)

Answer Key 1. regularly 2. remarkably 3. repeatedly 4. reportedly 5. rigorously 6. securely
7. severely 8. sharply 9. significantly 10. specifically 11. steadily

2 □ □ □ 기출 정답 어휘 듣고 따라 말하기 🎧 19-2
□ 기출 응용 문제와 출제 포인트 확인하기

strictly ad. 엄격하게
be strictly enforced 엄격하게 시행되다
strict a. 엄격한, 엄한   strictness n. 엄격함, 가혹함

 As of February 1, the policy requiring employees to use parking area C will be **(strictly)** enforced. 2월 1일을 기점으로 근로자들의 C구역 주차장 사용을 요구하는 정책이 엄격하게 시행될 것이다.

출제포인트 수동태 문장의 부사어 자리 ▶ will be+부사(strictly)+과거분사(enforced)

191

strongly ad. 강하게
strongly disagree with ~와 강하게 의견이 불일치하다
be strongly encouraged to ~하도록 강력하게 독려되다
strong a. 강한

Unfortunately, the shareholders **(strongly)** disagreed with the views of the board of directors. 불행하게도 주주들은 이사회의 견해에 강하게 동의하지 않았다.

출제포인트 동사 수식어 자리-동사 앞 ▶ 부사(strongly)+동사(disagreed)

Employees are **(strongly)** encouraged to take advantage of the company's new exercise facility. 직원들은 회사의 새로운 운동 시설을 이용하도록 강력하게 독려되었다.

출제포인트 형용사 수식어 자리 ▶ be동사+부사(strongly)+형용사(encouraged)+to부정사

subsequently ad. 그 뒤에, 나중에
be subsequently implemented by 나중에 ~에 의해 적용되다
subsequent a. 다음의, 차후의   subsequence n. 다음; 이어서 일어나는 것, 결과

The advertising campaign Mr. Johnson developed before he left was **(subsequently)** implemented by his colleagues. 존슨 씨가 떠나기 전에 개발한 광고 캠페인은 그의 동료들에 의해서 후에 적용되었다.

출제포인트 수동태 문장의 부사어 자리 ▶ be동사+부사(subsequently)+과거분사(implemented)

successfully ad. 성공적으로
successfully completed his first year as intern 인턴 첫해를 성공적으로 마쳤다
success n. 성공, 성과   successful a. 성공적인

Mr. Johnson **(successfully)** completed his first year as an intern at Salt Lake City General Hospital. 존슨 씨는 솔트 레이크 시티 종합 병원에서 그의 첫해 인턴 과정을 성공적으로 완수했다.

출제포인트 동사의 수식어 자리-동사 앞 ▶ 부사(successfully)+동사(completed)+목적어(his first year)

thoroughly　ad. 완전히, 철저하게
thoroughly question 철저하게 질문하다
thorough a. 철저한, 철두철미한　thoroughness n. 완전, 철저함

Before signing major contracts, the senior vice president **(thoroughly)** questions the company's lawyers about the terms and conditions of the contract. 중요한 계약에 서명하기 전에 선임 부사장은 회사의 변호사에게 계약 조건에 대해서 철저하게 질문을 한다.

> **출제포인트** 동사 수식어 자리 – 동사 앞 ▶ 부사(thoroughly)+동사(questions)+목적어(the company's lawyers)

totally　ad. 완전히, 전혀
totally out of plastic 완전히 플라스틱 없이
total a. 총, 전체의

A new production device takes manufacturers one step closer to making electronic displays **(totally)** out of plastic. 새로운 생산 장치는 제조업자로 하여금 완전히 플라스틱이 없이 모니터를 만드는 데 한 발짝 더 가까이 가게 했다.

> **출제포인트** 전치사구 수식어 자리 ▶ 부사(totally)+전치사구(out of plastic)

universally　ad. 일반적으로, 보편적으로
be universally recognizable 보편적으로 인지될 수 있다
universe n. 우주　universal a. 일반적인　universality n. 일반성, 보편성

A well-designed logo that is **(universally)** recognizable is a valuable asset to any company. 보편적으로 인지될 수 있는 잘 디자인된 로고는 그 어떤 회사에게 있어서도 귀중한 자산이 된다.

> **출제포인트** 형용사 수식어 자리 ▶ be동사(is)+부사(universally)+형용사(recognizable)

urgently ad. 급하게
be urgently seeking ~을 급하게 찾고 있다
urgent a. 긴급한   urgency n. 절박, 급박

The Seven Peaks Recreation Center is **(urgently)** seeking full-time swimming instructors. 세븐 피크 레크리에이션 센터는 급하게 정규직 수영 강사를 찾고 있다.

출제포인트 진행형 문장의 부사어 자리 ▶ be동사(is)+부사(urgently)+현재분사(seeking)

voluntarily ad. 자발적으로
voluntarily recall 자발적으로 회수하다
voluntary a. 자발적인   volunteer n. 자원봉사자

Sure Security is **(voluntarily)** recalling its defective B123 locks and has initiated a free exchange program through local providers. 슈어 경비는 결함 있는 B123 자물쇠를 자발적으로 회수하고 있고 지역의 공급 업자를 통해서 무료 교환 프로그램을 시작했다

출제포인트 진행형 문장의 부사어 자리 ▶ be동사(is)+부사(voluntarily)+현재분사(recalling)+목적어(its defective locks)

widely ad. 널리, 폭넓게
be widely regarded as ~라고 널리 인식되고 있다
wide a. 넓은   widen v. 넓히다

Novell Soft is **(widely)** regarded as the leading software-development company in the country. 노벨 소프트 사는 그 나라의 선도적인 소프트웨어 개발 회사로서 폭넓게 인식되고 있다.

출제포인트 수동태 문장의 부사어 자리 – 과거분사 앞 ▶ be동사(is)+부사(widely)+과거분사(regarded)

wrongly ad. 그릇되게, 잘못되게
wrongly believe that ~이라고 잘못 알고 있다
wrong a. 틀린, 잘못된

Franco **(wrongly)** believed that he could wear casual attire to his company's business luncheon. 프랑코는 회사의 비즈니스 오찬에 평상복을 입을 수 있다고 잘못 알고 있었다.

출제포인트 동사 수식어 자리 - 동사 앞 ▶ 주어(Franco)+부사(wrongly)+동사(believed)+목적어(that절)

CHECK UP 19-2

1 be _____ enforced (엄격하게 시행되다)
2 _____ disagree with (~와 강하게 의견이 불일치 하다)
3 be _____ implemented by (나중에 ~에 의해 적용되다)
4 _____ completed his first year as intern (인턴 첫해를 성공적으로 마쳤다)
5 _____ question (철저하게 질문하다)
6 _____ out of plastic (완전히 플라스틱 없이)
7 be _____ recognizable (보편적으로 인지될 수 있다)
8 be _____ seeking (~을 급하게 찾고 있다)
9 _____ recall (자발적으로 회수하다)
10 be _____ regarded as (~라고 널리 인식되고 있다)
11 _____ believe that (~이라고 잘못 알고 있다)

Answer Key 1. strictly 2. strongly 3. subsequently 4. successfully 5. thoroughly 6. totally
7. universally 8. urgently 9. voluntarily 10. widely 11. wrongly

SECTION II WORDS IN CONTEXT

의미문제 공략
문맥에 어울리는 어휘 찾기

의미문제어휘 ❶ 기출정답 명사 · 형용사 · 부사 · 동사 UNIT 20~47

의미문제어휘 ❷ 기출정답 전치사 UNIT 48~50

SECTION II WORDS IN CONTEXT
의미문제 공략 〉〉 문맥에 어울리는 어휘 찾기

의미문제어휘 ❶
기출정답 명사·형용사·부사·동사
UNIT 20~47

Section 2 문맥에 어울리는 어휘 찾기 ❶ 기출정답 명사 · 형용사 · 부사 · 동사

Unit 20

DAY

1 ☐ ☐ ☐ 기출 정답 어휘 듣고 따라 말하기 🎧 20-1
☐ 기출 응용 문제와 출제 포인트 확인하기

assistance n. 도움, 원조, 지원
give limited financial assistance 제한적인 자금 지원을 하다

The housing authority gives limited financial **(assistance)** to first-time buyers. 주택 당국은 처음으로 주택을 구입하는 사람들에게 제한적인 자금 지원을 한다.

> 기출 동의어 support help aid 도움
> 기출 연어 financial 재정적인 effective 효과적인 signifcant 상당한 ex. financial support 재정 지원 effective help 효과적인 지원 significant aid 상당한 지원

assurance n. 보증, 보장
carry no assurance of seats 좌석을 보장해 주지 않다

Tickets sold at this station carry no **(assurance)** of seats on any particular train. 이 역에서 판매되는 승차권은 열차의 좌석을 보장해 주지는 않는다.

ceremony n. 의식
dedication ceremony 준공식 **awards ceremony** 시상식

Ms. Patal will be the keynote speaker at the dedication **(ceremony)** for the new municipal center. 페탈 씨는 신축 시민회관 준공식에서 기조 연사가 될 것이다.

This year's research awards **(ceremony)** will begin promptly at 8:00 this coming Wednesday evening. 올해의 연구 시상식은 다가오는 수요일 저녁 정각 8시에 시작할 것이다.

account for phr. 해명하다, 설명하다; ~의 소재를 확인하다

account for the increase in the prices 가격 상승의 이유가 되다
all the library's inventory be accounted for
도서관의 모든 소장 도서의 소재를 확인하다

The recent unusual weather **(accounted)** for the increase in the prices of fruits and vegetables. 최근의 이상기후는 과일과 야채 가격의 상승 이유다.

Almost all the library's inventory has been **(accounted)** for, but ten books appear to still be missing. 도서관의 거의 모든 소장 도서를 확인했지만, 여전히 10권의 책이 분실된 것으로 보인다.

> **구동사의 수동태** account for / dispose of / fill in / fill out / take care of 등의 구동사가 수동태로 쓰이면 전치사 이후에 명사가 아니라 부사, 부사구, 부사절 등이 올 수 있다.
> ex. I take care of my baby. My baby is taken care of by me.

characteristic n. 특징, 특질

individual characteristics 개개인의 특징들, 개인 신상적인 특징들

They can classify people based on the individual **(characteristics)** such as gender, age, and household income. 그들은 사람들을 개개인의 특징들, 예를 들면 성별, 나이, 가계 소득에 근거해서 분류할 수 있다.

> **다품사 어휘** characteristic은 형용사(a. 특징적인, 특질 있는)로도 출제된다.
> **기출 동의어** feature character nature 특징, 특질, 성질

absolute a. 절대적인

absolute confidence 절대 신임

We have **(absolute)** confidence in Mr. Hwang's ability to reorganize the layout of our fundraising website. 우리는 황 씨가 기금 조성 웹사이트의 레이아웃을 재구성하는 능력을 절대 신임한다.

> **기출 표현** absolute minimum 극소

accessible a. 접근[입장, 이용] 가능한
be accessible from major bus routes 주요 버스 노선들로부터 이용이 가능하다

The main train station situated in the middle of the city is **(accessible)** from major bus routes. 시내 중심에 위치하고 있는 기차역은 주요 버스 노선들로부터 이용이 가능하다.

consistently ad. 지속적으로
consistently strong performance 꾸준히 좋은 실적
have been consistently late 계속해서 늦어 왔다
have consistently produced high-quality baked goods
지속적으로 고품질의 제과류를 생산해 왔다

Because of his **(consistently)** strong performance as a sales representative, Mr. Wagner is one of the top candidates for promotion. 영업 사원으로서 보여준 꾸준히 좋은 실적 때문에 와그너 씨는 가장 유력한 승진 대상자 중 한 명이다.

The Winston Company switched suppliers because the contractor has been **(consistently)** late in shipping its orders. 윈스턴 사는 비품 납품업체가 주문품을 계속해서 늦게 납품했기 때문에 공급업체를 바꿨다.

We have **(consistently)** produced high-quality baked goods since being founded. 우리는 설립된 이래 한결같이 고품질의 제과류를 생산해 왔다.

기출 동의어 lastingly continuously steadily persistently 꾸준히

forecast n. 예상, 예측; 예보
the latest economic forecast 최근 경제 전망

The latest economic **(forecast)** anticipates that profits will continue to increase throughout the upcoming year. 최근 경제 전망은 내년 전반에 걸쳐 수익 증가가 지속될 것으로 예상한다.

다품사 어휘 forecast는 타동사(vt. 예측하다; 예보하다)로도 출제된다.

appraisal n. (재산 등의) 평가, 감정
order an appraisal 감정 평가를 의뢰하다

Artistica Industries has ordered an **(appraisal)** to determine the market value of the Ocean Pines' property. 아티스티카 산업은 오션 파인즈 사의 자산에 대한 시장 가치를 결정하기 위해 감정 평가를 의뢰했다.

> 기출 동의어 evaluation estimation estimate assessment 평가
> cf. estimate는 다품사 어휘로 명사(n. 평가; 견적서)와 동사(vt. 평가하다)로 모두 출제된다.

appointment n. 약속, 일정, 예약
arrange an appointment 약속을 정하다
reschedule an appointment 예약을 변경하다

New employees must meet in person with the human resources director, Mr. Swan, who will arrange these **(appointments)** via email. 신입 사원들은 인사부장 스완 씨와 면담해야 하며, 그는 이메일로 약속을 정할 것입니다.

Patients who wish to reschedule their **(appointments)** must give advance notice of at least seventy-two hours to avoid being charged a penalty. 예약을 변경하려는 환자들은 위약금을 부과받지 않기 위해 적어도 72시간 전에 사전 통보를 해야 한다.

CHECK UP 20-1

1 give limited financial _____ (제한적인 자금 지원을 하다)
2 carry no _____ of seats (좌석을 보장해 주지 않다)
3 dedication _____ (준공식) awards _____ (시상식)
4 _____ the increase in the prices (가격 상승의 이유가 되다)
5 individual _____ (개개인의 특징들)
6 _____ confidence (절대 신임)
7 be _____ from major bus routes (주요 버스 노선들로부터 이용이 가능하다)
8 have been _____ late (계속해서 늦어 왔다)

9 the latest economic _____ (최근 경제 전망)
10 order an _____ (감정 평가를 의뢰하다)
11 arrange an _____ (약속을 정하다)

Answer Key 1. assistance 2. assurance 3. ceremony 4. account for 5. characteristics 6. absolute
7. accessible 8. consistently 9. forecast 10. appraisal 11. appointment

2
□ □ □ 기출 정답 어휘 듣고 따라 말하기 🎧 20-2
□ 기출 응용 문제와 출제 포인트 확인하기

influence vt. ~에 영향을 주다
positively influence consumer spending 소비자 지출에 긍정적인 영향을 주다

The president of Bailey Appliances hopes that the new price reductions will positively **(influence)** consumer spending.
베일리 가전의 사장은 최근 시행한 가격 인하가 소비자 지출에 긍정적인 영향을 끼칠 것이라는 희망을 품고 있다.

다품사 어휘 influence는 명사(n. 영향)로도 출제된다.

delicate a. 민감한
a delicate contract negotiation 민감한 계약 협상

The general manager assigned the account to Patrick McGinty, who has a lot of experience with **(delicate)** contract negotiations.
부장은 민감한 계약 협상에 많은 경험을 갖고 있는 패트릭 맥긴티에게 그 거래처를 맡겼다.

atmosphere n. 분위기
create a comfortable atmosphere 편안한 분위기를 만들다

Employees at the City View Hotel create a comfortable **(atmosphere)** for clients by providing them friendly service.
시티 뷰 호텔 직원들은 고객들에게 친근한 서비스를 제공함으로써 편안한 분위기를 조성한다.

> 주의해야 할 셀 수 있는 명사 atmosphere, environment, audience, crowd, citizen, discount, price 등은 우리말로 옮기면 셀 수 없는 명사로 오해하기 쉽지만, 셀 수 있는 명사로서 부정관사와 함께 단수형으로 쓰이거나 복수형으로 쓰일 수 있다.

authority n. 권한; 권위; 권위자
have the most authority on ~에 최고 권한을 행사하다
a leading authority on ~에서 뛰어난 권위자

As the senior official in her department, Ms. Sun has the most **(authority)** on the committee. 선 씨는 소속 부서의 수석 관리자로서 위원회에 최고 권한을 행사한다.

Mr. McGuire is the museum's leading **(authority)** on nineteenth century arts. 맥과이어 씨는 박물관에서 19세기 작품의 뛰어난 권위자이다.

detailed a. 자세한
detailed reviews 자세한 논평
a detailed training manual 세부적인 훈련 매뉴얼

At over 500 pages in length, the Argon Healthcare Guide contains **(detailed)** reviews of all hospitals and clinics in the province. 아르곤 헬스케어 가이드는 무려 500쪽이 넘는 분량으로, 그 지역에 있는 모든 병원과 클리닉에 대한 자세한 논평을 포함하고 있다.

New employees receive a **(detailed)** training manual from the Human Resources Department. 신입 사원들은 인사부로부터 세부적인 훈련 매뉴얼을 받는다.

eloquently ad. 감명 있게
speak most eloquently 가장 감명 있게 말하다

Although the president gave plenty of presentations, he spoke most **(eloquently)** about remaining attentive to the firm's long-term goals. 사장은 많은 프레젠테이션을 했지만 회사의 장기 목표에 주의를 기울이는 것에 관해 가장 감명 있게 말했다.

report vt. 보고하다
report numerous manufacturing problems 많은 제조 문제점들을 보고하다

 The new engineering team **(reported)** numerous manufacturing problems at its factory. 새로운 엔지니어링 팀은 공장의 많은 제조 문제점들을 보고했다.

> **다품사 어휘** report는 타동사 외에 명사(n. 보고서)나 자동사(vi. 직장이나 회의 등에 도착을 알리다)로 출제된다. **ex** report to work / report for duty 출근하다, 출근 보고를 하다

handling n. 처리; 상품 배송; (기계 등의) 조작
accelerated handling 신속한 상품 배송

 When accelerated **(handling)** is required by our clients, we offer an overnight shipping option for an additional fee. 신속한 상품 배송이 고객에 의해 요구될 때, 우리는 추가 비용을 받고 익일 배송 옵션을 제공하고 있다.

> **-ing 형태의 셀 수 없는 명사** handling은 -ing 형태의 셀 수 없는 명사이다.
> spending 지출 opening 공석 housing 주택 planning 계획 funding 자금 조달 shipping 선적, 수송 listing 목록 rating 평점; 등급; 신용도 advertising 광고 founding 기념식 understanding 이해 wording 용어 boarding 탑승 finding 발견물 briefing 요약 보고 pricing 가격 책정 cutting (신문 등에서 오려낸) 기사 ticketing 발권 cleaning 청소 standing 입지 offering 신청, 제공
>
> **다품사 어휘** handle은 명사(n. 손잡이) 외에 타동사(vt. 어려움, 고민거리, 문제 등을 처리하다; 상품을 취급하다; 기계 등을 다루다)의 의미로도 출제된다.

interruption n. 중단
a brief interruption 일시적인 중단

During next Tuesday's scheduled maintenance work, there may be a brief **(interruption)** in the water supply. 다음 주 화요일에 예정된 보수 작업 도중 일시적으로 수돗물 공급이 중단될 수도 있다.

uncertain a. 망설이는
be still uncertain 아직까지 망설이고 있다

Mr. Reyes is still **(uncertain)** about whether or not he will accept the offer to transfer to the Hong Kong office. 레예스 씨는 홍콩 지사로 전근하라는 제안을 받아들여야 할지 말아야 할지 아직까지 망설이고 있다.

> 기출 구문 [be+형용사+that] be aware that ~을 알다 be sure that ~을 확신하다
> be optimistic that ~을 낙관하다 be confident that ~을 확신하다

agreement n. 동의, 합의; 협정, 협약; 계약(서)
a long-term agreement 장기 계약
review the terms of the agreement carefully 계약 조건을 신중하게 검토하다

The Blare Corporation tried to cut down on its expenses by negotiating long-term **(agreements)** with several local distributors. 블래어 사는 지역에 있는 몇몇 유통업자와 장기 계약을 협상함으로써 경비를 줄이고자 노력했다.

When buying automobile insurance, it is advisable to review the terms of the **(agreement)** carefully before signing the contract. 자동차 보험을 구매할 때는 계약서에 서명하기 전에 계약 조건을 주의 깊게 검토하는 것이 바람직하다.

> 기출 표현 make an agreement(= conclusion) 합의하다
> reach an agreement 합의에 이르다

locate vt. ~의 위치를 찾아내다; ~의 위치를 정하다
locate a nearby restaurant 근처 식당의 위치를 알아내다

Hotel employees will be happy to help guests **(locate)** nearby restaurants or attractions. 호텔 직원들은 손님들께서 근처 식당이나 관광지를 찾는 데 기꺼이 도움을 드릴 것입니다.

> 다의미 어휘 locate는 '~을 위치시키다'의 의미로 쓰이는데, 이때는 보통 수동태로 출제된다.
> be located at/on/in/near(= be situated) ~에/가까이에 위치하다

CHECK UP 20-2

1. positively _____ consumer spending (소비자 지출에 긍정적인 영향을 주다)
2. a _____ contract negotiation (민감한 계약 협상)
3. create a comfortable _____ (편안한 분위기를 만들다)
4. a leading _____ on (~에서 뛰어난 권위자)
5. a _____ training manual (세부적인 훈련 매뉴얼)
6. speak most _____ (가장 감명 있게 말하다)
7. _____ numerous manufacturing problems (많은 제조 문제점들을 보고하다)
8. accelerated _____ (신속한 상품 배송)
9. a brief _____ (일시적인 중단)
10. be still _____ (아직까지 망설이고 있다)
11. review the terms of the agreement carefully (계약 조건을 신중하게 검토하다)
12. _____ a nearby restaurant (근처 식당의 위치를 알아내다)

Answer Key 1. influence 2. delicate 3. atmosphere 4. authority 5. detailed 6. eloquently 7. report 8. handling 9. interruption 10. uncertain 11. 12. locate

*Section 2 문맥에 어울리는 어휘 찾기 ❶ 기출정답 명사·형용사·부사·동사

Unit 21 DAY

1 □□□ 기출 정답 어휘 듣고 따라 말하기 🎧 21-1
□ 기출 응용 문제와 출제 포인트 확인하기

due a. 지급 기일이 된, 만기인
be due three weeks from the date 그 날짜로부터 3주가 만기이다

 All books borrowed from the library will be **(due)** three weeks from the checkout date. 도서관에서 대출한 모든 책들은 대출받은 날짜로부터 3주가 기한이다.

hard ad. 열심히
have been working hard 열심히 일해 왔다

 We have been working **(hard)** on the highway construction project so that we can finish the job on time. 고속도로 건설 프로젝트를 기한 내에 마칠 수 있도록 하기 위해서 우리는 열심히 일해 왔다.

hardly ad. 가까스로, 좀처럼 ~하지 않게
had hardly been on the store shelves for ten minutes 진열대에 진열된 지 10분도 되지 않아

 Her new music CDs had **(hardly)** been on the store shelves for ten minutes before they sold out. 그녀의 새 음악 CD는 진열된 지 10분도 채 되지 않아 다 팔렸다.

> [부사+접미사 -ly] hard 열심히 – hardly 좀처럼 ~하지 않다 high 높이 – highly 상당히 late 늦게 – lately 최근에

issue n. 발행, 발급; 호 [잡지]; 논쟁
the next issue of the magazine 잡지의 다음 호
the June issue 6월호

The advertisement purchased by Sam's Club last month will be printed in the next **(issue)** of the magazine. 지난달 샘스 클럽이 구매한 광고는 다음 호 잡지에 인쇄될 것이다.

Frances Weber, editor of *Artist News Monthly*, has announced she will retire after the June **(issue)** is published. 〈아티스트 뉴스 월간〉의 편집자 프란시스 웨버는 6월호가 출간된 후에 은퇴할 것이라고 발표했습니다.

> **다품사 어휘** issue는 타동사(vt. 발행하다; 발부하다; 발급하다; 발표하다)로도 출제된다.
> ex. issue a statement which denies the charges 혐의를 부인하는 성명을 발표하다
> ex. issue a work permit 취업 허가증을 발부하다

operate vi. 운행하다
operate on its summer schedule 하계 일정에 따라 운행하다

Starting on June 1 and continuing through August 25, the Diego Island Ferry will **(operate)** on its summer schedule, with five crossings daily. 6월 1일에 시작해서 8월 25일까지 디에고 아일랜드 페리는 하계 일정대로 매일 다섯 번 왕복 운행할 것이다.

eager a. 갈망하는, ~하고 싶어 하는
be eager to build a business relationship 비즈니스 관계를 맺고 싶어 하다
a company eager to expand its business in East Asia
동아시아에서 사업 확장을 원하는 기업

Food exporters are **(eager)** to build business relationships in countries whose economics are growing rapidly. 식품 수출업자들은 경제가 빠르게 성장하고 있는 국가들과 비즈니스 관계를 맺고 싶어 한다.

Windstar International is a growing company **(eager)** to expand its business in East Asia. 윈드스타 인터내셔널 사는 동아시아에서 사업을 확장하기 원하는 성장하는 회사이다.

later ad. 뒤에
later this week 이번 주 후반에

The guest speaker for the Jackson Foundation's symposium will be announced **(later)** this week. 잭슨 재단 심포지엄을 위한 초대 연사가 이번 주 후반에 발표될 것이다.

> **다품사 어휘** later는 부사 외에 형용사(a. 더 늦은)로도 출제된다. **ex** at a later time 이후에

mistakenly ad. 실수로
be mistakenly billed twice 청구서가 실수로 두 번 발송되다

Due to a computer error, over 100 of Metro Gas' customers were **(mistakenly)** billed twice for their orders. 컴퓨터 오류로 인해 100명이 넘는 메트로 가스 회사 고객들에게 이용 대금 청구서가 실수로 두 번 발송되었다.

knowledge n. 지식
a comprehensive knowledge 포괄적인 지식

As a commercial real estate agent, Mr. Henderson has a comprehensive **(knowledge)** of local land use laws. 상업용 부동산 중개업자로서 헨더슨 씨는 지역 토지 사용법에 관한 포괄적인 지식을 가지고 있다.

> **기출 동의어** familiarity expertise acquaintance 지식
> **기출 연어** comprehensive extensive broaden widen 광범위한: knowledge는 '광범위한'의 의미를 가진 형용사와 자주 출제된다.

notice n. 공지
until further notice 추후 공지가 있을 때까지
give at least 30 days notice 적어도 30일 이전에 통보하다

Because the company-wide server is not functioning correctly, the electronic payroll system will not be available until further (notice). 회사 서버가 올바르게 작동하지 않기 때문에 전자 급여 시스템은 추후 공지가 있을 때까지 이용할 수 없습니다.

If employees want to resign, they must give at least 30 days **(notice)** to the Human Resources Department. 만약 직원이 사직을 원한다면, 적어도 30일 이전에 인사부에 통보해야 한다.

> 다품사 어휘 notice는 타동사(vt. ~을 알다)로도 출제된다.
> notice+사람+to 동사원형: ~에게 ~하도록 알려 주다
> 유의어 notify+사람+of: ~에게 ~에 대해 통지하다(공식적으로 알려 주다)

---

proceed vi. 진행되다
the negotiation is proceeding well 협상이 잘 진행되고 있다

 The negotiation to decide on prices for the new warehouse facilities are **(proceeding)** very well. 새로운 창고 시설물 가격을 정하는 것에 관한 협상이 잘 진행되고 있다.

> 다품사 어휘 proceed는 명사(n. 수익)로도 출제되며, 이때는 복수형(proceeds)으로 쓴다.

CHECK UP 21-1

1 be _____ three weeks from the date (그 날짜로부터 3주가 만기이다)
2 have been working _____ (열심히 일해 왔다)
3 had _____ been on the store shelves for ten minutes
    (진열대에 진열된 지 10분도 되지 않아)
4 the next _____ of the magazine (잡지의 다음 호)
5 _____ on its summer schedule (하계 일정에 따라 운행하다)
6 be _____ to build a business relationship (비즈니스 관계를 맺고 싶어 하다)
7 _____ this week (이번 주 후반에)
8 be _____ billed twice (청구서가 실수로 두 번 발송되다)
9 a comprehensive _____ (포괄적인 지식)
10 give at least 30 days _____ (적어도 30일 이전에 통보하다)

11 the negotiation is _____ well (협상이 잘 진행되고 있다)

Answer Key 1. due   2. hard   3. hardly   4. issue   5. operate   6. eager   7. later   8. mistakenly
9. knowledge   10. notice   11. proceeding

2
□ □ □ 기출 정답 어휘 듣고 따라 말하기 🎧 22-2
□ 기출 응용 문제와 출제 포인트 확인하기

recruit vt. 고용하다
recruit six additional customer service representatives
고객 서비스 담당자를 여섯 명 더 고용하다

 In anticipation of an increasing seasonal demand, Ms. Sasaki decided to **(recruit)** six additional customer service representatives. 증가하는 계절 수요를 예상해서 사사키 씨는 고객 서비스 담당자를 여섯 명 더 고용하기로 결정했다.

기출 동의어 hire employ select 고용하다 look for / seek (고용하기 위해) ~를 찾다

charge n. 비용
at no extra charge 추가 비용 없이 **shipping charge** 선적 비용

 We can customize the executive managing program for companies at no extra **(charge)**. 우리는 추가 비용 없이 회사의 행정관리 프로그램을 맞춤화할 수 있다.

Please remember to include taxes and the shipping **(charge)** in the total when the cost is estimated. 비용이 산출될 때 총액에 세금과 선적 비용을 포함하는 걸 기억해 주세요.

기출 유사 표현 at a reasonable price 저렴한 가격으로 at no cost(=for free) 공짜로
다품사 어휘 charge는 타동사(vt. (요금·값을) 청구하다)로도 출제된다.
ex. Taxicab drivers may charge more money than I expect. 택시 기사들은 내가 예상하는 요금보다 더 많이 청구할 수도 있다.

enough a. 충분한
enough bicycle frames 충분한 자전거 프레임

At the current rate of production, Roland Cycling will manufacture **(enough)** bicycle frames to meet this year's quota by June.
현재 생산 비율로 로랜드 사이클링은 6월까지 올해 할당량을 맞출 충분한 자전거 프레임을 제조할 수 있을 것이다.

> **다품사 어휘** enough는 부사(ad. 충분히)로 쓰여 형용사를 뒤에서 수식하는 문제로도 출제된다.
> **ex.** He is tall enough to be a basketball player. 그는 농구 선수가 되기에 충분할 만큼 키가 크다.

extensive a. 광범위한
an extensive public transportation system 광범위한 대중교통 시스템

With more than 40 train and bus lines, Markham City has an **(extensive)** public transportation system. 40여 개의 기차와 버스 노선을 가지고 있는 마캄 시는 광범위한 대중교통 시스템을 가지고 있다.

> **기출 동의어** wide comprehensive broad extensive 광범위한

benefit n. 혜택, 이득, 결실
the major benefits of this workshop 이번 워크숍의 주요 결실

The major benefit of this workshop is that it has enhanced the quality of our overall relationship between management and labor.
이번 워크숍의 가장 큰 소득은 노사 간의 전반적인 관계의 질을 강화시켜 주었다는 것이다.

> **다품사 어휘** benefit은 자동사(vi. 이익을 얻다, 이득을 보다)와 타동사(vt. ~에게 이롭다)로도 출제된다.

budget n. 예산
an extra budget 추가 예산 **an advertising budget** 광고 예산

As of July 4, Eurostar Motors will offer customers extra **(budgets)** to buy the new SUV model. 7월 4일부터 유로스타 모터스는 새로운 SUV 모델을 구매할 수 있도록 고객들에게 추가 예산을 제공할 것이다.

The success of one firm can be affected by smaller advertising **(budgets)**. 한 회사의 성공은 조그만 광고 예산에 의해서 영향을 받을 수 있다.

nearly ad. 거의
nearly 3,000 customers 거의 3,000명의 고객
be nearly complete 거의 완료되다, 완성 단계에 있다

The local service center receives an average of **(nearly)** 3,000 customers a day. 지역 서비스 센터는 하루 평균 거의 3,000명의 고객을 받는다.

Train service on the Kristof-Greer Line will return to normal soon as repairs are **(nearly)** complete. 크리스토프 그리어 선 열차 운행은 복구가 거의 완료되었기 때문에 곧 정상화될 것이다.

> [nearly+숫자/형용사/숫자] nearly는 수치나 수량을 나타내는 표현뿐만 아니라 다양한 형용사를 수식한다. **ex** nearly all 거의 모든 nearly possible 거의 가능한

ring vi. 울리다
a bell rings at the tsunami observatory 쓰나미 관측소에 있는 벨이 울리다

A bell **(rings)** at the tsunami observatory if an earthquake measuring 6.0 or stronger on the Richter scale occurs. 만약 지진이 리히터 척도로 6.0 이상의 강한 지진이 발생할 경우, 쓰나미 관측소에 있는 벨이 울린다.

rush vi. 서두르다
rush to finish the project 프로젝트를 끝마치기 위해서 서두르다

The clerical support team **(rushed)** to finish the project because the audit and inspection sessions will be held within three days. 회계 감사와 검사 기간이 3일 안에 열리기 때문에 행정 지원팀은 프로젝트를 끝마치기 위해서 서둘렀다.

administrative a. 행정상의
three administrative positions 세 개의 행정직 자리

Three **(administrative)** positions were added when Pressmount Graphics restructured its marketing division. 프레스마운트 그래픽스 사는 마케팅 부서를 재편하면서 행정직이 세 자리가 늘어났다.

efficient a. 효율적인
it's more efficient to do ~하는 게 더 효율적이다

While it has some restrictions, it is now more **(efficient)** for workers to use their laptops rather than their home computers. 몇 가지 제약이 있지만, 이제는 가정용 컴퓨터보다 노트북 컴퓨터를 사용하는 것이 더 효율적이다.

affordable a. 입수 가능한; (가격이) 알맞은, 저렴한
comparatively affordable 상대적으로 저렴한
long road trips are affordable 장거리 자동차 여행을 이용할 수 있다

Because houses in Shady Dell are comparatively **(affordable)** many people have moved there from the city. 셰이디 델 지역의 집값이 상대적으로 저렴하기 때문에 많은 사람들이 시내에서 나와 그곳으로 이주해 갔다.

As the price of fuel has dropped, long road trips are once again **(affordable)** to most people. 연료 가격이 떨어졌기 때문에, 대부분의 사람들은 장거리 자동차 여행을 다시 이용할 수 있게 되었다.

CHECK UP 21-2

1 _____ six additional customer service representatives
   (고객 서비스 담당자를 여섯 명 더 고용하다)
2 at no extra _____ (추가 비용 없이)
3 _____ bicycle frames (충분한 자전거 프레임)
4 an _____ public transportation system (광범위한 대중교통 시스템)
5 the major _____ of this workshop (이번 워크숍의 주요 결실)
6 an advertising _____ (광고 예산)
7 _____ 3,000 customers (거의 3,000명의 고객)
8 a bell _____ at the tsunami observatory (쓰나미 관측소에 있는 벨이 울리다)
9 _____ to finish the project (프로젝트를 끝마치기 위해서 서두르다)
10 three _____ positions (세 개의 행정직 자리)
11 it's more _____ to do (~하는 게 더 효율적이다)
12 comparatively _____ (상대적으로 저렴한)

Answer Key 1. recruit 2. charge 3. enough 4. extensive 5. benefits 6. budget 7. nearly 8. rings 9. rush 10. administrative 11. efficient 12. affordable

*Section 2 문맥에 어울리는 어휘 찾기 ❶ 기출정답 명사·형용사·부사·동사

Unit 22

DAY

1 ☐☐☐ 기출 정답 어휘 듣고 따라 말하기 🎧 22-1
☐ 기출 응용 문제와 출제 포인트 확인하기

alert   a. 기민한, 재빠른; 경계하는
be alert to grave dangers 중대한 위험에 주의를 기울이다

Americans should always be **(alert)** to grave dangers and respond to them with calm determination. 미국인들은 중대한 위험에 항상 주의를 기울이고 차분한 결의로 맞서야 합니다.

다품사 어휘 alert는 타동사(vt. 경계하다)나 명사(n. 경계, 경보)로도 출제된다.

broad   a. 넓은
require a broad familiarity 폭넓은 지식을 요구하다

This position requires a **(broad)** familiarity with accounting theory in order to manage the department more appropriately. 이 직책은 부서를 더욱 적절하게 운영하기 위한 회계 이론에 관한 폭넓은 지식을 요구한다.

permission   n. 허락
without permission from the publisher 출판사의 허락 없이
get a supervisor's permission 상사의 허가를 받다

Without **(permission)** from the publisher, this book may not be reproduced in any way. 출판사의 허락 없이 이 책은 어떤 방식으로든 복사할 수 없다.

All staff members must get a supervisor's **(permission)** before taking any company materials out of the office. 모든 직원은 사무실 밖으로 회사 물건을 반출하기 전에 상사의 허가를 받아야만 한다.

[permission vs. permit] permission(n. 허락)과 permit(n. 허가증)을 혼동하지 말아야 한다.
ex) without written permission 서면 허락 없이
an international driving permit 국제 운전 면허증

product n. 제품, 상품
a partial listing of the products 제품의 부분 목록

Our printed catalog contains only a partial listing of the **(products)** that are available to clients in the construction industry. 우리의 인쇄된 카탈로그는 건설 산업에서 고객들에게 제공할 수 있는 제품의 부분 목록만 포함하고 있다.

reputation n. 명성
develop a reputation 명성을 쌓다

Over the past twenty years, Dunston Motorworks has developed a **(reputation)** for providing the best customer service in the automotive industry. 지난 20년 동안 던스턴 모토웍스 사는 자동차 업계에서 최고의 고객 서비스를 제공한다는 명성을 쌓아 왔다.

> 기출 유사 표현 build a reputation 명성을 쌓다

commitment n. 헌신
show a remarkable commitment to ~에 상당히 헌신적인 모습을 보여 주다
express one's full commitment to ~에 전적인 헌신을 표명하다

Throughout his volunteer work, Mr. Glassman has shown a remarkable **(commitment)** to our community for the past four years. 자원 봉사 활동 내내 글래스먼 씨는 지난 4년 동안 우리 지역 사회에 상당히 헌신적인 모습을 보여 주었다.

In his acceptance speech for the employee of the year award, Mr. Krause expressed his full **(commitment)** to our organization. 크라우스 씨는 올해의 사원상 수락 연설에서 우리 조직에 대한 그의 전적인 헌신을 표명했다.

renew vt. 갱신하다, 연장하다
renew the service contract 서비스 계약을 갱신하다

We regret that because of the increased cost, we cannot **(renew)** the service contract with your company. 증가된 비용 때문에 귀사의 서비스 계약을 갱신할 수 없게 되어 유감스럽게 생각합니다.

> 기출 표현 renew the subscription 구독을 연장하다
> renew the membership 회원권을 갱신하다

settle vt. 해결하다
settle an ongoing dispute 계속되는 논쟁을 해결하다

The GMC Corporation **(settled)** its ongoing dispute concerning patent issues with the local companies at the end of last month. GMC 사는 지난달 말에 특허권 문제에 관해서 지방 회사들과 계속되는 논쟁을 해결했다.

> 기출 동의어 address handle settle solve (문제점 등을) 해결하다
> 기출 연어 problem 문제점 issue 논쟁 ex solve a problem 문제를 해결하다

specialize vi. 전문적으로 다루다; 전공하다
specialize in database development 데이터베이스 개발을 전문으로 하다

One of the city's newest business, the Data Closet Corporation, **(specializes)** in database development and management. 그 도시의 신규 기업 중 하나인 데이터 클로지트 사는 데이터베이스 개발과 관리를 전문으로 하고 있다.

idle a. 작동이 되지 않는, 유휴 상태의
remain idle for more than an hour 1시간 이상 작동이 안 되는 상태로 방치되다

The floor manager must make sure that the machines don't remain **(idle)** for more than a certain time. 현장 관리자는 기계가 일정한 시간 이상 작동이 안 되는 상태로 방치하지 않도록 확실하게 해야 한다.

later a. 이후의
rescedule the meeting for a later time 회의 시간을 이후 시간대로 다시 잡다

Please reschedule our 2:00 P.M. meeting for a **(later)** time because Ms. Raina must attend the directors' meeting at 2:30 P.M. 레이나 씨는 오후 2시 30분에 부서장 회의에 참석해야 하기 때문에 오후 2시에 있는 회의를 이후 시간대로 일정을 다시 잡아 주시기 바랍니다.

CHECK UP 22-1

1 be _____ to grave dangers (중대한 위험에 주의를 기울이다)
2 require a _____ familiarity (폭넓은 지식을 요구하다)
3 get a supervisor's _____ (상사의 허가를 받다)
4 a partial listing of the _____ (제품의 부분 목록)
5 develop a _____ (명성을 쌓다)
6 show a remarkable _____ to (~에 상당히 헌신적인 모습을 보여 주다)
7 _____ the service contract (서비스 계약을 갱신하다)
8 _____ an ongoing dispute (계속되는 논쟁을 해결하다)
9 _____ in database development (데이터베이스 개발을 전문으로 하다)
10 remain _____ for more than an hour
   (1시간 이상 작동이 안 되는 상태로 방치되다)
11 rescedule the meeting for a _____ time
   (회의 시간을 이후 시간대로 다시 잡다)

Answer Key 1. alert 2. broad 3. permission 4. products 5. reputation 6. commitment 7. renew 8. settle 9. specialize 10. idle 11. later

2
□ □ □ 기출 정답 어휘 듣고 따라 말하기 🎧 22-2
□ 기출 응용 문제와 출제 포인트 확인하기

latest a. 최신의
the latest technology 최신 기술

The assembly lines in Shanghai use the **(latest)** technology, and, as a result, they rank number one in the world in productivity.
상하이에 있는 조립 라인이 최신 기술을 사용한 결과 생산성에서 세계 최고로 랭크되었다.

capacity n. 수용 (능력)
the seating capacity of the convention hall 회의장의 좌석 수(수용력)

At this afternoon's board meeting, we will talk about improving the seating **(capacity)** of the convention hall. 오늘 오후 이사회에서 우리는 회의장의 수용력을 높이는 건에 대해 논의할 것이다.

cash n. 현금
recommend that tourists in the area bring cash
그곳 관광객들에게 현금을 지참하도록 권하다

Because few hotels in India accept credit cards, the tour guide recommends that tourists to the area bring **(cash)**. 인도의 호텔은 신용카드를 거의 받지 않기 때문에 여행 가이드는 관광객들에게 현금을 지참하도록 권한다.

celebration n. 축하연
stay for the celebration 축하연을 위해 자리에 남다

All staff members are invited to stay for the **(celebration)** being held afterward in honor of Mr. Sparks' promotion. 모든 직원은 스파크스 씨의 승진 축하 후에 열리고 있는 축하연을 위해 머물도록 초대되었다.

competition n. 경쟁
rising competition 치솟는 경쟁

Profitability in the mobile phone service industry is expected to fall slightly this year due to rising **(competition)** and market saturation. 휴대전화 산업의 수익성은 경쟁 심화와 시장 포화로 인해 올해 조금 감소할 것으로 예상된다.

> [competition vs. competitiveness] competition(경쟁)과 competitiveness(경쟁력)의 의미를 구분할 수 있어야 한다. 예를 들어 동사 increase의 목적어로 쓰이면 다음과 같이 서로 완전히 다른 의미가 된다. ex) increase competition 경쟁을 부추기다 increase competitiveness 경쟁력을 증가시키다

never ad. 결코 ~ 않다
have never been higher than they are now 현재보다 높았던 적이 없었다

The stockholders are pleased because fourth quarter profits have **(never)** been higher than they are now. 주주들은 4사분기 이익이 현재보다 높았던 적이 없었기 때문에 기뻤다.

> 부정의 의미를 나타내는 부사 seldom / rarely / scarcely / hardly ever / infrequently

otherwise ad. 달리, 다르게
unless instructred to do otherwise 다른 지시가 없으면

Norton Bank personnel will renew its customers' enrollments in the online bill-paying program unless instructed to do otherwise. 노턴 은행 직원들은 다른 지시가 없는 이상, 고객들의 온라인 청구서 지불 프로그램 등록을 갱신할 것이다.

> 다의어 어휘 otherwise는 접속부사(ad. 그렇지 않으면)로도 출제된다.

subscription n. 구독
purchase a one-year subscription 일년 구독을 신청하다
renew one's subsription to the magazine 잡지 구독을 갱신하다

Purchase a one-year **(subscription)** to *Star Bulletin Magazine* for a 35-percent discount off the newsstand price today only. 오늘만 〈스타 블루틴 매거진〉 일년 구독을 가판대 가격에서 35% 할인된 가격으로 구매하세요.

Preferred customers will receive a special gift if they renew their **(subscription)** to *Exercise Magazine*. 우수 고객들은 〈엑서사이즈 매거진〉 구독을 갱신하면 특별 선물을 받게 될 것이다.

summary n. 요약
a summary of the events planned 계획되어 있는 이벤트들의 요약

Below is a **(summary)** of the events planned for the weekend, so please keep it for future references. 아래에 있는 것은 주말을 위해 계획된 이벤트들의 요약이므로 나중에 참조할 수 있도록 보관해 주세요.

supervision n. 감독
be under the supervision of ~의 감독하에 있다

The Training Department has been under the **(supervision)** of Jane Anderson for the past three years. 지난 3년간 교육부는 제인 앤더슨이 책임을 맡고 있었다.

somewhat ad. 약간, 다소간
only somewhat successful 약간 성공적인

The magazine's plan for expansion has been only **(somewhat)** successful as it is often difficult to break into a new market. 새로운 시장으로 진출하는 것은 대개 어렵기 때문에 잡지사의 확장 계획은 약간 성공적이었다.

> **sparingly** ad. 아껴서
> **use sparingly** 아껴서 사용하다

 Bleach is a very strong chemical, so use it sparingly and only when necessary. 표백제는 강한 화학물질이므로 꼭 필요할 때만 아껴서 사용하세요.

CHECK UP 22-2

1 the _____ technology (최신 기술)
2 the seating _____ of the convention hall (회의장의 좌석 수(수용력))
3 recommend that tourists in the area bring _____
   (그곳 관광객들에게 현금을 지참하도록 권하다)
4 stay for the _____ (축하연을 위해 자리에 남다)
5 rising _____ (치솟는 경쟁)
6 have _____ been higher than they are now (현재보다 높았던 적이 없었다)
7 unless instructed to do _____ (다른 지시가 없으면)
8 purchase a one-year _____ (일년 구독을 신청하다)
9 a _____ of the events planned (계획되어 있는 이벤트들의 요약)
10 be under the _____ of (~의 감독하에 있다)
11 only _____ successful (약간 성공적인)
12 use _____ (아껴서 사용하다)

Answer Key 1. latest 2. capacity 3. cash 4. celebration 5. competition 6. never 7. otherwise
8. subscription 9. summary 10. supervision 11. somewhat 12. sparingly

Unit 23

DAY

Section 2 문맥에 어울리는 어휘 찾기 ❶ 기출정답 명사·형용사·부사·동사

1 ☐ ☐ ☐ 기출 정답 어휘 듣고 따라 말하기 🎧 23-1
☐ 기출 응용 문제와 출제 포인트 확인하기

surely ad. 틀림없이
surely justify (행동을) 마땅한 일로 받아들여지게 하다

 The high level of risk involved in purchasing an older building **(surely)** justifies a careful examination of the foundation and all electrical wiring. 노후된 빌딩을 구입하는 데에 따르는 높은 위험 수위 때문에 건물의 기초와 전기 배선 전체를 꼼꼼히 살피는 일은 마땅한 일이다.

compliance n. 준수
be in compliance with safety standards 안전 표준에 따르다
ensure compliance with government standards
정부 표준을 준수하고 있는지 확인하다

 In order to be in **(compliance)** with safety standards, employees must wear protective gear while working in the factory. 안전 표준에 따르기 위해서 직원들은 공장에서 일하는 동안 안전 장비를 착용해야 한다.

Quality control inspectors provide oversight of our products to ensure **(compliance)** with government standards. 품질관리 점검원들은 우리 제품이 정부 표준을 준수하고 있는지 확인하기 위해서 감독을 한다.

result n. 결과
the results of the survey of the employees 직원 설문조사 분석 결과

On Thursday, Ms. Smith should receive the **(results)** of the survey of the employees conducted last month. 목요일에 스미스 씨는 직원 설문조사 분석 결과를 받아야 합니다.

> 다품사 어휘 result는 자동사(vi. ~이 결과로 발생하다)로도 쓰이며, 〈result in + 결과〉와 〈result from + 원인〉의 형태로 출제된다.

value n. 가치
a good value for the money 그 돈의 충분한 값어치

 Because of their durability and affordability, these products are therefore a good **(value)** for the money. 이 제품들은 내구성이 있고 가격도 적당해서 결국 그 돈의 충분한 값어치를 하는 셈이다.

> 다품사 어휘 value는 명사 외에 타동사(vt. 가치 있게 여기다)로도 출제된다.

accordance n. 일치
in accordance with ~과 부합되게, (규칙·지시 등에) 따라

 It is important that the job advertisement be written in **(accordance)** with the company's personnel recruitment guidelines. 채용 공고는 회사의 구인 채용 가이드라인과 일치되도록 작성되는 것이 중요하다.

act n. 행위
in an unprecedented act of generosity 전례 없는 관대한 행위로

 In an unprecedented **(act)** of generosity, Mr. Anderson donated millions of dollars to the charity foundation. 전례 없는 관대한 행위로 앤더슨 씨는 자선단체에 수백만 달러를 기부했다.

> 다품사 어휘 act는 명사뿐 아니라 자동사(vi. 어떤 직무로 활동하다, 행동하다)로도 출제된다.
> ex. act as a consultant 컨설턴트로 활동하다 act charitably 관대하게 행동하다

acquire vt. (재산·권리 등을) 취득하다; (지식 등을 노력하여) 습득하다
acquire a publishing company 출판사를 매입하다

When Longman Books **(acquires)** Princeton House Press in October, several overlapping departments of the two publishing companies will be restructured. 롱먼 북스가 10월에 프린스턴 하우스 프레스를 매입할 때, 두 출판사의 몇몇 중복되는 부서들은 구조 조정될 것이다.

advise vt. ~에게 조언해 주다
advise someone about ~에 대해 …에게 조언해 주다

Mr. Graham has **(advised)** us about ways to increase productivity in our company. 그레이엄 씨는 회사의 생산성을 증가시키기 위한 방법들에 관해 우리에게 조언해 주었다.

> **advise의 동사 형식과 태** advise는 3·4·5형식 문장을 만드는 다양한 동사 형식으로 출제되며, 수동태에 유의해야 한다.
> 3형식: advise+사람+of/about (능동) be advised+of/about (수동)
> 4형식: advise+사람+that절 (능동) be advised+that절 (수동)
> 5형식: advise+사람+to 부정사 (능동) be advised+to 부정사 (수동)

answer vt. ~에 대답하다, 대응하다
answer the telephone 전화를 받다

The receptionist in the lobby **(answers)** the telephone for a few firms in the building. 로비에 있는 접수계원은 빌딩에 있는 여러 회사를 위해서 전화를 받는다.

> **다품사 어휘** answer는 명사(n. 대답, 응대; 해결책)로도 출제된다.
> **혼동 어휘** 동사로 쓰일 경우 respond와 구분하는 문제가 출제된다. answer는 뒤에 목적어가 바로 오는 타동사이지만, respond는 뒤에 목적어가 바로 올 수 없는 자동사이기 때문에 전치사 to를 덧붙여 respond to로 써야 한다.

sensitive a. 민감한
sensitive client information 민감한 고객 정보

In order to retrain the privacy policy and the appropriate handling of **(sensitive)** client information, we must have a training session.
개인 정보정책과 민감한 고객 정보의 적절한 취급법을 재교육하기 위해서 연수가 반드시 필요하다.

accurate a. 정확한
a concise and accurate description 간결하고 정확한 설명

The letter of recommendation should contain a concise and **(accurate)** description of the candidate's strengths and experience. 추천장은 지원자의 장점과 경험에 대한 간결하고 정확한 설명을 담고 있어야 한다.

CHECK UP 23-1

1 _____ justify (행동을) (마땅한 일로 받아들여지게 하다)
2 be in _____ with safety standards (안전 표준에 따르다)
3 the _____ of the survey of the employees (직원 설문조사 분석 결과)
4 a good _____ for the money (그 돈의 충분한 값어치)
5 in _____ with (~와 부합되게)
6 in an unprecedented _____ of generosity (전례 없는 관대한 행위로)
7 _____ a publishing company (출판사를 매입하다)
8 _____ someone about (~에 대해 ~에게 조언해 주다)
9 _____ the telephone (전화를 받다)
10 _____ client information (민감한 고객 정보)
11 a concise and _____ description (간결하고 정확한 설명)

Answer Key 1. surely 2. compliance 3. results 4. value 5. accordance 6. act 7. acquire 8. advise 9. answer 10. sensitive 11. accurate

comparable a. 견줄만한
comparable in quality 품질에 견줄만한

Baram Construction is seeking an alternative construction adhesive that is **(comparable)** in quality to the brand which is not available any longer. 바람 건설사는 더 이상 구매할 수 없는 상표 품질에 견줄만한 대체 건설 접착제를 구하고 있다.

complete a. 완전한, 완결된
the copying process is complete 복사 작업이 완료되다

When the copying process is **(complete)**, a small "Done" window appears on the computer screen. 복사 작업이 완료되면 '완료'를 알리는 작은 창이 컴퓨터 화면에 뜬다.

> 다품사 어휘 complete는 타동사(vt. 완료하다)로도 출제된다.

accurately ad. 정확하게
the costs were not accurately estimated 비용이 정확하게 계산되지 않았다

Mr. Oreta decided that the projected costs were not **(accurately)** estimated. 오레타 씨는 산출된 비용이 정확하게 계산되지 않았다고 결정했다.

adversely ad. 불리하게, 부정적으로
adversely affect 악영향을 미치다

The heavy rain **(adversely)** affected crops in the South, leading to a rise in the cost of living. 폭우는 남부 지방의 농작물에 악영향을 미쳤고, 생활비 상승으로 이어졌다.

access n. 접근; 이용할 권리
have access to high-quality education 질 높은 교육을 받다

Thanks to the new network technology, students in remote areas will have **(access)** to high-quality education. 새로운 네트워크 기술 덕분에 학생들은 원격지에서도 질 높은 교육을 받을 수 있게 된다.

> 다품사 어휘 access는 타동사(vt. ~을 이용하다; ~에 접근하다)로도 출제된다.
> access의 수식어 access는 명사로 쓰인 경우에는 형용사의 수식을 받고, 타동사로 쓰인 경우에는 부사의 수식을 받는다. ex free access to ~으로의 자유로운 접근
> freely access+목적어 자유롭게 ~을 이용하다, ~에 접근하다

application n. 지원(서)
a completed application 작성한 지원서
accept applications for the position 그 직책에 대한 지원서를 받다

Please send your resume with a completed **(application)** to the Personnel Department by the end of this month. 이번 달 말까지 인사부에 작성한 지원서와 함께 이력서를 보내 주세요.

The Human Resources Department at ABC, Inc. is currently accepting **(applications)** for the position of senior software developer. ABC 사의 인사부는 수석 소프트웨어 개발 직책에 대한 지원서를 현재 받고 있다.

coincide vi. 일치하다, 아주 비슷하다
coincide with one's business trip ~의 출장과 일치하다

The Jakarta conference date conveniently **(coincides)** with Mr. Han's business trip to Southeast Asia. 자카르타 컨퍼런스 날짜는 미스터 한의 동남아시아 출장과 편리하게 일치한다.

> 전치사 with와 함께 쓰이는 동사
> agree with ~와 동의하다 assist with ~를 돕다 collaborate with ~와 협력하다
> communicate with ~와 소통하다 comply with ~을 준수하다 deal with ~을 다루다
> go with ~을 어울리다 interact with ~와 상호작용하다 interfere with ~을 방해하다
> meet with ~와 만나다 proceed with ~을 계속하다 sympathize with ~를 동정하다

complete vt. 완성하다, 완료하다
complete the basic course 기초 강좌를 끝마치다

Job applicants must **(complete)** the basic computer skills course before their applications can be processed by our hiring committee. 구직자들은 고용위원회에서 지원서를 처리하기 전에 기초 컴퓨터 활용 능력 강좌를 끝마쳐야 한다.

> 다품사 어휘 complete는 형용사(a. 완전한, 완비된, 완료된)로도 출제된다.
> ex. be complete with ~이 완비되어 있다   a complete victory 완벽한 승리

demonstrate vt. 보여 주다
demonstrate the capabilities 성능을 보여 주다
demonstrate how the new telephone system works 새로운 전화 시스템이 어떻게 작동하는지 보여 주다

Developers from Cosmo, Inc. will **(demonstrate)** the capabilities of the newly developed word-processing software at the upcoming software exhibition. 코즈모 사의 개발자들은 새로 개발된 워드프로세서 소프트웨어의 성능을 다가오는 소프트웨어 전시회에서 보여 줄 것이다.

The technician will visit all local offices to **(demonstrate)** how the new telephone system works. 기술자는 새로운 전화 시스템이 어떻게 작동하는지 보여 주기 위해서 모든 지역 사무실을 방문할 것이다.

additional a. 추가적인, 부가적인
be charged an additional fee 추가 비용이 청구되다

Travelers should note that they will be charged an **(additional)** fee for any item weighing more than the eighteen-kilogram limit. 여행객들은 18킬로그램 한도를 넘는 물건에 대해서 추가 운임이 청구된다는 것을 알아야 한다.

> 기출 표현 additional ways 추가적인 방법들
> expect additional excavation 추가 발굴을 기대하다
> an additional day of paid vacation 추가 유급 휴가
> an additional underground parking garage 지하 주차장의 추가

again ad. 다시
last year and again this year 작년과 올해 다시
meet again in the afternoon 오후에 다시 만나다

 According to a survey conducted last year and **(again)** this year, customers are becoming more informed about making online purchases. 작년과 올해 다시 실시된 설문조사에 따르면, 고객들은 마케팅 온라인 구매에 대해 더 많은 정보를 가지고 있는 것으로 나타났다.

They met earlier that Friday morning and were to meet **(again)** in the afternoon. 그들은 그날 금요일 아침에 먼저 만났고 오후에 다시 만날 예정이었다.

cost n. 비용
reduce operating costs 운영비를 줄이다

 To reduce operating **(costs)**, Delta Airlines' executives decided to lay off several staff members. 운영비를 줄이기 위해서 델타 항공사의 중역들은 몇몇 직원들을 해고하기로 결정했다.

> **요금 및 수수료 기출 표현**
> fee 각종 수수료 ex tuition fee 수수료 admission fee 입장료 examination fee 수험료
> charge 시간과 노력에 대한 금액, 요금 ex the charge for delivery 배달 요금
> expense 상품에 지불되는 금액 ex the expense of repairing house 집 수리비
> fare 교통 운임 value 물건 가치에 상당하는 값 rate 단위당 기준 가격

CHECK UP 23-2

1. _____ in quality (품질에 견줄만한)
2. the copying process is _____ (복사 작업이 완료되다)
3. the costs were not _____ estimated (비용이 정확하게 계산되지 않았다)
4. _____ affect (악영향을 미치다)
5. have _____ to high-quality education (질 높은 교육을 받다)
6. accept _____ for the position (그 직책에 대한 지원서를 받다)
7. _____ with one's business trip (~의 출장과 일치하다)
8. _____ the basic course (기초 강좌를 끝마치다)
9. _____ the capabilities (성능을 보여 주다)
10. be charged an _____ fee (추가 비용이 청구되다)
11. last year and _____ this year (작년과 올해 다시)
12. _____ again in the afternoon (오후에 다시 만나다)
13. reduce operating _____ (운영비를 줄이다)

Answer Key 1. comparable 2. complete 3. accurately 4. adversely 5. access 6. applications 7. coincide 8. complete 9. demonstrate 10. additional 11. again 12. meet 14. costs

Unit 24

DAY

1 ☐ ☐ ☐ 기출 정답 어휘 듣고 따라 말하기 🎧 24-1
☐ 기출 응용 문제와 출제 포인트 확인하기

cultivation n. 양성, 구축; 우호 증진
thanks to the cultivation of new business partnerships
새로운 비즈니스 관계를 구축한 덕분에

Thanks to the **(cultivation)** of new business partnerships by Shopko's president, the stock price of the company has increased more than 20% in the past six months. 샵코 사의 사장이 새로운 비즈니스 관계를 구축한 덕분에 회사의 주가가 지난 6개월 동안 20% 이상 올랐다.

form n. 형태
other forms of correspondence 다른 형태의 통신수단

During busy periods, we at City Bank use email and other **(forms)** of correspondence to attract more customers. 바쁜 기간 동안 우리 시티 은행은 더 많은 고객을 유치하기 위해서 이메일과 다른 형태의 통신수단을 이용합니다.

seek vt. 찾다, 구하다
seek an experienced and qualified sales manager
경험 있고 유능한 영업부장을 구하다

Peterson Print Studios is **(seeking)** an experienced and qualified sales manager to begin overseeing the Marketing Department immediately. 피터슨 프린트 스튜디오는 마케팅부를 즉시 책임질 수 있는 경험 있고 능력 있는 영업부장을 찾고 있다.

select vt. 선정하다, 고르다
select the candidates to interview 면접 후보를 선정하다

Once the applicants submit their applications, we can begin **(selecting)** candidates to interview. 지원자들이 지원 서류를 제출하고 나면, 면접 후보 선정을 시작할 수 있다.

even ad. (심지어) ~조차; 훨씬
even during peak travel months 여행 성수기조차도
even wider 훨씬 넓은

(Even) during peak travel months, Wingstar Airlines continued to provide special discounts on airfare. 여행 성수기조차도 윙스타 항공은 계속해서 특별 할인 항공 요금을 제공했다.

The newly built bridge over the Snake River is **(even)** wider than the old bridge. 스네이크 강 위에 새로 지어진 다리는 예전 다리보다 훨씬 넓다.

> 비교급을 강조하는 부사 even, still, much, far 등은 비교급을 강조하는 부사로 쓰인다.

ever ad. 일찍이, 어느 때
easier than ever 그 어느 때보다 더 쉬운
the largest restaurant ever to be built 지금까지 지어진 가장 큰 식당

The application process for getting a loan became easier than **(ever)** because it eliminates unnecessary requirements. 불필요한 자격 요건들을 없앴기 때문에 대출 신청 과정은 그 어느 때보다 더 쉬워졌다.

Jumbo Grill is the largest restaurant **(ever)** to be built along the shore of the lake. 점보 그릴 호숫가를 따라 지금까지 지어진 식당 중에서 가장 큰 것이다.

analysis n. 분석
an analysis of monthly sales figures 월별 판매 수치 분석

 An **(analysis)** of monthly sales figures is essential to setting future revenue goals. 월별 판매 수치 분석은 앞으로의 수익 목표를 설정하는 데 필수적이다.

> 기출 연어 analysis는 동사 conduct(vt. (특정한 활동을) 하다)의 목적어로 쓰이는 경우가 많다.
> conduct와 함께 자주 쓰이는 명사
> conduct a study 연구하다   conduct an interview 인터뷰하다
> conduct a research/survey 조사하다   conduct an investigation 조사하다
> conduct an evaluation 평가하다

anniversary n. 기념일
twentieth anniversary celebration 20주년 축하 기념

 This Friday marks the company's twentieth **(anniversary)** celebration. 이번 금요일은 회사의 20주년 축하 기념일이다.

announcement n. 알림, 공고, 공지; 발표, 성명
put an announcement in the newsletter 소식지에 공고를 싣다

 The manager put the **(announcement)** about changes in company holidays in the department newsletter. 그 경영자는 부서 소식지에 회사 휴일의 변경에 관한 공고를 실었다.

detail vt. 상세히 기술하다, 열거하다
a report that details the company's financial performance
회사의 재무 실적을 상세히 기술하는 보고서

 The Accounting Department has compiled a report that **(details)** the company's financial performance. 회계부는 회사의 재무 실적을 상세하게 기술하는 보고서를 작성했다.

> 다품사 어휘 detail은 타동사 외에 명사(n. 세부 사항)로도 출제된다. ex. in detail 세부적으로

enable vt. ~에게 …할 수 있도록 하다
enable the team to complete the project faster
팀이 프로젝트를 빨리 끝낼 수 있도록 하다

A new computer system would **(enable)** the Research Department to complete projects much faster. 새 컴퓨터 시스템을 도입하면 연구부가 프로젝트들을 훨씬 더 빠르게 수행하는 것을 가능케 할 것이다.

to 부정사를 목적격 보어로 취하는 5형식 동사	
advise A to do	A에게 …을 하도록 조언하다
allow A to do	A가 …하도록 허락하다
ask A to do	A에게 …을 해달라고 요청하다
encourage A to do	A에게 …하도록 격려하다
expect A to do	A가 …하기를 기대하다
forbid A to do	A가 …하지 못하게 하다
force A to do	A가 …하도록 강요하다
instruct A to do	A가 …하도록 가르치다
invite A to do	A가 …하도록 초대하다
order A to do	A에게 …하도록 명령하다
permit A to do	A가 …하는 것을 허락하다
persuade A to do	A가 …하도록 설득하다
remind A to do	A가 …하는 것을 상기시키다
require A to do	A가 …하도록 요청하다
urge A to do	A가 …하도록 주장하다
want A to do	A가 …하는 것을 원하다
warn A to do	A가 …하도록 주의를 주다

CHECK UP 24-1

1 thanks to the _____ of new business partnerships
   (새로운 비즈니스 관계를 구축한 덕분에)

2 other _____ of correspondence (다른 형태의 통신수단)

3 _____ a qualified sales manager (유능한 영업부장을 구하다)

4 _____ the candidates to interview (면접 후보를 선정하다)

5 _____ during peak travel months (여행 성수기조차도)

6 the largest restaurant _____ to be built (지금까지 지어진 가장 큰 식당)

7   an _____ of monthly sales figures (월별 판매 수치 분석)
8   twentieth _____ celebration (20주년 축하 기념)
9   put an _____ in the newsletter (소식지에 공고를 싣다)
10 a report that _____ the company's financial performance
    (회사의 재무 실적을 상세히 기술하는 보고서)
11 _____ the team to complete the project faster
    (팀이 프로젝트를 빨리 끝낼 수 있도록 하다)

Answer Key 1. cultivation 2. forms 3. seek 4. select 5. even 6. ever 7. analysis 8. anniversary 9. announcement 10. details 11. enable

2

□ □ □ 기출 정답 어휘 듣고 따라 말하기 🎧 24-2
□ 기출 응용 문제와 출제 포인트 확인하기

evaluate vt. 평가하다
evaluate one's suitability as a candidate
후보자로서 ~의 적합성을 평가하다

In order for us to **(evaluate)** Ms. Brown's suitability as a candidate, we need to get her resume and three recommendations from previous employers. 브라운 씨가 후보자로서 적합한지 평가하기 위해서, 이전 고용주들에게 세 통의 추천서와 이력서를 받을 필요가 있다.

ambitious a. 야심 찬
meet our ambitious production goal 우리의 야심 찬 생산 목표를 달성하다

Meeting our **(ambitious)** production goal will require the cooperation of every staff member. 우리의 야심찬 생산 목표 달성은 모든 직원들의 협력을 요구하게 될 것이다.

anticipated a. 기대되는; 예상되는
a highly anticipated new novel 아주 기대되는 새로운 소설

239

On Friday, a marketing campaign will be launched in the United States for *Far Away*, a highly **(anticipated)** new novel from Britain. 금요일 영국 작가의 아주 기대되는 새로운 소설 〈Far Away〉를 위한 마케팅 캠페인이 미국에서 착수될 것이다.

---

apparent a. 명백한
it became apparent that ~라는 것이 명백해졌다

 Mr. Yang sent a change-of-address form to the post office as soon as it became **(apparent)** that he was moving. 양 씨는 이사하는 것이 확실해지자마자 주소변경 신청서를 우체국으로 보냈다.

> 기출 동의어 obvious evident clear explicit express plain distinct proved 명백한
> ex. his express wish 그의 분명한 바람

---

comprehensive a. 광범위한, 종합적인
gather comprehensive data from international sources
해외 자료들로부터 종합적인 데이터를 얻다

a single comprehensive directory of local merchants
지역 소매업자들을 총망라한 단일 전화번호부

comprehensive services 포괄적인 서비스

 Researchers at Retsome, Inc. gather **(comprehensive)** data from international sources in order to forecast economic trends with great accuracy. 레트섬 사의 연구원들은 경제 흐름을 아주 정확하게 예측하기 위해 해외 자료들로부터 종합적인 데이터를 얻는다.

The city council is obtaining information from all town businesses in order to provide a single **(comprehensive)** directory of local merchants. 시위원회는 지역 상인들을 총망라한 단일 전화번호부를 제공하기 위해서 시의 모든 사업체로부터 정보를 모으고 있다.

For over 100 years, Good Health Hospital has offered **(comprehensive)** services with the most up-to-date technology available in the healthcare industry. 굿 헬스 병원은 100여 년 동안 건강관리 산업의 최첨단 기술로 포괄적인 서비스를 제공해 왔습니다.

current a. 현재의
the current regulations on safety 안전에 관한 현 규정
its current staff 기존 직원
the current fiscal year 금년 회계연도

All technology staff members need to follow strictly the **(current)** regulations on safety. 모든 기술 직원들은 안전에 관한 현 규정을 엄격하게 따라야 할 필요가 있다.

Jefferson Design expanded its New York branch by adding twenty new associates to its **(current)** staff. 제퍼슨 디자인 사는 기존 직원에 20명의 새로운 직원들을 더해 뉴욕 지사를 확장했다.

All expense reports for the **(current)** fiscal year must be submitted by December 31. 금년 회계연도를 위한 모든 지출 품의서는 12월 31일까지 제출해야 한다.

declining a. 감소하는
declining sales 매출 하락

CarMax's president has resigned after being blamed for **(declining)** sales that have resulted in the loss of thousands of jobs nationwide. 카맥스 사의 사장은 전국적으로 수천 개의 실직을 초래한 매출 하락으로 비난을 받은 후에 사임했다.

goal n. 목표
the goals for the company's 10-year business plan
회사의 10년 비즈니스 플랜을 위한 목표들

In his speech, he stated that the **(goals)** for the company's 10-year business plan were growth, stability, and future development. 그는 연설에서 회사의 10년 비즈니스 플랜을 위한 목표들은 성장, 안정, 그리고 미래의 발전이라고 말했다.

growth n. 성장
the area of growth 성장 영역

 The annual report must identify and explain the area of **(growth)** in the past year. 연례 보고서는 지난해의 성장 영역을 확인하고 설명해야 한다.

finally ad. 마침내
have finally reopened to the public 마침내 대중에게 다시 개장되었다

 After undergoing extensive renovations over the past three years, the Mackson Arts Center has **(finally)** reopened to the public. 지난 3년 동안 광범위한 개조 작업을 하고 나서, 맥슨 아츠 센터는 마침내 대중에게 다시 개장되었다.

> 기출 표현 have finally received permission 마침내 허가를 받았다
> have finally found a suitable building 알맞은 빌딩을 마침내 찾았다
> was finally able to complete the tax forms 세금신고서 양식을 마침내 완성할 수 있었다
> finally decided 마침내 결정했다

challenge n. 도전
the challenge of being a successful architect
성공한 건축가가 되는 도전

 The **(challenge)** of being a successful architect lies in designing buildings that are both functional and aesthetically appealing. 성공한 건축가가 되는 도전은 기능적이고 미적으로 매력적인 빌딩을 디자인하는 데 있다.

> 기출 표현 challenge는 타동사(vt. ~에 도전하다; ~을 요구하다; ~에 이의를 제기하다)로도 출제된다. ex. This website will help you challenge yourself every day. 이 웹사이트는 매일 매일 당신 스스로에게 도전할 수 있도록 도움을 줄 것이다.

member n. 구성원
employees and members of their immediate families
직원들과 직계 가족 구성원들

Employees and **(members)** of their immediate families are invited to attend the annual company picnic next Saturday. 직원들과 직계 가족들은 다음 주 토요일 회사 연례 야유회에 초대된다.

CHECK UP 24-2

1 _____ one's suitability as a candidate
(후보자로서 ~의 적합성을 평가하다)

2 meet our _____ production goal (우리의 야심 찬 생산 목표를 달성하다)

3 a highly _____ new novel (아주 기대되는 새로운 소설)

4 it became _____ that (~라는 것이 명백해졌다)

5 gather _____ data from international sources
(해외 자료들로부터 종합적인 데이터를 얻다)

6 the _____ regulations on safety (안전에 관한 현 규정)

7 _____ sales (매출 하락)

8 the _____ for the company's 10-year business plan
(회사의 10년 비즈니스 플랜을 위한 목표들)

9 the area of _____ (성장 영역)

10 have _____ reopened to the public (마침내 대중에게 다시 개장되었다)

11 the _____ of being a successful architect
(성공한 건축가가 되는 도전)

12 employees and _____ of their immediate families
(직원들과 직계 가족 구성원들)

Answer Key 1. evaluate 2. ambitious 3. anticipated 4. apparent 5. comprehensive 6. current
7. declining 8. goals 9. growth 10. finally 11. challenge 12. members

Section 2 문맥에 어울리는 어휘 찾기 ❶ 기출정답 명사·형용사·부사·동사

Unit 25 DAY

1 □ □ □ 기출 정답 어휘 듣고 따라 말하기 🎧 25-1
□ 기출 응용 문제와 출제 포인트 확인하기

merchandise n. 물품; 상품
sell music CDs and other merchandise 음악 CD와 다른 물품을 판매하다

Primarily limiting itself to the sale of movie tickets, movieticket.com has now started to sell music CDs, posters, and other **(merchandise)** on its website. 주로 영화 티켓 판매에만 국한했던 movieticket.com은 이제 웹사이트에서 음악 CD와 포스터 그리고 기타 다른 물품을 판매하기 시작했다.

Some **(merchandise)** displayed on the website may not be available for sale at all store locations. 웹사이트에 보이는 몇몇 상품은 매장에서는 판매가 안 될 수도 있다.

motivation n. 동기 부여
employees' motivation 직원들의 사기 진작

The greatest challenge of a manager is maintaining and sustaining employees' **(motivation)**. 관리자의 가장 큰 어려움은 직원들의 사기를 계속 유지시키고 북돋아주는 것이다.

expire vi. 만기가 되다; (자격이) 소멸하다
expire on December 31 12월 31일 만기가 되다

The warranty on your newly purchased television **(expires)** on December 31. 귀하가 새로 구매한 텔레비전의 품질보증은 12월 31일 만기가 됩니다.

forward vt. ~을 …로 보내다[발송하다]
forward the results to the management 결과를 경영진에게 보내다

The laboratory examined the slides and **(forwarded)** the results to the management. 실험실은 슬라이드를 점검하고 그 결과를 경영진에게 보냈다.

> 다품사 어휘 forward는 부사(ad. 앞으로)로도 출제된다.

grant vt. …에게 ~을 허가하다; ~을 주다
grant A a pay increase A에게 월급을 인상해 주다
grant employees an extra week of vacation 직원들에게 일주일 추가 휴가를 주다

The managers **(granted)** Ms. Ryu a pay increase based on her outstanding performance. 경영진은 류 씨의 뛰어난 성과에 근거해서 월급 인상을 재가했다.

The Smith & Downing Company **(grants)** employees an extra week of vacation after they have worked there for five years. 스미스 앤 다우닝 사는 근무한 지 5년이 되면 직원들에게 일주일 추가 휴가를 준다.

> 다품사 어휘 grant는 3형식 또는 4형식 동사로 출제되며, 명사(n. 보조금)로도 출제된다.

available a. 이용할 수 있는; (사람이) 시간이 있는
a hotel manager is available 호텔 매니저가 대기하고 있다

For our guests' convenience, a hotel manager is **(available)** at the front desk from 7:00 a.m. to midnight seven days a week. 투숙객의 편의를 위해 호텔 매니저가 오전 7시부터 자정까지 일주일 내내 안내데스크에서 대기한다.

> 기출 표현 be available 이용이 가능하다
> be available at a nominal fee 저렴한 비용으로 이용이 가능하다
> be available for privatization 사유화가 가능하다

numerous a. 다수의, 수많은
because of the numerous problems 많은 문제 때문에

Because of the **(numerous)** problems we've had, we will switch to a new supplier as of next month. 우리가 겪었던 많은 문제들을 이유로 다음 달부터 새로운 공급업자로 변경할 것이다.

obsolete a. 구식의
become obsolete 구식이 되다

Because tablet PCs are more convenient to use for Internet surfing, existing computers have become **(obsolete)** in many office settings. 태블릿 피시들이 인터넷 검색에 사용하기가 더 편리하기 때문에 기존 컴퓨터들은 다수의 사무 환경에서 구식이 되었다.

outgoing a. 출시되는
all outgoing products 출시되는 모든 제품들

The quality control manager must approve all **(outgoing)** products before they are packed for shipment. 품질관리 관리자는 출시되는 모든 제품들이 화물 포장이 되기 전에 품질 승인을 해야 한다.

handle vt. 다루다, 취급하다
handle questions 질문들을 해결해 주다

Please note that all billing questions will no longer be **(handled)** by the Customer Service Department; instead, direct those calls to the accountant's office. 모든 영수증에 관한 질문들이 더 이상 고객 서비스 부서에서 취급되지 않는다는 것을 주지하시고, 대신 그러한 전화들은 회계 부서로 연결해 주시기 바랍니다.

> 기출 유사 표현 handle complaints 불만을 해결하다
> address an issue 문제점을 해결하다 adress a problem 문제를 해결하다
> cover cost 비용을 해결하다 settle a dispute 논쟁을 해결하다

expressly ad. 분명하게

expressly state 분명히 언급하다

The requests for proposals **(expressly)** stated that the submissions for the library construction should be no longer than 20 pages. 입찰 요청서에는 도서관 건설을 위한 제출안들이 20페이지 미만이어야 한다고 분명히 언급하고 있다.

CHECK UP 25-1

1 sell music CDs and other _____ (음악 CD와 다른 물품을 판매하다)
2 employees' _____ (직원들의 사기 진작)
3 _____ on December 31 (12월 31일 만기가 되다)
4 _____ the results to the management (결과를 경영진에게 보내다)
5 _____ employees an extra week of vacation
   (직원들에게 일주일 추가 휴가를 주다)
6 a hotel manager is _____ (호텔 매니저가 대기하고 있다)
7 because of the _____ problems (많은 문제 때문에)
8 become _____ (구식이 되다)
9 all _____ products (출시되는 모든 제품들)
10 _____ questions (질문들을 해결해 주다)
11 _____ state (분명히 언급하다)

Answer Key 1. merchandise 2. motivation 3. expire 4. forward 5. grant 6. available
7. numerous 8. obsolete 9. outgoing 10. handle 11. expressly

2 □ □ □ 기출 정답 어휘 듣고 따라 말하기 🎧 25-2
　　 □ 기출 응용 문제와 출제 포인트 확인하기

extensively ad. 광범위하게
an extensively researched study of ~에 대한 광범위한 조사 연구

Professor Warburger incorporated 120 hours of interviews into her **(extensively)** researched study of Singapore's political system. 바르부르크 교수는 120시간 분량의 인터뷰들을 자신의 싱가포르 정치 체제에 대한 광범위한 조사 연구 속에 편입시켰다.

previously ad. 이전에
much stronger than previously expected 이전에 예상했던 것보다 훨씬 강력한

Atwell Moto Company's growth is much stronger than **(previously)** expected. 아트웰 모토 사의 성장은 이전에 예상했던 것보다 훨씬 강력한 것이다.

measure n. 조치
the latest security measures 최신 보안 조치들

While VC Bank utilizes the latest security **(measures)**, passwords should still be changed frequently by online customers. VC Bank가 최신 보안 조치들을 취한다고 해도 비밀번호는 온라인 고객들이 자주 변경해야 한다.

> 다품사 어휘 measure는 타동사(vt. 측정하다)로도 출제된다.
> ex This tool can measure how much oil is left in your car. 이 장치는 자동차에 연료가 얼마나 남아 있는지를 측정할 수 있다.

need n. 필요, 요구
a need for some drastic changes 급격한 변화에 대한 필요

The environment commission concluded that there is a **(need)** for some drastic changes in government policy. 환경위원회는 정부 정책에 급격한 변화가 필요하다는 결론을 내렸다.

> 다품사 어휘 need는 타동사(vt. 필요로 하다)로도 출제된다.

negotiation n. 협상
after months of negotiations 수개월 간의 협상 끝에

 After months of **(negotiations)** Anderson Enterprises has finally agreed to sponsor next year's exhibition of 16th century German art. 수개월 간의 협상 끝에 앤더슨 사는 내년에 열리는 16세기 독일 미술 전시회를 후원하기로 최종 합의했다.

inception n. 처음
from its very inception 초창기부터

 We are seeking qualified candidates who can organize and manage a small business from its very **(inception)**. 우리는 소규모 회사를 초창기부터 조직하고 관리할 수 있는 유능한 후보자들을 찾고 있다.

include vt. ~을 포함시키다
be sure to include one's account number
계좌번호를 포함시키는 것을 명심하다

 Please be sure to **(include)** your account number when mailing your monthly rent. 월 임대료를 보낼 때 계좌번호를 포함시키는 것을 명심하세요.

increase vt. 증가시키다 vi. 증가하다
increase fees for the service 서비스 요금을 인상하다

The Sams, Inc. recently had to **(increase)** fees for the service of the new members due to rising expenses. 샘스 사는 최근 증가하는 비용으로 인해 신규 회원들의 서비스 요금을 인상해야 했다.

> **다품사 어휘** increase는 동사 외에 명사(n. 증가)로 쓰인 문제도 출제된다.
> **기출 표현** decide to increase the price of the finished products 완제품의 가격을 인상하기로 결정하다 have found numerous ways to lower costs and increase productivity 비용을 줄이고 생산성을 향상하기 위한 수많은 방법들을 알아냈다

launch vt. 시작하다; 출시하다
launch an intense advertising campaign 집중 광고를 시작하다

Lee Automobiles will **(launch)** an intense advertising campaign to boost sales. 리 자동차는 매출 증대를 위해 집중 광고를 시작할 것이다.

capable a. ~을 할 수 있는
be capable of handling its current difficulties 당면한 어려움들을 해결할 수 있다

The company was **(capable)** of handling its current difficulties by implementing new procedures. 회사는 새로운 절차를 도입함으로써 당면한 어려운 문제점들을 해결할 수 있었다.

common a. 흔한
it is fairly common ~은 상당히 흔한 일이다

It is fairly **(common)** for new restaurants in the city to take one year to three years to build steady customer base. 그 도시에서 새로운 식당이 자리 잡는 데 1년에서 3년이 걸리는 것은 상당히 흔한 일이다.

complimentary a. 무료의
complimentary Internet service 무료 인터넷 서비스

 Registered guests at the Wynn Hotel can now access **(complimentary)** Internet service in the business center 24 hours a day. 윈 호텔에 투숙하는 손님들은 하루 24시간 비즈니스 센터에서 무료 인터넷 서비스를 접할 수 있다.

기출 유사 표현 at no cost / for free / free of charge 무료의, 공짜의

CHECK UP 25-2

1. an _____ researched study of (~에 대한 광범위한 조사 연구)
2. much stronger than _____ expected (이전에 예상했던 것보다 훨씬 강력한)
3. the latest security _____ (최신 보안 조치들)
4. a _____ for some drastic changes (급격한 변화에 대한 필요)
5. after months of _____ (수개월 간의 협상 끝에)
6. from its very _____ (초창기부터)
7. be sure to _____ one's account number
(계좌번호를 포함시키는 것을 명심하다)
8. _____ fees for the service (서비스 요금을 인상하다)
9. _____ an intense advertising campaign (집중 광고를 시작하다)
10. be _____ of handling its current difficulties
(당면한 어려움들을 해결할 수 있다)
11. it is fairly _____ (~은 상당히 흔한 일이다)
12. _____ Internet service (무료 인터넷 서비스)

Answer Key 1. extensively 2. previously 3. measures 4. need 5. negotiations 6. inception
7. include 8. increase 9. launch 10. capable 11. common 12. complimentary

Section 2 문맥에 어울리는 어휘 찾기 ❶ 기출정답 명사·형용사·부사·동사*

Unit 26 DAY

1 □ □ □ 기출 정답 어휘 듣고 따라 말하기 🎧 26-1
□ 기출 응용 문제와 출제 포인트 확인하기

personally ad. 개인적으로, 개별적으로; 직접
greet them personally 개인적으로 인사를 나누다
be personally approved 직접 승인을 받다

Several new employees begin working this week, so please greet them **(personally)** to make them feel appreciated. 몇몇 신입 사원들이 이번 주에 업무를 시작하므로 그들이 환대를 느낄 수 있도록 개인적으로 인사를 나눠 주세요.

At the Olive Garden, all dessert recipes are **(personally)** approved by a team of world-famous chefs. 올리브 가든에서는 모든 후식 요리법이 세계적으로 유명한 주방장들에 의해 직접 승인을 받는다.

primarily ad. 주로
work primarily on the annual financial report
주로 연례 재무 보고서에 관한 업무를 하다

For the past six months, TDD Ltd's accountants have been working **(primarily)** on the annual financial report. 지난 6개월 동안 TDD 사의 회계사들은 주로 연례 재무 보고서에 관한 일을 해왔다.

probably ad. 아마도
probably due to an electronic malfunction 아마도 전자 장치의 오작동 때문에

The problem with the door lock was **(probably)** due to an electronic malfunction. 출입문 잠금 장치의 문제는 아마도 전자 장치의 오작동 때문일 것이다.

keep   vt. (특정한 상태 · 위치를) 유지하다
keep its current name 현재의 이름을 유지하다
keep its original flavors and freshness 원래의 맛과 신선도를 유지하다
keep a copy 사본을 보관하다

Ford Autos will **(keep)** its current name even after it merges with a rival company. 포드 자동차는 경쟁사와 합병한 후에도 현재의 이름을 유지할 것이다.

In order to **(keep)** some of its original flavors and freshness, food should be kept in the refrigerator. 원래의 맛과 신선도를 유지하기 위해서 음식은 냉장고에 보관되어야 한다.

Mortgage brokers should **(keep)** copies of all sales documents for their records. 모기지 중개인들은 그들의 기록을 위해 모든 매매 문서의 사본을 보관해야 한다.

return   vt. 반품하다; 반납하다
return the jacket 자켓을 반품하다

The jacket Mr. Alvarez purchased was so small that he **(returned)** it to the department store. 앨버레즈 씨는 구입한 자켓이 너무 작아서 백화점에 반품했다.

> **다품사 어휘** return은 타동사 외에 자동사(vi. ~로 되돌아가다)나 명사(n. 수익)로 쓰인 문제도 출제된다. ex) return to ~로 돌아가다

serve   vt. (상품 · 서비스를) 제공하다
to better serve its customers 고객들에게 더 나은 서비스를 제공하기 위해서

To better **(serve)** its customers, Auto Supreme Repair is now requesting that customers make appointments for all services. 고객들에게 더 나은 서비스를 제공하기 위해서 자동차 수프림 정비는 이제 고객이 서비스를 받기 위해서는 예약을 하도록 요청하고 있다.

set up phr. ~을 설치하다
be supposed to be set up 설치되기로 되어 있다

The new turbine is supposed to be **(set up)** in late January. 새로운 터빈이 1월 말에 설치되기로 되어 있다.

outstanding a. 훌륭한, 뛰어난; 미결제된
outstanding decorating services 훌륭한 장식 서비스
outstanding work 뛰어난 업무 능력

The employees at World Interior ensure that their clients receive **(outstanding)** decorating services. 월드 인테리어의 직원들은 고객들이 훌륭한 장식 서비스를 받을 수 있도록 보증한다.

Marisol Quintera has received several awards for her **(outstanding)** work in the new Products Division. 마리솔 퀸테라는 새로 생긴 제품 부서에서 뛰어난 업무 능력으로 여러 차례 상을 받았다.

> 다의미 어휘 outstanding은 '뛰어난'의 의미뿐 아니라 '미결제된'의 의미로도 출제된다.
> 기출 동의어 delinquent overdue 미결제된

previous a. 이전의
the previous model 이전 모델 **since the previous year** 지난해 이후로

The new kitchen stove by Colman, Inc. has performed so well that the **(previous)** model is being discontinued. 콜맨 사가 만든 신형 취사형 스토브의 성능이 아주 좋아서 이전 모델 판매가 중단될 것이다.

The new manufacturing plant will require 20 percent less power to operate than the **(previous)** plant did. 새로운 제조공장은 기존의 공장보다 20% 적은 전력을 필요로 할 것이다.

Factory output has risen over 20 percent since the **(previous)** year. 지난해 이후로 공장의 생산량이 20% 이상 증가했다.

length n. 길이
the length of a presentation 프레젠테이션의 길이

Instructions for presentations at the center specify that the **(length)** of a presentation must not be more than 30 minutes.
센터에서의 프레젠테이션에 대한 지침은 프레젠테이션의 길이가 30분을 초과해서는 안 된다고 명시하고 있다.

list n. 명단
a growing list of residents 늘어나고 있는 주민 명단

There is a growing **(list)** of residents who oppose the construction of a shopping center on Kingston and Flag avenues. 킹스턴 가와 플래그 가에 쇼핑센터를 짓는 것에 반대하는 주민 명단이 늘어나고 있다.

CHECK UP 26-1

1. greet them _____ (개인적으로 인사를 나누다)
2. work _____ on the annual financial report (주로 연례 재무 보고서에 관한 업무를 하다)
3. _____ due to an electronic malfunction (아마도 전자 장치의 오작동 때문에)
4. _____ its current name (현재의 이름을 유지하다)
5. _____ the jacket (자켓을 반품하다)
6. to better _____ its customers (고객들에게 더 나은 서비스를 제공하기 위해서)
7. be supposed to be _____ (설치되기로 되어 있다)
8. outstanding decorating _____ services (훌륭한 장식 서비스)
9. the _____ model (이전 모델)
10. the _____ of a presentation (프레젠테이션의 길이)
11. a growing _____ of residents (늘어나고 있는 주민 명단)

Answer Key 1. personally 2. primarily 3. probably 4. keep 5. return 6. serve 7. set up 8. 9. previous 10. length 11. list

maintenance n. 보수 관리
for maintenance 보수 관리를 위한

Our company received a two-year contract for **(maintenance)** for the newly opened auto factory. 우리 회사는 새로이 문을 연 자동차 공장 보수 관리를 위한 2년 계약을 따냈다.

management n. 관리
effective money management 효율적인 돈 관리

One key to effective money **(management)** lies in setting specific timelines for achieving financial goals. 효율적인 돈 관리에 대한 한 가지 열쇠는 재정적인 목표를 성취하기 위한 구체적인 시간표를 정하는 데 있다.

payment n. 지불
payment of the rent for the property 부동산 임대료 지불

(Payment) of the rent for the property at 16 Hannam Dong, Youngsan, is due on the first day of each month. 용산 한남동 16번지 건물에 대한 임대료 지불은 매달 첫 날이다.

load vt. 탑재하다, 넣다, 끼우다
load paper into the copy machine 종이를 복사기에 넣다

To ensure consistency, paper should be **(loaded)** into the copy machine. 일관성 있는 복사를 위해서 종이를 복사기에 넣어야 한다.

look vi. 보다
should look around 둘러보아야 한다

The person in charge of locking the office at night should **(look)** around to make sure that all the equipment has been turned off. 야간에 사무실을 잠글 책임이 있는 사람은 모든 장비가 꺼져 있는지 확인하기 위해 둘러보아야 한다.

confident a. 확신하는
be confident that ~라고 확신하다

Given her dedication, competence, and expertise, I am **(confident)** that Ms. Helen will be a great asset to her future employer. 헬렌의 헌신과 능력 그리고 전문성을 고려할 때, 나는 그녀가 미래 고용주에게 커다란 자산이 될 것이라고 확신한다.

considerable a. 상당한
put in considerable effort 상당한 노력을 기울이다

We are putting in **(considerable)** effort to develop a vaccine for the new bird flu. 우리는 신종 조류 독감용 백신을 개발하기 위해서 상당한 노력을 쏟고 있다.

> 기출 동의어 exceptional significant tremendous outstanding significant 상당한

distinct a. 뚜렷한
be not distinct enough 제대로 뚜렷하지 않다

The manager of the Kwon Grocery Store plans to return the shopping bags she ordered because the lettering on them is not **(distinct)** enough. 권 식료품 가게의 매니저는 그녀가 주문한 쇼핑백을 반품할 계획인데, 그 이유는 쇼핑백 위에 인쇄된 글자가 제대로 뚜렷하지 않기 때문이다.

effective a. 효율적인
an effective advertising campaign 효율적인 광고 캠페인

The Marvel Fast-Food Company has developed an **(effective)** advertising campaign in order to advertise its precooked pizzas. 마벨 패스트 푸드 사는 즉석 피자를 광고하기 위해서 효율적인 광고 캠페인을 개발했다.

elegant a. 우아한
over 150 elegant rooms 150여 개의 우아한 객실들

The recently remolded Oriental Hotel contains over 150 **(elegant)** rooms. 최근 개조된 오리엔탈 호텔은 150여 개의 우아한 객실들이 있다.

quite ad. 꽤
become quite loud 꽤 시끄러워지다

As the guests at the banquet were taking their seats, the host noticed that the music had become **(quite)** loud. 연회장에서 손님들이 자리에 앉을 때 주최자는 음악이 너무 커져있다는 것을 알아차렸다.

reasonably ad. 합리적으로
reasonably priced Italian food 합리적으로 가격이 책정된 이탈리아 음식

The innovative and **(reasonably)** priced Italian food is drawing many local customers to the newly opened restaurant. 혁신적이고 합리적으로 가격이 책정된 이탈리아 음식이 새롭게 개장한 식당으로 많은 지역 손님들을 끌고 있다.

CHECK UP 26-2

1. for _____ (보수 관리를 위한)
2. effective money _____ (효율적인 돈 관리)
3. _____ of the rent for the property (부동산 임대료 지불)
4. _____ paper into the copy machine (종이를 복사기에 넣다)
5. should _____ around (둘러보아야 한다)
6. be _____ that (~라고 확신하다)
7. put in _____ effort (상당한 노력을 기울이다)
8. be not _____ enough (제대로 뚜렷하지 않다)
9. an _____ advertising campaign (효율적인 광고 캠페인)
10. over 150 _____ rooms (150여 개의 우아한 객실들)
11. become _____ loud (꽤 시끄러워지다)
12. _____ priced Italian food (합리적으로 가격이 책정된 이탈리아 음식)

Answer Key 1. maintenance 2. management 3. payment 4. load 5. look 6. confident
7. considerable 8. distinct 9. effective 10. elegant 11. quite 12. reasonably

Section 2 문맥에 어울리는 어휘 찾기 ❶ 기출정답 명사·형용사·부사·동사

DAY Unit 27

1 ☐☐☐ 기출 정답 어휘 듣고 따라 말하기 🎧 27-1
☐ 기출 응용 문제와 출제 포인트 확인하기

recently ad. 최근에
the company recently announced that 회사에서 최근에 ~을 발표했다

The Delta Company **(recently)** announced that it will hire an outside consultant. 델타 사는 최근에 사외 자문을 고용할 것이라고 발표했다.

> 기출 표현
> recently became a permanent employee 최근에 정규직 직원이 되었다
> have recently negotiated a contract 최근에 계약을 협상했다
> have recently been awarded a new contract 최근에 새로운 계약을 받았다

orientation n. 지향; 오리엔테이션
oversees orientation for new sales staff 새로운 영업 사원들을 위한 오리엔테이션을 감독하다

Sebastian Miller oversees **(orientation)** for new sales staff at Johnson Manufacturing. 세베스틴 밀러는 존슨 메뉴팩처링에서 새로운 영업 사원들을 위한 오리엔테이션을 감독한다.

reference n. 참조; 조회
for quick reference 빠른 조회를 위해

Every employee should refer to the handbook for quick **(reference)** when he or she has questions about company policy. 모든 직원들은 그들이 회사 정책에 관한 질문이 있을 때 빠른 조회를 위해 지침서를 참조해야 한다.

output n. 생산(량)

have increased output much 생산을 아주 많이 증가시켰다
the region's high agricultural output 그 지역의 높은 농업 생산량

Breakthroughs in manufacturing technology in automobiles have increased **(output)** so much that we have produced five times what we used to. 자동차 제조 기술의 약진이 생산을 아주 많이 증가시켜서 예전보다 다섯 배 많은 생산을 했다.

The long growing season and the excellent soil may explain the region's high agricultural **(output)**. 충분한 재배 기간과 비옥한 토양은 그 지역의 높은 농업 생산량의 이유가 될 것이다.

perception n. 인식

challenge the perception that ~라는 인식에 도전하다

The Customer Service Department had fewer complaints last month, challenging the **(perception)** that the quality of our software is deteriorating. 고객서비스 부서는 지난달에 불만 접수를 더 적게 받았는데, 그것은 우리 소프트웨어의 품질이 나빠지고 있다는 인식을 반박하는 것이다.

mandate vt. 명령하다, 요구하다

mandate that all workers wear hard hats
모든 근로자들이 안전모를 착용하도록 요구하다

The new safety standards approved last month **(mandate)** that all workers wear hard hats in construction areas. 지난달에 승인된 새로운 안전 절차들은 모든 근로자들이 건설 지역에서 안전모를 착용해야 한다고 요구하고 있다.

> 제안 · 요구 · 주장 · 명령 mandate, insist, persist, order, command, demand, require, request, hope, suggest, propose, advise, urge, persuade, recommend, prefer 등의 제안 · 요구 · 주장 · 명령을 나타내는 동사 뒤에 오는 that절은 〈that 주어+(should)+동사원형〉의 형태를 취한다.

occupy vt. 점유하다
occupy an entire city block 시 전체 블록을 점유하다

The New Wave Department Store **(occupies)** an entire city block in the heart of the commercial district. 뉴 웨이브 백화점은 상업지역 중심부의 시 전체 블록을 점유하고 있다.

present vt. 제시하다
present a photo identification 사진이 부착된 신분증을 제시하다

We require all visitors to **(present)** their photo identifications at the security checkpoint before entering the courthouse. 우리는 모든 방문객들에게 법정에 입장하기 전에 보안 검색대에서 사진이 부착된 신분증을 제시하도록 요구한다.

place vt. 주문하다, 신청하다
place our orders with your company 귀사에 주문을 하다

Provided you can ensure delivery within two weeks, we intend to **(place)** our orders with your textile company. 2주 안에 배송을 보장해 주실 수 있다면, 우리는 당신의 직물회사에 주문을 할 생각입니다.

> 다품사 어휘 place는 명사(n. 장소)로도 출제된다.

eligible a. ~할 자격이 있는
be eligible to receive a scholarship 장학금을 받을 자격이 있다

Any student whose GPA is over 3.7 will be **(eligible)** to receive a scholarship in the coming school year. 학점이 3.7 이상인 학생은 누구나 다가오는 학년도에 장학금을 받을 자격이 있다.

> 기출 유사 표현 be entitled to / be qualified for / have a right for ~할 자격이 있다

encouraging a. 고무적인
the figure is encouraging 수치가 고무적이다

 Compared to last quarter's disappointing earnings, the figures for this month were **(encouraging)**. 지난 분기의 실망스러운 소득과 비교해서 이번 달의 소득수치는 고무적이었다.

CHECK UP 27-1

1 the company _____ announced that (회사에서 최근에 ~을 발표했다)
2 oversees _____ for new sales staff
   (새 영업 사원들을 위한 오리엔테이션을 감독하다)
3 for quick _____ (빠른 조회를 위해)
4 the region's high agricultural _____ (그 지역의 높은 농업 생산량)
5 challenge the _____ that (~라는 인식에 도전하다)
6 _____ that all workers wear hard hats
   (모든 근로자들이 안전모를 착용하도록 요구하다)
7 _____ an entire city block (시 전체 블록을 점유하다)
8 _____ a photo identification (사진이 부착된 신분증을 제시하다)
9 _____ our orders with your company (귀사에 주문을 하다)
10 be _____ to receive a scholarship (장학금을 받을 자격이 있다)
11 the figure is _____ (수치가 고무적이다)

Answer Key 1. recently 2. orientation 3. reference 4. output 5. perception 6. mandate
7. occupy 8. present 9. place 10. eligible 11. encouraging

2
□ □ □ 기출 정답 어휘 듣고 따라 말하기 🎧 27-2
□ 기출 응용 문제와 출제 포인트 확인하기

entertaining a. 재미있는, 유쾌한
entertaining advertisements 유쾌한 광고들

 The success of the new laptop computer introduced by Circuit Electronics is due mostly to its **(entertaining)** advertisements. 서키트 전자가 내놓은 새로운 노트북 컴퓨터의 성공은 전적으로 재미있는 광고들 덕분이다.

following a. 다음의
the following Friday 다음 금요일

 We ordered the computer last Monday, but it was not shipped until the **(following)** Friday. 우리가 지난 월요일에 컴퓨터를 주문했는데, 다음 금요일까지도 선적되지 않았다.

> 다품사 어휘 following은 전치사(= after)로도 출제된다.

frequent a. 빈번한
frequent service 빈번한 서비스

 The Swift Transportation Corporation has announced that it will provide more **(frequent)** service during the national holiday. 스위프트 운송 회사는 국경일 동안에 좀 더 빈번한 서비스를 제공할 것이라고 발표했다.

achieve vt. 달성하다
achieve record sales numbers again 사상 최고의 판매 수치를 또 다시 달성하다

 The Crown Microchip Corporation reached an important goal by **(achieving)** record sales numbers again in the fourth quarter of the year. 크라운 마이크로칩 사는 4사분기에 사상 최고 판매 수치를 또 다시 달성함으로써 중요한 목표 하나를 이루었다.

address vt. 해결하다; 연설하다; 말하다; 보내다
address customer's requests 고객들의 요청 사항을 해결하다

Employees are expected to **(address)** customers' requests and complaints appropriately in accordance with company policy. 직원들은 회사의 정책에 따라서 고객들의 요청과 불만들을 적절하게 해결하도록 요구된다.

> 다의미 어휘 address가 타동사로 쓰이면 목적에 따라 다양한 의미를 가진다.
> address+걱정·고민 ~을 해결하다 address a meeting 회의에서 연설하다
> address+사람 ~에게 말하다 address+서류+to 사람 ~에게 …을 보내다
> address+편지 봉투 ~에 주소를 기입하다
> 다품사 어휘 address는 명사(n. 주소)로도 출제된다.
> 기출 동의어 handle

regularly ad. 정기적으로
at the next regularly scheduled meeting 차기 정기 모임에서

A proposal to upgrade the Raja Corporation's computer server will be considered at the next **(regularly)** scheduled meeting of the technology committee. 라자 회사의 컴퓨터 서버를 업그레이드하기 위한 제안이 기술위원회의 차기 정기 모임에서 고려될 것이다.

> 기출 표현 regularly visit all the offices 모든 사무실을 정기적으로 방문하다
> check one's email regularly 정기적으로 이메일을 확인하다
> be checked regularly 정기적으로 점검을 받다

solely ad. 오로지, 단지
rely solely on labor cost cutting 오로지 고용비용 절감에만 의존하다

Mr. Hopkins announced that the company is planning to implement business strategies that won't rely **(solely)** on labor cost cutting. 홉킨스 씨는 회사가 오로지 고용비용 절감에만 의존지 않는 사업 전략들을 도입할 계획이라고 발표했다.

specially　ad. 특별히
be specially designed 특별 제작되다

 The Dyson vacuum cleaner was **(specially)** designed to remove even the smallest particles of dirt. 다이슨 진공청소기는 미세 먼지 입자까지 제거하도록 특별 제작되었다.

unstable　a. 불안정한
the market for gold is currently unstable 금 시장은 현재 불안정하다

 The prices quoted in our catalogue are subject to change because the international market for gold is currently **(unstable)**. 국제 금 시장이 현재 불안정하기 때문에 우리 카탈로그에 제시된 가격은 변동될 수 있다.

urgent　a. 긴급한
urgent need for computers 컴퓨터를 긴급히 필요로 함

 Due to his **(urgent)** need for computers, the purchasing committee has been asked to expedite Mr. Fong's order. 퐁 씨가 컴퓨터를 급하게 필요로 하기 때문에 구매위원회는 그 주문을 신속히 처리하라고 요청받았다.

useful　a. 유용한
your suggestion was very useful 당신의 제안은 매우 유용했다

 Yesterday's seminar was especially **(useful)** for new employees because the speakers explained company policies clearly. 발표자들이 회사 정책을 알기 쉽게 분명하게 설명해 줬기 때문에 어제 세미나는 특히 신입 사원들에게 유용했다.

The project manager found your suggestion was very **(useful)** and has decided to implement it next year. 프로젝트 책임자는 당신의 제안이 매우 유용하다는 것을 알고 내년에 그것을 적용하기로 결정했다.

valid a. 유효한
be valid for one year 1년간 유효하다

 Our discount coupons are **(valid)** for one year, so you may use them at any of our designated stores. 저희 할인 쿠폰은 1년간 유효하므로 귀하께서는 지정된 상점 어느 곳에서나 사용하실 수 있습니다.

CHECK UP 27-2

1 _____ advertisements (유쾌한 광고들)
2 the _____ Friday (다음 금요일)
3 _____ service (빈번한 서비스)
4 _____ record sales numbers again
   (사상 최고의 판매 수치를 또 다시 달성하다)
5 _____ customer's requests (고객들의 요청 사항을 해결하다)
6 at the next _____ scheduled meeting (차기 정기 모임에서)
7 rely _____ on labor cost cutting (오로지 고용비용 절감에만 의존하다)
8 be _____ designed (특별 제작되다)
9 the market for gold is currently _____ (금 시장은 현재 불안정하다)
10 _____ need for computers (컴퓨터를 긴급히 필요로 함)
11 your suggestion was very _____ (당신의 제안은 매우 유용했다)
12 be _____ for one year (1년간 유효하다)

Answer Key 1. entertaining 2. following 3. frequent 4. achieve 5. address 6. regularly
7. solely 8. specially 9. unstable 10. urgent 11. useful 12. valid

Section 2 문맥에 어울리는 어휘 찾기 ❶ 기출정답 명사·형용사·부사·동사

Unit 28 DAY

1 ☐ ☐ ☐ 기출 정답 어휘 듣고 따라 말하기 🎧 28-1
     ☐ 기출 응용 문제와 출제 포인트 확인하기

valued a. 가치 있는, 소중한
a valued member of ~의 소중한 구성원

For over 35 years, Dr. Park has been a **(valued)** member of the Marketing Department as a division head. 35년 이상 파크 박사님은 부서장으로서 마케팅 부서의 소중한 구성원이었습니다.

versatile a. 다재다능한
be versatile enough to ~할 만큼 다재다능하다

Ms. Smith is **(versatile)** enough to offer administrative support to both the drug-manufacturing and packaging divisions. 스미스 씨는 약품 제조 부서와 포장 부서 양쪽에 행정 지원을 해줄 정도로 다재다능하다.

refund n. 환불
receive a refund 환불을 받다   **offer refunds** 환불해 주다

To receive a **(refund)**, you must return the merchandise within 30 days of purchase. 환불을 받으시려면 상품을 구매한 지 30일 안에 반품하셔야 합니다.

As indicated in our store policy, we do not offer **(refunds)** on merchandise which was sold at a discount. 저희 상점 정책에서 밝히고 있듯이 할인 가격으로 판매된 제품에 대해서는 환불해 드리지 않습니다.

다품사 어휘 refund는 동사(vt. 상환하다)로도 출제된다.

session n. 모임
schedule several training sessions 몇몇 연수를 계획하다

The Human Resources Department scheduled several training **(sessions)** to explain the new company policies to the staff members. 인사부는 직원들에게 회사의 새로운 정책들을 설명하기 위해서 몇몇 연수를 계획했다.

shortage n. 부족
a serious shortage of teachers 심각한 교사의 부족

As the school-age population increases, the town will face a serious **(shortage)** of teachers. 취학 연령대의 인구가 증가하기 때문에 도시는 심각한 교사의 부족에 직면할 것이다.

signature n. 서명
provide a signature where indicated 표시된 곳에 서명하다

Please fill in all seven pages of the employment application and provide a **(signature)** where indicated. 입사 지원서 7페이지를 모두 작성하고 표시된 곳에 서명하세요.

site n. 부지
the site for the proposed restaurant 계획중인 식당을 위한 부지

The **(site)** for the proposed restaurant is situated at the intersection of Parkway Avenue and Center Street. 계획중인 식당 부지는 파크웨이 가와 센터 가가 교차하는 곳에 위치해 있다.

series n. 일련, 연속
series of musical performances 음악 공연 시리즈

Belle Isle's cultural affairs office has announced that its **(series)** of musical performances will be held at the Shoreline Concert Hall. Belle Isle의 문화관리 사무소는 음악 공연 시리즈가 Shoreline 콘서트홀에서 열릴 것이라고 발표했다.

> **수를 나타내는 표현** series는 주로 a series of의 표현으로 쓰인다.
> a wide variety of 갖가지의   a great number of 수많은   a range of 다양한
> a group of 한 무리의   a majority of 다수의

prolong vt. 연장하다
prolong the life of the equipment. 장비의 수명을 연장하다

We need to perform maintenance work on a regular basis to **(prolong)** the life of the equipment. 우리는 장비의 수명을 연장하기 위해서 정기적으로 보수유지 작업을 해야 한다.

promote vt. 촉진시키다
promote one's new book 새 책을 판촉하다

A world-famous writer, Cindy Chen made a rare TV appearance to **(promote)** her new book. 세계적으로 유명한 작가인 신디 첸은 새 책을 판촉하기 위해서 드물게 텔레비전에 출연했다.

> **기출 동의어** accelerate expedite stimulate force 촉진시키다

propose vt. 제안하다
propose any ideas for next year 내년을 위해 아이디어를 제안하다

If you have any ideas for merchandising new items that you would like to **(propose)** for next year, please give them to Mr. Elland in the Marketing Department. 내년 새로운 제품의 판촉을 위해 제안하고 싶은 아이디어가 있다면, 마케팅 부서의 엘런드 씨에게 제출해 주세요.

> **4형식으로 착각하기 쉬운 3형식 동사** propose 제안하다 announce 알리다 confess 자백하다, 고백하다 explain 설명하다 introduce 소개하다 mention 언급하다 prove 증명하다, 입증하다 recommend 제안하다 suggest 제시하다
> *cf.* 위 동사들은 〈동사+사람+that절〉 형태는 불가능하지만 〈동사+to+사람+that절〉 형태는 가능하다.

CHECK UP 28-1

1 a _____ member of (~의 소중한 구성원)
2 be _____ enough to (~할 만큼 다재다능하다)
3 receive a _____ (환불을 받다)
4 schedule several training _____ (몇몇 연수를 계획하다)
5 a serious _____ of teachers (심각한 교사의 부족)
6 provide a _____ where indicated (표시된 곳에 서명하다)
7 the _____ for the proposed restaurant (계획중인 식당을 위한 부지)
8 _____ of musical performances (음악 공연 시리즈)
9 _____ the life of the equipment (장비의 수명을 연장하다)
10 _____ one's new book (새 책을 판촉하다)
11 _____ any ideas for next year (내년을 위해 아이디어를 제안하다)

Answer Key 1. valued 2. versatile 3. refund 4. sessions 5. shortage 6. signature
7. site 8. series 9. prolong 10. promote 11. propose

2 □□□ 기출 정답 어휘 듣고 따라 말하기 🎧 28-2
□ 기출 응용 문제와 출제 포인트 확인하기

raise   vt. 올리다; 인상하다; (자금을) 모으다
raise money for the new art museum 새로운 미술관에 필요한 기금을 조성하다

In order to **(raise)** money for the new art museum, volunteers sent brochures to every resident in the town. 새로운 미술관에 필요한 기금을 조성하기 위해서, 자원봉사자들은 소책자를 모든 시민에게 보냈다.

다품사 어휘 raise는 명사(n. 봉급 인상)로도 출제된다.

receive vt. 받다, 받아들이다; 얻다
receive a promotion 승진하다

 Ms. Butler **(received)** a promotion last month because of her hard work and dedication. 버틀러 씨는 열심히 일하고 헌신적이어서 지난달에 승진했다.

fragile a. 깨지기 쉬운
handle fragile items with the utmost care 깨지기 쉬운 물건들을 매우 조심해서 다루다

 SRO Transport handles **(fragile)** items with the utmost care to prevent any shipping damage. SRO 운송 회사는 그 어떠한 피해 발생을 예방하기 위해 깨지기 쉬운 물건들을 매우 조심해서 다룬다.

genuine a. 진품의
genuine accessories 진품 보조기구들

 Homeowners are advised to use **(genuine)** Winthrop Electronics accessories in order to comply with building regulations. 주택 소유주들은 건축 규정을 준수할 수 있도록 윈드롭 일렉트로닉스 사의 진품 보조기구들을 사용하도록 권고를 받았다.

healthy a. 건강에 좋은
healthy blends of Korean and Thai food 한국 음식과 태국 음식을 혼합한 건강식

 Chef David Joe's new menu features dishes with **(healthy)** blends of Korean and Thai food. 주방장 데이비드 조의 새로운 메뉴는 한국 음식과 태국 음식을 혼합한 건강식 요리들을 특징으로 한다.

vital a. 중요한
it is vital that ~하는 것이 중요하다

It is **(vital)** that each department complete all special tasks this week to ensure a successful visit from our company president.
우리 회사 사장의 성공적인 방문을 확실히 하기 위해, 각 부서가 이번 주에 모든 특별 업무를 완료하는 것이 중요하다.

> 기출 동의어 serious important major staple key essential 중요한
> vital critical 비판적인, 중요한

vulnerable a. ~하기 쉬운
more vulnerable to damage 더 손상을 입기 쉬운

 Older storage systems that are more **(vulnerable)** to damage should be replaced as funds allow over the next six months. 더 손상을 입기 쉬운 노후된 저장 시스템은 다음 6개월여 동안 자금이 허용되기 때문에 교체되어야 한다.

concentration n. 밀집
have the highest concentration of fruit orchards 과수원이 가장 많이 밀집되어 있다

 Since the climate in the southern province is favorable for growing produce, it has the highest **(concentration)** of fruit orchards. 남쪽 지방의 기후가 농산물 재배에 알맞기 때문에 그 지역에 과수원이 가장 많이 밀집되어 있다.

confusion n. 혼란
the confusion about the new system 새로운 시스템에 대한 혼란

 The manager has scheduled Quick Scan training sessions for all staff due to the **(confusion)** about the new system. 매니저는 새로운 시스템에 대한 혼란 때문에 모든 직원들을 위한 퀵 스캔 연수를 계획했다.

deadline n. 마감일
the deadline for sumitting materials 자료 제출 마감일

 For applicants who want at the company, the **(deadline)** for submitting materials is March 1. 회사에 입사를 원하는 지원자들을 위한 자료 제출 마감일은 3월 1일이다.

deposit n. 예치금
receive one's deposit after 3 p.m. 오후 3시 이후에 예치금을 받다

 If the bank receives your **(deposit)** after 3:00 P.M., your account will be credited the next business day. 은행이 귀하의 예치금을 오후 3시 이후에 받으면, 다음 영업일에 귀하의 계좌로 예치될 것입니다.

> 다품사 어휘 deposit는 타동사(vt. 입금하다, 놓다)로도 출제된다.

anticipate vt. 예견하다
mistakenly anticipate 잘못 예견하다

 The managers mistakenly **(anticipated)** that this year's budget would be sufficient to finance all the projects that they had planned for this year. 경영진은 금년도 예산이 올해 계획했던 모든 프로젝트를 조달하기에 충분할 거라고 잘못 예견했다.

CHECK UP 28-2

1 _____ money for the new art museum
   (새로운 미술관에 필요한 기금을 조성하다)

2 _____ a promotion (승진하다)

3 handle _____ items with the utmost care
   (깨지기 쉬운 물건들을 매우 조심해서 다루다)

4 _____ accessories (진품 보조기구들)

5 _____ blends of Korean and Thai food
   (한국 음식과 태국 음식을 혼합한 건강식)

6 it is _____ that (~하는 것이 중요하다)

7 more _____ to damage (더 손상을 입기 쉬운)

8 have the highest _____ of fruit orchards (과수원이 가장 많이 밀집되어 있다)

9 the _____ about the new system (새로운 시스템에 대한 혼란)

10 the _____ for sumitting materials (자료 제출 마감일)

11 receive one's _____ after 3 p.m. (오후 3시 이후에 예치금을 받다)

12 mistakenly _____ (잘못 예견하다)

Answer Key 1. raise 2. receive 3. fragile 4. genuine 5. healthy 6. vital 7. vulnerable
8. concentration 9. confusion 10. deadline 11. deposit 12. anticipate

*Section 2 문맥에 어울리는 어휘 찾기 ❶ 기출정답 명사·형용사·부사·동사

Unit 29

DAY

1 ☐ ☐ ☐ 기출 정답 어휘 듣고 따라 말하기 🎧 29-1
☐ 기출 응용 문제와 출제 포인트 확인하기

appoint vt. 임명하다
appoint a new chief financial officer 새로운 최고 재무 책임자를 임명하다

Every two years, the board of directors **(appoints)** a new chief financial officer to oversee the company's financial dealings. 매 2년 마다 이사회는 회사의 자금 거래를 감독하기 위해 새로운 재무담당 최고 책임자를 임명한다.

> appoint의 동사 형식과 태 appoint는 3·5형식 문장을 만들 수 있으며 수동태로도 출제된다.
> ⟨appoint+목적어⟩ (능동) ⟨be appointed+수식어⟩ (수동)
> ⟨appoint+사람/직책⟩ (수동) ⟨be appointed 직책⟩ (수동)

approach vi. 다가가다[오다]; (문제·업무 등에) 접근하다
be rapidly approaching 빠르게 다가오고 있다

The deadline for submitting the report is rapidly **(approaching)**, so we have to work extra hours to finish it on time. 보고서 제출 마감이 임박해 있으므로 정해진 시간에 끝마치기 위해 추가 근무를 해야 한다.

attempt vt. 시도하다
attempt to blend realism and fantasy 현실과 공상을 조합하려고 시도하다

In his most recent book, Mr. Smith has **(attempted)** to blend realism and fantasy. 스미스 씨는 자신의 최신작에서 현실과 공상을 조합하려고 시도했다.

develop vt. 개발하다, 발전시키다
develop a marketing plan 마케팅 계획을 개발하다

 Next week's workshop is intended to help small business owners **(develop)** their marketing plans. 다음 주 워크숍은 영세 기업인들이 자신들의 마케팅 계획을 개발하도록 돕기 위한 목적을 가지고 있다.

discontinue vt. 중단하다
discontinue its operations 운영을 중단하다

 Partup Securities is relocating and will be **(discontinuing)** its operations at its current location. Partup Securities는 현재의 위치에서의 운영을 중단하고 이주할 것이다.

discourage vt. 못하게 하다, 권장하지 않다
discourage A from -ing ~가 …하지 못하게 하다

 Corporate policy **(discourages)** staff members from conducting personal business during working hours. 회사 정책은 직원들이 근무 시간에 개인적인 일들을 하는 것을 권장하지 않는다.

> 기출 동의어 prevent prohibit ban ~가 …하지 못하게 하다
> cf. 위 동사들은 〈동사+목적어+from -ing〉 형태로 쓰인다.

systematically ad. 체계적으로
systematically test each circuit 각각의 회로를 체계적으로 점검하다

 The technicians **(systematically)** tested each circuit to ensure that the emergency lighting equipment was in working order. 기술자들은 비상 조명 장치가 작동하는지를 확실히 하기 위해 각각의 회로를 체계적으로 점검했다.

temporarily ad. 일시적으로, 임시로
be temporarily out of stock 일시적으로 재고가 다 떨어지다
temporarily use this office 임시로 이 사무실을 사용하다

The jacket Mr. Anderson wants to order is **(temporarily)** out of stock. 앤더슨 씨가 주문하고 싶어하는 재킷은 일시적으로 재고가 다 떨어졌습니다.

Until his computer is repaired, he will **(temporarily)** be using this office. 그의 컴퓨터가 수리될 때까지, 그는 임시로 이 사무실을 사용할 겁니다.

well ad. 매우, 잘
do remarkably well 매우 잘 해내다

Even though it was Mr. Johnson's first musical performance, he did remarkably **(well)** yesterday. 비록 그것이 존슨 씨의 첫 번째 음악 공연이었음에도 불구하고 그는 어제 공연을 매우 잘 해냈다.

The Christmas holiday reception was **(well)** attended by staff researchers and administrators alike. 크리스마스 공휴일 리셉션에 연구원과 행정직 직원들이 똑같이 많은 참석을 하였다.

widely ad. 널리
since it has been widely advertised 널리 광고되었기 때문에

The demand for the new products has increased rapidly in recent years since they have been **(widely)** advertised throughout the country. 새로운 제품이 전국적으로 널리 광고된 이후로, 새로운 제품을 위한 수요가 최근 빠르게 증가했다.

abstract n. 요약본
a one-page abstract 한 페이지짜리 요약본

All research proposals should be submitted electronically and must include a budget, timeframe, and a one-page **(abstract)**.
모든 연구 제안서들은 컴퓨터로 제출해야 하고 예산, 기간, 그리고 한 페이지 요약본을 포함해야 한다.

다품사 어휘 abstract는 명사, 형용사(a. 추상적인), 동사(vt. 추출하다, 빼내다)로 출제된다. **ex** abstract thought 추상적인 생각 abstract a book from the bag 가방에서 책을 빼내다

CHECK UP 29-1

1. _____ a new chief financial officer (새로운 최고 재무 책임자를 임명하다)
2. be rapidly _____ (빠르게 다가오고 있다)
3. _____ to blend realism and fantasy (현실과 공상을 조합하려고 시도하다)
4. _____ a marketing plan (마케팅 계획을 개발하다)
5. _____ its operations (운영을 중단하다)
6. _____ A from -ing (~가 …하지 못하게 하다)
7. _____ test each circuit (각각의 회로를 체계적으로 점검하다)
8. _____ use this office (임시로 이 사무실을 사용하다)
9. do remarkably _____ (매우 잘 해내다)
10. since it has been _____ advertised (널리 광고되었기 때문에)
11. a one-page _____ (한 페이지짜리 요약본)

Answer Key 1. appoint   2. approaching   3. attempt   4. develop   5. discontinue   6. discourage
7. systematically   8. temporarily   9. well   10. widely   11. abstract

□ □ □ 기출 정답 어휘 듣고 따라 말하기 🎧 29-2
□ 기출 응용 문제와 출제 포인트 확인하기

accomplishment n. 성과
many accomplishments listed on the resume 이력서상의 많은 성과들

The many **(accomplishments)** listed on the applicant's resume suggest that he would be a successful manager. 지원자의 이력서에 나열되어 있는 많은 성과들은 그가 성공적인 매니저가 될 수 있으리라는 것을 암시한다.

admission n. 입장, 입장료, 입장권; 가입, 입학
get free admission to ~에 무료 입장하다

All students who are enrolled for the AIM school system can get free **(admission)** to the Benson Science Museum. AIM 스쿨 시스템에 등록한 모든 학생들은 벤슨 과학박물관에 무료 입장할 수 있다.

> **전치사 to와 함께 쓰이는 명사** admission은 전치사 to와 함께 쓰이는 경우가 많다.
> solution to / visit to / access to / contribution to / donation to / advancement to / application to / response to / power to / excursion to / trip to / subscription to

reliability n. 신뢰성
the reliability of its products 제품에 대한 신뢰성

In its advertisements, Fillmore Furniture guarantees customer's satisfaction and the **(reliability)** of its products. 필모어 가구는 광고에서 고객의 만족과 자사 제품들에 대한 신뢰성을 보장하고 있다.

replacement n. 교체
request a refund or replacement 환불이나 교환을 요구하다

If there are problems with any products, you can request a refund or **(replacement)** until the warranty expires. 제품에 문제가 있을 경우, 품질 보증 기간이 끝나기 전까지 환불이나 교환을 요청하실 수 있습니다.

unprecedented a. 전례 없는
a period of unprecedented growth 전례 없는 성장기
be unprecedented in history 역사상 전례가 없다

The company has been going through a period of **(unprecedented)** growth because of the aggressive advertising campaign. 적극적인 광고 덕분에 회사는 전례 없는 성장기를 지나고 있다.

The media coverage surrounding factories is **(unprecedented)** in the history of local business. 주변 공장들에 대한 뉴스 보도는 지역 비즈니스 역사에 있어서 전례가 없는 것이다.

wide a. 넓은
provide a wide range of courses 폭넓은 과정을 제공하다

Johnson & Johnson will provide a **(wide)** range of courses for the newcomers to take part in. 존슨 앤 존슨은 새로운 참가자들이 참여할 수 있도록 폭넓은 과정을 제공할 것이다.

> 기출 동의어   wide broad extensive comprehensive 폭넓은, 광범위한

worth a. ~의 가치가 있는
a national award worth $100,000 10만 불에 달하는 국가상

Our research team has received a national award **(worth)** $100,000. 우리 연구팀은 10만 불에 달하는 국가상을 받았다.

reduce vt. 줄이다
reduce the amount of unnecessary photocopying 불필요한 복사량을 줄이다

Each department is required to make an extra effort to **(reduce)** the amount of unnecessary photocopying. 각 부서는 불필요한 복사량을 줄이기 위해 추가적인 노력을 기울이도록 요구받고 있다.

regain vt. 되찾다
regain its former position 이전 지위를 되찾다

The Gary Tea Company is relying on a new innovative advertising campaign in order to **(regain)** its former position in the market. 개리 차 회사는 시장에서 이전 지위를 되찾기 위해서 새로운 혁신적인 광고 캠페인에 의존하고 있다

register vi. 등록하다
register for a guided tour 가이드가 안내하는 투어에 등록하다

Visitors to the Provo Museum of Fine Arts are asked to call in advance to **(register)** for a guided tour. 프로보 미술관 방문객들은 가이드가 안내하는 투어에 등록하기 위해서 미리 전화를 하도록 요청받고 있다.

helpful a. 도움이 되는
be often helpful 종종 도움이 되다

When assessing the effectiveness of work procedures, it is often **(helpful)** to ask an efficiency advisor. 업무 절차의 효율성을 평가할 때, 흔히 효율성 전문가에게 의견을 묻는 것이 종종 도움이 된다.

ignored a. 무시되는
be ignored by ~에게 무시를 받다

The staff members have been reminded that none of the recommendations made by management should be **(ignored)**. 직원들은 경영진의 권고는 하나라도 무시되어서는 안 된다는 다짐을 받았다.

CHECK UP 29-2

1. many _____ listed on the resume (이력서상의 많은 성과들)
2. get free _____ to (~에 무료 입장하다)
3. the _____ of its products (제품에 대한 신뢰성)
4. request a refund or _____ (환불이나 교환을 요구하다)
5. a period of _____ growth (전례 없는 성장기)
6. provide a _____ range of courses (폭넓은 과정을 제공하다)
7. a national award _____ $100,000 (10만 불에 달하는 국가상)

8 _____ the amount of unnecessary photocopying
(불필요한 복사량을 줄이다)

9 _____ its former position (이전 지위를 되찾다)

10 _____ for a guided tour (가이드가 안내하는 투어에 등록하다)

11 be often _____ (종종 도움이 되다)

12 be _____ by (~에게 무시를 받다)

> **Answer Key** 1. accomplishments 2. admission 3. reliability 4. replacement 5. unprecedented
> 6. wide 7. worth 8. reduce 9. regain 10. register 11. helpful 12. ignored

Section 2 문맥에 어울리는 어휘 찾기 ❶ 기출정답 명사·형용사·부사·동사

Unit 30

DAY

1 ☐ ☐ ☐ 기출 정답 어휘 듣고 따라 말하기 🎧 30-1
☐ 기출 응용 문제와 출제 포인트 확인하기

illegible a. 읽기 어려운
most of the documents are illegible 서류의 대부분이 읽기 어렵다

 Most of the documents are **(illegible)** because the printing press was not designed to handle the detailed graphics that the clients provided. 인쇄기가 고객이 제공한 섬세한 그래픽을 취급하도록 고안되지 않았기 때문에 대부분의 서류는 읽기가 어려웠다.

display vt. 보이게 하다, 게시하다
display a parking permit 주차허가증을 보이다

 Any employees who park their cars on the company premises should **(display)** a parking permit. 차를 회사 구내에 주차하는 직원은 누구든지 주차허가증을 부착해서 보이도록 해야 한다.

> 다품사 어휘 display는 동사뿐만 아니라 명사(n. 전시, 진열)로도 출제된다.
> ex. be on display 진열되어 있다

distract vt. (마음이나 정신을) 흩트리다
be temporarily distracted by a buzzing noise
윙윙거리는 소음으로 잠시 방해를 받다
distract employees from their work 직원들이 일하는 것을 산만하게 하다

 The keynote speaker was temporarily **(distracted)** by a buzzing noise from a loudspeaker while he was giving his speech. 기조 연설자는 연설하는 동안에 스피커에서 나오는 윙윙거리는 소음으로 잠시 방해를 받았다.

We have recently had some serious office noise pollution, which lowers productivity by **(distracting)** employees from their work. 우리는 최근 심각한 사무실 소음 공해를 겪었는데, 그것은 직원들이 일하는 것을 산만하게 해서 생산성을 떨어뜨렸다.

exceed vt. (수치 · 할당량 · 목표 크기를) 초과하다
exceed our yearly financial target 연간 재정 목표치를 초과하다
must not exceed the size 지정한 크기를 초과해서는 안 된다
exceed the minimum requirement 최소한의 요구 조건을 초과하다

The Finance Department is predicting that we will **(exceed)** our yearly financial target well in advance. 회계부는 연간 재정 목표치를 조기에 초과할 것이라고 예상하고 있다.

At the spring trade show, each exhibit booth must not **(exceed)** the size designated by the trade show host. 봄 무역 박람회에서 각각의 전시 창구는 무역 박람회 주최자들이 지정한 크기를 초과해서는 안 된다.

Sales of cars sold by Ms. Shin have substantially **(exceeded)** the minimum requirement for the outstanding car sales award. 신 씨의 자동차 판매는 자동차 판매 우수상에 대한 최소한의 요구 조건을 상당히 초과했다.

implement vt. 실행하다, 시행하다; 적용하다
implement a rigorous training program 강도 높은 연수 프로그램을 시행하다
implement the water conservation plan 물 절감 계획을 시행하다

The Human Resources Department has decided to **(implement)** a more rigorous training program for new employees. 인사부는 신입 사원들에 대한 보다 강도 높은 연수 프로그램을 시행하기로 결정했다.

The government decided to **(implement)** the water conservation plan before the upcoming drought season. 정부는 다가오는 가뭄철 이전에 물 절감 계획을 시행하기로 결정했다.

> 기출 연어 implement는 program, plan, procedure, policy 등의 목적어와 함께 자주 쓰인다.

absolutely ad. 절대적으로
absolutely essential 절대적으로 필요한

 It is **(absolutely)** essential that all employees follow safety regulations while on site. 모든 직원들이 현장에 있는 동안 안전 규정들을 따르는 것은 절대적으로 필요하다.

accordingly ad. 그에 따라
mark the samples accordingly 샘플들을 그에 따라 표시하다

 When you catalog plant specimens that require special handling, please mark the samples **(accordingly)**. 특별한 취급을 요하는 식물 표본을 분류할 때, 샘플들을 그에 따라 표시해 주세요.

agreeably ad. 유쾌하게, 기분 좋게
one of the most agreeably located sites 가장 기분 좋게 위치한 회의장 중 한 곳

 Because it is situated on a white-sand beach, the Delta Center is one of the most **(agreeably)** located sites in the country. 백사장에 위치하고 있는 델타 센터는 그 나라에서 가장 기분 좋게 위치한 회의장 중 한 곳이다.

already ad. 이미, 벌써
have already submitted an application form 신청 서류를 벌써 제출했다

 Employees who have **(already)** submitted an application form for the sales workshop should disregard the attached file. 판매 워크숍 신청서를 이미 제출한 직원들은 첨부 파일을 무시하세요.

> **기출 표현** may already be outdated 이미 시대에 뒤진 것일지도 모른다
> the flight is already fully booked 비행기의 예약이 이미 완료되었다
> already popular breakfast menu 이미 인기 있는 아침 메뉴

advantage n. 이용
take advantage of ~을 이용하다

To take **(advantage)** of our offer of a free software-upgrade, customers should contact us before the end of June. 저희가 제공하는 무료 소프트웨어 업그레이드를 이용하시려면, 고객들께서는 6월 말까지 저희에게 연락하셔야 합니다.

다품사 어휘 advantage는 명사 외에 타동사(vt. 이롭게 하다 = benefit)로도 출제된다.
ex. if this advantages you 이것이 당신에게 이로울 수 있다면

CHECK UP 30-1

1 most of the documents are _____ (서류의 대부분이 읽기 어렵다)
2 _____ a parking permit (주차허가증을 보이다)
3 be temporarily _____ by a buzzing noise
   (윙윙거리는 소음으로 잠시 방해를 받다)
4 _____ our yearly financial target (연간 재정 목표치를 초과하다)
5 _____ a rigorous training program (강도 높은 연수 프로그램을 시행하다)
6 _____ essential (절대적으로 필요한)
7 mark the samples _____ (샘플들을 그에 따라 표시하다)
8 one of the most _____ located sites (가장 기분 좋게 위치한 회의장 중 한 곳)
9 have _____ submitted an application form (신청 서류를 벌써 제출했다)
10 take _____ of (~을 이용하다)

Answer Key 1. illegible 2. display 3. distracted 4. exceed 5. implement 6. absolutely
7. accordingly 8. agreeably 9. already 10. advantage

2

□ □ □ 기출 정답 어휘 듣고 따라 말하기 🎧 30-2
□ 기출 응용 문제와 출제 포인트 확인하기

allowance n. 수당; 참작, 고려
make allowances for the costly investment 값비싼 투자 비용을 참작하다

The company's earnings may not be particularly impressive, but we have to make **(allowances)** for the costly investment that the company has made. 회사의 수익이 특별히 인상적이지는 않지만, 우리는 회사가 마련한 값비싼 투자 비용을 감안해야 한다.

reimburse vt. 상환하다; 변상하다
be reimbursed for mileage 마일리지를 상환받다

Employees wishing to be **(reimbursed)** for mileage need to submit travel expense forms with their time sheets. 마일리지 상환을 원하는 직원들은 근무 시간 기록과 함께 출장 경비 양식을 제출해야 한다.

reject vt. 거부하다
the initial plan was rejected by the clients 초기 계획이 고객들에게 거부되었다

The publishing task force had to delay the project after the initial plan was **(rejected)** by the clients. 출판 전담팀은 초기 계획이 고객들에게 거부된 후 프로젝트를 연기해야 했다.

> 기출 동의어 decline 거부하다
> cf. decline은 다품사 어휘로 동사 외에 명사(n. 하락)로도 출제된다.

remain vi. ~인 상태가 유지되다
remain harmonious 조화롭게 유지되다

Business relations between the two companies **(remain)** harmonious despite some points of disagreement. 두 회사 사이의 사업 관계는 몇가지 의견 차이가 있음에도 불구하고 조화롭게 유지되고 있다.

> 기출 표현 its profits have remained the same 회사의 이익은 여전히 똑같았다
> remain one of the top vacation destinations 최고 휴양지의 하나로 변함없이 남아 있다
> remain to be seen 두고 볼 여지가 있다

remind vt. ~에게 상기시키다
remind all employees 전 직원에게 상기시키다

After he caught an employee making a personal phone call at work, Mr. Lewis **(reminded)** all employees that this is not allowed. 루이스 씨는 직원이 업무중에 개인 전화를 하는 것을 목격한 후, 모든 직원들에게 직장에서 개인 전화는 허용되지 않는다고 상기시켰다.

respond vi. ~에 대해 답하다
respond to customers' inquires promptly 고객들의 질문에 신속하게 답하다

Technical-support specialists are required to **(respond)** to customers' inquiries promptly. 기술지원 전문가들은 고객들의 질문에 신속하게 답을 하도록 요구되었다.

> 전치사 to와 함께 쓰이는 동사 object to ~에 반대하다 contribute to ~에 기여하다
> respond/reply to ~에 응답하다 agree to ~에 동의하다 apologize to ~에게 사과하다
> apply to ~에 신청하다 refer to ~을 참조하다 subscribe to ~을 구독하다

restore vt. 복원하다
restore a historical mansion 유서 깊은 저택을 복원하다

The city has contracted with a local architectural firm to **(restore)** the historical royal mansion to its former glory. 시는 역사적인 왕실 저택을 이전의 영광으로 복원하기 위해서 지방 건축회사와 계약을 체결했다.

resume vt. 재개하다
resume one's former duties here 이전에 여기서 담당했던 업무를 재개하다

Peter Anderson was transferred to our plant in Manila last year, but he will be returning next Tuesday to **(resume)** his former duties here. 피터 앤더슨 씨는 작년에 마닐라에 있는 공장으로 전근되었지만, 다음 주 화요일에 돌아와서 그가 이전에 담당했던 업무를 재개할 것이다.

train vt. 훈련시키다, 교육시키다
be trained in the use of the new program 새 프로그램 사용법을 교육받다

All support staff members must be **(trained)** in the use of the new payroll software program. 지원 부서의 모든 직원들은 새로운 급여 소프트웨어 프로그램 사용과 관련해 교육을 받아야만 한다.

supplies n. 용품
order office supplies 사무용품을 주문하다

The administrative assistant is responsible for ordering staplers, pens, paper clips, and other office **(supplies)**. 행정보조 담당자가 스테이플러, 펜, 종이, 클립과 그 밖의 사무용품 구매를 책임지고 있다.

surplus n. 잉여 a. 과잉의, 잔여의
a budget surplus 예산의 잉여(예산 흑자) **surplus grain** 잔여 곡물

The accounting office finally released figures showing a budget **(surplus)** that was totally unexpected. 회계 사무실이 전혀 기대치 않았던 예산 흑자를 보여 주는 수치를 마침내 발표했다.

(Surplus) grain is being stored in temporary silos until the trucks arrive. 잔여 곡물은 트럭들이 도착하기 전까지 임시로 곡식 저장 탱크에 저장되고 있다.

purchase vt. 구매하다
purchase a ticket for the concert 공연 티켓을 구매하다

 Some fans lined up outside the box office for hours to **(purchase)** tickets for the concert. 몇몇 팬들은 공연 티켓을 구매하기 위해서 매표소 밖에서 몇 시간 동안 줄을 서 있었다.

다품사 어휘 purchase는 동사 외에 명사(n. 구매)로도 출제된다.

CHECK UP 30-2

1 make _____ for the costly investment (값비싼 투자 비용을 참작하다)
2 be _____ for mileage (마일리지를 상환받다)
3 the initial plan was _____ by the clients
   (초기 계획이 고객들에게 거부되었다)
4 _____ harmonious (조화롭게 유지되다)
5 _____ all employees (전 직원에게 상기시키다)
6 _____ to customers' inquires promptly (고객들의 질문에 신속하게 답하다)
7 _____ a historical mansion (유서 깊은 저택을 복원하다)
8 _____ one's former duties here (이전에 여기서 담당했던 업무를 재개하다)
9 be _____ in the use of the new program (새 프로그램 사용법을 교육받다)
10 order office _____ (사무용품을 주문하다)
11 a budget _____ (예산의 잉여(예산 흑자))
12 _____ a ticket for the concert (공연 티켓을 구매하다)

Answer Key 1. allowances 2. reimbursed 3. rejected 4. remain 5. remind 6. respond
7. restore 8. resume 9. trained 10. supplies 11. surplus 12. purchase

*Section 2 문맥에 어울리는 어휘 찾기 ❶ 기출정답 명사·형용사·부사·동사

Unit 31 DAY

  □ □ □ 기출 정답 어휘 듣고 따라 말하기 🎧 31-1
□ 기출 응용 문제와 출제 포인트 확인하기

qualify vi. 자격이 있다
qualify for free shipping and handling 발송 제경비 면제 자격이 있다

 According to the brochure, any purchases of over $500 **(qualify)** for free shipping and handling. 소책자에 의하면, 500달러 이상을 구매하면 발송 제경비를 면제받는 자격이 주어진다.

> 기출 유사 표현 be eligible for / be entitled to ~에 대한 자격이 있다

component n. 부품
worn-out components 마모된 부품들

 Most modern factory machines are designed so that worn-out **(components)** can be replaced easily. 대부분의 현대 공장 설비들은 마모된 부품들이 쉽게 교체할 수 있도록 설계된다.

description n. 설명
a technical description 기술적인 설명

 The architect's report was not simply a technical **(description)** but an essay on urban renewal. 그 건축가의 보고서는 단순한 기술적인 설명이 아니고 도시 재개발을 위한 보고서였다.

discount n. 할인
a significant discount 상당한 할인
a twenty-percent discount 20%의 할인

For a limited time, Robson Insurance is offering businesses a significant **(discount)** on property insurance. 제한된 시간 동안 랍슨 보험사는 사업체들에게 손해 보험에서 상당한 할인을 제공하고 있다.

Blockbuster is offering new customers a twenty-percent **(discount)** with their first movie rental. 블록버스터 사는 신규 고객들에게 첫 번째 영화 대여에 대해 20%의 할인을 제공하고 있다.

> 다품사 어휘 discount는 명사 외에 동사(vt. 할인하다)로도 출제된다.

heavy a. 다량의, 대량의
heavy rain 폭우

(Heavy) rain will continue in many parts of the region and will possibly influence the morning rush-hour commute. 대부분의 지역에 폭우가 지속될 것이며, 아침 출근시간 통근에 영향을 줄 가능성이 있다.

improper a. 부적절한
improper transaction 부적절한 거래

Any **(improper)** transaction will be directed to the monitoring committee, which oversees all the processes of the banking industry. 부적절한 거래는 금융업의 모든 과정을 감독하는 감독위원회에 회부될 것이다.

increasing a. 증가하는, 증대하는
an increasing need 증가의 필요성

Because of the increase in transportation costs, Atlantic Courier has experienced an **(increasing)** need to increase its shipping charges. 교통비의 증가로 때문에 애틀랜틱 택배 회사는 애틀란틱 택배사는 선적비 증가의 필요성을 겪어 왔다.

indicative a. 나타내는, 표시하는
be indicative of a failure 실패를 나타내다

Poor sales are not always **(indicative)** of a failure in marketing strategy. 저조한 판매가 항상 마케팅 전략의 실패를 나타내는 것은 아니다.

attentively ad. 세심하게
handle customer suggestions more attentively
고객들의 제안을 좀 더 세심하게 다루다

The aim of next week's training session is to handle customer suggestions more **(attentively)**. 다음 주 연수의 목적은 고객들의 제안을 좀 더 세심하게 다루기 위함이다.

alleviate vt. 완화시키다
have done little to alleviate concerns 우려를 완화하는 역할을 거의 하지 못했다

The decline in automobile imports has done little to **(alleviate)** concerns about the country's trade deficit. 자동차 수입의 감소는 그 나라의 무역 수지 적자에 대한 우려를 완화하는 역할을 거의 하지 못했다.

> 기출 동의어 reduce decrease diminish shorten 감소시키다

allow vt. 허락하다, 허용하다

allow users to automate numerous repetitive works
사용자들로 하여금 수많은 반복적인 업무를 자동으로 할 수 있도록 해주다

be allowed to take one day off 하루 쉴 수 있다

The Texcom software from the Hahn Keller Corporation will **(allow)** users to automate numerous repetitive works. Hahn Keller 회사에서 출시한 Texcom 소프트웨어는 사용자들이 수많은 반복 업무를 자동으로 할 수 있도록 해줄 것이다.

Staff members working split shifts are **(allowed)** to take one day off at their convenience. 분할 근무를 하는 직원들은 그들이 편리할 때 하루 쉴 수 있다.

to 부정사 목적어 allow는 to 부정사를 목적보어로 취하는 대표적인 동사이다. 수동태에 주의해야 한다. 능동태는 〈allow+목적어+to 부정사〉 형태이고, 수동태는 〈be allowed+to 부정사〉 형태이다.

CHECK UP 31-1

1 _____ for free shipping and handling (발송 제경비 면제 자격이 있다)
2 worn-out _____ (마모된 부품들)
3 a technical _____ (기술적인 설명)
4 a significant _____ (상당한 할인)
5 _____ rain (폭우)
6 _____ transaction (부적절한 거래)
7 an _____ need (증가의 필요성)
8 be _____ of a failure (실패를 나타내다)
9 handle customer suggestions more _____
   (고객들의 제안을 좀 더 세심하게 다루다)
10 have done little to _____ concerns (우려를 완화하는 역할을 거의 하지 못했다)
11 be allowed to take one day off (하루 쉴 수 있다)

Answer Key 1. qualify 2. components 3. description 4. discount 5. heavy 6. improper
7. increasing 8. indicative 9. attentively 10. alleviate 11.

2
□ □ □ 기출 정답 어휘 듣고 따라 말하기 🎧 31-2
□ 기출 응용 문제와 출제 포인트 확인하기

announce vt. 발표하다
announce major changes 주요 변경사항을 발표하다

The editorial team intends to **(announce)** major changes to the magazine's image at the next general meeting. 편집팀은 다음 총회에서 잡지의 이미지에 대한 주요 변경사항을 발표할 생각이다.

> announce의 동사 형식 announce는 4형식 동사로 착각하기 쉬운 3형식 동사이다. 〈동사+사람+목적어〉 형태로는 쓰지 못하지만, 〈동사+to 사람+목적어〉 형태는 가능하다.
>
> 기출 표현 announce the names 명단을 발표하다
> announce the sales figures 판매 수치를 발표하다

briefly ad. 간략하게; 잠시 동안
briefly review the agenda 의제를 대략적으로 검토하다
briefly cover 간략하게 포함하다

Before the conference call at 3:00, everyone should **(briefly)** review the agenda. 3시에 있는 회의 소집 전에 모든 사람들은 의제를 짧게 검토해야 한다.

The new employee orientation manual **(briefly)** covers the industrial plant's layout and the department locations. 신입 사원 오리엔테이션 매뉴얼은 산업 공장의 배치도와 부서 위치를 간략하게 포함하고 있다.

carefully ad. 주의 깊게, 신중히; 조심스럽게
carefully remove the plastic wrapping 신중하게 플라스틱 포장재를 제거하다

To assemble the enclosed shelving unit, begin by **(carefully)** removing the plastic wrapping. 동봉된 선반 설비를 조립하기 위해서는 먼저 신중하게 플라스틱 포장재를 제거하세요.

> 기출 표현 carefully review the plans 계획을 신중하게 검토하다
> carefully read the safety procedures 안전 절차를 주의 깊게 읽다

dramatically ad. 급격하게
increase dramatically 급격히 상승하다

Sales of Cumberland television sets increased **(dramatically)** after the manufacturer dropped the price by 25 percent. 제조업자가 가격을 25% 낮춘 후에 Cumberland 텔레비전 수상기의 판매가 급격히 상승했다.

early ad. 조기에
renew their subscriptions early 구독신청을 조기에 갱신하다

Global Business Digest reminds its readers to renew their subscriptions **(early)** to avoid missing an issue. 〈글로벌 비즈니스 다이제스트〉는 독자들에게 월호를 놓치지 않도록 구독신청 갱신을 조기에 하도록 당부하고 있다.

alternative n. 대안
a temporary alternative 일시적인 대안

Many college graduates choose to attend graduate school as a temporary **(alternative)** to seeking employment. 많은 대학 졸업생들은 일자리를 찾는 일시적인 대안으로 대학원 진학을 선택한다.

> 다품사 어휘 alternative는 명사뿐 아니라 형용사(a. 대안의)로도 출제된다.
> ex. an alternative plan 대체안

amount n. 양, 액수
the amount of sugar that their children consume 자녀들의 설탕 섭취량

Health-conscious parents are concerned about the **(amount)** of sugar that their children consume. 건강을 염려하는 부모들은 자녀들의 설탕 섭취량에 대해 염려한다.

> amount는 주로 '양'을 표시하는 단위 표시인 the amount of로 출제된다.

circumstance n. (pl.) 상황; 개인 형편
in light of unforeseen circumstances 예측하지 못한 상황에 비추어 볼 때

In light of unforeseen **(circumstances)**, the Bhatta Dance Troupe was forced to cancel its performance tonight at the Royal Theater. 예측하지 못한 상황에 비추어 볼 때, 바타 무용단은 로열 극장에서 오늘 밤 공연을 취소하도록 강요받았다.

transfer vt. 이동시키다
transfer one's funds to Garson Bank 자금을 가슨 은행으로 이체시키다

Because Mr. Johnson was not pleased with the recent policy changes at Eastern City Bank, he has **(transferred)** his funds to Garson Bank. 존슨 씨는 이스턴 시티 은행의 최근 정책 변경에 만족하지 못했기 때문에 그의 자금을 가슨 은행으로 이체시켰다.

review n. 평가 vt. 검토하다
receive a positive review 긍정적인 평가를 받다
give an outstanding review 매우 좋은 평가를 주다
review a proposal 제안서를 검토하다

The Dahlen Car Company's minivan model has received positive **(reviews)** from safety engineers. 다렌 자동차 회사의 미니밴 모델은 안전 기사들로부터 긍정적인 평가를 받았다.

Critics from several countries gave the new play outstanding **(reviews)** at the preview, and it is expected to be highly successful upon opening. 몇몇 나라들로부터 온 비평가들이 시사회에서 새 연극에 훌륭한 평가를 내렸고, 개봉 시 아주 성공적일 것으로 기대된다.

Emma Wesley will be **(reviewing)** proposals asking for funding by the Martine Maui Corporation. 엠마 웨슬리가 마틴 마우이 사를 통한 자금 지원 요청 제안을 검토할 것이다.

다품사 어휘 review는 동사 외에 명사(n. 검토)로도 출제된다.

unveil vt. 발표하다
unveil at least four new products 최소 4개의 신제품을 발표하다

 Digital Camera Company Click-Pics will **(unveil)** at least four new products to the public at this year's technology expo. 디지털 카메라 회사인 클릭 픽스 사는 올해 기술 엑스포에서 일반인들에게 최소 4개의 신제품을 발표할 것이다.

verify vt. 입증하다
verify expenses 경비를 입증하다

 For reimbursement purposes, we ask that you submit all of your receipts in order to **(verify)** your expenses. 상환 목적을 위해서 우리는 귀하가 경비를 입증할 수 있도록 모든 영수증을 제출해 주실 것을 요구합니다.

CHECK UP 31-2

1. _____ major changes (주요 변경사항을 발표하다)
2. _____ review the agenda (의제를 간략하게 검토하다)
3. _____ remove the plastic wrapping (신중하게 플라스틱 포장재를 제거하다)
4. increase _____ (급격히 상승하다)
5. renew their subscriptions _____ (구독신청 조기에 갱신하다)
6. a temporary _____ (일시적인 대안)
7. the _____ of sugar that their children consume (자녀들의 설탕 섭취량)
8. in light of unforeseen _____ (예측하지 못한 상황에 비추어 볼 때)
9. _____ one's funds to Garson Bank (자금을 Garson 은행으로 이체시키다)
10. receive a positive _____ (긍정적인 평가를 받다)
11. _____ at least four new products (최소 4개의 신제품을 발표하다)
12. _____ expenses (경비를 입증하다)

Answer Key 1. announce 2. briefly 3. carefully 4. dramatically 5. early 6. alternative 7. amount 8. circumstances 9. transfer 10. review 11. unveil 12. verify

Unit 32

1 □ □ □ 기출 정답 어휘 듣고 따라 말하기 🎧 32-1
  □ 기출 응용 문제와 출제 포인트 확인하기

assume vt. (권력 · 책임을) 맡다; 가정하다
assume the title of ~의 직책을 맡다

Mr. Hampton will **(assume)** the title of director of natural resources next month. 햄턴 씨는 다음 달에 천연자원 부장 직책을 맡을 것이다.

> 다의미 어휘 assume은 '이어받다, 떠맡다' 외에 '생각하다, 추측하다, 가정하다'의 의미로도 출제된다.

invigorate vt. 활기를 주다, 기운 나게 하다
feel invigorated 활기를 느끼다

The speaker announced some exciting new strategies, which left the public relations team feeling **(invigorated)**. 발표자는 홍보팀에게 활기를 주는 몇몇 흥미로운 신규 전략들을 발표했다.

key a. 중요한, 핵심적인
the key element 중요한 요인

In large organizations, the ongoing training of staff members can be the **(key)** element to maintaining high-quality products. 큰 조직에 있어 직원들의 계속되는 연수는 높은 품질의 제품을 유지하는 데 중요한 요인이 될 수 있다.

leading a. 가장 중요한, 선도적인
the leading companies 선도해 온 회사들

 Avis Car Rental, a multinational corporation based in China, is one of the **(leading)** companies in the rental vehicle industry. 중국을 기반으로 하는 다국적 기업인 아비스 자동차 대여 회사는 차량 대여 산업에 있어서 선도 기업들 중의 하나이다.

array n. 다량, 다수
make an array of products 다양한 제품을 만들다

 Farrow Industry combines different plastic resins to create a material that has been used to make an **(array)** of products from containers to toys. 패로우 사는 다른 플라스틱 수지를 합성해서 용기에서 장난감에 이르기까지 다양한 제품을 만드는 데 사용되는 재료를 만든다.

choice n. 선택
the best choice for families 가족을 위한 최고의 선택

 The advertising team is working on a campaign that will present the Mercury Van as the best **(choice)** for families because of its spacious room. 광고팀은 넓은 공간 때문에 가족을 위한 최고의 선택으로 Mercury Van을 제시하는 광고 작업을 진행하고 있다.

committee n. 위원회
the committee working on educational reform 교육개혁 추진위원회

 Due to her ability to work independently, Ms. Luhengeen has been appointed to head the **(committee)** working on educational reform. 독자적으로 일할 수 있는 능력을 인정받아 루헨그린 씨는 교육개혁 추진위원회 회장으로 임명되었다.

intend vt. 의도하다, 작정하다
be intended for new employees 새로운 직원들을 위해 마련되다
intend to conduct a vigorous analysis 심도 있는 분석을 실시하려고 하다

Tomorrow's one-hour training session is **(intended)** for new employees or anyone who wants to be refreshed on basic procedures. 내일 있을 한 시간짜리 연수는 누구든 기본적인 절차를 새롭게 하고자 하는 사람이나 새로운 직원들을 위한 것이다.

Before publishing his work in a journal, Mr. Blackmore **(intended)** to conduct a vigorous analysis of his study. 학술지에 싣기 전에 블랙모어 씨는 그의 연구를 심도 있게 분석할 작정이다.

interact vi. 소통하다; 상호 작용을 하다
the ability to interact effectively 효과적으로 소통할 수 있는 능력

The ability to **(interact)** effectively with others is of great importance for managers. 다른 사람들과 효과적으로 소통할 수 있는 능력은 관리자에게 매우 중요하다.

notify vt. 알리다, 통보하다
notify one's boss of your arrival 상관에게 당신의 도착을 알리다
notify A that ~라고 A에게 알리다

Call Mr. Davis from the airport so that he can **(notify)** his boss of your arrival. 그의 상관에게 당신의 도착을 알릴 수 있도록 공항에서 데이비스 씨에게 전화하세요.

Please **(notify)** Ms. Nunez that her package will be delivered to her office by Thursday afternoon. 누네즈 씨에게 그녀의 소포가 목요일 오후까지 사무실로 도착할 거라고 통보해 주세요.

> notify와 notice   notify와 notice의 의미를 구분하는 문제가 출제된다.
> notify vt. 알리다, 통지하다   notice vt. 알다, n. 공지

obtain vt. 얻다, 취득하다
obtain renter's insurance 세입자 보험을 들다
obtain a visitor's pass 방문객 통행증을 받다

It is recommended that the tenant of this unit **(obtain)** renter's insurance for accidental losses not covered under the lease. 이곳의 세입자가 임대 계약에 포함되지 않은 우발적인 손실에 대해 세입자 보험을 들어야 하는 것은 권고사항이다.

All visitors to the factory are required to **(obtain)** a visitor's pass at the front desk. 공장을 방문하는 모든 방문객들은 안내 데스크에서 방문객 통행증을 받아야 한다.

CHECK UP 32-1

1. _____ the title of (~의 직책을 맡다)
2. feel _____ (활기를 느끼다)
3. the _____ element (중요한 요인)
4. the _____ companies (선도해 온 회사들)
5. make an _____ of products (다양한 제품을 만들다)
6. the best _____ for families (가족을 위한 최고의 선택)
7. the _____ working on educational reform (교육개혁 추진위원회)
8. be _____ for new employees (새로운 직원들을 위해 마련되다)
9. the ability to _____ effectively (효과적으로 소통할 수 있는 능력)
10. _____ one's boss of your arrival (상관에게 당신의 도착을 알리다)
11. _____ a visitor's pass (방문객 통행증을 받다)

Answer Key 1. assume 2. invigorated 3. key 4. leading 5. array 6. choice 7. committee 8. intended 9. interact 10. notify 11. obtain

generously ad. 관대하게
generously offer 관대하게 제안하다

Mr. Graham has **(generously)** offered to make the restaurant reservations for next week's stockholder meeting in New York. 그레이엄 씨는 뉴욕에서 다음 주 주주 모임을 위해 식당 예약을 하도록 관대하게 제안했다.

gradually ad. 점차적으로
gradually be phased out 점차 퇴출되다

Older vehicles will **(gradually)** be phased out over the next two years until the transition to newer models is complete. 구식 차량들은 보다 새로운 모델로 변경이 완료될 때까지 앞으로 2년에 걸쳐서 점차 퇴출될 것이다.

heavily ad. 심하게, 많이
heavily discounted airfare rates 대폭 할인된 항공 요금

(Heavily) discounted airfare rates may seem attractive, but they have some restrictions. 대폭 할인된 항공 요금은 매력적으로 보이지만, 약간의 제약도 따른다.

highly ad. 상당히, 대단히, 매우
be highly trainable 훈련이 매우 용이하다

The department's new recruits are **(highly)** trainable because of their motivation and previous experience. 그 부서의 신입 사원들은 이전의 경험과 동기 부여 때문에 상당히 훈련시키기가 쉽다.

> 기출 표현 a highly structured daily schedule 상당히 잘 짜인 일과표
> a highly regarded economist 아주 존경 받는 경제학자
> a highly profitable development project 아주 수익성 있는 개발 프로젝트

concern n. 관심(사); 배려, 염려
respond to any concerns 어떤 관심사에 답하다

 I am here today to respond to any **(concerns)** you have about the new schedule. 저는 오늘 당신이 새로운 일정에 대해 가진 어떤 관심사에 답하기 위해 여기에 있습니다.

> 다품사 어휘 concern은 명사뿐 아니라 동사(vt. ~에 관련되다)로도 출제된다.
> ex. This problem concerns all of us. 이 문제는 우리 전부에게 관련된다.
>
> 전치사 about과 함께 쓰이는 명사 concern, inquiry, question, decision, complaint, change, information 등의 명사는 전치사 about이 뒤따라오는 경우가 많다.
> cf. about 대신에 regarding이나 concerning과 함께 쓰이기도 한다.

condition n. 상태
unfavorable weather conditions 나쁜 기상 상태

 Due to unfavorable weather **(conditions)**, we cannot guarantee that the shuttle bus will arrive at the airport by 8 o'clock. 궂은 날씨 때문에 우리는 셔틀버스가 8시까지 공항에 도착하는 것을 보장할 수 없습니다.

> 관용 표현 in good condition(좋은 상태로)과 같이 condition 앞에 관사가 붙지 않는 관용 표현이 출제된다.

conference n. 협의, 회의, 학회
attend conferences regularly 정기적으로 학회에 참가한다

 Doctors at Northgate Hospital attend **(conferences)** regularly to keep informed about medical advances. 노스게이트 병원의 의사들은 의료 진보 상황을 숙지할 수 있도록 정기적으로 회의에 참여한다.

conflict n. 상충, 충돌
a conflict in one's schedule 일정의 차질

The mayor has canceled the meeting with the city planners due to a **(conflict)** in his schedule. 시장은 일정에 차질이 생겨서 도시 계획자들과의 만남을 취소했다.

unfamiliar a. 익숙지 않은
be unfamiliar with ~에 익숙하지 않다

When surveyed, most customers reported that they were **(unfamiliar)** with the new line of hybrid vehicles. 설문조사를 실시했을 때, 대부분의 고객들은 신규 하이브리드 차량에 익숙하지 않다고 보고했다.

unfavorable a. 궂은; 형편이 나쁜
unfavorable conditions in the market 좋지 않은 시장 상황

The vice president feels that the launch of our new software should be delayed due to **(unfavorable)** conditions in the market. 부사장은 새 소프트웨어의 출시가 좋지 않은 시장의 상황 때문에 연기되어야 한다고 느낀다.

unique a. 특이한, 독특한
unique problems 특이한 문제점들

People who travel with pets encounter **(unique)** problems with traveling, such as finding hotels that will accept cats and dogs. 애완동물과 여행하는 사람들은 고양이와 강아지를 받아주는 호텔을 찾는 것과 같은 여행에 관련된 특이한 문제점들에 봉착한다.

arrange vt. 마련하다; 처리하다

arrange ground transportation 육로 교통수단 마련하다

 Employees should call the local office to **(arrange)** ground transportation as soon as their plane arrives in Cairo. 직원들은 카이로에 비행기가 착륙하자마자 육로 교통수단 마련을 위해 현지 사무소에 전화를 해야만 한다.

CHECK UP 32-2

1 _____ offer (관대하게 제안하다)
2 _____ be phased out (점차 퇴출되다)
3 _____ discounted airfare rates (대폭 할인된 항공 요금)
4 be _____ trainable (훈련이 매우 용이하다)
5 respond to any _____ (어떤 관심사에 답하다)
6 unfavorable weather _____ (나쁜 기상 상태)
7 attend _____ regularly (정기적으로 학회에 참가하다)
8 a _____ in one's schedule (일정의 차질)
9 be _____ with (~에 익숙하지 않다)
10 _____ conditions in the market (좋지 않은 시장 상황)
11 _____ problems (특이한 문제점들)
12 _____ ground transportation (육로 교통수단 마련하다)

Answer Key 1. generously 2. gradually 3. heavily 4. highly 5. concerns 6. conditions
7. conferences 8. conflict 9. unfamiliar 10. unfavorable 11. unique 12. arrange

Section 2 문맥에 어울리는 어휘 찾기 ❶ 기출정답 명사·형용사·부사·동사

Unit 33

DAY

1 ☐☐☐ 기출 정답 어휘 듣고 따라 말하기 🎧 33-1
☐ 기출 응용 문제와 출제 포인트 확인하기

arrive vi. 도착하다
the August shipment has just arrived 8월 선적이 막 도착했다

The August shipment has just **(arrived)** from our overseas department one week ahead of schedule, so notify your unloading crew immediately. 8월 선적이 일정보다 1주 먼저 우리 해외 사업부로부터 막 도착했으므로 하역 인부들에게 즉시 통보해 주세요.

assign vt. 할당하다
be assigned accounts to manage 관리하게 될 고객들을 할당받다

New accountants at Queen Financial Services must complete a three-month training course before they are **(assigned)** accounts to manage. 퀸 금융 서비스의 신입 회계사들은 관리하게 될 고객들을 할당받기 전에 3개월 교육 과정을 마쳐야만 한다.

> 3형식과 4형식으로 쓰이는 동사 assign, give, send, offer, grant, assure, remind, advise, inform, notify 등은 3형식과 4형식 동사로 쓰인다. 이 동사들이 4형식 수동태로 쓰인 문장이 〈be+과거분사+명사〉의 형태를 취하는 경우에 유의해야 한다.

discussion n. 회의
lead a discussion 회의를 이끌다

The sales team director has asked Mr. Graham to lead a **(discussion)** of the company's new marketing strategies at the next monthly meeting. 영업팀 부장은 그레이엄 씨에게 다음 월례 회의에서 회사의 신규 마케팅 전략 회의를 이끌도록 요청했다.

disruption n. 중단
a disruption in the Internet service 인터넷 서비스 중단

The AT&T Telecommunication Company apologized for the **(disruption)** in its Internet service. AT&T 통신사는 자사의 인터넷 서비스 중단에 대해 사과를 했다.

distribution n. 유통
distribution of food products 식료품의 유통

Tyson Food, Inc. is involved in the manufacture, sale, and **(distribution)** of its food products. 타이슨 푸드 사는 식료품의 제조, 판매, 그리고 유통을 수반하고 있다

division n. 부서
a division of ~의 부서

The Star Times is published by TruComm Media, a **(division)** of Woodbridge Holdings, Inc. 〈스타 타임즈〉는 우드브리지 홀딩즈 사의 부서인 투루컴 미디어에서 발행된다.

minor a. 사소한
several minor errors 몇몇 사소한 실수들

Diego Industries' newsletter had to be reprinted to correct several **(minor)** errors. 디에고 사의 사보는 몇몇 작은 실수들을 정정하기 위해서 재인쇄되어야 했다.

multiple a. 다양한
travel to multiple destinations 다양한 지역으로 여행하다

Traveling to **(multiple)** destinations in Mexico is accomplished easily with Cancun Tours. 멕시코에서 다양한 지역으로 여행하는 것은 칸쿤 여행사와 함께 쉽게 이뤄질 수 있습니다.

near a. 가까운
in the near future 가까운 장래에

To diversify its product line, Sam's Club announced that it will start manufacturing various products in the **(near)** future. 제품 라인을 다양화하기 위해서 샘스 클럽은 가까운 장래에 다양한 제품들을 생산하게 될 거라고 발표했다.

> **다품사 어휘** near는 부사(ad. 가까이, 근접하여)나 전치사(prep. ~의 가까이에)로도 출제된다.

next a. 다음의
for the next five years 다음 5년 동안

Under the terms and conditions of the new contract, the Chevy Corporation will supply us with automobile parts for the **(next)** five years. 새로운 계약 조건 하에서, 체비 사는 우리에게 향후 5년 동안 자동차 부품을 공급할 것이다.

offer vt. ~에게 …을 제시하다; 제공하다
offer A a job A에게 일자리를 제시하다
offer customers a choice 고객들에게 선택권을 제공하다
the course is offered on Monday 그 과정은 월요일에 제공된다

The Jason Consulting Company has **(offered)** Mr. Oaks a job in Seattle. 제이슨 컨설팅 사는 옥스 씨에게 시애틀에서 근무하는 일자리를 제시했다.

Paramount's online sales divisions now are **(offering)** customers a choice between standard and overnight shipping. 피라마운트의 온라인 판매 부서들은 현재 고객들이 표준 배송과 익일 배송 사이에 선택하도록 선택권을 제공하고 있다.

The management course will be **(offered)** on Monday evenings from 5:00 to 7:00 P.M. in room 215 of the Maywood Office Building. 경영자 과정이 월요일 저녁마다 저녁 5시부터 7시까지 메이우드 빌딩 215호실에서 제공될 것이다.

> **offer의 동사 형식** offer는 3형식 문장과 4형식 문장을 만든다.
> **다품사 어휘** 동사 외에 명사(n. 제안)의 뜻을 묻는 문제로도 출제된다.

CHECK UP 33-1

1 the August shipment has just _____ (8월 선적이 막 도착했다)
2 be _____ accounts to manage (관리하게 될 고객들을 할당받다)
3 lead a _____ (회의를 이끌다)
4 a _____ in the Internet service (인터넷 서비스 중단)
5 _____ of food products (식료품의 유통)
6 a _____ of (~의 부서)
7 several _____ errors (몇몇 사소한 실수들)
8 travel to _____ destinations (다양한 지역으로 여행하다)
9 in the _____ future (가까운 장래에)
10 for the _____ five years (다음 5년 동안)
11 _____ customers a choice (고객들에게 선택권을 제공하다)

Answer Key 1. arrived 2. assigned 3. discussion 4. disruption 5. distribution 6. division 7. minor 8. multiple 9. near 10. next 11. offer

pertain vi. 관계하다; 속하다
questions pertaining to paychecks 월급에 관한 질문들

Questions **(pertaining)** to paychecks must be directed to the Payroll Department located on the ground floor. 월급에 관한 질문들은 1층에 있는 경리과에 보내야 한다.

provide vt. 제공하다
provide leadership training programs 리더십 연수 프로그램을 제공하다
provide additional funding 추가 자금을 제공하다

The National Society of Economists will **(provide)** leadership training programs to develop experience for youths interested in the field. 전국 경제학자 협회는 그 분야에 관심이 있는 젊은이들이 경험을 발전시킬 수 있도록 리더십 연수 프로그램을 제공할 것이다.

We were unable to **(provide)** additional funding to the Advertising Department because of the insufficient budget. 우리는 불충분한 예산 때문에 광고 부서에 추가 자금을 제공할 수 없었다.

represent vt. 대표하다
represent the company in the country 그 나라에서 회사를 대표하다
represent the company as its attorney 변호사로서 회사를 대표하다

MSI Software, Inc. plans to export its products to Japan and is looking for an agent who can **(represent)** the company in the country. MSI 소프트웨어 사는 일본으로 자사 제품을 수출할 계획이고, 일본에서 회사를 대표할 대리인을 찾고 있다.

Beginning August 1, Manny Li will **(represent)** the company as its attorney in all legal matters. 8월 1일부터 매니 리는 회사의 변호사로서 모든 법적인 문제를 대표할 것이다.

immediately ad. 즉각적으로, 즉시
bring them to the security office immediately 즉시 그것들을 경비실로 가져오다

Employees who did not turn in their old ID badges should bring them to the security office **(immediately)**. 예전 신분증을 반납하지 않은 직원들은 즉시 신분증을 경비실로 가져와야 한다.

indirectly ad. 간접적으로
speak very indirectly 매우 간접적으로 말하다

The newly appointed CFO tends to speak very **(indirectly)** when he deals with delicate issues. 새로 임명된 CFO는 민감한 문제를 다룰 때 매우 간접적으로 말하는 경향이 있다.

individually ad. 개별적으로
individually wrapped 개별적으로 포장된

The fresh cherries were **(individually)** wrapped and arrived in a decorative box this morning. 신선한 체리들은 장식이 달린 박스에 개별적으로 포장되어 오늘 아침에 도착했다.

conjunction n. 결합
in conjunction with ~과 함께

This coupon issued by Teaton Cafe may not be used in **(conjunction)** with any other discount, rebate, or promotional offer. 티톤 카페에서 발행한 이 쿠폰은 다른 할인, 리베이트 혹은 판촉용으로 제공된 것과 함께 사용될 수 없다.

전치사 in 관용표현

in accordance with ~과 일치하여
in celebration of ~을 축하하여
in compliance with ~에 순응하여
in excess of ~을 초과하여
in honor of ~을 기리며
in preparation for ~을 대비하여
in response to ~에 반응하여
in the field of ~의 중심부에

in case of ~의 경우에
in charge of ~을 담당하고 있는
in conjunction with ~과 관련하여
in favor of ~에 찬성하여
in place of ~의 대신에
in the process of ~ 중에
in the event of ~의 경우에
in search of ~을 찾아서

connection n. 연결
the connection between the computer and the printer
컴퓨터와 프린터 사이의 연결

 Mr. Hamilton called the technical center because the **(connection)** between the computer and the printer was faulty.
해밀턴 씨는 컴퓨터와 프린터 사이의 연결이 잘못되었기 때문에 기술 센터에 전화를 했다.

contingency n. 비상
draft contingency plans (돌발 사태에 대한) 비상 계획을 세우다

 Managers have drafted **(contingency)** plans to ensure that business can continue uninterrupted in the event of a loss of electrical power. 관리자들은 정전이 발생할 경우 사업이 중단되지 않도록 하기 위해 비상 계획을 수립했다.

contribution n. 기여
make significant contributions 상당한 기여를 하다

 Director Hanway would like to personally thank individuals who have made significant **(contributions)** to our charity fund.
핸웨이 이사는 자선 사업 기금에 상당히 기여한 분들에게 개인적인 고마움을 표시하고 싶어 한다.

copy n. 사본
a copy of the quarterly budget report 분기별 예산 보고서 사본

 Ms. Hendrickson, the president of Delta Books, has requested a **(copy)** of the quarterly budget report for this Thursday's sales meeting. 델타 북스의 사장인 헨드릭슨 씨는 이번 주 목요일 영업 회의를 위해 분기별 예산 보고서 사본을 요청했다.

secure a. 안전한
in a secure location 안전한 장소에

 This document contains personal identity information that should remain confidential, so please keep it in a **(secure)** location. 이 서류는 비밀로 유지되어야 할 개인 신원 정보를 포함하고 있으므로 안전한 장소에 보관해 주십시오.

CHECK UP 33-2

1 questions _____ to paychecks (월급에 관한 질문들)
2 _____ additional funding (추가 자금을 제공하다)
3 _____ the company as its attorney (변호사로서 회사를 대표하다)
4 bring them to the security office _____ (즉시 그것들을 경비실로 가져오다)
5 speak very _____ (매우 간접적으로 말하다)
6 _____ wrapped (개별적으로 포장된)
7 in _____ with (~과 함께)
8 the _____ between the computer and the printer
   (컴퓨터와 프린터 사이의 연결)
9 draft _____ plans (비상 계획을 세우다)
10 make significant _____ (상당한 기여를 하다)
11 a _____ of the quarterly budget report (분기별 예산 보고서 사본)
12 in a _____ location (안전한 장소에)

Answer Key 1. pertaining 2. provide 3. represent 4. immediately 5. indirectly 6. individually 7. conjunction 8. connection 9. contingency 10. contributions 11. copy 12. secure

Unit 34

DAY

1 ☐☐☐ 기출 정답 어휘 듣고 따라 말하기 🎧 34-1
☐ 기출 응용 문제와 출제 포인트 확인하기

tentative a. 임시의, 잠정적인
the workshop schedule is still tentative 워크숍 일정은 아직 잠정적이다

The computer workshop schedule is still **(tentative)**, and we will keep you posted on any changes. 컴퓨터 워크숍 일정은 아직 잠정적이어서 어떤 변경이 있을 경우 공지하도록 하겠습니다.

> 다품사 어휘 temporary makeshift provisional 임시의, 잠정적인

timely a. 시기적절한
in a timely manner 시기적절하게

The mayor praised the detective for solving the difficult case in a **(timely)** manner. 시장은 어려운 사건을 시기적절하게 해결한 수사관을 칭찬했다.

survey n. 조사
conduct a survey 조사를 실시하다

The Department of Health conducted the **(survey)** to find out the causes of the disease that had been prevalent throughout the country recently. 보건부는 최근 전국적으로 유행하고 있는 병의 원인을 찾기 위해 조사를 실시했다.

technician n. 기술자
an experienced technician 경험 많은 기술자

The fax machine is out of service, so an experienced **(technician)** has been called in to begin repair work immediately. 팩스기가 고장이 나서 경험 많은 기술자가 즉시 수리 작업을 시작할 수 있도록 불러들여졌다.

attribute vt. (~을 …의) 탓으로 돌리다
attribute the decrease to fierce competition 감소를 치열한 경쟁 탓으로 돌리다

The Koolong Electronics experienced a twenty-percent decrease in net profits last quarter, which the company **(attributed)** to fierce competition with other companies. 쿠롱 일렉트로닉스 사는 지난 분기 순수익에서 20% 감소를 겪었는데, 회사는 그것을 다른 회사와의 치열한 경쟁 탓으로 돌렸다.

authorize vt. 승인하다
authorize payment 지불을 승인하다

The Accounting Department has **(authorized)** payment for the technical services provided by Auto Technology, Inc. 회계 부서는 오토 테크놀로지 사에서 제공된 기술 서비스에 대한 지불을 승인했다.

award vt. 주다, 수여하다
be awarded a contract 계약을 따내다

Delux Systems has been **(awarded)** a contract by Rutten Industries to enhance the accuracy of its corporate database. 디럭스 시스템즈 사는 기업 데이터베이스의 정확성을 향상시키기 위해 Rutten 사와의 계약을 따냈다.

> **다품사 어휘** award는 3형식(~을 주다)과 4형식(~에게 …을 주다) 동사 또는 명사(n. 상)로 출제된다.

become vi. ~이 되다
become one of the most respected businesses
가장 평판 좋은 업체 중의 하나가 되다

After opening as the area's first specialty shop, FBB quickly **(became)** one of the most respected businesses in town. 그 지역에 첫 번째 전문점으로 가게를 개장한 후에, FBB는 빠르게 시에서 가장 평판 있는 사업체 중의 하나가 되었다.

ongoing a. 계속되는
as a result of ongoing problems 계속되는 문제들이 만들어낸 결과로

As a result of **(ongoing)** problems with the building site, the construction company introduced new safety measures. 끊이지 않는 건설 현장 문제들이 만들어낸 결과물로 건설사는 새로운 안전 수칙을 내놓았다.

open a. 개방된
be open to VIPs VIP 회원들에게 개방되다

The charity fundraising event, along with the new car release, will be held in the same hotel as usual and will be **(open)** to VIPs for the first two days. 신차 출시와 맞물린 자선 기금 모금 행사는 평상시대로 동일 호텔에서 열리고, 처음 이틀 동안 VIP 회원들에게 개방됩니다.

> 다품사 어휘 open은 타동사(vt. 열다)와 자동사(vi. 열다)의 의미로도 출제된다.

optimistic a. 낙관적인
be still optimistic about a successful outcome
성공적인 결과에 대해서 여전히 낙관적이다

The spokesperson for the Suarez Corporation announced that the company is still **(optimistic)** about a successful outcome. 수아레즈 사의 대변인은 회사가 성공적인 결과에 대해서 여전히 낙관적이라고 발표했다.

CHECK UP 34-1

1 the workshop schedule is still _____ (워크숍 일정은 아직 잠정적이다)
2 in a _____ manner (시기적절하게)
3 conduct a _____ (조사를 실시하다)
4 an experienced _____ (경험 많은 기술자)
5 _____ to fierce competition (치열한 경쟁 탓으로 돌리다)
6 _____ payment (지불을 승인하다)
7 be _____ a contract (계약을 따내다)
8 _____ one of the most respected businesses
   (가장 평판 좋은 업체 중의 하나가 되다)
9 as a result of _____ problems (계속되는 문제들이 만들어낸 결과로)
10 be _____ to VIPs VIP (VIP 회원들에게 개방되다)
11 be still _____ about a successful outcome
   (성공적인 결과에 대해서 여전히 낙관적이다.)

Answer Key 1. tentative 2. timely 3. survey 4. technician 5. attribute 6. authorize 7. awarded
8. become 9. ongoing 10. open 11. optimistic

2 □ □ □ 기출 정답 어휘 듣고 따라 말하기 🎧 34-2
□ 기출 응용 문제와 출제 포인트 확인하기

optional a. 임의의, 선택 가능한
entirely optional 전적으로 선택 가능한

Donations to the Natural History Museum are welcome but entirely **(optional)**. 국립 역사박물관에 대한 기부는 환영하지만 전적으로 선택 사항이다.

orderly a. 정돈된, 규칙적인
in an orderly fashion 질서 정연하게

The emergency exit doors will be opened after the performance to allow the audience to leave the concert hall in an **(orderly)** fashion. 공연이 끝난 후에 청중들이 콘서트홀을 질서 정연하게 빠져나갈 수 있도록 비상 출구가 개방될 것이다.

> **-ly 형태의 형용사**
> friendly 우호적인 timely 시기적절한 early 이른 costly 비싼 likely 전도유망한, ~할 것 같은 cf. 〈be likely to 동사원형〉 ~할 것 같다

---

expense n. 비용
be worth the expense 돈을 들일 가치가 있다
living expenses 생활비
in an effort to reduce expenses 비용을 줄이기 위한 노력으로

 Remodeling the head office was really expensive, but the result was well worth the **(expense)**. 본사를 리모델링하는 데 돈이 정말 많이 들었지만, 그 결과는 충분히 돈을 들일 가치가 있었다.

Financial experts recommend keeping enough accessible savings to cover 4 months worth of living **(expenses)**. 금융 전문가들은 4개월치 생활비를 충당할 수 있을 만큼의 유동 예금을 유지하라고 권한다.

In an effort to reduce **(expenses)**, the CFO of the Novo Corporation has halved the advertising budget, which he felt was useless anyway. 비용을 줄이기 위한 노력으로 노보 사의 재정담당 이사는 어떤 식으로든 도움이 되지 않는다고 느끼는 광고 예산을 반으로 줄였다.

> **기출 동의어** cost charge expense 비용
> cf. overhead cost 간접 비용 living expenses 생활비 additional cost 추가 비용

---

technique n. 기술
develop an effective technique 효율적인 기술을 개발하다

 The local power plant has developed an effective **(technique)** for converting waste cooking oil into environmentally friendly diesel fuel. 지방 발전소는 폐식용유를 환경 친화적인 디젤 연료로 바꾸는 효율적인 기술을 개발했다.

template n. 견본
a free template 무료 견본

A free **(template)** to help you write your first press release can be found on the Good Writing Company's website, www.writewell.com. 당신의 첫 기사 작성에 도움이 될 무료 견본이 굿 라이팅 사의 웹사이트인 www.writewell.com에 있습니다.

term n. 기간
for another four-year term 또 다른 4년 임기를 위해서

It is widely expected that the incumbent president will be nominated for another four-year **(term)**. 현직 대통령이 또 다른 4년 임기를 위해서 지명될 것이라고 널리 예상되고 있다.

substitute vt. ~으로 대체하다
substitute olive oil for butter 버터 대신 올리브 오일로 대체하다

In every recipe published in *New Life Cooking Magazine*, you may **(substitute)** olive oil for butter. 〈뉴 라이프 쿠킹〉 잡지에 실린 모든 요리법에서 버터 대신 올리브 오일로 대체할 수 있다.

summarize vt. 요약하다
be summarized in the following report 다음 보고서에 요약되다

The responses to the survey on regional salary expectations for mining engineers are **(summarized)** in the following report. 광산 기술자들을 위한 지역별 연봉 기대 관련 설문조사에 대한 응답 내용들이 다음 보고서에 요약되어 있다.

support vt. 지원하다
support a wide range of after-school programs for children
아이들을 위한 다양한 방과후 프로그램을 지원하다

 The Columbia Corporation presented a monetary gift to the Atmore Foundation to **(support)** a wide range of after-school programs for children. Columbia 기업은 아이들을 위한 일련의 방과후 프로그램을 지원하기 위해 아트모어 재단에 재정적인 도움을 제공했다.

> 다품사 어휘 support는 타동사뿐 아니라 명사(n. 지원, 원조)로도 출제된다.

take vt. (교통수단을) 이용하다
take the new high-speed train 새로운 고속열차를 타다

 The financial director **(took)** the new high-speed train for Monday's board meeting. 재정담당 이사는 월요일 이사회 회의를 위해 새로운 고속열차를 탔다.

> take의 다양한 목적어
> take about/approximately/at least + 시간 (얼마의 시간이) 걸리다
> take a taxi/the bus/the subway (교통수단) ~을 타다
> take the highway 고속도로를 타다   take a measure 조치를 취하다
> take the medicine 약을 복용하다   take priority 우선하다
> take over 떠맡다, 인수하다   take place 발생하다, 열리다

mutually ad. 서로
a mutually beneficial relationship 서로 이익이 되는 관계

 We at Anderson Financial Planning welcome the opportunity to assist you in your business and look forward to a **(mutually)** beneficial relationship. 저희 앤더슨 파이낸셜 플래닝 사는 귀하의 사업을 도울 수 있는 기회를 환영하고 서로 이익이 되는 관계를 고대합니다.

occasionally ad. 이따금씩

occasionally enter into agreements with contract suppliers
이따금씩 공급자와 계약을 맺다

In order to manage manufacturing tires and to ensure adequate component supply, CR Cooperative **(occasionally)** enters into agreements with contract suppliers. 타이어 제조를 관리하고 적절한 부속품의 공급을 확실하게 하기 위해서, CR 사는 이따금씩 공급자와 계약을 맺는다.

CHECK UP 34-2

1 entirely _____ (전적으로 선택 가능한)
2 in an _____ fashion (질서 정연하게)
3 in an effort to reduce _____ (비용을 줄이기 위한 노력으로)
4 develop an effective _____ (효율적인 기술을 개발하다)
5 a free _____ (무료 견본)
6 for another four-year _____ (또 다른 4년 임기를 위해서)
7 _____ olive oil for butter (버터 대신 올리브 오일로 대체하다)
8 be _____ in the following report (다음 보고서에 요약되다)
9 _____ a wide range of after-school programs for children
   (아이들을 위한 다양한 방과후 프로그램을 지원하다)
10 _____ the new high-speed train (새로운 고속열차를 타다)
11 a _____ beneficial relationship (서로 이익이 되는 관계)
12 _____ enter into agreements with contract suppliers
   (이따금씩 공급자와 계약을 맺다)

Answer Key 1. optional 2. orderly 3. expenses 4. technique 5. template 6. term 7. substitute
8. summarized 9. support 10. take 11. mutually 12. occasionally

Section 2 문맥에 어울리는 어휘 찾기 ❶ 기출정답 명사·형용사·부사·동사

Unit 35

DAY

1 ☐ ☐ ☐ 기출 정답 어휘 듣고 따라 말하기 🎧 35-1
☐ 기출 응용 문제와 출제 포인트 확인하기

once ad. 한때, 한 번
once an executive director 한때 전무였던

기출응용
문제확인

Sebastian Mueller, **(once)** an executive director, became the new CEO of Chen Publishing last month. 한때 전무였던 세바스찬 뮐러가 지난달 첸 출판사의 새로운 최고 경영자가 되었다.

> 다품사 어휘 once는 접속사(conj. 일단 ~하면)로도 출제된다.
> 기출 표현 once a week 일주일에 한 번
> have been to Istanbul once 이스탄불에 한 번 다녀온 적이 있다
> once popular park 한때 인기 있었던 공원

originally ad. 원래
be originally scheduled to do 원래 ~하기로 일정이 잡혀 있다

기출응용
문제확인

Miriam Hatfield was **(originally)** scheduled to be the first performer at tonight's music concert, but it was just announced that she will perform last. 미리엄 햇필드가 오늘 저녁 음악 콘서트에서 첫 번째로 공연하도록 원래 일정이 잡혀 있었는데, 그녀가 마지막에 공연할 거라고 막 발표되었다.

particularly ad. 특별히
even in particularly stressful situations 특히 힘든 상황에서도

기출응용
문제확인

In her letter of reference, Ms. Juniata's former employer praised the excellence of her performance even in **(particularly)** stressful situations. 주니아타 씨의 이전 고용주는 추천서에서 특별히 힘든 상황에서도 탁월하게 업무를 해내는 그녀의 능력을 칭찬했다.

decline n. 감소, 하락
its first decline in sales in two years 2년 만에 첫 판매 감소

Shopko, one of the country's leading department stores, recently reported its first **(decline)** in sales in two years. 그 나라의 선도적인 백화점 중 하나인 샵코 사는 2년 만에 첫 판매 감소를 최근에 보고했다.

> 다품사 어휘 decline은 명사 외에 타동사(vt.거부하다, 거절하다)로도 출제된다.
> ex. It is important to decline the invitation respectfully. 초대를 정중하게 거절하는 것이 중요하다.

delay n. 지연
a 30-minute delay 30분 지연

Due to technical problems, there will be a 30-minute **(delay)** in the showing of this evening's film. 기술적인 문제 때문에, 오늘 저녁 영화 상영이 30분 지연될 것이다.

> 다품사 어휘 delay는 명사 외에 타동사(vt. 연기시키다)로도 출제되며, 다양한 시제 변화와 수동태에 유의해야 한다.
> ex. The judge must delay his decision for a day. 판사는 판결을 하루 미뤄야 했다.

delegation n. 대표단, 파견단
a delegation of officials from foreign countries 외국 대표 당국자들

A **(delegation)** of officials from foreign countries stayed in Washington until the conference ended. 외국 대표 당국자들은 회의가 끝날 때까지 워싱턴에 머물렀다.

document n. 서류, 문서
documents describing how to train new employees
신입 사원을 교육시키는 방법을 설명하는 문서들

(Documents) describing how to train new employees are loaded on the company website. 신입 사원을 교육시키는 방법을 설명하는 문서들은 회사 웹사이트에 올려져 있다.

> 다품사 어휘 document는 타동사(vt. 상세하게 기록하다)로도 출제된다.

duration n. 기간
the duration of common influenza symptoms 일반 유행성 감기 증상의 기간

Flu-Aid reduces the **(duration)** of common influenza symptoms in older patients. 플루에이드는 나이 많은 환자의 일반 유행성 감기 증상의 기간을 줄여 준다.

effectiveness n. 효율성
the effectiveness of ~의 효율성

Initial sales of the new product will depend heavily on the **(effectiveness)** of Nakano Agency's advertising campaign. 신제품의 초기 판매는 나카노 대행사가 하는 광고 캠페인 효율성에 상당 부분 달려있을 것이다.

productive a. 생산적인; 풍부한; 성공적인
find the meeting productive 회의가 성공적임을 알다
remain productive 생산적인 상태를 유지하다

Everyone agreed that a great deal was accomplished at yesterday's meeting, and the Marketing Department in particular found it **(productive)**. 어제 미팅에서 상당한 거래가 성취되었다고 모든 사람들이 동의했고, 특별히 마케팅 부서는 미팅이 성공적이었다는 것을 알았다.

To help the employees of the Garcia Manufacturing Company remain **(productive)**, the manager encourages them to take short breaks throughout the day. 가르시아 매뉴팩처링 사 직원들이 생산적인 상태를 유지하도록 돕기 위해, 매니저는 그들에게 하루종일 짧은 휴식을 취하라고 독려한다.

> **unexpected** a. 예상치 못한
> **unexpected contingencies** 예상치 못한 비상사태
> **due to an unexpected delay** 예상치 못한 지연으로

 The company is not making a lot of profit, but it should build an extra twenty percent into the budget to cover **(unexpected)** contingencies. 회사가 큰 이윤을 내지는 못하지만, 예상치 못한 비상사태를 대비해서 20%의 추가 예산을 조성해야 한다.

CHECK UP 35-1

1   _____ an executive director (한때 전무였던)
2   be _____ scheduled to do (원래 ~하기로 일정이 잡혀 있다)
3   even in _____ stressful situations (특히 힘든 상황에서도)
4   its first _____ in sales in two years (2년 만에 첫 판매 감소)
5   a 30-minute _____ (30분 지연)
6   a _____ of officials from foreign countries (외국 대표 당국자들)
7   _____ describing how to train new employees
    (신입 사원을 교육시키는 방법을 설명하는 문서들)
8   the _____ of common influenza symptoms (일반 유행성 감기 증상의 기간)
9   the _____ of (~의 효율성)
10 remain _____ (생산적인 상태를 유지하다)
11 _____ contingencies (예상치 못한 비상사태)

Answer Key 1. once 2. originally 3. particularly 4. decline 5. delay 6. delegation 7. documents
8. duration 9. effectiveness 10. productive 11. unexpected

2
□ □ □ 기출 정답 어휘 듣고 따라 말하기 🎧 35-2
□ 기출 응용 문제와 출제 포인트 확인하기

cause vt. 야기하다
cause traffic delays 교통 체증을 야기하다

The major road construction on Clayton Drive has **(caused)** traffic delays throughout the downtown area. 클레이턴 드라이브의 대형 도로 공사로 인해 도심 지역 전체에 교통 체증을 야기했다.

> 다품사 어휘 cause는 명사(n. 원인)로 출제되거나 명사를 뒤에서 수식해 주는 과거분사 구문으로도 자주 출제된다.
> ex. the inconvenience caused by the delay 지연에 의해 유발된 불편함

decrease vi. 감소되다, 떨어지다
decrease in value 값어치가 떨어지다

Financial experts note that it is safer to invest in savings accounts than to invest in stocks, which can **(decrease)** in value. 재정 전문가들은 값어치가 떨어질 수 있는 주식에 투자하는 것보다 저축 계좌에 투자하는 것이 더 안전하다고 말한다.

> 다품사 어휘 decrease는 명사(n. 감소) 또는 타동사(vt. 감소시키다)로도 출제된다.

delay vt. 미루다
delay the analysis 분석을 미루다

Dr. Van Pelt suggests that we **(delay)** the analysis until we have accumulated more data. 밴 펠트 박사는 우리가 더 많은 자료를 축적할 때까지 분석을 미뤄야 한다고 제안하고 있다.

> 다품사 어휘 delay는 명사(n. 지연)나 자동사(vi. 시간이 걸리다)로도 출제된다.

depart vi. 출발하다
be scheduled to depart 출발하기로 일정이 잡혀 있다

The flight to Los Angeles is scheduled to **(depart)** at 11:15a.m. from Mexico City International Airport. 로스앤젤레스로 가는 비행기가 멕시코시티 국제공항에서 오전 11시 15분에 출발하기로 일정이 잡혀 있다.

design vt. 고안하다
be designed to increase the convenience 편의를 증대시키기 위해서 고안되다

The system has been **(designed)** to increase the convenience for customers needing to check their orders. 그 시스템은 주문을 점검할 필요가 있는 고객들의 편의를 증대시키기 위해서 고안되었다.

> 다품사 어휘 design은 명사(n. 설계, 도안; 디자인)로도 출제된다.

expansion n. 진출, 확장
the expansion of A into B A가 B로 진출
expansion into global markets 국제시장으로 확장

A follow-up meeting to discuss the **(expansion)** of Dirado Solutions, Inc. into Brazil has been scheduled for Monday, July 21. 디라도 솔루션즈 사의 브라질 진출을 논의하기 위한 후속 미팅이 7월 21일 월요일로 예정되었다.

Fameson Industry has announced the purchase of several foreign-based companies, confirming reports of its **(expansion)** into global markets. 페임슨 사는 몇몇 외국 기반 회사들의 매입을 발표했고 그것은 회사가 국제시장으로 확장한다는 보고를 확인해 주는 것이었다.

> 혼동 어휘 [expansion vs. extension] expansion(공간의 확장, 사업의 진출)과 extension(기간의 연장, 길이의 연장)의 의미를 정확하게 구분해야 한다.

329

time n. 시간
devote more time to volunteer activities 보다 많은 시간을 자원봉사 활동에 쏟다

 Since resigning from the Reunion Foundation, Sergio Garcia has been devoting more **(time)** to volunteer activities. 리유니온 재단에서 은퇴한 이후 세르지오 가르시아는 보다 많은 시간을 자원 봉사활동에 헌신해 왔다.

tool n. 도구, 수단
valuable tools for any companies 어느 회사에게나 가치 있는 수단

 Celebrity product endorsements are valuable **(tools)** for any companies wishing to boost their sales. 유명 인사의 제품 홍보는 판매를 증가시키기를 희망하는 어느 회사에게나 가치 있는 수단이다.

tour n. 시찰
give a tour of the manufacturing plant 제조 공장을 안내하다

 The company will give a **(tour)** of the manufacturing plant to the government officials visiting from other countries. 그 회사는 다른 나라들로부터 방문하는 정부 당국자들에게 제조 공장을 안내할 것이다.

> tour는 a tour of(~로의 견학, 시찰)의 표현으로 자주 쓰인다.

extension n. 연장
a two-week extension 2주간 연장

 In response to Rita Corporation's request, the Information Technology Department granted a two-week **(extension)** for the loan of the equipment. 리타 사의 요구에 응해서 정보기술 부서는 장비 대여의 2주간 연장을 허용해 주었다.

personal a. 개인의
personal belongings 소지품

Visitors are reminded to retrieve all of their **(personal)** belongings from the security desk before leaving the aquarium. 방문객들은 아쿠아리움을 떠나기 전에 보안 데스크에서 모든 소지품을 회수해 가야 함을 명심하시기 바랍니다.

pleasant a. 기분 좋은
a pleasant working environment 기분 좋은 근무 환경

At Costco, we believe that a **(pleasant)** working environment is essential to the well-being of our staff. 코스트코에서 우리는 기분 좋은 근무 환경이 우리 직원들의 복리에 필수적이라고 믿고 있다.

CHECK UP 35-2

1. _____ traffic delays (교통 체증을 야기하다)
2. _____ in value (값어치가 떨어지다)
3. _____ the analysis (분석을 미루다)
4. be scheduled to _____ (출발하기로 일정이 잡혀 있다)
5. be _____ to increase the convenience (편의를 증대시키기 위해서 고안되다)
6. _____ into global markets (국제시장으로 확장)
7. devote more _____ to volunteer activities
   (보다 많은 시간을 자원봉사 활동에 쏟다)
8. valuable _____ for any companies (어느 회사에게나 가치 있는 수단)
9. give a _____ of the manufacturing plant (제조 공장을 안내하다)
10. a two-week _____ (2주간 연장)
11. _____ belongings (소지품)
12. a _____ working environment (기분 좋은 근무 환경)

Answer Key 1. cause 2. decrease 3. delay 4. depart 5. designed 6. expansion 7. time 8. tools 9. tour 10. extension 11. personal 12. pleasant

*Section 2 문맥에 어울리는 어휘 찾기 ❶ 기출정답 명사·형용사·부사·동사

Unit 36

DAY

1 □ □ □ 기출 정답 어휘 듣고 따라 말하기 🎧 36-1
□ 기출 응용 문제와 출제 포인트 확인하기

---

popular a. 인기 있는
extremely popular 대단히 인기 있는

The library does not allow the renewal of books that are extremely **(popular)** because other patrons are waiting for them. 도서관은 다른 이용객들이 그 책을 원하기 때문에 대단히 인기 있는 책들의 대출 갱신을 허용하지 않는다.

---

promising a. 전도유망한
be more promising that last year 작년보다 전망이 더 밝다

This year's employment prospects are more **(promising)** than last year's because of the recovering economy. 회복해 가는 경제 때문에 지난해보다 올해의 고용 전망은 더 밝다.

> 기출 동의어 likely 전도유망한 ex. the most likely person 가장 전도유망한 사람

---

promptly ad. 즉각적으로; 정시에
be promptly revised 즉시 수정되다

The training manual was **(promptly)** revised. 교육 매뉴얼은 즉각적으로 수정되었다.

> 기출 표현 begin promptly at 8 a.m. 오전 8시 정각에 시작하다
> process all of the incoming orders promptly 들어오는 주문들을 즉시 처리하다
> must be delivered promptly 신속하게 배달되어야 한다
> their questions are answered promptly 질문들이 즉각적으로 응답을 받다

submit vt. 제출하다
submit an application 지원서를 제출하다

If you wish to be considered for the internship, please **(submit)** an application to the director, which should include a cover letter and your resume. 인턴 과정을 위해 고려가 되길 원하시면, 책임자에게 당신의 이력서와 본인 소개서를 포함한 지원서를 제출해 주세요.

welcome vt. 환영하다
welcome the guests so warmly 손님들을 매우 따뜻하게 환영하다

Thank you for **(welcoming)** our colleagues so warmly on their arrival at your head office last month. 저희 동료들이 지난달 귀사의 본사에 도착했을 때 매우 따뜻하게 환영해 주신 것에 감사드립니다.

> 다품사 어휘 welcome은 형용사(a. 환영하는)나 명사(n. 환영, 환대)로도 출제된다.

win vt. ~에게 …을 주다
win her the employee of the year award 그녀에게 올해의 사원상을 주다

It was her complete dedication to customer satisfaction that **(won)** her the employee of the year award. 그녀가 올해의 사원상을 받은 것은 고객 만족에 대한 그녀의 완전한 희생 때문이었다.

effort n. 노력
in an effort to appeal to customers 고객들에게 호소하고자 하는 노력의 일환으로

The company has announced plans for the new marketing campaign in an **(effort)** to appeal to customers. 회사는 고객들에게 호소하고자 하는 노력에서 새로운 마케팅 캠페인 계획을 발표했다.

> 〈명사+to 부정사〉 effort, ability, chance, obligation, opportunity, right, time, way 등은 〈명사+형용사적 용법의 to 부정사(~할)〉 형태로 쓰이는 대표적인 명사들이다.

emphasis n. 강조, 중점, 초점
the emphasis is on developing the quality products
초점은 양질의 제품을 개발하는 데에 있다

 At the Barton Cosmetics Company, the **(emphasis)** has always been on developing quality products rather than on expanding operations. 바턴 화장품 회사의 초점은 사업을 확장하는 것보다 늘 양질의 제품을 개발하는 것에 있었다.

employee n. 근로자
all employees must request vacation time 모든 근로자들은 휴가를 요청해야 한다

 All **(employees)** must request vacation time from their managers at least two weeks in advance. 모든 근로자들은 최소 2주 전에 미리 관리자에게서 휴가를 요청해야만 한다.

environment n. 환경
a quiet work environment 조용한 작업 환경

 Due to the importance of maintaining a quiet work **(environment)**, employees are asked to refrain from engaging in loud conversations. 조용한 작업 환경을 유지할 필요성 때문에, 근로자들은 큰 소리로 대화하는 것을 삼가하도록 요청받고 있다.

ensure vt. 확실하게 하다, 보장하다
ensure that its prices are competitive 가격이 경쟁력이 있다는 것을 확실히 하다

 Barry Brother Department Store will honor coupons from any other local retailers to **(ensure)** that its prices are competitive. 배리 브라더 백화점은 가격이 경쟁력이 있다는 것을 확실하게 하기 위해서 그 지역의 타 소매업들이 발행한 쿠폰들을 받아줄 것이다.

CHECK UP 36-1

1. extremely _____ (대단히 인기 있는)
2. be more _____ that last year (작년보다 전망이 더 밝다)
3. be _____ revised (즉시 수정되다)
4. _____ an application (지원서를 제출하다)
5. _____ the guests so warmly (손님들을 매우 따뜻하게 환영하다)
6. _____ her the employee of the year award
   (그녀에게 올해의 사원상을 주다)
7. in an _____ to appeal to customers
   (고객들에게 호소하고자 하는 노력의 일환으로)
8. the _____ is on developing the quality products
   (초점은 양질의 제품을 개발하는 데에 있다)
9. all _____ must request vacation time (모든 근로자들은 휴가를 요청해야 한다)
10. a quiet work _____ (조용한 작업 환경)
11. _____ that its prices are competitive
    (가격이 경쟁력이 있다는 것을 확실히 하다)

Answer Key 1. popular 2. promising 3. promptly 4. submit 5. welcome 6. win 7. effort
8. emphasis 9. employees 10. environment 11. ensure

2
□ □ □ 기출 정답 어휘 듣고 따라 말하기 🎧 36-2
□ 기출 응용 문제와 출제 포인트 확인하기

enter vt. 입력하다; ~에 들어가다
enter the account number and password 계좌번호와 비밀번호를 입력하다

When you withdraw money from an ATM, you must **(enter)** the account number and password that were sent to you by mail. 현금자동인출기에서 돈을 인출할 때, 메일로 보낸 계좌번호와 비밀번호를 입력해야 합니다.

equip vt. (~에게 필요한 것을) 갖추어 주다
be fully equipped 장비를 완벽하게 갖추다

All Venice Beach lifeguards should ensure that their stations are fully **(equipped)** at the start of each shift. 모든 베니스 해안 구조요원들은 근무 교대 시 그들이 있는 장소에 장비가 완벽하게 갖추어졌는지 확실히 해야 한다.

escort vt. 안내하다
escort patrons to their seats 고객들을 좌석으로 안내하다

As an usher at the New York Children's Theater, Ms. Park was required to **(escort)** patrons to their seats. 파크 씨는 뉴욕 아동 극장의 좌석 안내원으로 고객들을 좌석으로 안내해야 했다.

protective a. 보호하는
a protective measure for the company 회사의 보호 수단

As a **(protective)** measure for the company, the Jinnia Corporation restricts employees from disclosing confidential product information to competitors. Jinnia 사는 회사의 보호 수단으로, 직원들에게 경쟁사에 제품의 비밀정보를 누설하는 것을 금지한다.

qualified a. 적임의
be qualified for the position 직책에 맞는 자격 요건을 갖추다
be the most qualified and experienced 자격 요건과 경험을 가장 잘 갖추다

Mr. Kim believes that he is highly **(qualified)** for the position of senior analyst at Sun Software, Inc. 김 씨는 그가 선 소프트웨어 사에서 선임 분석가 직책에 대한 자격 요건을 잘 갖추고 있다고 믿고 있다.

Of all the candidates for manager of the Sales Department, Mr. Tanaka is by far the most **(qualified)** and experienced. 영업부장 후보자들 중에서 다나카 씨가 단연코 자격 요건과 경험을 가장 잘 갖춘 사람이다.

replace vt. 대신하다, 대체하다
replace A as a CEO CEO로서 A를 대신하다
replace traditional shopping methods 전통적인 쇼핑 방법을 대체하다

The East Wakesflake Company announced yesterday that its chief financial officer, Sandra Klein, would **(replace)** Steve Rein as chief executive officer on February 1. 이스트 웨이크스 플레이크 사는 어제 수석 재무 담당이사 산드라 클레인이 2월 1일 스티브 레인을 최고 경영자로서 대체할 것이라고 발표했다.

An economic report indicated that, due to its convenience, shopping on the Internet is gradually **(replacing)** traditional shopping methods. 경제 보고서가 명시하길, 편리성 때문에 인터넷 쇼핑이 점차 전통적인 쇼핑 방법을 대체하고 있다고 했다.

unanimous a. 만장일치의
the executive board members were unanimous 이사회는 만장일치였다

The executive board members were **(unanimous)** in their decision to print another edition of the guidebook by Scott Weily. 이사회는 스콧 웨일리가 쓴 안내 책자의 다른 버전을 인쇄하는 결정에 만장일치를 보였다.

unavailable a. 이용할 수 없는
the Internet service is now unavailable 지금은 인터넷 서비스를 이용할 수 없다
be currently unavailable 현재 구할 수 없다

City Bank's Internet service will be **(unavailable)** to customers during the month of November because of the repairs to the system that will be done. 시티 은행의 인터넷 서비스가 앞으로 시행할 시스템 보수 때문에 11월 동안 고객들은 이용할 수 없다.

The shirt you ordered is currently **(unavailable)** in the color you requested, so it might take two weeks before we can ship your order. 귀하가 주문한 색깔의 셔츠는 현재 없기 때문에, 저희가 귀하의 주문을 선적하려면 2주 가량 걸릴 것 같습니다.

ready a. 준비된
must be ready 준비가 되어야 한다

The plan for the new project must be **(ready)** before the end of the month. 새 프로젝트에 대한 계획은 월말 전에 준비가 되어야 한다.

reasonable a. 적절한
at reasonable prices 적절한 가격에

Computer World offers a variety of customized computers at **(reasonable)** prices. 컴퓨터 월드는 다양한 주문에 응하여 만들어진 컴퓨터를 적절한 가격에 제공한다.

related a. 관계가 있는
keep related paperwork in order 관련 서류를 정리해 두다
possess a degree in a related field 관련 분야에 학위를 소지하다

The construction company keeps all building permits and **(related)** paperwork in order for future reference. 건설사는 모든 건축 허가증과 관련 서류를 다음에 참고할 수 있도록 보관한다.

Applicants for the position of marketing manager must possess a degree in marketing or a **(related)** field. 영업부장 직책을 위한 지원자들은 마케팅이나 관련 분야에 학위를 소지해야 한다.

relevant a. 관련된
relevant work experience 관련 경력
relevant receipts 관련 영수증

Professionals with a structural engineering degree and at least four years of **(relevant)** work experience are encouraged to apply for the position. 구조공학 학위를 가지고 있고 최소 4년간의 관련 경력이 있는 전문가들은 이 직책에 지원하라고 권고받고 있다.

Requests for reimbursement on business travel expenses should be accompanied by the **(relevant)** receipts. 출장 경비에 대한 상환 요청은 관련 영수증을 첨부해야 한다.

CHECK UP 36-2

1. _____ the account number and password (계좌번호와 비밀번호를 입력하다)
2. be fully _____ (장비를 완벽하게 갖추다)
3. _____ patrons to their seats (고객들을 좌석으로 안내하다)
4. a _____ measure for the company (회사의 보호 수단)
5. be the most _____ and experienced (자격 요건과 경험을 가장 잘 갖추다)
6. _____ traditional shopping methods (전통적인 쇼핑 방법을 대체하다)
7. the executive board members were _____ (이사회는 만장일치였다)
8. the Internet service is now _____ (지금은 인터넷 서비스를 이용할 수 없다)
9. be currently _____ (현재 구할 수 없다)
10. must be _____ (준비가 되어야 한다)
11. at _____ prices (적절한 가격에)
12. possess a degree in a _____ field (관련 분야에 학위를 소지하다)
13. _____ work experience (관련 경력)

Answer Key 1. enter 2. equipped 3. escort 4. protective 5. qualified 6. replace 7. unanimous 8. unavailable 9. unavailable 10. ready 11. reasonable 12. related 13. relevant

Section 2 문맥에 어울리는 어휘 찾기 ❶ 기출정답 명사·형용사·부사·동사

Unit 37　DAY

1　□ □ □ 기출 정답 어휘 듣고 따라 말하기　🎧 37-1
　　□ 기출 응용 문제와 출제 포인트 확인하기

training　n. 교육, 훈련, 연수
undergo extensive training 광범위한 훈련을 받다

Our cleaning associates have undergone extensive **(training)** and are fully insured. 우리 청소 직원들은 광범위한 훈련을 받았으며 완벽히 보험에 가입되어 있습니다.

transaction　n. 거래
bank transactions 은행 거래

All bank **(transactions)** that involve foreign currency must be authorized by a supervisor. 외환과 관련되는 모든 은행 거래는 감독관에게 인가를 받아야 한다.

transition　n. 변화, 변천, 이행
a successful transition 성공적인 변화

Green Technology has made a successful **(transition)** to new process technology. 그린 테크놀로지는 새로운 처리 기술로의 성공적인 변화를 이루었다.

especially　ad. 특별히
especially considering 특별히 감안하면

Mr. Gray's vision for the corporation was unique and innovative, **(especially)** considering that he was twenty-six at the time he came up with it. 특히 그레이 씨가 회사를 설립할 당시 26살이었던 것을 특별히 감안하면, 그의 회사에 대한 비전은 독특하고 혁신적이었다.

exceptionally ad. 유난히, 특별히

the article is exceptionally well written 그 기사는 매우 잘 쓰여진 것이다

 Mr. Elliot's articles in the company newsletter are so **(exceptionally)** well written that all of the employees look forward to reading them. 회사 소식지에 실리는 엘리엇 씨의 기사들은 아주 특별히 잘 쓰여진 것이어서 모든 직원들이 그 기사들을 읽고 싶어 한다.

exclusively ad. 독점적으로; 오로지

exclusively for his closest colleagues 그의 가장 가까운 동료들만을 위해서
dealing almost exclusively with biographies 거의 전적으로 전기문만을 다루는

 Outgoing vice president Carrie Jannings celebrated his retirement at a private dinner held **(exclusively)** for his closest colleagues. 퇴임하는 부사장 캐리 야닝스는 가장 가까운 동료들만을 위해 열린 사적인 만찬에서 자신의 퇴직을 기념했다.

Lifetime Editions is a small publishing company dealing almost **(exclusively)** with biographies. 라이프타임 에디션은 거의 전적으로 전기문만을 다루는 작은 출판사입니다.

frequently ad. 종종

sales of tractors frequently increase during the harvest
트랙터 판매는 수확 기간에 종종 증가한다

 Sales of Arnold Industry's tractors **(frequently)** increase during the autumn harvest season. 아놀드 사의 트랙터 판매는 가을철 수확 시즌 동안 종종 증가한다.

perfectly   ad. 완벽하게, 최적의
be perfectly suited for ~에 최적화되어 있다

An enhanced facility is **(perfectly)** suited for your next event, such as meetings, conferences, and banquets. 한층 강화된 시설은 회의, 학회 그리고 연회와 같은 귀하의 추후 이벤트에 최적화되어 있습니다.

periodically   ad. 주기적으로
reflect periodically on ~에 대해 주기적으로 곰곰이 생각해 보다

Career consultants advise their clients to reflect **(periodically)** on the approaches they take to job searches. 직업 상담가들은 고객에게 그들이 직업 검색을 위해 취했던 접근법들에 대해 주기적으로 곰곰이 생각해 볼 것을 권유한다.

reserve   vt. 예약하다; (권한 등을) 갖다
reserve a table 자리를 예약하다
be reserved for the presenters 발표자들을 위해서 예약되어 있다
reserve the right 권리를 갖다

In order to **(reserve)** a table for the luncheon, you need to call at least 24 hours in advance. 점심 식사를 위한 자리를 예약하기 위해서는 적어도 24시간 전에 전화를 해야 한다.

Guests may sit in any seat in the theater except those in the front row, which are **(reserved)** for the presenters and must be left open. 손님들은 극장에서 발표자들을 위해서 예약되었기에 비워놓아야 하는 첫 번째 줄을 제외한 어떤 줄에도 앉을 수 있다.

The Utah Valley Hospital **(reserves)** the right to restrict visitors when it is in the best interests of the patient. 유타 밸리 병원은 환자를 위해 방문객들을 제한할 권리를 가진다.

retain vt. 유지하다
retain much of ~의 많은 부분을 유지하다

The company will **(retain)** much of the previous company's product line despite decreasing sales. 회사는 감소하는 판매에도 불구하고 이전의 생산 라인의 많은 부분을 유지할 것이다.

CHECK UP 37-1

1. undergo extensive _____ (광범위한 훈련을 받다)
2. bank _____ (은행 거래)
3. a successful _____ (성공적인 변화)
4. _____ considering (특별히 감안하면)
5. the article is _____ well written (그 기사는 매우 잘 쓰여진 것이다)
6. dealing almost _____ with biographies (거의 전적으로 전기문만을 다루는)
7. sales of tractors _____ increase during the harvest (트랙터 판매는 수확 기간에 종종 증가한다)
8. be _____ suited for (~에 최적화되어 있다)
9. reflect _____ on (~에 대해 주기적으로 곰곰이 생각해 보다)
10. _____ a table (자리를 예약하다)
11. _____ much of (~의 많은 부분을 유지하다)

Answer Key 1. training 2. transactions 3. transition 4. especially 5. exceptionally 6. exclusively 7. frequently 8. perfectly 9. periodically 10. reserve 11. retain

2

□ □ □ 기출 정답 어휘 듣고 따라 말하기 🎧 37-2
□ 기출 응용 문제와 출제 포인트 확인하기

show vt. 보여 주다
passengers should show their tickets 승객들은 티켓을 보여주어야 한다

When boarding the plane, passengers should **(show)** their tickets to the flight attendants. 비행기에 탑승할 때, 승객들은 그들의 티켓을 승무원에게 보여주어야 한다.

sign vt. 서명하다
sign the agreement 합의서에 서명하다
all employee evaluation forms must be signed
모든 직원 평가서는 서명되어야 한다

On Wednesday, the presidents of both companies will **(sign)** the agreement. 수요일에 양측 회사 사장들은 합의서에 서명할 것이다.

All employee evaluation forms must be **(signed)** by the department supervisor prior to submission to the Personnel Department. 모든 직원 평가서는 인사부에 제출되기 전에 부서 상관에 의해 서명되어야 한다.

start vi. 시작하다
starting next Monday 다음 주 월요일부터

(Starting) next Monday, a low-fat menu of vegetarian meals and snacks will be offered in the staff cafeteria. 다음 주 월요일부터, 저지방 채식 식사와 스낵이 직원 식당에서 제공될 것이다.

evaluation n. 평가
a full evaluation of the efficiency 효율성에 대해 완전한 평가

The floor manager requested a full **(evaluation)** of the efficiency in inventory in the new Mervin's Department Store. 플로어 매니저가 신축한 머빈 백화점 내에서의 재고 효율성에 대해 완전한 평가를 요청했다.

event n. 행사
other local events 다른 지역 행사

Tickets for the flower show and other local **(events)** may be purchased through advance registration at www.flowershow.com. 꽃 박람회와 다른 지역 행사를 위한 티켓들은 www.flowershow.com에서 사전 등록을 통해 구매될 수 있다.

exception n. 제외
with one exception 한 명을 제외하고

Every survey participant at first rated the new chocolate drink as good, or very good, with one **(exception)**, who gave it a poor rating. 안 좋은 평가를 내린 한 명을 제외하고 모든 설문조사 참가자들은 새로운 초콜릿 음료를 훌륭하거나 매우 훌륭하다고 평가했다.

excursion n. 여행
next week's excursion to Treasure Island 다음 주 보물섬 여행

Guests interested in next week's **(excursion)** to Treasure Island can purchase tickets online. 다음 주 보물섬 여행에 관심 있는 손님들은 온라인에서 티켓을 구매할 수 있다.

exhibition n. 전시회
a recent art exhibition 최근 미술 전시회

After attending a recent art **(exhibition)** at the Dubrette Museum, Marie Toviller signed up for the art appreciation classes offered by the museum. 듀브레 미술관에서 최근 미술 전시회에 참석하고 난 후, 마리 톨리버는 미술관에서 제공하는 예술 감상 수업을 등록했다.

factor n. 요인
a number of factors 많은 요인들

The candidates will be selected based on a number of **(factors)** including educational background and personal recommendations. 지원자들은 학력과 개인적인 추천서들을 포함한 많은 요인들에 근거해서 선발될 것이다.

failure n. 실패
due to unexpected failures 예상치 않은 실패로

Due to unexpected **(failures)**, the development of new equipment has been postponed until next month. 예상치 않은 실패로, 새로운 장비의 개발은 다음 달까지 연기되었다.

express vt. 표명하다
express concerns 우려를 표명하다

The apartment manager has **(expressed)** concerns that many tenants are not maintaining the insides of their apartments. 아파트 관리자는 많은 입주자들이 그들의 아파트 내부를 관리하고 있지 않다고 우려를 표명했다.

face vt. (상황에) 직면하다
the risks their organizations face 그들 조직이 직면하고 있는 위험 요소들

To monitor and handle the risks their organizations **(face)**, it is important that the executives have access to the appropriate information. 그들 조직이 직면하고 있는 위험 요소들을 감독하고 해결하기 위해서 중역들이 적절한 정보를 이용할 수 있는 권한을 갖는 것은 중요하다.

> 다품사 어휘 face는 동사 외에 명사(n. 얼굴, 표면)으로도 출제된다.

CHECK UP 37-2

1. passengers should _____ their tickets (승객들은 티켓을 보여 주어야 한다)
2. _____ the agreement (합의서에 서명하다)
3. _____ next Monday (다음 주 월요일부터)
4. all employee _____ forms must be signed (모든 직원 평가서는 서명되어야 한다)
5. other local _____ (다른 지역 행사)
6. with one _____ (한 명을 제외하고)
7. next week's _____ to Treasure Island (다음 주 보물섬 여행)
8. a recent art _____ (최근 미술 전시회)
9. a number of _____ (많은 요인들)
10. due to unexpected _____ (예상치 않은 실패로)
11. _____ concerns (우려를 표명하다)
12. the risks their organizations _____ (그들 조직이 직면하고 있는 위험 요소들)

Answer Key 1. show 2. sign 3. starting 4. evaluation 5. events 6. exception 7. excursion 8. exhibition 9. factors 10. failures 11. express 12. face

Unit 38

1
- □ □ □ 기출 정답 어휘 듣고 따라 말하기 🎧 38-1
- □ 기출 응용 문제와 출제 포인트 확인하기

feature vt. 특색으로 삼다
feature plants from 35 different countries 각기 다른 35개국으로부터의 식물을 선보이다

This year's Worldwide Gardening Show **(features)** plants from 35 different countries. 금년도 세계 원예 전시회는 각기 다른 35개국에서 온 식물을 선보인다.

> 다품사 어휘 feature는 명사(n. 특징)로도 출제된다.

appropriate a. 적절한
an appropriate air-conditioning system 적절한 냉방 시스템

Salespeople must consider the size of the space before recommending an **(appropriate)** air-conditioning and heating system. 판매원들은 적절한 냉난방 시스템을 추천하기 전에 공간의 크기를 고려해야 한다.

assured a. 확신하여, 안심하여
be assured that ~하는 것을 명심하다

Please be **(assured)** that the computer support team always takes every possible precaution to protect the security of confidential data. 컴퓨터 지원팀은 항상 기밀 자료의 보안을 지킬 수 있도록 모든 가능한 예방 조치를 다할 수 있도록 명심하세요.

beneficial a. 유익한, 이로운
find it beneficial 이롭다는 것을 알다

We have found it **(beneficial)** to request estimates from several contractors before we choose one. 우리는 한 업체를 선택하기 전에 몇몇 업체로부터 견적을 요구하는 것이 이롭다는 것을 인 다.

brief a. 잠시의; (말·글이) 간결한
too brief 너무 짧은

Although Dr. Porter's presentation was well received, participants commented that the question-and-answer session after it was too **(brief)**. 포터 박사의 발표는 반응이 좋았지만, 참석자들은 이어진 질의응답 시간이 너무 짧았다고 말했다.

> 혼동 어휘 brief(시간이 짧은, 모자란)와 shorten(수치, 길이 등이 짧아진)의 의미 차이에 유의해야 한다.

estimate n. 견적, 추정(치)
a written estimate 견적서
an estimate of the money and time 금액과 시간의 추정치

No repairs will be made before a written **(estimate)** has been signed by the customer. 견적서에 고객이 서명하기 전에는 어떤 수리도 이루어지지 않을 것이다.

The accountant will provide an **(estimate)** of the money and time which the DJ Corporation will save by using the new heating system. 회계사는 DJ 기업이 새로운 난방 시스템을 이용함으로써 절약할 수 있는 금액과 시간의 추정치를 제공할 것이다.

> 다품사 어휘 estimate는 타동사(vt. 추산하다, 측정하다, 평가하다)로도 출제된다.
> ex. Police estimate that there are 20,000 protesters. 경찰은 시위 참가자가 2만 명이라고 추산한다.

fill vt. 채우다
fill four open technical-support positions 4개의 기술지원 일자리를 채우다
fill bottles with wine 병들을 포도주로 채우다

Centracorp has four open technical-support positions that we hope to **(fill)** by the end of the month. 센트라콥에는 우리가 이번 달 말까지 채우기를 희망하는 4개의 기술지원 일자리가 있다.

At an automated wine refinery, a machine **(fills)** bottles with wine and weighs the bottles before capping them. 자동화된 포도주 공장에서 기계는 병들을 포도주로 채우고 뚜껑을 닫기 전에 무게를 단다.

facilities n. (pl.) 시설, 설비
company facilities 회사 시설
modernize our facilities 설비를 현대화하다

All employees of Prize Industries are welcome to use company **(facilities)** such as the fitness center at no charge. 프라이즈 사의 전 직원은 체력 단련 센터와 같은 회사 시설을 무료로 이용할 수 있다.

We had to modernize our facilities to expand bussiness operations. 우리 사업확장을 위해 설비를 현대화해야만 했습니다.

also ad. 또한
also give them a two-week vacation 2주간의 휴가 또한 제공하다

The company requires their employees to travel frequently, but it **(also)** gives them a two-week vacation every year to compensate. 회사는 직원들로 하여금 자주 출장 가는 것을 요구하지만, 그들에게 매년 보상으로 매년 2주간의 휴가 또한 제공을 한다.

altogether ad. 완전히, 전적으로; 함께; 대체로
avoid downtown shopping altogether 시내에서 쇼핑을 대체로 피하고 있다

The outdoor markets in the center of the city have become so crowded with tourists that many local residents avoid downtown shopping **(altogether)**. 그 도시 중심에 있는 야외 시장은 관광객들로 붐벼서 많은 지역 거주민들이 시내에서 쇼핑을 대체로 피하고 있다.

CHECK UP 38-1

1 _____ plants from 35 different countries
(각기 다른 35개국으로부터의 식물을 선보이다)

2 an _____ air-conditioning system (적절한 냉방 시스템)

3 be _____ that (~하는 것을 명심하다)

4 find it _____ (이롭다는 것을 알다)

5 too _____ (너무 짧은)

6 a written _____ (견적서)

7 an _____ of the money and time (금액과 시간의 추정치)

8 _____ four open technical-support positions
(4개의 기술지원 일자리를 채우다)

9 company _____ (회사 시설)

10 _____ give them a two-week vacation (2주간의 휴가 또한 제공하다)

11 avoid downtown shopping _____ (시내에서 쇼핑을 대체로 피하고 있다)

Answer Key 1. feature 2. appropriate 3. assured 4. beneficial 5. brief 6. estimate 7. estimate 8. fill 9. facilities 10. also 11. altogether

always ad. 줄곧, 항상
have always lived near Glinstone Park 줄곧 Glinstone 공원 근처에 살아왔다

Since his childhood, portrait painter William Hatch has **(always)** lived near Glinstone Park in a home built by his grandparents. 어려서부터 초상화가인 윌리엄 해치는 줄곧 글린스톤 공원 근처 조부모가 지은 집에서 살아왔다.

Before any conference, the communication director, John Smith, **(always)** tries to anticipate the number of attendants. 어떤 회의가 있기 전에 통신 국장인 존 스미스는 항상 참석자의 숫자를 예상하려고 한다.

anywhere ad. 어디에서나
can be seen from anywhere in the city 도시의 어디에서나 볼 수 있다

At a towering 280 meters, the Collaway Building can be seen from **(anywhere)** in the city. 280미터 높이로 우뚝 치솟은 콜라웨이 빌딩은 도시의 어디에서나 볼 수 있다.

> 다품사 어휘 anywhere는 명사(n. 어디)로도 출제된다.

indicate vt. 보여 주다, 나타내다
the results indicate a preference for 결과는 ~에 대한 선호를 나타내다
our study indicates that 우리의 연구는 ~을 보여 준다

The results of our survey **(indicated)** a preference for full-size automobiles over compact ones because of safety reasons. 우리의 조사 결과는 안전상의 이유 때문에 소형 자동차에 비해 대형 자동차를 선호하는 것으로 나타났다.

Our study **(indicates)** that smaller cities have less population growth and higher unemployment rates. 우리 연구는 작은 도시들이 더 적은 인구 성장과 더 높은 실업률을 가지는 것을 보여 준다.

> 기출 동의어 indicate show present 나타내다, 보여 주다

inspect vt. 점검하다
inspect all of the company's equipment 회사의 모든 장비를 점검하다

 Our new facilities manager, John Hwang, will be in charge of **(inspecting)** all of the company's equipment. 우리의 새로운 시설 관리 매니저인 존 황은 회사의 모든 장비를 점검할 책임을 지게 될 것이다.

recommend vt. 권고하다
recommend that its customers change their passwords 고객에게 비밀번호를 변경하도록 권장하다
be never recommended 지양되어야 한다

 The bank **(recommends)** that its customers change their passwords at least three times a year. 은행은 고객들에게 그들의 비밀번호를 적어도 1년에 3번 교체하도록 권고한다.

Sharing your computer password and username with others is never **(recommended)**. 비밀번호와 사용자 이름을 타인과 공유하는 것은 지양되어야 한다.

reopen vi. 다시 열다
reopen on Tuesday at 9:00 a.m. 화요일 오전 9시에 다시 열다

 The university library will be closed over the holiday but will **(reopen)** on Tuesday at 9:00 a.m. 대학 도서관은 연휴에 걸쳐 문을 닫겠지만, 화요일 오전 9시에 다시 열 것이다.

install vt. 설치하다
install the stairway lighting 계단 조명을 설치하다 **be installed** 설치되다

 Even though the Madrix Company **(installed)** the stairway lighting only two months ago, the light bulbs are continuously flashing on and off. 비록 매드릭스 사가 계단 조명을 불과 2달 전에 설치했음에도 불구하고, 전구들이 계속해서 깜박이고 있다.

The new laser printer arrived yesterday, but it has not been **(installed)** yet, so please continue using the old one until further notice. 새로운 레이저 프린터가 어제 도착했지만 아직 설치되지 않았기 때문에 추후 공지가 있을 때까지 예전 것을 계속해서 사용하세요.

---

advancement n. 승진; 향상
be considered for advancement 승진 대상으로 고려되다

 Last year, fourteen people in the Sales and Service departments at the Fujimoto Company were considered for **(advancement)** to management positions. 푸지모토 회사의 판매와 서비스 부서에서 작년에 14명의 사람들이 관리 직책 승진 대상으로 고려되었다.

---

advance n. 진전, 발전
widespread advances 널리 보급된 진전

 The widespread **(advances)** in database networking have made it possible for scientists to access an unprecedented amount of information. 데이터베이스 네트워킹에서 널리 보급된 진전으로 과학자들이 전례 없는 정보량을 접속하는 것이 가능해졌다.

> 다품사 어휘 advance는 자동사(vi. 진보하다, 향상되다)와 타동사(vt. 촉진시키다, 진척시키다, 승진시키다)로도 출제된다.

---

apology n. 사과
please accept our apology 저희의 사과를 받아주세요

 Please accept our **(apology)** for the delay in payment of $2,000 for the new computers we received last month. 우리가 지난달에 받은 새로운 컴퓨터에 2,000달러 지불 지연에 대해 저희 사과를 받아주세요.

applicant n. 지원자
today's applicants 오늘의 지원자들

 Today's **(applicants)** all seemed very knowledgeable, experienced, and qualified for the accountant's position. 오늘의 지원자들은 모두 회계사 자리에 대한 매우 박식하고, 경력이 있으며, 자격 요건을 잘 갖춘 것 같다.

accept vt. 받아들이다
only accept a telephone card 전화카드만을 취급하다

 The public telephones in Italy and France only **(accept)** a telephone card that is for sale in the post office. 이탈리아와 프랑스에 있는 공중전화들은 우체국에서 판매 중인 전화카드만을 받아준다.

CHECK UP 38-2

1. have _____ lived near Glinstone Park
   (줄곧 Glinstone 공원 근처에 살아왔다)
2. can be seen from _____ in the city (도시의 어디에서나 볼 수 있다)
3. the results _____ a preference for (결과는 ~에 대한 선호를 나타내다)
4. _____ all of the company's equipment (회사의 모든 장비를 점검하다)
5. _____ that its customers change their passwords
   (고객에게 비밀번호를 변경하도록 권장하다)
6. _____ on Tuesday at 9:00 a.m. (화요일 오전 9시에 다시 열다)
7. _____ the stairway lighting (계단 조명을 설치하다)
8. be considered for _____ (승진 대상으로 고려되다)
9. widespread _____ (널리 보급된 진전)
10. please accept our _____ (저희의 사과를 받아주세요)
11. today's _____ (오늘의 지원자들)
12. only _____ a telephone card (전화카드만을 취급하다)

Answer Key 1. always 2. anywhere 3. indicate 4. inspect 5. recommend 6. reopen 7. install 8. advancement 9. advances 10. apology 11. applicants 12. accept

Section 2 문맥에 어울리는 어휘 찾기 ❶ 기출정답 명사·형용사·부사·동사

Unit 39 DAY

□ □ □ 기출 정답 어휘 듣고 따라 말하기 🎧 39-1
□ 기출 응용 문제와 출제 포인트 확인하기

accommodate vt. 수용하다, (공간을) 제공하다
accommodate the increasing number of customers
증가하는 고객 수에 맞추다

To **(accommodate)** the increasing number of customers who park downtown, the Kendle Building Company will construct an additional parking facility by next month. 도심지에 주차하는 고객들의 수가 증가하는 것을 수용하기 위해서 켄들 건축 회사는 추가 주차 시설을 다음 달까지 건설할 것이다.

change vt. 변경하다
change the name of our business 사업체의 이름을 변경하다

We recently **(changed)** the name of our business from the Johnson Corporation to the Anderson Corporation. 우리는 최근에 우리 사업체의 이름을 존슨 사에서 앤더슨 사로 변경했다.

charge vt. (의무, 책임 등을) 맡기다
be charged with evaluating 평가하는 책임을 맡다

Mr. Smith has been **(charged)** with evaluating the performance and the efficiency of all departments. 스미스 씨는 모든 부서의 실적과 효율성을 평가하는 책임을 맡아왔다.

> 다품사 어휘 charge는 명사(n. 요금, 비난, 고발, 책임)로도 출제된다.

collaborate vi. 협력하다
collaborate with ~와 협력하다

The well-known graphic designer James Johnson **(collaborated)** with the Arbor Image's marketing division to develop the advertising campaign for Arbor Image's new computer model. 유명한 그래픽 디자이너 제임스 존슨은 아버 이미지의 새 컴퓨터 모델의 광고 캠페인 개발을 위해 아버 이미지 사의 마케팅 부서와 협력했다.

confidential a. 기밀의
confidential documents 기밀 문서들
documents of confidential nature 기밀 유형의 문서들

Kingston Corporation employees must get permission to enter the company's storage facilities because numerous **(confidential)** documents are filed there. 킹스턴 사의 근로자들은 보관실에 수많은 기밀문서가 보관되어 있기 때문에 보관실에 들어가기 위해 허가를 받아야만 한다.

Documents of a **(confidential)** nature should be locked in cabinets when not in use. 기밀 유형의 문서들은 사용하지 않을 때는 캐비닛에 넣어두어야 한다.

consecutive a. 연속적인
third consecutive 세 번째 연속으로

John Smith won his third **(consecutive)** international badminton tournament by defeating Steve Black last month. 존 스미스는 지난 달 스티브 블랙을 격파함으로서 세 번째 연속으로 국제 배드민턴 토너먼트에서 승리했다.

continuous a. 끊임없는
continuous improvements in technology 끊임없는 기술 향상

Dell needs to provide year-round training for computer technicians due to **(continuous)** improvements in technology. 델 사는 기술에 있어서의 끊임없는 향상 때문에 컴퓨터 기술자들에게 일 년 내내 연수를 제공해야 한다.

convenient a. 편리한
be less convenient for most people 대부분의 사람들에게 덜 편리하다

Wages are relatively higher for night shift workers than for those on the day shift since the required hours are less **(convenient)** for most people. 요구되는 근무시간이 대부분의 사람들에게 덜 편리하기 때문에 주간 근무하는 직원들보다 야간 근무를 하는 직원들의 급료가 상대적으로 높다.

critical a. 비판적인
be critical of customers 고객에게 비판적이다

Customer service employees should not be **(critical)** of customers who may not be satisfied with any of our products. 고객 서비스 담당자는 우리의 제품에 만족하지 않는 고객들에게 비판적이어서는 안 된다.

> 다의미 어휘 critical은 '비판적인'이라는 의미뿐 아니라 '중요한(=important, vital)'의 의미로도 출제된다.

fee n. 수수료
fees for access to its digital music files 디지털 음악 파일 이용을 위한 수수료

As of December 1, the online music download company will reduce its **(fees)** for access to its digital music files by twenty percent. 12월 1일 자로 온라인 음악 다운로드 회사는 그 회사의 디지털 음악 파일 이용을 위한 수수료를 20%까지 줄일 것이다.

field n. 분야, 영역
in the field of healthcare policy 보건 정책 분야에서

As a renowned expert in the **(field)** of healthcare policy, Mr. Blacks writes sports columns for the local newspaper. 건강 보건 정책 분야에서의 유명한 전문가인 블랙스 씨는 지역 신문을 위해 스포츠 칼럼을 쓰고 있다.

CHECK UP 39-1

1. _____ the increasing number of customers (증가하는 고객 수에 맞추다)
2. _____ the name of our business (사업체의 이름을 변경하다)
3. be _____ with evaluating (평가하는 책임을 맡다)
4. _____ with (~와 협력하다)
5. _____ documents (기밀 문서들)
6. third _____ (세 번째 연속으로)
7. _____ improvements in technology (끊임없는 기술 향상)
8. be less _____ for most people (대부분의 사람들에게 덜 편리하다)
9. be _____ of customers (고객에게 비판적이다)
10. _____ for access to its digital music files (디지털 음악 파일 이용을 위한 수수료)
11. in the _____ of healthcare policy (보건 정책 분야에서)

Answer Key 1. accommodate 2. change 3. charged 4. collaborate 5. confidential 6. consecutive 7. continuous 8. convenient 9. critical 10. fees 11. field

fluctuation n. 변동

there has been so much fluctuation 상당한 변동이 있어 왔다

There has been so much **(fluctuation)** in the demand for high-priced speakers that several manufacturers are adding a greater variety of price options. 고가 스피커에 대한 수요에 상당한 변동이 있어 왔으므로 몇몇 제조업체가 다양한 가격대의 옵션을 추가하고 있다.

request n. 요청

upon request 요청 시

Schmidt Architectural Associates is happy to recommend local contractors and construction companies to clients upon **(request)**. 슈미트 건축 협회는 요청 시 지역 하청업체와 건설 회사를 기꺼이 추천해줄 것이다.

다품사 어휘 request는 타동사(vt. 요청하다)로도 출제된다.

requirement n. 필요조건

a requirement for the position 직책에 대한 조건
meet the requirements for the position 직책에 필요한 요건에 부합하다

Frequent overseas travel is a **(requirement)** for the senior marketing position. 빈번한 해외 여행은 중역 마케팅 직책에 필요조건이다.

Although you do not meet the **(requirements)** for the position of marketing manager, you do not fall far behind in the waiting listing. 당신이 마케팅 부장 직책에 대한 조건에 부합하지는 않을지라도, 후보 명단에서 하위에 머무르지는 않고 있다.

approximately ad. 대략
approximately 30 minutes 대략 30분

Catering staff members will need **(approximately)** 30 minutes to rearrange the tables and seats for the group of conference attendees. 식당 종업원들은 회의 참여 그룹을 위해 탁자와 의자를 재배치하려면 대략 30분의 시간이 필요하게 될 것이다.

기출 동의어 approximately roughly about around 대략

cautiously ad. 조심스럽게
cautiously predict a merger 조심스럽게 합병을 예측하다

Business analysts are **(cautiously)** predicting a merger between Grand Tech and Albertson Works, Inc. based on the recent news of top-level negotiations. 비즈니스 분석가들은 최근 임원단 협상소식을 바탕으로 그랜드 테크와 알버트슨 웍스 사이에서 합병을 조심스레 예상하고 있다.

clearly ad. 명확히, 명료하게, 분명히
the buget policy clearly states that 예산 방침이 ~을 명료하게 명시하다

The budget policy **(clearly)** states that each department is responsible for ordering its own supplies. 예산 방침은 각 부서가 자체 물품을 주문하는 것에 대해 책임이 있다고 명료하게 명시하고 있다.

기출 표현 the role of a manager has clearly changed 매니저의 역할은 확연하게 변해있다 be clearly posted 명확하게 게시되었다

currently ad. 현재
be currently the head of 현재 ~의 책임자이다

Mr. Han is **(currently)** the head of his company's Singapore office, but next year he will relocate to the Prague office. 한 씨는 현재 자신의 회사 싱가포르 사무실의 지사장이지만 내년에 프라하 사무실로 옮길 것이다.

기출 표현 be currently processing 현재 처리하고 있다
be currently offering discounted prices 현재 할인 가격을 제공하다
there are currently many positions available 현재 구할 수 있는 많은 일자리가 있다
be currently unable to provide service 서비스를 제공할 수 없었다
be currently looking for volunteers 자원자들을 현재 찾고 있다

request   vt. 요청하다
request a leave of absence 휴가 신청을 하다

I'm writing to **(request)** a leave of absence from work from July 7 to August 7. 저는 7월 7일부터 8월 7일까지 휴가 신청을 하기 위해서 편지를 씁니다.

다품사 어휘 request는 타동사 외에 명사(n. 요청)로도 출제된다.

require   vt. 필요로 하다; 요구하다
be required to wear protective gloves and goggles
보호 장갑과 안경을 착용하도록 요구된다

Technicians are **(required)** to wear protective gloves and goggles in the laboratory at all times. 기술자들은 실험실 안에서 항상 보호 장갑과 안경을 착용하도록 요구된다.

attention   n. 관심, 흥미; 주의, 주의력
attention to detail 세부사항에 대한 관심

Excellent oral and written communication skills and **(attention)** to detail are required for the team leader position. 탁월한 구두, 서면 의사소통 기술과 세부사항에 관심을 갖는 것은 팀 리더 직책을 맡기 위해 필요하다.

audience   n. 청중, 고객
by advertising to a younger audience 젊은 고객에게 광고를 함으로써

Parkington Apparel is attempting to increase sales by advertising to a younger **(audience)**. Parkington Apparel은 젊은 고객에게 광고를 함으로써 판매 증대를 도모하고 있다.

approval n. 승인
final approval 최종 승인

 Final **(approval)** from the marketing director is required for the new advertising campaign. 마케팅 이사로부터의 최종 승인이 새 광고를 위해 필요하다.

> 혼동 어휘 approval과 decision은 우리말로 비슷하게 옮겨지기 때문에 혼동하기 쉽지만 approval은 셀 수 없는 명사이고 decision은 셀 수 있는 명사라는 차이가 있다. 이 두 단어는 명사 자리 앞에 부정관사가 오느냐, 동사의 수가 단수냐 복수냐에 따라 구분할 수 있다.
> 〈appoval+단수동사〉(O) an approval(X) approvals(X)
> 〈a decision+단수동사〉(O) 〈decisions+복수동사〉(O)

CHECK UP 39-2

1 there has been so much _____ (상당한 변동이 있어 왔다)
2 upon _____ (요청 시)
3 a _____ for the position (직책에 대한 조건)
4 _____ 30 minutes (대략 30분)
5 _____ predict a merger (조심스럽게 합병을 예측하다)
6 the buget policy _____ states that (예산 방침이 ~을 명료하게 명시하다)
7 be _____ the head of (현재 ~의 책임자이다)
8 _____ a leave of absence (휴가 신청을 하다)
9 be _____ to wear protective gloves and goggles
(보호 장갑과 안경을 착용하도록 요구된다)
10 _____ to detail (세부사항에 대한 관심)
11 by advertising to a younger _____ (젊은 고객에게 광고를 함으로써)
12 final _____ (최종 승인)

Answer Key 1. fluctuation 2. request 3. requirement 4. approximately 5. cautiously 6. clearly 7. currently 8. request 9. required 10. attention 11. audience 12. approval

Unit 40

area n. 지역
in the outdoor area 옥외 지역에서

The employees at the HP computer lab often eat lunch in the outdoor **(area)** near the north cafeteria. HP 컴퓨터 실험실에 있는 직원들은 종종 북쪽 직원식당 옆에 있는 옥외 지역에서 점심을 먹는다.

border n. 경계
along North Carolina's western border 북 캐롤라이나의 서부 경계를 따라

If you are looking for a pleasant vacation setting, visit the mountains along North Carolina's western **(border)**. 만약 즐거운 휴가 장소를 찾고 있으시다면, 북 캐롤라이나의 서부 경계를 따라 있는 산을 방문하세요.

brochure n. 소책자
a brochure published by ~에서 발행한 소책자

A **(brochure)** published by the Lake Ozark contains photographs and descriptions about all of the guest accommodations in the area. 레이크 오자크에서 발행한 소책자는 지역에 있는 모든 숙박업소에 대한 상세한 설명과 사진을 담고 있다.

conduct vt. 실행[실시]하다
conduct tours of our factory 공장 견학을 실시하다

On the first day of each month, we **(conduct)** tours of our factory for our new clients and investors. 매달 첫 날 우리는 새로운 고객과 투자가를 위한 공장 견학을 실시한다.

congratulate vt. 축하하다
congratulate someone for -ing ~한 것에 대해 축하하다

The company president **(congratulated)** Mr. Terauchi for securing the contract with Pacific Airlines. 그 회사의 사장은 테로치 씨를 퍼시픽 항공사와 계약을 맺은 것에 대해 축하해 주었다.

conserve vt. 절약하다
be designed to conserve energy 에너지를 절약할 수 있도록 고안되다

One of the major advantages of this new washing machine is that it is designed to **(conserve)** energy. 새로운 세탁기의 주요한 장점들 중의 하나는 에너지를 절약할 수 있도록 고안되었다는 것이다.

definitive a. 결정적인, 최종적인
definitive resource 최종 자료

The technological report is considered the **(definitive)** resource on reviewing the latest digital cameras, computers, cell phones, and other products. 기술 보고서는 최신의 디지털 카메라, 컴퓨터, 휴대전화 그리고 모든 다른 제품의 검열에 관한 최종 자료로 간주된다.

discontinued a. 중단된
for discontinued appliances 단종된 가전제품에

Our system does not contain a manual for pre-1998 models as we do not retain information for **(discontinued)** appliances. 단종된 가전제품에 관한 정보를 보관하지 않기 때문에 우리 시스템에는 1988년 이전 모델의 사용설명서가 포함되어 있지 않습니다.

discounted a. 할인된
discounted tickets 할인 티켓

To encourage employees to attend the company soccer team's first game, **(discounted)** tickets are available in the personnel office. 직원들이 회사 축구팀의 첫 경기에 참석하도록 장려하기 위해 인사부서에 할인 티켓이 마련되어 있다.

enviable a. 선망의
an enviable customer service 선망의 대상이 되는 고객 서비스 평가

Mr. Johnson, who is one of the most successful employees, has an **(enviable)** record of customer service. 가장 성공적인 직원들 중의 한 사람인 존슨 씨는 선망의 대상이 되는 고객 서비스 평가를 받았다.

prominently ad. 두드러지게
be prominently placed on the road 도로에 두드러지게 설치되다

Detour signs will be **(prominently)** placed on the road which is under construction so that drivers can take alternative routes. 운전자들이 우회도로로 진입할 수 있도록 우회 표지판이 공사 중인 도로상에 두드러지게 설치될 것이다.

CHECK UP 40-1

1. in the outdoor _____ (옥외 지역에서)
2. along North Carolina's western _____ (북 캐롤라이나의 서부 경계를 따라)
3. a _____ published by (~에서 발행한 소책자)
4. _____ tours of our factory (공장 견학을 실시하다)
5. _____ someone for -ing (~한 것에 대해 축하하다)
6. be designed to _____ energy (에너지를 절약할 수 있도록 고안되다)
7. _____ resource (최종 자료)
8. for _____ appliances (단종된 가전제품에)
9. _____ tickets (할인 티켓)
10. an _____ customer service (선망의 대상이 되는 고객 서비스 평가)
11. be _____ placed on the road (도로에 두드러지게 설치되다)

Answer Key 1. area 2. border 3. brochure 4. conduct 5. congratulate 6. conserve
7. definitive 8. discontinued 9. discounted 10. enviable 11. prominently

□ □ □ 기출 정답 어휘 듣고 따라 말하기 🎧 40-2
□ 기출 응용 문제와 출제 포인트 확인하기

properly ad. 적절하게, 정확히
report working hours properly 작업 시간을 적절하게 보고하다

Managers need to visit the factory once a month to make sure that workers report their working hours **(properly)**. 매니저들은 직원들이 작업시간을 적절하게 보고하는지 확실하게 할 수 있도록 한 달에 한번 공장을 방문할 필요가 있다.

기출 표현 should be properly secured 확실히 안전이 보장되어야 한다
be properly registered with the government for practice 영업을 위해 정부에 적절하게 등록이 되어 있다

provisionally ad. 임시로
be provisionally appointed 임시로 임명되다

Mr. Fillmore was **(provisionally)** appointed to serve as the director of the Marketing Department, but the position will not be filled permanently until next year. 필모어 씨가 마케팅 부서장으로 일할 수 있도록 임시로 임명되었지만 내년까지 그 일자리는 영구적으로 채워지지 않을 것이다.

quickly ad. 빠르게
proceed quickly 빠르게 진행되다

 The construction project is proceeding **(quickly)** now that the cold season has ended. 추운 날씨가 끝났기 때문에 건설 프로젝트는 빠르게 진행되고 있다.

invention n. 발명
the invention of a new manufacturing process 새로운 제조 과정의 발명

 The manager will deliver her presentation on the **(invention)** of a new manufacturing process. 부장은 새로운 제조 과정의 발명에 대해 발표를 할 것이다.

investigation n. 조사
after a thorough investigation 철저한 조사 후에

 After a thorough **(investigation)**, officials at the Department of Safety found no evidence of safety violations at the accident site. 철저한 조사 후에, 안전부서 당국자들은 사고 현장에서 아무런 안전위반 증거도 발견하지 못했다.

invitation n. 초대
receive an invitation 초대를 받다

 Our entire Advertising Department has received an **(invitation)** to attend the awards ceremony. 우리 전체 광고부서는 그 시상식에 참석할 수 있도록 초대를 받았다.

itinerary n. 여행 일정
the itinerary for Ogawa's trip 오가와 씨를 위한 여행 일정

The **(itinerary)** for Ogawa's trip includes stops in San Francisco and Sacramento. 오가와 씨를 위한 여행 일정은 샌프란시스코와 새크라멘토에서의 체류를 포함한다.

justification n. 타당성
offer strong justification for ~에 대한 확고한 타당성(이유)을 부여하다

New technological advances offer strong **(justification)** for getting new equipment rather than repairing older one when it breaks down. 새로운 기술의 발전은 오래된 장비가 고장 날 때 수리하는 것보다 새 장비를 구매하는 것에 대한 확고한 타당성을 제공해 준다.

matter n. 문제
several personal matters 몇몇 개인적인 문제

Mr. Callis said he needed to take care of several personal **(matters)** before returning to the office this afternoon. 오늘 오후 사무실로 돌아가기 전에 몇몇의 개인적인 문제를 처리할 필요가 있다고 캘리스 씨는 말했습니다.

obligation n. 의무
have no obligation to pay 지불할 의무가 없다

New tenants have no **(obligation)** to pay for any damage done to the apartment prior to their moving in. 새로운 입주자들은 그들이 입주하기 전 아파트에 입혀진 손상에 대해서 지불할 의무가 없다

contain vt. 포함하다
contain information on ~에 대한 정보를 포함하다

The recent publication **(contains)** information on companies that manufacture computer equipment. 최근의 출판물은 컴퓨터 장비를 제조하는 회사들에 관한 정보를 포함하고 있다.

> **convene** vi. 소집되다
> **the board of directors will convene next week** 이사회는 다음 주에 소집될 것이다

 The board of directors will **(convene)** next week to approve the new construction project. 이사회는 새로운 건설 프로젝트를 승인하기 위해서 다음 주에 소집될 것이다.

기출 동의어 gather convene meet 소집되다

CHECK UP 40-2

1. report working hours _____ (작업 시간을 적절하게 보고하다)
2. be _____ appointed (임시로 임명되다)
3. proceed _____ (빠르게 진행되다)
4. the _____ of a new manufacturing process (새로운 제조 과정의 발명)
5. after a thorough _____ (철저한 조사 후에)
6. receive an _____ (초대를 받다)
7. the _____ for Ogawa's trip (오가와 씨를 위한 여행 일정)
8. offer strong _____ for (~에 대한 확고한 타당성[이유]을 부여하다)
9. several personal _____ (몇몇 개인적인 문제)
10. have no _____ to pay (지불할 의무가 없다)
11. _____ information on (~에 대한 정보를 포함하다)
12. the board of directors will _____ next week (이사회는 다음 주에 소집될 것이다)

Answer Key 1. properly 2. provisionally 3. quickly 4. invention 5. investigation 6. invitation 7. itinerary 8. justification 9. matters 10. obligation 11. contain 12. convene

Section 2 문맥에 어울리는 어휘 찾기 ❶ 기출정답 명사・형용사・부사・동사

Unit 41

DAY

□ □ □ 기출 정답 어휘 듣고 따라 말하기 🎧 41-1
□ 기출 응용 문제와 출제 포인트 확인하기

convert vt. 전환시키다, 개조하다
convert the old house into a historical museum
낡은 주택을 박물관으로 개조하다

City council members approved a plan yesterday to **(convert)** the old Oswald Tambor House into historical museum. 시의회 의원들은 낡은 오스왈드 탬버 하우스를 역사박물관으로 개조하는 계획을 어제 승인했다.

기출 유사 표현 replace A with B / substitute A for B ~을 ~으로 바꾸다

cover vt. 포함하다
cover the registration fee 등록비를 포함하다

The cost of the conference **(covers)** the registration fee and accommodations at the Days Inn. 학회비는 등록비와 데이즈 인 숙박 요금을 포함한다.

create vt. 만들어내다
create clear and vivid images 선명하고 생생한 이미지를 만들어내다

Kanon, Inc.'s new digital camera **(creates)** clear and vivid images. 캐논 사의 새로운 디지털 카메라는 선명하고 생생한 이미지를 만들어낸다.

equal　a. 같은
be nearly equal to ~와 거의 같다

The Accounting Department reported that sales figures this year were nearly **(equal)** to those recorded three years ago. 올해의 판매수치가 3년 전에 기록했던 판매수치와 거의 같다고 회계부서가 보고했다.

essential　a. 필수적인
be essential qualities for ~에게 필수적인 자질들이다
be an essential part of ~의 필수 부분이다
It is essential that ~하는 것이 필수적이다

Versatility and flexibility are **(essential)** qualities for job candidates looking for higher-ranking jobs. 다재다능과 융통성은 고위직 일자리를 구하는 구직자들을 위한 필수 자질들이다.

Many airlines have extended discount fares to the longer routes that are an **(essential)** part of global business travel. 많은 항공사들은 세계 비즈니스 여행의 필수적인 부분인 긴 노선들에 할인된 항공요금을 제공했다.

It is **(essential)** that the results of the research study remain confidential until they are released to the public. 일반에 공개되기 전까지는 연구의 결과가 비밀로 유지되는 것이 필수적이다.

exceptional　a. 예외적인, 상당한
exceptional promise and contribution 상당한 기여와 장래성

The employee of the year award is given annually to an employee who shows **(exceptional)** promise and contribution to the firm. 올해의 사원상은 회사에 상당한 기여와 장래성을 보여준 직원에게 매년 주어진다.

exclusive a. 독점적인
exclusive property 독점적인 자산

Unless otherwise stated, all content posted on this website is the **(exclusive)** property of Santos Enterprises. 별도로 명시되지 않으면 이 웹사이트에 게시된 모든 내용은 산토스 사의 독점적인 자산이다.

exemplary a. 훌륭한, 대표적인
exemplary performance 훌륭한 업무실적

Diane was honored with the employee of the year award for her **(exemplary)** performance on the job as she collaborated with her partners. 다이앤은 동료들과 협력하여 훌륭한 업무실적으로 올해의 사원상을 수상했다.

guide n. 안내서
a training guide 훈련 안내서

The training **(guide)** contains a directory of the names of all new employees. 훈련 안내서는 모든 신입 사원들의 명부를 포함하고 있다.

health n. 건강
despite his continued good health 그의 계속되는 건강에도 불구하고

Despite his continued good **(health)**, Mr. Smith visits the doctor regularly for a checkup. 그의 계속되는 건강에도 불구하고, 스미스 씨는 검사를 위해 병원을 정기적으로 방문한다.

resource n. 정보
a helpful resource 도움이 되는 정보

Recent university graduates interested in pursuing a science career will find a helpful (**resource**) at www.sciencecareeers.com. 과학 분야에서 경력을 쌓기를 원하는 최근 대졸자들은 www.sciencecareeers.com에서 도움이 되는 정보를 찾을 수 있을 것이다.

CHECK UP 41-1

1 _____ the old house into a historical museum
   (낡은 주택을 박물관으로 개조하다)
2 _____ the registration fee (등록비를 포함하다)
3 _____ clear and vivid images (선명하고 생생한 이미지를 만들어내다)
4 be nearly _____ to (~와 거의 같다)
5 be _____ qualities for (~에게 필수적인 자질들이다)
6 be an _____ part of (~의 필수 부분이다)
7 It is _____ that (~하는 것이 필수적이다)
8 _____ promise and contribution (상당한 기여와 장래성)
9 _____ property (독점적인 자산)
10 _____ performance (훌륭한 업무실적)
11 a training _____ (훈련 안내서)
12 despite his continued good _____ (그의 계속되는 건강에도 불구하고)
13 a helpful _____ (도움이 되는 정보)

Answer Key 1. convert 2. cover 3. create 4. equal 5. essential 6. essential 7. essential
8. exceptional 9. exclusive 10. exemplary 11. guide 12. health 13. resource

2

□ □ □ 기출 정답 어휘 듣고 따라 말하기 🎧 41-2
□ 기출 응용 문제와 출제 포인트 확인하기

right n. 권리
reserve the right to do ~할 권리를 가진다

Green Food, Inc. reserves the **(right)** to change prices or limit quantities depending on current demand or supply levels. 그린 푸드 사는 현재의 수요나 공급 수준에 따라서 양을 제한하거나 가격을 변경할 권리를 가진다.

too ad. 너무
too many appointments 너무 많은 약속들

Mr. Johnson will reorganize his schedule because he has **(too)** many appointments next month. 존슨 씨는 다음 달 너무 많은 약속들이 있기 때문에 스케줄을 다시 잡을 것이다.

very ad. 매우
have been very successful 매우 성공적이었다

Mr. Smith's bakery has been **(very)** successful despite the recent increase in the price of flour. 스미스 씨의 제과점은 최근 밀가루 가격의 상승에도 불구하고 매우 성공적이었다.

yet ad. 아직
be yet to be determined 아직 결정되지 않았다
have yet to be addressed 아직 해결되지 못하고 있다

The extent to which Mr. Tadashi will be involved in the petrochemical research division is **(yet)** to be determined. 타다시 씨가 석유화학 연구 분야에 어느 정도 개입할 것인지는 아직 결정되지 않았다.

375

Mr. Hashimoto's report suggested that the problem of absenteeism in the division has **(yet)** to be addressed. 하시모토 씨의 보고서는 부서에서의 장기 결근에 관한 문제점이 아직 해결되지 못하고 있다고 시사하고 있다.

opportunity n. 기회
career opportunities 일자리(취업 기회)

All strong applicants responded to the announcement of career **(opportunities)** in the Design Department. 모든 자신 있는 지원자들은 디자인 부서에 있는 일자리(취업 기회) 공고에 지원했다.

> 기출 표현 find out more about our seasonal job 계절 일자리 기회에 대해 더 알아보다
> have the opportunity to preview the new CA computer 새로운 CA 컴퓨터를 미리 볼 수 있는 기회를 가지다
> give small businesses a greater opportunity to compete against larger companies 소규모 회사들에게 큰 회사들과 경쟁할 수 있는 큰 기회를 제공하다
> the opportunity to join the staff 직원으로 입사할 수 있는 기회

popularity n. 인기
gain popularity 인기를 얻다

Domestic travel destinations are gaining **(popularity)** as international flights become more expensive. 국제 비행편 요금이 더 비싸게 되어서 국내 관광지들이 인기를 얻고 있다.

position n. 자리, 위치
secure the top position 상위 자리를 확보하다

CCB acquired two more broadcasting companies and secured the top **(position)** among Italian media companies. CCB는 두 개의 방송회사를 인수했고 이탈리아 방송 회사들 사이에서의 상위 자리를 확보했다.

potential n. 잠재력
enormous potential 막대한 잠재력

Organic farming has enormous **(potential)** to improve environmental conditions around the world. 유기농 농사는 전 세계 환경 상황을 개선할 막대한 잠재력을 지니고 있다.

> **다품사 어휘** potential은 형용사(a. 잠재적인)로도 출제된다.
> **혼동 어휘** potential(n. 잠재력-셀 수 없는 명사)과 potentiality(n. 잠재력-셀 수 있는 명사)는 의미는 같지만 potential은 부정관사와 함께 쓰이지 않으며 복수형이 없고, potentiality는 반대로 부정관사와 쓰일 수 있고 복수형이 있다.

practice n. 관행
a highly recommended practice 강력하게 추천되는 관행

Sending a letter of appreciation immediately after a job interview is a highly recommended **(practice)**. 취업 인터뷰 바로 직후에 감사의 편지를 보내는 것은 강력하게 추천되는 관행이다.

decide vt. 결정하다
decide to choose the construction bid 그 건축 입찰을 선택하기로 결정하다

The board of directors **(decided)** to choose the construction bid made by the Johnson Construction Company. 이사회는 존슨 건설사가 제출하는 건설 입찰을 선택하기로 결정했다.

deliver vt. 제공하다; 운반하다
deliver the invitation in person 초대장을 인편으로 전달하다
be delivered to the loading dock 하역장으로 운반되다

Ms. Christensen generously offered to **(deliver)** the invitation in person rather than send it through the mail. 크리스텐젠 씨는 초대장을 우편을 대신해 인편으로 전달하겠다고 너그럽게 도움 했다.

All construction materials will be **(delivered)** to the loading dock at the backside of the building. 모든 건설 재료들은 건물 뒤편에 있는 하역장으로 운반될 것이다.

determine vt. 결정하다
be determined how to do 어떻게 할지 결정하다

Mr. Yakimoto is **(determined)** to discover how best to utilize the company's strategy consultants. 야키모토 씨는 어떻게 회사의 전략 상담가들을 최대로 활용할지 결정할 것이다.

CHECK UP 41-2

1. reserve the _____ to do (~할 권리를 가진다)
2. _____ many appointments (너무 많은 약속들)
3. have been _____ successful (매우 성공적이었다)
4. have _____ to be addressed (아직 해결되지 못하고 있다)
5. career _____ (일자리(취업 기회))
6. gain _____ (인기를 얻다)
7. secure the top _____ (상위 자리를 확보하다)
8. enormous _____ (막대한 잠재력)
9. a highly recommended _____ (강력하게 추천되는 관행)
10. _____ to choose the construction bid (그 건축 입찰을 선택하기로 결정하다)
11. _____ the invitation in person (초대장을 인편으로 전달하다)
12. be _____ how to do (어떻게 할지 결정하다)

Answer Key 1. right 2. too 3. very 4. yet 5. opportunities 6. popularity 7. position 8. potential 9. practice 10. decide 11. deliver 12. determined

Unit 42

Section 2 문맥에 어울리는 어휘 찾기 ❶ 기출정답 명사·형용사·부사·동사

DAY

1 □ □ □ 기출 정답 어휘 듣고 따라 말하기 🎧 42-1
□ 기출 응용 문제와 출제 포인트 확인하기

expensive a. 비싼
a less expensive alternative 보다 저렴한 대안

Auckland's public transportation system offers a less **(expensive)** alternative to maintaining a private car. 오클랜드의 대중교통 시스템은 개인 차량을 유지하는 것에 보다 저렴한 대안을 제시한다.

informative a. 유익한
long but informative 길지만 유익한

Feedback from employees indicated that yesterday's presentation about the new software was long but **(informative)**. 근로자들로부터의 피드백은 어제 새로운 소프트웨어에 관한 발표가 길었지만 유익했다고 나타냈다.

initial a. 처음의; 초기의
the initial findings 초기의 발견된 내용들
the initial shipment of books 최초의 책 선적물

Although the **(initial)** findings did not support our hypothesis that the bacteria are drug resistant, the later results did. 초기의 발견된 내용들은 박테리아가 약물에 내성이 있다는 우리의 가설을 뒷받침하지는 않았지만 이후의 결과들은 그랬다.

The **(initial)** shipment of books should arrive in stores three days before the title is released for sale to the public. 최초의 책 선적물은 판매를 위한 책의 제목이 일반에게 공개되기 3일 전에 가게에 도착해야 한다.

379

innovative a. 혁신적인
innovative television commercials 혁신적인 TV 광고들

At the Hagen-Brawn Advertising Festival, the marketers of Belleza Shampoo were awarded first prize for their **(innovative)** television commercials. 하겐 브론 광고 축제에서 벨레자 샴푸 광고 담당자들은 혁신적인 TV 광고에 대해 대상을 받았다.

insecure a. 불안정한
feel insecure about the long-term strength of the economy
경제의 장기적인 강세에 불안함을 느끼다

Most corporate owners are reluctant to invest in research and development since they feel **(insecure)** about the long-term strength of the economy. 대부분의 회사 소유주들은 경제의 장기적인 강세에 대한 불안함을 느끼기 때문에 연구와 개발 분야에 투자하는 것을 꺼려한다.

impression n. 인상
give the impression that ~하다는 인상을 주다

If you get to the meeting well before the designated time, it may give others the **(impression)** that you have time to waste. 당신이 미팅에 정해진 시간보다 너무 일찍 도착하는 것은 허비할 시간이 있는 사람이라는 인상을 다른 사람들에게 줄지도 모른다.

warranty n. 보증
one-year warranty on your car 귀하의 차에 대한 1년 보증

By purchasing our Platinum Care Program, you will be able to extend the one-year **(warranty)** on your car for an additional two years. 우리의 플래티넘 케어 프로그램의 구입을 통해서 당신은 당신의 차에 대한 1년 보증을 추가적으로 2년 연장할 수 있을 것이다.

wear n. 마모
signs of wear 마모의 징조들

The old bridge across the Snake River has begun to show signs of **(wear)**, so it needs to be reconstructed in the near future. 스네이크 강을 가로지르는 오래된 다리가 노후 징조를 보이기 시작했으며 가까운 장래에 재건설이 필요하다.

> 다품사 어휘 wear는 타동사(착용하다)로도 출제된다.
> ex) wear the watch/hat/glasses 시계/모자/안경을 착용하다

incentive n. 혜택
extra incentives 추가적인 혜택

As of July 4, General Motors will offer customers extra **(incentives)** to buy the new model sedan. 7월 4일부터 General Motors는 고객들에게 새로운 모델 세단을 구입할 수 있도록 추가적인 혜택을 제공할 것이다.

so ad. 매우
be so complicated that 매우 복잡해서 ~하다

The procedures for submitting travel-reimbursement forms were **(so)** complicated that many department managers found them difficult to follow. 출장비 상환 서류 제출에 대한 절차는 매우 복잡해서 많은 부서 매니저들은 그 절차를 따라 하기 어렵다고 느꼈다.

strictly ad. 엄격하게
be strictly limited 엄격하게 제한되어 있다

The number of prizes available for employee of the month is **(strictly)** limited, so only a few people will be selected. 이 달의 사원을 위한 상의 숫자가 엄격하게 제한되어 있기 때문에 아주 적은 사람들만이 선정될 것이다.

CHECK UP 42-1

1. a less _____ alternative (보다 저렴한 대안)
2. long but _____ (길지만 유익한)
3. the _____ findings (초기의 발견된 내용들)
4. _____ television commercials (혁신적인 TV 광고들)
5. feel _____ about the long-term strength of the economy
   (경제의 장기적인 강세에 불안함을 느끼다)
6. give the _____ that (~하다는 인상을 주다)
7. one-year _____ on your car (귀하의 차에 대한 1년 보증)
8. signs of _____ (마모의 징조들)
9. extra _____ (추가적인 혜택)
10. be _____ complicated that (매우 복잡해서 ~하다)
11. be _____ limited (엄격하게 제한되어 있다)

Answer Key 1. expensive   2. informative   3. initial   4. innovative   5. insecure   6. impression
7. warranty   8. wear   9. incentives   10. so   11. strictly

2
□ □ □ 기출 정답 어휘 듣고 따라 말하기 🎧 42-2
□ 기출 응용 문제와 출제 포인트 확인하기

---

strategically   ad. 전략적으로
compete strategically 전략적으로 경쟁하다

In order to compete **(strategically)** in a highly competitive market, we have to provide good services and products to our customers. 경쟁력이 높은 시장에서 전략적으로 경쟁하기 위해서 우리는 고객들에게 좋은 서비스와 제품을 제공해야 한다.

To sell more soft drinks, store managers are encouraged to place them **(strategically)** near cash registers. 보다 많은 탄산음료를 팔기 위해 가게 매니저들은 전략적으로 그것들을 계산대 근처에 놓을 것을 당부 받고 있다.

suddenly ad. 갑작스럽게
the temperature dropped so suddenly 온도가 아주 갑작스럽게 떨어졌다

Overall customer sales by the companies in this region have decreased since the temperature dropped so **(suddenly)**. 온도가 아주 갑작스럽게 떨어진 이후로 이 지역의 회사 전체 고객판매가 줄었다.

still ad. 여전히
still provide the excellent service 여전히 훌륭한 서비스를 제공하다
still manage to ship the goods on time 그래도 상품을 정시에 선적하다
have still not released 아직까지 공개하지 않았다

After 20 years in business, Quick Shipping **(still)** provides the excellent delivery services that its customers count on. 20년간 사업을 지속해 오면서, 퀵 해운 회사는 여전히 자사의 고객들이 신뢰하는 뛰어난 배송 서비스를 제공하고 있다.

Even though Mr. Tanner arrived late, he **(still)** managed to ship the goods on time. 태너 씨가 늦게 도착했음에도 불구하고, 그래도 그가 상품을 정시에 선적할 수 있었다.

The central accounting office has **(still)** not released the annual spending figures for last year. 중앙 회계 사무실은 지난 일 년 동안의 지출 수치를 아직까지 공개하지 않았습니다.

unbearably ad. 참을 수 없이
unbearably high temperatures 참을 수 없을 정도의 높은 기온

The **(unbearably)** high temperatures during the week have produced record crowds at public pools. 한 주의 참을 수 없을 정도의 높은 기온은 공공수영장에서의 기록적인 인파를 만들었다.

precaution n. 예방 조치
take every precaution 가능한 모든 예방조치를 취하다

The report warned small businesses to take every **(precaution)** to ensure that they were protected against the rising crime of identity theft. 보고서는 증가하는 신원도용 범죄로부터 그들 자신을 보호할 수 있도록 조그만 사업체들에 가능한 모든 예방조치를 취하라고 경고했다.

preference n. 선호도
a strong preference 강한 선호도
an increasing preference 증가하는 호감

A latest survey revealed a strong **(preference)** for local electronics companies over foreign companies. 최근 조사는 외국 회사보다도 지역 전자 회사에 대한 강한 선호도를 보여 주었다.

A recent report indicates that more customers are showing an increasing **(preference)** for online shopping. 최근 보고서는 더 많은 고객들이 온라인 쇼핑에 증가하는 호감을 보여 준다.

preparation n. 준비
in preparation for the upcoming inspection
다가오는 점검에 대비해서

In **(preparation)** for the upcoming monthly inspection, all staff members are asked to review and update their training records by Friday, March 20. 다가오는 월별 점검에 대비해서 모든 직원들은 자신들의 교육 기록을 3월 20일 금요일까지 검토하고 업데이트하도록 요청되었다.

presence n. 존재; 출석, 참석
request your presence 참석을 요구하다
expand its current presence 현재의 입지를 확장하다

The CEO has requested your **(presence)** at the regional meeting with our local contractors. 최고경영자는 우리 지역 계약자들과의 지역 미팅에서 당신의 참석을 요구해왔습니다.

Australia-based Castlemark Bank hopes to expand its current **(presence)** in New Zealand by opening several branch offices there. 호주에 본사를 둔 캐슬마크 은행은 뉴질랜드에 몇 개의 지사를 개장함으로써 그들의 현재의 위치를 확장하려고 한다.

presentation n. 발표
prepare a comprehensive presentation on ~에 대해 종합적인 발표를 준비하다
make a brief presentation about ~에 대해 간단한 발표를 하다

 Our human resources team is preparing a comprehensive **(presentation)** on our updated workplace policies. 우리 인사 부서는 업데이트된 작업장 정책에 대해 종합적인 발표를 준비하고 있다.

The advertising manager made a brief **(presentation)** about the company's goals for the forthcoming year. 홍보 부장은 내년도 회사 목표들에 관해 짧은 발표를 했다.

draw vi. 의존하다, 이용하다
draw on their particular area of business 그들의 특정 비즈니스 분야에 의존하다

 When the job market is tight, many individuals **(draw)** on their particular area of business and hire themselves out as consultants. 취업 시장이 치열할 때 많은 사람들은 그들의 특정 비즈니스 분야에 의존하고 그들 자신을 상담역으로 고용한다.

emerge vi. 드러나다, 밝혀지다
a problem that emerged 드러난 문제

 The launch of the new product has been postponed due to a problem that **(emerged)** when they were tested. 신상품 출시는 제품들을 시험하는 동안 불거진 문제점 때문에 연기되었다.

enhance vt. 강화하다, 향상시키다
enhance any landscape 경관을 향상시키다

Alex's plants are fascinating and will be guaranteed to **(enhance)** any landscape. 알렉스의 식물들은 매혹적이며 그 어떤 경치도 한 층 더 향상시킬 것을 보장할 것이다.

enroll vi. 등록하다
enroll in the national health insurance plan 국가 건강 보험에 등록하다

Management requires all employees to **(enroll)** in the national health insurance plan. 경영진은 모든 직원들이 국가 건강 보험에 등록하도록 요구한다.

All new employees can **(enroll)** in the employee mentoring program during the first year of employment. 모든 신입 사원들은 입사 첫해에 직원 맨토링 프로그램에 등록할 수 있다.

기출 동의어 enroll in / register for / register with 등록하다

CHECK UP 42-2

1. compete _____ (전략적으로 경쟁하다)
2. the temperature dropped so _____ (온도가 아주 갑작스럽게 떨어졌다)
3. _____ provide the excellent service (여전히 훌륭한 서비스를 제공하다)
4. _____ high temperatures (참을 수 없을 정도의 높은 기온)
5. take every _____ (가능한 모든 예방조치를 취하다)
6. an increasing _____ (증가하는 호감)
7. in _____ for the upcoming inspection
   (다가오는 점검에 대비해서)
8. request your _____ (참석을 요구하다)
9. prepare a comprehensive _____ on (~에 대해 종합적인 발표를 준비하다)
10. _____ on their particular area of business
    (그들의 특정 비즈니스 분야에 의존하다)
11. a problem that _____ (드러난 문제)
12. _____ any landscape (경관을 향상시키다)
13. _____ in the national health insurance plan (국가 건강 보험에 등록하다)

Answer Key 1. strategically 2. suddenly 3. still 4. unbearably 5. precaution 6. preference
7. preparation 8. presence 9. presentation 10. draw 11. emerged 12. enhance
13. enroll

Section 2 문맥에 어울리는 어휘 찾기 ❶ 기출정답 명사·형용사·부사·동사

Unit 43 DAY

1 □ □ □ 기출 정답 어휘 듣고 따라 말하기 🎧 43-1
□ 기출 응용 문제와 출제 포인트 확인하기

instructional a. 교육용의
instructional videos 교육용 비디오들

(Instructional) videos will be available for employees needing to know how to operate the newly installed equipment. 교육용 비디오들은 새로 설치된 장비 작동법을 알 필요가 있는 직원들이 이용할 것이다.

interactive a. 쌍방향의
interactive features 쌍방향의 특징들

The newly redesigned website has **(interactive)** features that allow users to spend their time more pleasantly. 새롭게 디자인된 웹사이트는 쌍방향의 특징들을 가지고 있어서 사용들로 하여금 시간을 좀 더 기분 좋게 보낼 수 있도록 해준다.

limited a. 제한된
for a limited time only 제한된 시간 동안만
supplies of the newest model are limited 새로운 모델 물량이 제한적이다

The Gallo Museum's display of Mexican silver crafts will remain open for a **(limited)** time only. 갈로 박물관의 멕시코 은 공예품의 전시가 제한된 시간 동안만 전시될 것이다.

Our supplies of the newest model are **(limited)**, so products will be sold on a first-come, first-served basis. 우리의 새로운 모델 물량이 제한되어 있어서 제품들은 선착순으로 판매될 것이다.

notable a. 유명한

be notable for ~으로 유명하다 **notable economists** 저명한 경제학자들

The lobby of the Grace Hotel is **(notable)** for its use of extensive white marble. 그레이스 호텔 로비는 넓은 하얀 대리석을 이용한 것으로 유명하다.

Many **(notable)** economists, including John Smith and Neal J. Anderson, have published articles in the *Economist Daily News*. 존 스미스와 닐 제이 앤더슨을 포함한 많은 저명한 경제학자들이 〈이코노미스트 데일리 뉴스〉에 논문을 발표해 왔다.

increase n. 증가

an increase in demand 수요의 증가
a significant increase in its stock price 주식 가격의 상당한 증가

Due to an **(increase)** in demand for our new products, the company decided to increase its production quota. 신상품들에 대한 수요가 증가함에 따라 회사는 제품 생산량을 증가시키기로 결정했다.

After a very successful year in sales, Balsham Manufacturing experienced a significant **(increase)** in its stock price. 판매에 있어 성공적인 한 해를 보낸 후에, 발샴 메뉴팩처링 사는 그들 주식 가격에 있어 상당한 증가를 경험했다.

> 다품사 어휘 increase는 자동사(vi. 증가하다)와 타동사(vt. 증가시키다)로도 자주 출제된다.
> ex. The population increased by five percent. 인구가 5% 증가했다.
> We need to increase productivity. 생산성을 높일 필요가 있다.

inquiry n. 질문

all inquiries should be directed to 모든 질문은 ~로 해야 한다

Because Ms. Powell won't be in the office to answer questions, all **(inquiries)** should be directed to Mr. Peterson in the Billing Department. 포웰 씨가 질문에 대한 답변을 위해 사무실에 없을 것이므로 모든 질문들은 청구 부서에 있는 피터슨 씨에게 보내져야 한다.

instruction n. (pl.) 지침
read all the instructions 모든 지침을 읽다

Be sure to read and fully understand all the **(instructions)** in the manual before using this device. 이 장치를 사용하기 전에 안내서에 있는 지시사항들을 모두 읽고 완전히 이해해야 한다.

opening n. 일자리, 개막식
temporary employment openings 임시직 일자리

The hospital has part-time and temporary employment **(openings)** for certified nursing attendants. 병원은 자격 있는 간호사를 위한 파트타임과 임시직 일자리가 있다.

> **-ing 형태의 명사**
> beginning 발단, 계시 belonging 소지품 broadcasting 방송 findings 발견(물), 연구 결과 gathering 모임 lodging 숙박, 하숙 meeting 회의 opening 결원, 공석 shipping 선적 training 훈련 advertising 광고업(cf. advertisement 광고) covering 덮게 funding 자금 지원, 자금 조달 fund 자금 meaning 의미(cf. means 방법) seating 좌석 배석(cf. seat 좌석) staffing 직원 배치(cf. staff 직원) ticketing 발권(cf. ticket 티켓)

cleverly ad. 솜씨 좋게
a cleverly concealed pocket 솜씨 좋게 가려진 주머니

The Bee Travel Luggage Company manufactures a suitcase with a **(cleverly)** concealed pocket for storing important documents. Bee Travel Luggage 사는 주요 문서를 저장할 수 있는 솜씨 좋게 가려진 주머니가 있는 가방을 제조한다.

closely ad. 면밀하게
be closely monitored 면밀하게 모니터되다

The manufacturing process at Anderson Manufacturing is **(closely)** monitored by certified technicians. Anderson Manufacturing 사의 제조 과정은 자격 있는 기술자들에 의해서 면밀하게 모니터된다.

> **completely** ad. 완전하게
> **completely free of charge** 완전하게 공짜로
> **be filled out completely** 완전하게 작성하다

 The company offers potential customers an initial consultation **(completely)** free of charge. 회사는 잠재 고객들에게 초기 상담을 완전하게 공짜로 제공한다.

So that your visa application can be processed quickly, please make sure that all sections of the form are filled out **(completely)**. 당신의 비자 신청서가 신속하게 처리될 수 있도록 이 양식의 모든 항목을 빠짐없이 기재해 주세요.

CHECK UP 43-1

1. _____ videos (교육용 비디오들)
2. _____ features (쌍방향의 특징들)
3. for a _____ time only (제한된 시간 동안만)
4. be _____ for (~으로 유명하다)
5. an _____ in demand (수요의 증가)
6. all _____ should be directed to (모든 질문은 ~로 해야 한다)
7. read all the _____ (모든 지침을 읽다)
8. temporary employment _____ (임시직 일자리)
9. a _____ concealed pocket (솜씨 좋게 가려진 주머니)
10. be _____ monitored (면밀하게 모니터 되다)
11. _____ free of charge (완전하게 공짜로)

Answer Key 1. instructional 2. interactive 3. limited 4. notable 5. increase 6. inquiries
7. instructions 8. openings 9. cleverly 10. closely 11. completely

conveniently ad. 편리하게
be conveniently located 편리하게 위치하다

The Delta Bookstore is opening a new store **(conveniently)** located on the corner of Wilson Street and University Avenue. 델타 서점은 새로운 가게를 편리하게 위치한 윌슨 가와 유니버시티 가의 모퉁이에 개장한다.

There are a variety of restaurants **(conveniently)** located on the same street as the convention center. 그 컨벤션 센터와 같은 거리에 편리하게 위치된 다양한 음식점들이 있다.

definitely ad. 확실하게
definitely reach one's goal for this year 올해 목표를 확실히 달성하다

Our division leader announced that the new sales team will **(definitely)** reach its goal for this year. 우리 부서장은 새로운 영업팀이 그들의 올해 목표를 확실히 달성할 거라고 발표했다.

productivity n. 생산성
improve one's productivity 생산성을 증가시키다

More flexible working hours and fewer restrictions have improved the quality of the designers' work as well as their **(productivity)**. 좀 더 유동적인 작업 시간과 적은 제약이 디자이너들의 생산성뿐만 아니라 작업에 대한 품질도 증가시켰다.

profit n. 이윤
one's profits have risen 16 percent 이윤이 16% 올랐다

Johnson Electronics has announced that its **(profits)** have risen 16 percent in the past six months. Johnson 전자는 지난 6개월 동안 이윤이 16% 증가했다고 발표했다.

> 다품사 어휘 profit은 자동사(vi. 이익을 얻다 from)와 타동사(vt. 이익을 주다)로도 출제된다.

---

project n. 계획, 기획, 프로젝트
research project 연구 프로젝트

 Because a European engineering company has started to manufacture a similar model, Unimax's research **(project)** on the new prototype has been canceled. 유럽 엔지니어링 회사가 비슷한 모델을 만들기 시작했기 때문에 유니맥스의 새로운 원형에 대한 연구 프로젝트는 취소되었다.

> 다품사 어휘 project는 타동사(vt. 계획하다, 기획하다)로도 출제된다.

---

promotion n. 승진
the promotion of someone to ~의 ~ 자리로 승진

 Sun Microsystems, Inc. announced the **(promotion)** of Susan Anderson to the position of Corporate Development Director yesterday. 선 마이크로시스템즈 사는 수잔 앤더슨 씨가 기업 개발 이사직으로 승진했음을 어제 발표했다.

---

proportion n. 부분
a large proportion of ~의 많은 부분

 Twenty percent of participants in a recent survey reported spending a large **(proportion)** of their income on their children's education. 최근 조사에서의 20%의 참여자들이 그들 소득의 많은 부분을 자녀들의 교육에 쓴다고 보고했다.

protection n. 안전
for your protection 귀하의 안전을 위해

For your **(protection)**, please wear a safety helmet while operating this machinery at all times. 안전을 위해 기계 작동 시 항상 안전모를 착용하세요.

fulfill vt. 완료하다, 처리하다
fulfill all of the orders 모든 주문을 처리하다

We need to hire extra staff members in order to **(fulfill)** all of the orders by the end of the year. 우리가 연말까지 모든 주문을 완료할 수 있으려면 직원들을 충원할 필요가 있다.

grow vi. 자라다
grow very well in a dry climate 건조한 기후에서 매우 잘 자라다

The plants used in the landscape at the Asian headquarters **(grow)** very well in a dry climate. 아시아 본사에서 환경 미화를 위해 사용된 식물들은 건조한 기후에서 매우 잘 자란다.

guarantee vt. 보장하다
guarantee same-day delivery 당일 배달을 보장하다

In order to **(guarantee)** same-day delivery, payment must be made in advance. 당일 배달을 보장할 수 있도록 지불금액은 미리 지불이 되어야 한다.

> 다품사 어휘 guarantee는 명사(n. 보장, 보증)로도 출제된다.

hold vt. 개최하다

the employee orientation is held in ~에서 직원 오리엔테이션이 개최되다
hold employment preparedness sessions 고용 준비 모임을 열다

The annual office party will be **(held)** in room 24 in Building A.
연례 사무실 파티는 A건물 24호실에서 열릴 것이다.

The employee orientation will be **(held)** in the conference room at 1:30 p.m. 직원 오리엔테이션은 오후 1시 30분에 회의실에서 열릴 것이다.

Many industries **(hold)** employment preparedness sessions for college graduates at the job fair every year. 많은 산업들은 대학 졸업생들을 위해서 매년 취업 박람회에서 고용 준비 모임을 개최한다.

CHECK UP 43-2

1 be _____ located (편리하게 위치하다)
2 _____ reach one's goal for this year (올해 목표를 확실히 달성하다)
3 improve one's _____ (생산성을 증가시키다)
4 one's _____ have risen 16 percent (이윤이 16% 올랐다)
5 research _____ (연구 프로젝트)
6 the _____ of someone to (~의 ~ 자리로 승진)
7 a large _____ of (~의 많은 부분)
8 for your _____ (귀하의 안전을 위해)
9 _____ all of the orders (모든 주문을 처리하다)
10 _____ very well in a dry climate (건조한 기후에서 매우 잘 자라다)
11 _____ same-day delivery (당일 배달을 보장하다)
12 the employee orientation is _____ in (~에서 직원 오리엔테이션이 개최되다)

Answer Key 1. conveniently 2. definitely 3. productivity 4. profits 5. project 6. promotion
7. proportion 8. protection 9. fulfill 10. grow 11. guarantee 12. held

Section 2 문맥에 어울리는 어휘 찾기 ❶ 기출정답 명사 · 형용사 · **부사** · 동사

Unit 44

DAY

1
□ □ □ 기출 정답 어휘 듣고 따라 말하기 🎧 44-1
□ 기출 응용 문제와 출제 포인트 확인하기

hesitate vi. 주저하다
do not hesitate to ~하는 것을 주저하지 마라

If you have any questions or comments regarding our policy, do not **(hesitate)** to contact a customer service representative. 우리 정책에 관해서 언급할 사항이나 질문이 있다면 고객 서비스 직원에게 연락하는 것을 주저하지 마세요.

hire vt. 고용하다
hire more carpenters 더 많은 목공들을 고용하다

The builder has to **(hire)** more carpenters to meet the scheduled deadlines. 건설업자는 예정된 마감일을 맞추기 위해서 더 많은 목공들을 고용해야만 한다.

기출 동의어 hire employ recruit 고용하다 look for / seek (고용하기 위해) ~를 찾다

temporary a. 일시적인
a temporary discount 일시적인 할인   **a temporary replacement** 임시직원

We offer a **(temporary)** discount on office supplies to increase the number of companies we do business with on a regular basis. 우리는 정기적으로 사업을 할 회사 수를 증가시키고자 사무용 비품에 일시적으로 할인을 제공하고 있다.

Mr. Ramirez will serve as the **(temporary)** replacement for the receptionist, who will be away for two weeks. 라미테스 씨가 2주 동안 떠나 있게 될 접수 계원을 위해 임시직원으로써 일할 것이다.

policy n. 정책
change one's policy 정책을 변경하다
our policy is not to offer refunds 환불해 주지 않는 것이 우리의 정책이다

Following the recent security threats, the airline changed its **(policy)** and now allows only two suitcases per passenger. 최근 보안상의 위협들이 발생함에 따라 항공사는 정책을 변경하여 이제는 승객당 두 개의 여행 가방만 허용한다.

Our **(policy)** is not to offer refunds to customers on all electronics, opened items, or products purchased more than thirty days ago. 우리의 정책은 모든 전자제품, 개봉된 제품들 그리고 30일 이전에 구입된 제품들에는 환불을 제공하지 않는다.

reliable a. 믿을 수 있는
reliable products 믿을 수 있는 제품

We are dedicated to providing **(reliable)** products at an affordable price. 우리는 값싼 가격에 믿을 수 있는 제품을 제공하는 것을 약속한다.

respective a. 각각의
the property of respective authors 각 작가들의 소유

All the articles in the magazine are the property of their **(respective)** authors and may not be copied. 잡지에 있는 모든 기사들은 각각의 작가 소유물이므로 카피되어서는 안 된다.

responsible a. 책임이 있는
be responsible for ~에 책임이 있다
the most responsible person 가장 책임 있는 사람

As construction manager, Mr. Yoo was **(responsible)** for the successful completion of the downtown hotel renovation project. 건설 관리자인 유 씨는 시내 호텔 개조 프로젝트의 성공적인 완성을 위한 책임이 있다.

Mr. Smith is the most **(responsible)** person for the success of the project. 스미스 씨는 프로젝트의 성공을 위해 가장 책임 있는 사람이다.

routine a. 일상의, 정기적인
perform routine tasks 일상적인 일들을 수행하다
routine laboratory safety inspections 정기적인 실험실 안전 점검

All the chefs were supposed to perform **(routine)** tasks, such as chopping vegetables and boiling water. 모든 주방장들은 야채를 자르고 물을 끓이는 등과 같은 일상적인 일을 수행해야 했다.

The **(routine)** laboratory safety inspections are carried out once every three months. 정기적인 실험실 안전 점검은 3달에 한번 실시되고 있다.

screened a. 선별된
carefully screened companies 신중하게 선별된 회사들

Our company occasionally make our customers' information available to carefully **(screened)** companies. 우리 회사의 고객정보를 신중하게 골라낸(선별된) 회사들에게 이따금씩 제공한다.

sealed a. 봉합된
a sealed envelope 봉합된 봉투

Each job applicant should submit a letter of recommendation in a **(sealed)** envelope. 각각의 구직자는 봉합된 봉투에 추천장을 담아 제출해야 한다.

CHECK UP 44-1

1. do not _____ to (~하는 것을 주저하지 마라)
2. _____ more carpenters (더 많은 목공들을 고용하다)
3. a _____ discount (일시적인 할인 ())
4. our _____ is not to offer refunds (환불해 주지 않는 것이 우리의 정책이다)
5. _____ products (믿을 수 있는 제품)
6. the property of _____ authors (각 작가들의 소유)
7. the most _____ person (가장 책임 있는 사람)
8. perform _____ tasks (일상적인 일들을 수행하다)
9. carefully _____ companies (신중하게 선별된 회사들)
10. a _____ envelope (봉합된 봉투)

Answer Key 1. hesitate 2. hire 3. temporary 4. policy 5. reliable 6. respective 7. responsible
8. routine 9. screened 10. sealed

2
- 기출 정답 어휘 듣고 따라 말하기 🎧 44-2
- 기출 응용 문제와 출제 포인트 확인하기

rapidly ad. 신속하게, 빨리
as rapidly as possible 가능한 빨리
be rapidly approaching 빠르게 다가오고 있다

Mr. Anderson recommended that the plant replace the faulty equipment as **(rapidly)** as possible for safety purposes. 앤더슨 씨는 공장이 안전상의 목적을 위해 가능한 빨리 결함 있는 장비를 교체하도록 추천했다.

The deadline for submitting shareholder proposals to Lozerin International is **(rapidly)** approaching. 로제린 인터내셔널 사에 제출하는 주주 제안서 마감일이 빠르게 다가오고 있다.

relatively ad. 비교적, 상대적으로
a relatively small part 상대적으로 적은 일부

Profits from telemarketing have been increasing, but they are still a **(relatively)** small part of the company's overall revenues. 통신 판매 이익이 계속 증가하고 있지만, 아직까지는 회사 총수익에서 상대적으로 적은 일부이다.

respectfully ad. 공손하게
treat every employee respectfully 모든 근로자들을 공손하게 대하다

 Treating every employee **(respectfully)** is an important thing that business owners must keep in mind. 모든 근로자들을 공손하게 대하는 것은 사업 소유주가 명심해야 할 중요한 사항이다.

separately ad. 분리해서
send invoices separately 송장을 분리해서 보내다

 Delta Books can send invoices **(separately)** for book orders. 델타 북스는 주문자들을 위해 송장을 분리해서 보낼 수 있습니다.

sharply ad. 급격하게
the company's profits increase sharply 회사의 수익이 급격하게 증가하다

 Executives at Propel Motors were surprised by how **(sharply)** the company's profits increased in the third quarter. 프로펠 모토스의 중역들은 회사의 수익이 3사분기에 얼마나 급격하게 증가했는지에 대해 놀랐다.

shortly ad. 곧
be expected to improve shortly 곧 나아질 것으로 기대되다
shortly after the negotiations 협상 바로 직후에

 The exchange rate is not very good at the moment, but it is expected to improve **(shortly)**. 현재 환율이 그다지 좋지 않지만 곧 나아질 것으로 기대된다.

The final draft of the contract will be finished **(shortly)** after the negotiations between both parties are complete. 계약서의 최종본은 양쪽 당사자들의 협상 바로 직후에 완성될 것이다.

quality n. 품질
the quality of all new products 모든 신상품의 품질

In his new role as project manager, Mr. Johnson will be in charge of ensuring the **(quality)** of all new products. 존슨 씨는 새로운 프로젝트 매니저로서의 그의 새 역할로 모든 새로운 제품의 품질을 확실하게 하는 책임을 맡을 것이다.

receipt n. 수취; 영수증
the date of receipt 수취된 날
receipts for reimbursement 상환을 위한 영수증

All the resumes will remain on file for one year from the date of **(receipt)** in case any openings become available during that time. 모든 이력서들은 나중에 일자리가 생길 경우를 대비해서 이력서가 수취된 날로부터 1년간 파일로 보관될 것이다.

Only those who travel for business are exempt from turning in **(receipts)** for reimbursement. 업무적인 출장을 가는 직원들은 상환을 위한 영수증 제출이 면제된다.

reception n. 피로연
a formal reception 공식 피로연

A formal **(reception)** will be held on Saturday evening to honor this year's winners of the Sarah Walter Achievement Award. 사라 월터 공로상 수상자들을 치하하기 위해 공식 피로연이 토요일 저녁에 열릴 것이다.

recommendation n. 추천
make a recommendation 추천하다

Mr. Garcia made a **(recommendation)** for Arondire to receive a bonus for successfully managing the project. 가르시아 씨는 그 프로젝트를 성공적으로 관리한 것에 대해 아론다이어가 보너스를 받도록 추천했다.

rise n. 상승
the sudden rise in the cost of fuel 갑작스러운 유가 상승

Due to the sudden **(rise)** in the cost of fuel, the shipping cost will increase by ten percent. 갑작스러운 유가 상승 때문에 선적 비용이 10% 증가될 것이다.

> 다품사 어휘 rise는 자동사(vi. 수치 등이 오르다)로도 출제된다.
> 혼동 어휘 타동사인 raise(vt. 양이나 수준 등을 올리다)와 의미를 정확히 구분해야 한다.

CHECK UP 44-2

1 be _____ approaching (빠르게 다가오고 있다)
2 a _____ small part (상대적으로 적은 일부)
3 treat every employee _____ (모든 근로자들을 공손하게 대하다)
4 send invoices _____ (송장을 분리해서 보내다)
5 the company's profits increase _____ (회사의 수익이 급격하게 증가하다)
6 be expected to improve _____ (곧 나아질 것으로 기대되다)
7 the _____ of all new products (모든 신상품의 품질)
8 the date of _____ (수취된 날)
9 a formal _____ (공식 피로연)
10 make a _____ (추천하다)
11 the sudden _____ in the cost of fuel (갑작스러운 유가 상승)

Answer Key 1. rapidly 2. relatively 3. respectfully 4. separately 5. sharply 6. shortly 7. quality 8. receipt 9. reception 10. recommendation 11. rise

°Section 2 문맥에 어울리는 어휘 찾기 ❶ 기출정답 명사·형용사·부사·동사

Unit 45   DAY

1 □ □ □ 기출 정답 어휘 듣고 따라 말하기 🎧 45-1
□ 기출 응용 문제와 출제 포인트 확인하기

---

record n. 기록   vt. 기록하다
keep careful records 세심하게 기록하다
record their working hours electronically 작업시간을 전산상으로 기록하다
record its highest profits ever 사상 최고 수익을 기록하다

Tavara Electronics sales representatives are reminded to keep careful **(records)** of all expenses, even for routine client visits. 타바라 일렉트로닉스의 판매사원들은 모든 비용과 일상적인 고객 방문조차도 세심하게 기록하도록 상기되었다.

In order to save time and reduce errors, a computer program that allows employees to **(record)** their working hours electronically is now in use at most large companies. 오류를 줄이고 시간을 절약하기 위해서 직원들로 하여금 그들의 작업시간을 전산상으로 기록할 수 있도록 허용하는 컴퓨터 프로그램을 대부분의 대기업에서 현재 사용하고 있다.

With its commitment to excellent service, the Delphi Company **(recorded)** its highest profits ever in the last quarter. 뛰어난 서비스를 제공하는 것에 대한 열의를 가지고 델피 사는 지난 분기에 사상 최고 수익을 기록했다.

> 다품사 어휘 record는 타동사(vt. 녹음하다)로도 출제된다.
> ex. His speech will be recorded on tape. 그의 연설은 테이프에 녹음될 것이다.

---

keep vt. 유지하다, 두다
keep our customers satisfied 고객을 만족한 상태로 유지하다

(Keeping) our customers satisfied requires the utmost commitment from the staff at all levels. 고객이 만족할 수 있도록 유지하는 것은 모든 직원들로부터의 가장 높은 헌신을 요구한다.

---

last vi. 지속하다
be guaranteed to last longer 더 오래 지속되는 것이 보장된다

 The synthetic dyes developed by Marcello Labs are guaranteed to **(last)** longer than those of its competitors. 마르셀로 연구소에서 개발된 합성 염료는 경쟁자들의 제품보다 더 오래 지속되는 것이 보장된다.

> 다품사 어휘 last 형용사(a. 마지막의, 최종의, 가장 최근의)나 부사(ad. 마지막에, 가장 최근에)로도 출제된다. 부사로 쓰인 경우 동사의 시제가 과거라는 것에 유의한다.

---

make vt. 만들다; (~에게) …하도록 하다
make a purchasing decision 구매 결정을 하다
make managers aware of hiring needs 관리자들이 고용의 필요성을 깨닫도록 만들다

 When you are considering purchasing a home, **(make)** a purchasing decision based on your lifestyle, not the market. 당신이 주택 구입을 고려할 때, 시장성이 아닌 당신의 생활 양식을 근거로 구입 결정을 하세요.

Mr. Sandoval's report has **(made)** managers aware of the hiring needs for next year. 미스터 샌도발 씨의 보고서는 관리자들로 하여금 내년도를 위한 고용의 필요성을 깨닫도록 만들었다.

---

meet vt. 충족시키다 vi. 소집되다
meet the requirements 필요조건을 충족시키다
meet analyst's expectation 분석가들의 예상치에 들어맞다
advisory committee meet 자문 위원회가 소집되다

 We are going to implement new standards in the factory to **(meet)** the requirements set by the government. 우리는 정부에 의해서 정해진 규정들을 충족시킬 수 있도록 하기 위해서 공장에 새로운 표준을 적용하려고 한다.

Haldon Paper Company achieved a double-digit increase in quarterly earnings, but its profits did not **(meet)** analysts' expectations. Haldon 제지 회사는 분기별 소득상에서 두 자리 수 증가를 달성했지만, 수익은 분석가들의 기대에 미치지 못했다.

The special advisory committee will **(meet)** to discuss the issues of the upcoming litigation. 특별 자문 위원회가 다가오는 소송에 대한 문제점들을 토론하기 위해서 만날 것이다.

> **다품사 어휘** meet은 자동사 타동사의 문장 구조와 의미를 정확게 알아야 한다.
> 타동사 〈meet+사람〉 ~를 만나다
> 　　　〈meet+need/requirement/deadline/goal/demand〉 ~를 충족시키다
> 자동사 〈meet with+사람〉 ~와 만나다
> 　　　〈meet+시간이나 장소의 부사어구〉 소집되다

monitor vt. 관찰하다; 감시하다
monitor temperatures 온도를 모니터하다

The German company developed a battery-powered label that **(monitors)** temperatures while in transit. 독일 회사는 운송 중에 온도를 모니터 하는 배터리에 의해 전원이 공급되는 라벨을 계발했다.

serious a. 심각한
serious objections 심각한 반대

Even though no **(serious)** objections are anticipated, we must be careful when dealing with employee-related problems. 심각한 반대가 예상되지는 않지만, 우리는 직원에 관계된 문제점들을 다루는데 조심해야 한다.

severe a. 열악한
severe weather conditions 열악한 날씨 상황

CTK Air reported that all flights out of Accra would be delayed due to **(severe)** weather conditions. CTK 항공은 아크라 밖으로 나가는 모든 항공기들이 열악한 날씨 상황 때문에 지연될 것이라고 발표했다.

significant a. 상당한
experience significant growth 상당한 성장을 이루다

When Mr. Ye was the president of Columbia Snacks, Inc., the company experienced **(significant)** growth. 예 씨가 콜롬비아 스낵스 사의 사장이었을 때 그 회사는 상당한 성장을 이뤘다.

> 다품사 어휘 considerable exceptional outstanding significant sizable tremendous 상당한

sincere a. 진심 어린
sincere thanks 진심 어린 감사

Please accept our **(sincere)** thanks for your outstanding work on last month's project. 지난달 프로젝트에 있어서의 당신의 훌륭한 일에 대한 우리의 진심 어린 감사를 받아주세요.

keeping n. 보유; 조화, 일치, 상응
in keeping with company policy 회사 정책을 따르는 차원에서

In **(keeping)** with company regulations, employees wear safety equipment at all times when on the factory floor. 회사 정책을 따르는 차원에서, 근로자들은 작업장 내에 있을 때 항상 안전 장비를 착용한다.

lack n. 부족
a lack of experienced salespeople 경험 있는 판매원의 부족

Outside consultant Angela Chan warns that a **(lack)** of experienced salespeople harms the perception of a company more than any other single factor. 외부 상담자 안젤라 찬은 경험이 있는 판매원의 부족이 회사의 인식에 다른 어떤 요소보다도 해를 끼친다는 것을 경고한다.

> 기출 유사 표현 a shortage of ~의 부족

CHECK UP 45-1

1 _____ its highest profits ever (사상 최고 수익을 기록하다)
2 _____ our customers satisfied (고객을 만족한 상태로 유지하다)
3 be guaranteed to _____ longer (더 오래 지속되는 것이 보장된다)
4 _____ managers aware of hiring needs
   (관리자들이 고용의 필요성을 깨닫도록 만들다)
5 _____ analyst's expectation (분석가들의 예상치에 들어맞다)
6 _____ temperatures (온도를 모니터하다)
7 _____ objections (심각한 반대)
8 _____ weather conditions (열악한 날씨 상황)
9 experience _____ growth (상당한 성장을 이루다)
10 _____ thanks (진심 어린 감사)
11 in _____ with company policy (회사 정책을 따르는 차원에서)
12 a _____ of experienced salespeople (경험 있는 판매원의 부족)

Answer Key 1. record 2. keep 3. last 4. make 5. meet 6. monitor 7. serious 8. severe
9. significant 10. sincere 11. keeping 12. lack

2

□ □ □ 기출 정답 어휘 듣고 따라 말하기 🎧 45-2
□ 기출 응용 문제와 출제 포인트 확인하기

> **market** n. 시장
> **a strong market** 상당한 시장

Luxury automaker Bentovan Motors Corporation believes there will be a strong **(market)** for its MV-76 model sedan in Europe within the next five years. 고가의 자동차 회사인 벤토반 자동차는 자사의 MV-76 세단 모델에 대해 앞으로 유럽에서 5년 이내에 상당한 시장이 형성될 것이라고 믿고 있다.

> **다품사 어휘** market은 타동사(vt. 광고하다, 소비자의 기호에 맞게 상품화하다)로도 출제된다.
> **ex.** We have over 100 employees who market our products. 우리는 제품을 마케팅하는 직원이 100명이 넘게 있다.

thoroughly　ad. 철저하게
inspect the rental car thoroughly 임대 차를 철저하게 검사하다
review the directions thoroughly 지시사항을 철저하게 읽다

Anyone who intends to rent a car must inspect the rental car **(thoroughly)** before leaving the rental agency. 누구든 차를 임대할 의향이 있는 사람들은 차 임대 회사를 떠나기 전에 차를 철저하게 검사해야 한다.

Please review the directions **(thoroughly)** before starting the newly installed equipment. 새로이 설치된 장비를 작동하기 전에 지시사항을 철저하게 읽으세요.

unexpectedly　ad. 예기치 않게
leave unexpectedly 예기치 않게 그만두다

An interim administrator will run city hall until someone is appointed to replace the city manager, who left **(unexpectedly)** after six months on the job. 6개월 간 임무를 수행하다가 예기치 않게 일을 사임한 시장을 대신할 누군가가 임명될 때까지 임시 행정관이 시청을 맡을 것이다.

Since the restaurant has been **(unexpectedly)** busy, the owner is planning to hire more staff. 식당이 예상치 못하게 바빠서, 소유주가 더 많은 직원을 고용하려고 계획하고 있다.

same　n. 같은 것
be the same as ~와 똑같다

The procedure for requesting vacation time this year will be the **(same)** as the one used in previous years. 금년도에 휴가를 신청하는 절차는 이 전에 활용된 것과 똑같을 것이다.

satisfaction n. 만족
a high level of satisfaction 높은 만족 수준

 The latest customer surveys indicate a high level of **(satisfaction)** with our current subscription package. 최근의 고객 조사는 현재 우리의 구독 패키지의 높은 만족 수준을 나타내준다.

schedule n. 예정
arrive on schedule 예정대로 도착하다

 The machine parts that were ordered last week arrived on **(schedule)**, so production will not lag behind. 지난주에 주문한 기계부품이 예정대로 도착해서 생산은 늦어지지 않았다.

> **다품사 어휘** schedule은 타동사(vt. 일정을 잡다)로도 출제된다.
> ex. The committee scheduled the meeting for Friday. 위원회는 회의를 금요일로 정했다.

search n. 찾기, 수색
in search of new merchandise 새로운 상품을 찾아서

 Fashion designers usually travel all over the world in **(search)** of new merchandise that reflects current trends. 패션 디자이너들은 현재 트렌드를 반영하는 새로운 상품을 찾아 보통 전 세계를 여행한다.

> **다품사 어휘** search는 자동사(vi. 수색하다, 뒤지다)와 타동사(vt. 찾다)로 출제된다.

sense n. 현명함, 감각, 이해력
it makes more sense to do ~하는 것이 더 현명하다(합리적이다)

 It makes more **(sense)** for us to lease the equipment rather than to purchase it. 장비를 구입하는 것보다 임대하는 것이 더 합리적이다(현명하다).

pardon vt. 양해하다
pardon the inconvenience 불편함을 양해하다

Please **(pardon)** the inconvenience while renovations are taking place. 개조 공사가 진행되는 동안 불편함을 끼쳐드린 점 양해 바랍니다.

peak vi. 최고점에 이르다
the price of heating oil peaked in November
난방 연료의 가격이 11월에 최고점에 달했다

The price of heating oil **(peaked)** in November when suppliers were unable to meet demand. 난방 연료의 가격이 공급업자들이 수요를 충족시킬 수 없었던 11월에 최고점에 이르렀다.

CHECK UP 45-2

1　a strong _____ (상당한 시장)
2　inspect the rental car _____ (임대 차를 철저하게 검사하다)
3　leave _____ (예기치 않게 그만두다)
4　be the _____ as (~와 똑같다)
5　a high level of _____ (높은 만족 수준)
6　arrive on _____ (예정대로 도착하다)
7　in _____ of new merchandise (새로운 상품을 찾아서)
8　it makes more _____ to do (~하는 것이 더 현명하다(합리적이다))
9　_____ the inconvenience (불편함을 양해하다)
10　the price of heating oil _____ in November
　　(난방 연료의 가격이 11월에 최고점에 달했다)

Answer Key　1. market　2. thoroughly　3. unexpectedly　4. same　5. satisfaction　6. schedule
　　　　　　7. search　8. sense　9. pardon　10. peaked

Section 2 문맥에 어울리는 어휘 찾기 ❶ 기출정답 명사·형용사·부사·동사

Unit 46

DAY

1
□ □ □ 기출 정답 어휘 듣고 따라 말하기 🎧 46-1
□ 기출 응용 문제와 출제 포인트 확인하기

permit vt. ~허락하다, 허용하다
be permitted to use this room 이 방을 사용할 수 있다

For safety reasons, only authorized personnel are **(permitted)** to use this room. 안전상의 이유로, 승인 받은 사람만이 이방을 사용할 수 있다.

> 다품사 어휘 permit는 명사(n. 허가증)로도 출제된다.
> 혼동 어휘 permission(n. 허락)과 혼동하지 않도록 유의해야 한다.

postpone vt. 연기하다
have been postponed 연기되어지다

Due to unforeseen circumstances, the sales team meeting has been **(postponed)** until further notice. 예상치 못한 상황 때문에 영업팀 회의가 추후공지가 있을 때까지 연기되었다.

predict vt. 예상하다
predict an increase 증가를 예상하다

Many automakers **(predict)** an increase in sales of hybrid vehicles next year. 다수의 자동차 제조업체들은 내년에 하이브리드 차량 판매가 증가할 것으로 예상하고 있다.

prevent vt. 막다
prevent the merger 합병을 막다

Many obstacles are **(preventing)** the merger with the Boston Corporation from taking place. 많은 장애물들이 보스턴 사와의 합병을 못하게 막고 있다.

process vt. 가공하다
specialize in processing fresh fruits 신선한 과일을 가공하는 데 전문이다

The Baby Johnson Company specializes in **(processing)** fresh fruits such as apples, bananas, and peaches into baby foods. 베이비 존슨 사는 사과, 바나나, 복숭아와 같은 신선한 과일을 유아 음식으로 가공하는 데 전문이다.

> 다품사 어휘 process는 타동사뿐만 아니라 형용사(a. 가공된)와 명사(n. 과정, 처리)로도 출제된다.

specific a. 특정한
specific features 특정 사안들

Before recommending property listings to clients, real estate agents at the Transland Company consider **(specific)** features such as size, location, and value. 부동산 목록을 고객들에게 제안하기 전에, 트랜스랜드 회사의 부동산 중개인들은 크기, 위치, 가치와 같은 특정 사안들을 고려한다.

standard a. 표준의 n. 기준
the standard price 표준 가격
uphold a stringent standard of excellence 엄격한 우수 기준을 유지하다

Range Photocopiers was able to increase its profits by selling units at two-thirds of the **(standard)** price. 레인지 복사기 사는 표준 가격의 3분의 2로 제품을 판매해서 이윤을 증가시킬 수 있었다.

Restaurants of all kinds abound in Singapore and uphold a stringent **(standard)** of excellence. 싱가포르에는 갖가지 종류의 식당들이 즐비하며 엄격한 우수 식당 기준을 유지하고 있다.

> 다품사 어휘 standard는 명사(n. 표준)로도 출제된다.

steep a. 가파른
steep slopes 가파른 비탈길

The Topaz Mountain trail, which includes several river crossings and **(steep)** slopes, is recommended only for experienced hikers. 토파즈 마운틴 코스는 트레일은 강을 여러 번 건너며 가파른 비탈길을 올라야 하기에 경험 많은 등산객들에게만 추천되고 있다.

stringent a. 엄격한
a stringent inspection process 엄격한 검사 과정

All engine parts are put through a **(stringent)** inspection process because of recent recalls. 최근의 리콜 때문에 모든 엔진 부속품들이 엄격한 검사 과정을 거쳤다.

> 기출 동의어 rigid rigorous stern strict through 엄격한

strong a. 강한
strong work ethic 강한 직업 윤리 의식

Many people think that she owes her professional successes to her **(strong)** work ethic. 많은 사람들은 그녀의 직업상의 성공을 그녀의 강한 직업 윤리 의식에 있다고 생각한다.

subsequent a. 다음의
in subsequent years 다음 연도들

Few people attended the movie festival for the first year, but aggressive advertisements attracted larger groups in **(subsequent)** years. 첫해에는 적은 숫자의 사람들이 영화 축제에 참여를 했지만 다음해의 적극적인 광고가 큰 단체들을 축제로 이끌었다.

CHECK UP 46-1

1 be _____ to use this room (이 방을 사용할 수 있다)
2 have been _____ (연기되어지다)
3 _____ an increase (증가를 예상하다)
4 _____ the merger (합병을 막다)
5 specialize in _____ fresh fruits (신선한 과일을 가공하는 데 전문이다)
6 _____ features (특정 사안들)
7 the _____ price (표준 가격)
8 _____ slopes (가파른 비탈길)
9 a _____ inspection process (엄격한 검사과정)
10 _____ work ethic (강한 직업 윤리 의식)
11 in _____ years (다음 연도들)

Answer Key 1. permitted 2. postponed 3. predict 4. prevent 5. processing 6. specific
7. standard 8. steep 9. stringent 10. strong 11. subsequent

2 □ □ □ 기출 정답 어휘 듣고 따라 말하기 🎧 46-2
□ 기출 응용 문제와 출제 포인트 확인하기

organization n. 기관, 단체
an organization devoted to ~에 전념하는 기관

The Green Seeds Collaborative is an **(organization)** devoted to creating community gardens throughout Gragdon County. 그린 시즈 협동조합은 그래그든 주에 걸쳐서 지역사회 정원을 만드는 것에 전념하는 기관이다.

The government has allocated $10 million to various **(organizations)** that restore and maintain national historic sites.
정부는 국가 유적지를 복원하고 유지하는 다양한 단체들에 1,000만 달러를 할당했다.

perspective n. 관점
a broad diversity of perspectives 다양한 관점들

 The feedback on the production guidelines from the five panel members reflects a broad diversity of **(perspectives)**. 5명의 패널 멤버가 내놓은 생산 지침 피드백은 다양한 관점들을 반영하고 있다.

point n. 요점, 핵심
be to the point 핀트가 맞다

 Although (it was) not particularly favorable, Mr. Kiuru's remarks regarding the new shoe design were accurate and to the **(point)**.
특별히 호의적인 것은 아니었지만, 키우르 씨의 새로운 구두 디자인에 관한 언급은 정확하고 적절한 것이었다.

necessarily ad. 반드시
do not necessarily purchase them again 반드시 다시 구매하는 것은 아니다
do not necessarily imply endorsement 반드시 보증을 의미하는 것은 아니다

 The research shows that customers will not **(necessarily)** purchase them again. 조사는 고객들이 그것들을 반드시 다시 구매하지 않을 것이라는 것을 나타내준다.

Advertisements placed by local businesses do not **(necessarily)** imply endorsement by the management of the newspaper. 지역 사업체들에 의해서 게시된 광고는 반드시 신문 경영진의 보증을 의미하는 것은 아니다.

often ad. 종종
often send letters 서신을 종종 보내다 **often come in early** 종종 일찍 오다

Malcom Books **(often)** sends letters regarding special discounts to its customers. 말콤 북스는 고객들에게 특별할인과 관련한 서신을 종종 보낸다.

During the factory renovation project, Ms. Smith **(often)** came in early and did not leave the office until midnight. 공장 개조 프로젝트를 하는 동안 스미스 씨는 종종 일찍 와서 자정까지 사무실에 있었다.

only ad. ~만이
only those with camping permits 오로지 캠핑 허가증을 소지하고 있는 사람들만이

We recommend that the paint be used **(only)** on metallic surfaces because it will be absorbed into wooden surfaces. 우리는 이 페인트가 목재 표면에서는 흡수되기 때문에 금속 표면에만 사용하도록 추천을 합니다.

The rental agreement made it very clear that **(only)** the landowner may authorize the painting, refurnishing, or redecorating of the apartment. 임대 계약서는 오로지 집주인들만이 아파트의 페인트나, 재설비나, 재장식을 허가할 수 있다는 것을 명확하게 하고 있다.

(Only) those with camping permits are allowed to enter the campsite and stay there. 오로지 캠핑 허가증을 소지하고 있는 사람들만이 캠핑장 입장이 허용되고 그곳에서 머물 수 있다.

usually ad. 보통
be usually crowded at this time 이 시간에는 보통 붐빈다
there are usually extra supplies in the stationery cupboard 대개 사무용 선반에 여분의 사무용품이 있다

Attendees arriving for late-afternoon sessions at the international trade fair are advised that the roads in the vicinity are **(usually)** crowded at this time. 국제 무역 박람회에서 늦은 오후 모임을 위해 도착하는 참석자들은 근처 길가가 이 시간에는 보통 붐빈다는 것에 대해 충고를 듣는다.

If you run out of copier paper or printer cartridges, there are **(usually)** extra supplies in the stationery cupboard. 복사용지나 프린트 카트리지가 떨어지면 대개 사무용 선반에 여분의 사무 용품이 있다.

sequence n. 순서
the right sequence of steps 단계의 올바른 순서

 The right **(sequence)** of steps must be followed to make sure the software works well. 소프트웨어가 잘 작동되게 하기 위해 단계의 올바른 순서를 지켜야 한다.

service n. 서비스, 봉사
offer a service that ~하는 서비스를 제공하다
much-needed service 절실히 필요한 봉사

 For a small charge, the post office offers a **(service)** that confirms the delivery of a package. 약간의 비용으로, 우체국은 소포의 배달을 확인하는 서비스를 제공한다.

The Palawan City Neighbors Association is seeking local residents who are interested in providing much-needed **(service)** to the community. 팔라완 시 이웃 협회는 지역 사회에 절실히 필요한 봉사를 제공하는데 관심 있는 지역 주민을 찾고 있다

solution n. 해결책
the solutions may not be easy 해결책은 쉽지 않을 수 있다

 Authorities are looking for new technologies to control pollution, but they are afraid that the **(solutions)** may not be easy. 당국자들은 오염을 통제할 수 있는 새로운 기술을 찾고 있지만 그들은 해결책이 쉽지 않을 거라고 우려하고 있다.

> **source** n. 원천
> **the main source of his painting** 그의 그림의 주요한 원천

 Mr. Tanner says that nature has always been the main **(source)** of his painting. 태너 씨는 자연은 항상 그의 그림의 주요한 원천이 되어왔다고 말한다.

CHECK UP 46-2

1 an _____ devoted to (~에 전념하는 기관)
2 a broad diversity of _____ (다양한 관점들)
3 be to the _____ (핀트가 맞다)
4 do not _____ purchase them again (반드시 다시 구매하는 것은 아니다)
5 _____ send letters (서신을 종종 보내다)
6 _____ those with camping permits
   (오로지 캠핑 허가증을 소지하고 있는 사람들만이)
7 be _____ crowded at this time (이 시간에는 보통 붐빈다)
8 the right _____ of steps (단계의 올바른 순서)
9 offer a _____ that (~하는 서비스를 제공하다)
10 the _____ may not be easy (해결책은 쉽지 않을 수 있다)
11 the main _____ of his painting (그의 그림의 주요한 원천)

Answer Key 1. organization 2. perspectives 3. point 4. necessarily 5. often 6. only 7. usually
8. sequence 9. service 10. solutions 11. source

*Section 2 문맥에 어울리는 어휘 찾기 ❶ 기출정답 명사 · 형용사 · 부사 · 동사

Unit 47 DAY

□ □ □ 기출 정답 어휘 듣고 따라 말하기 🎧 47-1
□ 기출 응용 문제와 출제 포인트 확인하기

speculation n. 추측, 생각, 소문
widespread speculation in the country 나라 전역에 퍼진 소문

Despite widespread **(speculation)** in the country, short-term interest rates will not rise this year. 나라 전역에 퍼진 소문에도 불구하고, 단기 융자 이자율은 올해 오르지 않을 것이다.

attend vt. 참석하다
be invited to attend a dinner reception 만찬 피로연에 참석하라고 초청받다

All members are invited to **(attend)** a dinner reception at 8 p.m. in Emerald Hall. 모든 회원들은 에메랄드 홀에서 저녁 8시에 있는 만찬 피로연에 참석하라고 초청받았다.

> 기출 동의어 join / participate in / take part in / engage in 참석하다
> ex. be invited to attend the interviews 인터뷰에 참여할 수 있도록 초대되다
> be required to attend tomorrow's meeting 내일 회의에 참여하도록 요구되다

attract vt. 끌어들이다
in an effort to attract 끌어 모으기 위한 노력으로
be expected to attract tourists 관광객들을 끌어 모을 것으로 기대되다

The organizers of the Powell City Marathon are advertising locally in an effort to **(attract)** as many runners as possible. 포웰 시 마라톤 주최 측은 가능한 많은 마라톤 참석자들을 끌어 모으기 위한 노력으로 지역적으로 홍보하고 있다.

The new history museum is expected to **(attract)** lots of tourists to the city. 새로 생긴 역사 박물관이 많은 관광객들을 그 도시로 끌어모을 것으로 예상된다.

기출 동의어 draw involve engage 끌어들이다

---

commend vt. 칭찬하다
be commended by his manager 매니저로부터 칭찬을 듣다

Mr. Blake was **(commended)** by his manager for creating the advertising campaign that helped increase the Lamarre Coat Company's sales by 20 percent. 블레이크 씨는 라마르 코트 회사의 판매를 20%까지 높이는 데 도움을 준 광고 제작에 대해 매니저로부터 칭찬을 들었다.

---

compare vt. 비교하다
compared to last year 작년과 비교해서
compared to just two percent last year 지난해 단지 2%와 비교해서

(Compared) to last year, Ann Fashion's clothing exports are projected to have increased nearly 10 percent. 작년과 비교해서 앤 팬션의 의류 수출은 거의 10% 증가했을 것으로 예상된다.

Since the production of the merchandise increased a lot last year, salaries of the employees will increase four percent, **(compared)** to just two percent last year. 지난해 제품의 생산이 크게 향상되었기 때문에, 직원들이 지난해 단지 2%의 인상에 비교되는 4%의 월급이 인상될 것이다.

---

consider vt. 고려하다, 잘 생각하다
be considered to become the head chef 수석 주방장으로 고려되고 있다

Graduates from the world's most famous culinary institute are being **(considered)** to become the head chef at the Mory Cuisine restaurant. 세계에서 가장 잘 알려진 요리 학원 졸업생들이 모리 퀴진느 레스토랑의 수석 주방장으로 고려되고 있다.

> **consider의 동사 형식** consider는 3형식과 5형식 동사로 쓰이는데 3형식 동사일 때는 목적어로 동명사를 취할 수 있다는 점에 유의해야 한다. 5형식 동사일 때는 〈consider+목적어+목적격 보어(형용사/분사)〉 형태의 능동태와 〈be considered+목적격 보어〉 형태의 수동태에 유의한다.

diagnose vt. 진단하다
diagnose illnesses more easily 질병을 좀 더 쉽게 진단하다

 Makentle Hospital recently purchased several pieces of medical equipment that will enable doctors to **(diagnose)** illnesses more easily. 마켄틀 병원은 최근에 의사들이 질병을 좀 더 쉽게 진단할 수 있게 하는 몇몇의 의료 장비를 구입했다.

consult vi. 상의하다
consult with your colleagues 동료들과 상의해 보다

 When designing new products, try to **(consult)** with your colleagues for better ideas. 새로운 제품을 디자인할 때, 좀 더 나은 아이디어를 위해서 당신의 동료들과 상의하도록 하세요.

> **다품사 어휘** consult는 타동사(vt. 상담하다, 참조하다)로도 출제되는데 목적어로 사람이 오느냐 사물이 오느냐에 따라 의미가 변화하는 것에 유의한다.
> **ex.** consult your doctor 의사와 상담하다 consult the manual 설명서를 참조하다

skilled a. 숙련된
skilled workers 숙련된 일꾼들

 The Rosenberg Group is seeking **(skilled)** workers on its hotel project, which is supposed to start at the beginning of next year. 로젠버그 그룹은 내년 초에 착공하기로 되어있는 호텔 프로젝트를 위한 숙련된 일꾼을 찾고 있다.

421

southern a. 남부 지역의
the southern part of the country 나라의 남부 지역

Thirty percent of workers of the **(southern)** part of the country are hired in the service industry. 나라의 남부 지역의 30퍼센트의 직원들이 서비스 부분에 고용되었다.

spacious a. 넓은
spacious meeting rooms 넓은 회의실들

Stamford Hotel's renovated convention center offers more **(spacious)** meeting rooms than the former center. 스탬포드 호텔의 새로이 개조된 회의 센터는 이전 것보다 더 넓은 회의실들을 제공한다.

CHECK UP 47-1

1 widespread ＿＿＿＿ in the country (나라 전역에 퍼진 소문)
2 be invited to ＿＿＿＿ a dinner reception (만찬 피로연에 참석하라고 초청받다)
3 be expected to ＿＿＿＿ tourists (관광객들을 끌어 모을 것으로 기대되다)
4 be ＿＿＿＿ by his manager (매니저로부터 칭찬을 듣다)
5 ＿＿＿＿ to last year (작년과 비교해서)
6 be ＿＿＿＿ to become the head chef (수석 주방장으로 고려되고 있다)
7 ＿＿＿＿ illnesses more easily (질병을 좀 더 쉽게 진단하다)
8 ＿＿＿＿ with your colleagues (동료들과 상의해 보다)
9 ＿＿＿＿ workers (숙련된 일꾼들)
10 the ＿＿＿＿ part of the country (나라의 남부 지역)
11 ＿＿＿＿ meeting rooms (넓은 회의실들)

Answer Key 1. speculation 2. attend 3. attract 4. commended 5. compared 6. considered 7. diagnose 8. consult 9. skilled 10. southern 11. spacious

2

□ □ □ 기출 정답 어휘 듣고 따라 말하기 🎧 47-2
□ 기출 응용 문제와 출제 포인트 확인하기

substantial a. 상당한
substantial renovations 상당한 보수 공사
substantial pay increases 상당한 임금 인상

During the month of September, the factory will undergo **(substantial)** renovations. 9월 동안에 공장은 상당한 보수 공사를 할 것이다.

(Substantial) pay raises cannot be expected unless next year's budget shows that there is a surplus of funds. 내년 예산에 자금의 잉여가 있음을 보여주지 못한다면 상당한 임금 인상은 기대될 수 없다.

successful a. 성공적인
the most successful one 가장 성공적인 것

The charity ball was the most **(successful)** one so far, and with more than 500 people in attendance, it raised over $400,000. 자선 무도회는 500명이 넘는 사람들이 참여해 40만 달러 이상을 모금한 지금까지 있었던 것 중 가장 성공적인 것이었다.

pride n. 자부
a source of great pride 큰 자부심의 원천

The fact that the great soccer player, Joaquin Ortega was born here is a source of great **(pride)** for the townspeople. 대단한 축구선수 인 호아킨 오르테가 여기 출신이라는 사실은 마을 사람들에게 큰 자부심의 원천이다.

priority n. 우선
take priority over all other work 다른 모든 일보다 우선하다
highest priority of the year 올해의 최우선 과제

423

The task of completing this year's budget report should take **(priority)** over all other work. 금년도 예산 보고서를 끝마치는 일은 다른 모든 일에 우선해야 한다.

The company made fundraising for the Global Health Projects its highest **(priority)** of the year. 회사는 올해의 최우선 과제인 글로벌 건강 프로젝트를 위해서 기금을 조성했다.

procedure　n. 절차
follow the safety procedure 안전 절차를 따르다
the procedure for sending memos 메모를 보내는 절차

 All factory employees should follow the safety **(procedure)** when operating heavy machinery. 모든 공장 직원들은 중장비를 운전할 때 안전 절차를 따라야 한다.

The **(procedure)** for sending memos is outlined in the company's handbook. 메모를 보내는 절차는 회사의 안내서에 기술되어 있다.

directly　ad. 직접, 바로
be affixed directly to ~에 바로 붙이다
call the company directly 회사에 직접 전화하다

 Expiration date labels can be affixed to the cardboard package or **(directly)** to the cans containing food. 유통기한 라벨은 종이상자 패키지에 붙이거나 음식을 담고 있는 캔에 바로 붙일 수 있다.

Customers are encouraged to call Evanston Textiles **(directly)** to place an order for winter clothes. 고객들은 그들 겨울옷을 주문할 수 있도록 에번스턴 섬유 사에 직접적으로 전화를 하도록 독려되었다.

easily　ad. 쉽게
find something easily 쉽게 찾다　**easily accommodate** 쉽게 수용하다

The head librarian asked the employees to reshelve the books left on tables so that readers could find them **(easily)**. 도서관장은 독자들이 책을 쉽게 찾을 수 있도록 테이블 위에 있는 책들을 책장에 다시 꽂아놓도록 부탁했다.

With over 700 rooms and various amenities, the Manarin Hotel can **(easily)** accommodate large tour groups at once. 700개가 넘는 방과 다양한 편의 시설들 가지고 마나린 호텔은 큰 여행 그룹을 한꺼번에 쉽게 수용할 수 있다.

---

effectively   ad. 효과적으로
the assembly line runs effectively 조립 라인을 효과적으로 운영하다

 In order for the assembly line to run **(effectively)**, we will need to hire more employees. 조립 라인을 효과적으로 운영할 수 있도록 우리는 좀 더 많은 직원들을 고용해야 한다.

---

efficiently   ad. 효과적으로
track shipments more efficiently 배송을 더 효율적으로 추적하다
customer requests should be handled more efficiently
고객의 요구 사항들이 더 효과적으로 다뤄져야 한다

 There is no question that recent improvements in the communications system allow our company to track shipments more **(efficiently)**. 통신 시스템을 최근 개선한 것이 우리 회사가 배송을 보다 효율적으로 추적할 수 있게 해준다는 것에는 의심에 여지가 없다.

Two more customer service representatives were hired last week so that customer complaints can be handled more **(efficiently)**. 고객의 불만 사항들을 좀 더 효과적으로 취급할 수 있도록 지난주에 2명의 고객 서비스 상담원이 추가적으로 고용되었다.

---

stand   n. 입장
the executive management's current stands 중역진의 현재 입장

The new appointed vice president has issued a statement that clearly expresses the executive management's current **(stand)** on the proposed organization. 새로 임명된 부사장은 중역진의 제안된 조직에 관해 적극적인 입장을 표명하는 성명을 발표했다.

> **subscriber** n. 구독자
> **with subscribers in over 70 countries** 70개국 이상에서 구독자가 있는

 Market Trend Worldwide is one of the most well-known international business magazines, with **(subscribers)** in over 70 countries. 〈마켓트랜드 월드와이드〉는 70개국 이상에서 구독자를 가지고 있는 가장 잘 알려진 국제 비즈니스 잡지 중의 하나다.

CHECK UP 47-2

1 _____ pay increases (상당한 임금 인상)
2 the most _____ one (가장 성공적인 것)
3 a source of great _____ (큰 자부심의 원천)
4 take _____ over all other work (다른 모든 일보다 우선하다)
5 follow the safety _____ (안전 절차를 따르다)
6 call the company _____ (회사에 직접 전화하다)
7 _____ accommodate (쉽게 수용하다)
8 the assembly line runs _____ (조립 라인을 효과적으로 운영하다)
9 track shipments more _____ (배송을 더 효율적으로 추적하다)
10 customer requests should be handled more _____ (고객의 요구 사항들이 더 효과적으로 다뤄져야 한다)
11 the executive management's current _____ (중역진의 현재 입장)
12 with _____ in over 70 countries (70개국 이상에서 구독자가 있는)

Answer Key 1. substantial 2. successful 3. pride 4. priority 5. procedure 6. directly 7. easily 8. effectively 9. efficiently 10. efficiently 11. stands 12. subscribers

SECTION II WORDS IN CONTEXT
의미문제 공략 》 문맥에 어울리는 어휘 찾기

의미문제어휘 ❷
기출정답 전치사 UNIT 48~50

Section 2 문맥에 어울리는 어휘 찾기 ❷ 기출정답 전치사

DAY

Unit 48

□ □ □ 기출 정답 어휘 확인하기
□ 기출 응용 문제 확인하기

about prep. ~에 대하여; 대략, 거의
be about to 막 ~하려는 참이다
be concerned about ~에 대해 걱정을 하다
be enthusiastic about ~에 대해 열광적이다
talk about ~에 대해 이야기하다
information about ~에 관한 정보
about twenty kilometers 약 20 킬로미터

Joann was **(about)** to leave when I asked for her opinion on the new procedures implemented last week. 지난주에 적용된 새로운 절차에 관한 그녀의 의견을 물었을 때 조앤은 막 떠나려 하고 있었다.

If you want to go to New York, you need to take the Expressway for **(about)** twenty kilometers. 만약 당신이 뉴욕에 가길 원한다면 고속도로를 약 20 킬로미터 타셔야 합니다.

according to prep. ~에 따라; (진술·기록 등에) 따르면
according to her contract with ~ 와의 계약에 따라
according to their fuel efficiency 연료 효율성에 따라
according to the employee handbook 직원 안내 책자에 의하면
according to a report 보고서에 따르면

(According to) her contract with Mega Electronics, actress Susan Anderson will be appearing in three new advertisements for Crine products. 메가 전자와의 계약에 따라 여배우 수잔 앤더슨은 세 편의 크린 제품 신규 광고에 출연할 것이다.

(According to) the employee handbook, all staff members at the Jumbo Corporation will be considered for yearly salary increases. 직원 안내 책자에 의하면 점보 사의 모든 직원들은 연봉 인상에 대해 고려 대상자가 될 것이다.

---

across prep. ~을 가로질러; ~에 걸쳐서
across the Marino Bay Bridge 다리를 가로질러
across the telecommunications industry 통신 산업 전체에 걸쳐

Sierra Island is located near Marino City, just a short drive **(across)** the Marino Bay Bridge. 시에라 섬은 마리노 시에서 가까운 곳에 위치해 있으며, 마리노 베이 다리를 건너 잠깐 동안 운전하면 닿을 수 있는 거리이다.

Business International First features news from companies **(across)** the telecommunications industry. 〈비즈니스 인터내셔널 퍼스트〉는 통신 산업 분야의 회사들로부터 나오는 뉴스를 기사로 다룬다.@

---

after prep. (시간·순서) ~ 뒤에[후에]
work after 8 p.m. 8시 이후에 일하다
after sixteen years of service at the company 그 회사에 근무한 지 16년 만에
after reporting to work 출근한 후에

Those who work **(after)** 8 p.m. must report their presence to the Security Department for security reasons. 8시 이후에 일하는 사람들은 안전상의 이유로 경비실에 근무중임을 보고해야 한다.

Mr. Clinton announced his retirement **(after)** sixteen years of outstanding service at the company. 클린턴 씨는 그 회사에 근무한 지 16년 만에 은퇴를 발표했다.

Please read and sign the Benson, Inc. employment contract **(after)** reporting to work on your first day. 첫날 출근한 후에 벤슨 사의 고용 계약서를 읽고 서명해 주세요.

> **다품사 어휘** after는 주어와 동사가 뒤따라 오는 접속사로도 쓰인다.
>
> ⓔⓧ **After** the the 30-day trial period has ended, computers may be returned only exchanges, not for refunds. 30일 간의 체험 기간이 끝난 후에는 컴퓨터들을 교환할 수는 있지만 환불은 되지 않는다.

against prep. ~에 기대어; ~에 반대하여
lean sth against ~을 …에 기대어 놓다

All the tenants are allowed to lean anything **(against)** the walls of their apartments. 모든 입주자들은 무엇이든 아파트 벽에 기대놓을 수 있도록 허용된다.

ahead of prep. ~ 앞에, ~보다 빨리
ahead of schedule 일정보다 빨리

Favorable winds caused Korean Airlines Flight 777 to arrive at Los Angeles Airport **(ahead of)** schedule. 순풍으로 대한항공 777기가 예정보다 일찍 로스앤젤레스 공항에 도착했다.

along prep. ~을 따라서
along the south coast 남부 해안을 따라서

The new store will be located somewhere **(along)** the south coast. 새 매장은 남부 해안을 따라서 어딘가에 위치할 것이다.

among prep. ~의 사이에
among schoolchildren 취학아동들 사이에
among its entire staff members 전체 직원들 사이에
among athletes and fitness enthusiasts 운동선수들과 체력 단련 애호가들 사이에
among the most trusted brands 가장 신뢰받는 상표들 중에

The elementary school's principal supports the parent's effort to promote physical fitness **(among)** local schoolchildren. 그 초등학교 교장은 지역 학생들의 체력 증진을 위한 부모들의 노력에 지지한다.

MCS Technology ranks **(among)** the most trusted brands of electronics goods as it receives some of the highest rates of customer feedback. MCS 테크놀로지는 가장 높은 고객 평가들을 받으면서 가장 신뢰받는 전자제품 브랜드들 중에 들었다.

as prep. (자격 · 기능 등) ~로서; ~처럼
act as an agent 대리인 역할을 하다
replace A as B A를 B로서 대신하다
as proof of ~ 증거로서

Universal Travel, Inc. acts **(as)** an agent for vacation products for Little World Tours, Inc. 유니버셜 여행사는 리틀 월드 여행사를 위해 휴가 상품 대행사 역할을 한다.

Mr. Anderson is expected to replace Mr. Brown **(as)** vice-president of SAMS Electronics after his retirement. 앤더슨 씨는 브라운 씨가 퇴직한 후에 SAMS 전자의 부사장으로 뒤이을 것으로 예상된다.

We recommend that you keep the original store receipt **(as)** proof of purchase. 구매의 증거로서 영수증 원본을 보관하시기 바랍니다.

as to prep. ~에 관해서는
as to whether to do ~할 지에 관해서는

The city planning board is undecided **(as to)** whether or not to allow developers to build an apartment complex on University Avenue. 도시 계획 위원회는 개발업자들이 유니버시티 에비뉴에 아파트 단지를 건설하도록 허락해야 할지에 관해 결정하지 못하고 있다.

at prep. (지점 · 시점) ~에(서); (수량) ~에
at the library 도서관에서
at + [회사 이름] ~에 근무하는
at three o'clock 3시에
at the conclusion 종료 시
at a low cost 싼 가격에

Ms. Krause praised Mr. Johnson, the CEO of the company, who has been her mentor **(at)** Circuit Corporation. 크라우즈 씨는 써킷 사에서 자신의 멘토이며 그 회사의 CEO인 존슨 씨를 격찬했다.

Leave your name and email address with Mr. Sato, the event registrar, **(at)** the conclusion of today's program. 오늘 프로그램 종료 시에 행사 등록 요원인 사토 씨에게 이름과 이메일 주소를 남겨 주세요.

---

because of prep. ~ 때문에
because of the national holiday 국경일 때문에
because of his extensive experience 그의 폭넓은 경험 때문에
because of the recent publicity campaign 최근의 홍보 활동 때문에
because of her superior organizational skills 그녀의 뛰어난 조직 능력 때문에

(Because of) the national holiday, the Marshalls Clothing Company will be closed from July 4 to July 7. 국경일 때문에 마샬즈 의류 회사는 7월 4일에서 7월 7일까지 문을 닫을 것이다.

Mr. Johnson has been selected as a laboratory manager **(because of)** his extensive experience and outstanding organizational skills. 존슨 씨는 그의 폭넓은 경험과 특출한 조직 관리 능력 실험실장으로 선정되었다.

(Because of) the recent publicity campaign, profits in the tourism industry are expected to rise this summer. 최근의 홍보 활동에 힘입어 올해 여름 관광산업 이윤이 상승할 것으로 예상된다.

---

before prep. (시간·위치·순서 등) ~의 앞에; 면전에서
before+시간/날짜/요일
before the agreed-upon date 약속한 날짜 이전에
put profits before customer satisfaction 고객 만족보다 이익을 우선시하다
before making your reservation 예약을 하기 전에
before entering the office 사무실을 들어가기 전에
before leaving work each night 매일 밤 사무실을 떠나기 전에
before actively seeking new employment 적극적으로 새로운 일자리를 찾기 전에

Any outstanding balance should be paid **(before)** the agreed-upon date in order to avoid fines. 미지불 잔고는 연체료를 피하려면 약속한 날짜 이전에 지불이 되어야 한다.

Putting profits **(before)** customer satisfaction is a poor business practice that cannot be sustained over time. 이익을 고객보다 우선시하는 것은 시간이 지나면 유지되기 어려운 형편없는 사업 방식이다.

We advise you to check the seasonal weather trends for your destination **(before)** making your reservation. 예약을 하기 전에 당신이 가려는 목적지의 계절에 따른 날씨 성향을 점검하라고 당부하고 싶다.

behind   prep. (위치·발달·진도 등) ~의 뒤에; ~의 배후에
behind the pillars 기둥들 뒤에
the mastermind behind ~의 배후 인물, 후견인

The seats positioned **(behind)** the pillars are cheaper because they have a partially obstructed view of the field. 기둥들 뒤에 위치한 좌석들은 경기장을 부분적으로 볼 수 없기 때문에 값이 싸다.

James Keller, president and CEO of Quickspeed, was the mastermind **(behind)** the company's brilliant new marketing strategy. 퀵스피드 사의 최고 경영자인 제임스 켈러는 그 회사의 크게 성공한 새로운 마케팅 전략의 배후 인물이었다.

below   prep. ~의 아래에; (나이·수량) ~ 이하의
below last year's rate of 15 percent 지난해 성장률 15%보다 아래의

The company's sales growth was 11 percent in the third quarter, which was **(below)** last year's rate of 15 percent. 회사의 삼사분기 매출 성장은 지난해 성장률 15%보다 아래인 11%였다.

beneath   prep. ~의 바로 밑에; (신분·가치) ~보다 못한
beneath Market Square 시장 광장 밑에

The Ministry of Culture has hired an archaeology firm to excavate artifacts believed to be buried **(beneath)** Market Square. 문화부는 시장 광장 밑에 묻혀 있다고 믿어지는 유물을 발굴하기 위해서 고고학 회사를 고용했다.

433

beside prep. ~의 곁에; ~에 비해서; ~와 떨어져서
beside the factory entrance 공장 입구 옆에

All employees of Geneva Steel Manufacturing are required to read and observe the safety instructions posted **(beside)** the factory entrance. 제네바 철강회사의 모든 근로자들은 공장 입구 옆에 게시된 안전 수칙을 읽고 준수해야 한다.

between prep. (위치·시간·수) 사이에, 중간에; ~끼리
the river between Memphis and Nashville 멤피스와 내슈빌 사이의 강
arrive between five and ten days 5일에서 10일 사이에 도착하다
be closed every day between 4:00 and 5:00 p.m.
매일 4시에서 5시 사이에 문을 닫는다

A cable-stayed bridge will replace the existing bridge that spans the river **(between)** Memphis and Nashville. 케이블로 지탱되는 다리가 멤피스와 내슈빌 사이의 강에 놓여 있는 기존의 다리를 대체할 것이다.

The shipment will arrive **(between)** five and ten days after the order is placed. 선적물은 주문이 이루어진 후 5일에서 10일 안에 도착할 것이다.

by prep. ~까지(=no later than)
by Thursday afternoon 목요일 오후까지
by the date specified 명시된 날짜까지
〈**by**+**-ing**〉 ~함으로써
〈**be**+**p.p.**+**by**〉 수동태 문장의 행위 전치사

Ms. Wilson told her team to read the report **(by)** Thursday afternoon. 윌슨 씨는 팀원들에게 보고서를 목요일 오후까지 읽으라고 말했다.

When his package fail to arrive **(by)** the date specified in his order confirmation, Mr. Anderson telephoned the shipping company. 주문 확인서에 명기된 날짜까지 자신의 소포가 도착하지 않자, 앤더슨 씨는 배송 회사에 전화를 했다.

Magazine subscribers can save up to 20 percent **(by)** subscribing to *PGA Golf* before the end of this month. 잡지 구독자들은 월말까지 〈PGA 골프〉를 구독하면 20 퍼센트까지 절약할 수 있다.

Using company equipment for personal use is discouraged **(by)** the management. 개인 용도로 회사 장비를 사용하는 것은 경영진에 의해 제재되고 있다.

---

close to ~에 인접하여, 바로 곁에
be close to ~에 인접하다

Mr. Hong has requested a transfer to the New York branch to be **(close to)** his extended family. 홍 씨는 그의 친척과 가까운 곳에 있을 수 있도록 뉴욕 지사로 전근을 요청했다.

기출 동의어 near next to by beside ~에 인접하여

CHECK UP 48

1. be concerned _____ (~에 대해 걱정을 하다)
2. _____ their fuel efficiency (연료 효율성에 따라)
3. _____ schedule (일정보다 빨리)
4. _____ the south coast (남부 해안을 따라서)
5. act _____ an agent (대리인 역할을 하다)
6. _____ the conclusion (종료 시)
7. put profits _____ customer satisfaction (고객 만족보다 이익을 우선시하다)
8. the mastermind _____ (~의 배후 인물, 후견인)
9. _____ last year's rate of 15 percent (지난해 성장률 15%보다 아래의)
10. arrive _____ five and ten days (5일에서 10일 사이에 도착하다)
11. _____ Thursday afternoon (목요일 오후까지)

Answer Key 1. about   2. according to   3. ahead of   4. along   5. as   6. at   7. before   8. behind   9. below   10. between   11. by

Section 2 문맥에 어울리는 어휘 찾기 ❷ 기출정답 전치사

Unit 49 DAY

□ □ □ 기출 정답 어휘 확인하기
□ 기출 응용 문제 확인하기

---

concerning prep. ~에 관하여
further information concerning the conference schedule
회의 일정에 관한 추가적인 정보

Requests for further information **(concerning)** the conference schedule will be fulfilled as soon as the schedule is completed.
회의 일정에 관한 추가적인 정보 요청은 일정이 완성되는 대로 응답받을 수 있을 것이다.

---

despite prep. ~에도 불구하고
despite added costs 추가된 비용에도 불구하고
despite the bad weather 나쁜 날씨에도 불구하고
despite saving money for a long time 장기간 돈을 저축 음에도 불구하고
despite the recent high interest rates 최근의 높은 이자율에도 불구하고
despite his shoulder injury 어깨 부상에도 불구하고
despite concerns about his lack of experience 경험 부족에 관한 우려에도 불구하고
despite his transfer to the Radiology Department last month 지난달 방사선 부서로의 이동에도 불구하고

(Despite) saving money for a long time, Mr. Shane said that he will be unable to expand his bicycle repair shop until next year. 오랫동안 저축했음에도 불구하고 쉐인 씨는 내년까지 자전거 수리점을 확장할 수 없을 것이라고 말했다.

(Despite) his shoulder injury, the captain of the national soccer team was the leading scorer yesterday. 어깨 부상에도 불구하고 축구 대표팀의

436

주장은 어제 주요 득점 선수였다.

The governing board approved the promotion of Mark Peterson to director of fundraising **(despite)** concerns about his lack of experience. 운영위원회가 마크 피터슨의 경험 부족에 대한 우려에도 불구하고 그를 기금 조성 책임자로 승진시키는 것을 승인했다.

---

due to ~에 기인하는, ~ 때문에

due to a power failure 정전 때문에
due to the holiday weekend 휴일 주말 때문에
due to a prior engagement 사전 약속 때문에
due to a voluntary cancellation 자발적인 취소 때문에
due to the increasing need 증가하는 수요 때문에
due to technical problems 기계적인 문제 때문에
due to the rise in fuel prices 유가 상승 때문에
due to a health and safety inspection 보건 및 안전 점검 때문에
due to their inefficient ventilation systems 비효율적인 환기 시스템 때문에
due to the efforts of the Marketing Department 마케팅 부서의 노력 덕택에
due to the large number of new residents 새로이 입주한 많은 사람들 때문에
due to the high percentage of returns by consumers
고객들이 반품하는 비율이 높기 때문에

(Due to) a health and safety inspection, all managers are asked to report to work an hour earlier. 보건 및 안전 점검 때문에 모든 관리자들은 1시간 일찍 출근하시기 바랍니다.

The older government buildings leak heat in the winter and cold air in the summer **(due to)** their inefficient ventilation systems. 오래된 정부 청사들은 비효율적인 환기 시스템 때문에 겨울에 온기가 세고 여름에는 차가운 공기가 샌다.

Sales have significantly increased during the last quarter **(due to)** the efforts of the Marketing Department. 마케팅 부서의 노력 덕택에 지난 분기 동안에 매출이 상당히 증가했다.

The company is closed on August 7 **(due to)** the holiday weekend. 회사는 휴일 주말로 인해서 8월 7일에 문을 닫습니다.

during prep. (특정 기간) ~ 동안, ~ 중에
during their first few weeks 처음 몇 주 동안
during business hours 근무 시간 동안
during your visit 당신이 방문하는 동안
during the meeting 회의 동안
during his vacation 휴가 기간 동안
during her time at the university 대학교 재학 시절에
during Ms. Cheney's keynote speech 체니 씨의 기조 연설 동안
during these challenging economic times 이러한 어려운 경제 시기 동안

(During) their first few weeks, new salesclerks at Kendsel's Pharmacy will receive close supervision from experienced colleagues. 처음 몇 주 동안은 켄드셀즈 약국의 신입 점원들은 경험이 있는 동료들로부터 면밀한 관리를 받을 것이다.

(During) her time at the university, Jane Novak made a very positive impression with the humanities professors. 제인 노박은 대학 재학 시절 인문과학 교수들에게 매우 긍정적인 인상을 남겼다.

No one should be allowed to enter the conference room **(during)** Ms. Cheney's keynote speech. 체니 씨의 기조 연설 동안 회의실에 아무도 들여보내서는 안 된다.

except (for) prep. ~을 제외하고
except a limited number of staff members 한정된 직원들을 제외하고는
except wax-coated cardboard 왁스 코팅된 카드보드지를 제외하고는
except for approved visitors 승인을 받은 방문객을 제외하고는
except for a statistics class 통계학 수업을 제외하고는

No one **(except)** a limited number of staff members with high level security clearances can access the database of personnel records. 상위 기밀 취급 인가를 받은 제한된 직원 몇 명을 제외하고 그 누구도 개인 기록 데이터베이스에 접근할 수 없다.

Pendant Recycling Services advised its customers that all

forms of paper material **(except)** wax-coated cardboard will be accepted for recycling. 펜던트 재활용 서비스 회사는 고객들에게 왁스 코팅된 판지를 제외하고 모든 형태의 종이 재질이 재활용 접수된다고 말했다.

Access to the plant is not permitted, **(except)** for approved visitors with authorization from the security office. 보안 사무실의 승인을 받은 인증된 방문객들을 제외하고는 공장 출입이 허용되지 않는다.

Ms. Carter has completed all the courses she needs for her teaching certification **(except)** for a statistics class she plans to take in the summer. 카터 씨는 여름에 들을 통계학 수업을 제외하고는 교사 자격 취득에 필요한 모든 과정을 끝마쳤다.

following   prep. ~ 후에; (특정 결과)에 따라
following the completion of 30 days of employment 채용된 지 30일 후에
following months of uncertainty 몇 달간의 불확실성 후에

(Following) the completion of 30 days of employment, you are entitled to paid vacation. 입사 후 30일이 지나면 당신에게 유급 휴가가 주어집니다.

(Following) months of uncertainty, the CEO has finally announced a merger between two rival companies. 불확실한 몇 달을 보내고 나서 최고 경영자는 마침내 두 경쟁 회사의 합병을 발표했다.

for (1)   prep. ~ 동안
for the next two hours 앞으로 두 시간 동안
for a period of 30 days 30일의 기간 동안
for over 20 years 20년 이상
for the remainder of the year 올해 남은 기간
for eight of the past ten years 지난 10년 중 8년 동안

Due to regular maintenance, Internet access will be unavailable **(for)** the next two hours. 정기 점검 때문에 인터넷 접속이 앞으로 두 시간 동안 안 될 것이다.

for (2) prep. (목적 · 기능) ~을 위하여; ~을 얻기 위해

for the extension of the oil pipelines 송유관 연장을 위해서
for the annual holiday party 연례 휴일 파티를 위해서
for the planning meeting 기획 미팅을 위해서
for your convenience 당신의 편의를 위해서
events for this facilities 이 시설을 위한 행사
the standard for fuel efficiency 연료 효율성을 위한 기준
flight reservations for her trip to Rome 로마 여행을 위한 비행기 예약
an annual meeting for shareholders 주주들을 위한 연례 회의
be used for the renovation of ~의 보수를 위해 사용되다
check the report for mistakes 리포트에 실수가 없는지 확인하다

Proceeds from the auction will be used **(for)** the renovation of the entire local community center. 경매의 수익금은 지역 사회 센터의 전체적인 보수를 위해 사용될 것이다.

Daniel will be checking the report **(for)** mistakes before turning it in to his supervisor. 다니엘은 보고서를 상관에게 제출하기 전 실수가 있는지 점검할 것이다.

for (3) prep. ~에 대해서; 때문에, ~으로 (인하여)

be honored for ~에 대해 치하받다
be responsible for ~에 대해 책임이 있다
apologize for ~에 대해 사과하다
get gift certificates for every $250 매 250달러에 대해 상품권을 받다
accomplish our goals for this year 금년에 대한 목표를 달성하다
be known for ~으로 유명하다

All individuals who have donated more than $100,000 will be honored **(for)** their exceptional contributions to the organization. 10만 달러 이상을 기부한 모든 사람들은 기구에 대한 훌륭한 공로로 치하될 것이다.

for (4) to부정사의 의미상의 주어
it ~ for all employees to participate 직원들이 참여하는 것은

It is mandatory **(for)** all employees to participate in at least two safety training sessions a year. 모든 직원들은 1년에 최소 2회 안전 훈련 연수에 의무적으로 참여해야 한다.

from   prep. ~에서 부터
one week from today 오늘부터 일주일 후에
choose from several different models 몇가지 서로 다른 모델들 중에서 고르다
from the hotel to the convention center 호텔에서 회의 센터까지
from the close of its business day to the next morning
transform the company from A to B 회사를 A에서 B로 바꾸다
obtain A from B A를 B로부터 얻다

The new shipment of Spin Zone blenders will arrive in stores one week **(from)** today. 스핀 존 믹서기의 신규 배송이 오늘부터 일주일 후 매장들에 도착할 것이다.

The company is guided by a security service **(from)** the close of its business day to the next morning. 회사는 영업을 끝마칠 때부터 다음날 아침까지 보안 서비스에 의해서 보호된다.

Mr. Anthony transformed Micro Technology **(from)** a startup company to a market leader. 앤소니 씨는 마이크로 테그놀로지를 신생 회사에서 시장의 리더 바꾸었다.

When you obtain spare parts **(from)** a third-party supplier, only the section of the warranty referring to manufacturing defects will apply. 제3자로부터 부속품을 구입하는 경우 제조 결함에 관한 품질 보증만 부분적으로 적용될 것이다.

in prep. ~에, ~안에; ~후에; ~의 상태로

in the enclosed envelope 동봉된 봉투에 넣어서
in the small conference room 조그만 회의실 안에서
in the northern part of the country 그 나라의 북쪽 지방에
invest in ~에 투자하다
in advance 미리
in three months 3개월 후에
in celebration of ~을 축하하여
in blue and silver 푸른색과 은색으로

In recent weeks, many financial analysts have been advising their clients to invest **(in)** transportation companies. 최근 몇 주간 많은 금융 분석가들은 고객들에게 운송 회사에 투자하도록 충고해 왔다.

The results of the manufacturer's survey will be released **(in)** three months. 그 제조업체의 조사 결과는 세 달에 후에 공개될 것이다.

The company has cars available **(in)** blue and silver while you are doing company businesses. 회사는 당신이 회사 업무를 보는 동안에 이용할 수 있는 파란색과 은색 자동차를 보유하고 있다.

in addition to prep. ~에 더하여

in addition to providing students with training and technical support 학생들에게 훈련과 기술적인 도움을 제공하는 것 외에

The Jensen Corporation is donating used computers to the local high school **(in addition to)** providing students with training and technical support. 젠센 사는 학생들에게 훈련과 기술적인 도움을 제공하는 것 외에도 중고 컴퓨터를 지역 고등학교에 기증하고 있다.

in spite of prep. ~에도 불구하고

in spite of high startup costs 높은 초기 비용에도 불구하고
in spite of the recent economic downturn 최근 경제 침체에도 불구하고
in spite of the severe snowstorm 심한 눈보라에도 불구하고

(In spite of) high startup costs, the company managed to make a huge profit at the very beginning. 높은 초기 비용에도 불구하고 회사는 처음부터 막대한 이윤을 만들 수 가 있었다.

Fortunately, there will be no substantial delay in train service **(in spite of)** the severe snowstorm in the region. 다행스럽게도 심한 눈보라에도 불구하고 열차 운행에 큰 지연은 없을 것이다.

including prep. ~을 포함하여

including the director 이사를 포함해서

All members of the Human Resources Department, **(including)** the director, will be attending the stress-management seminar. 이사를 포함해 인사부의 모든 직원들은 스트레스 관리 세미나에 참석하게 될 것이다.

instead of prep. ~ 대신에

instead of its usual selection of foods 평상시 음식 메뉴 대신에
instead of the following Monday 다음 월요일 대신에
instead of renewing the contract 계약을 갱신하는 대신에
instead of waiting for written reports 보고서를 기다리는 대신에
instead of hiring internally 내부적으로 채용하는 대신에

During the renovation period, the cafeteria will offer a limited choice of takeout items **(instead of)** its usual selection of foods. 보수 공사 기간 동안 식당은 평상시 음식 메뉴가 아니라 몇 가지로 제한된 테이크아웃 메뉴를 제공할 것이다.

The president has decided to purchase the company **(instead of)** renewing the contract with Sony, Inc. 사장은 소니 사와의 계약을 갱신하는 대신에 회사를 인수하기로 결정했다.

near prep. ~에서 가까이
near the reception desk 접수처 가까이에
near the convention center 회의 센터 근처에
near the public library 공공도서관 근처에

Visitors may hang their coats in the closet **(near)** the reception desk. 방문객들은 접수처 가까이에 있는 옷장에 코트를 걸어놓을 수 있다.

The tourism office is **(near)** the convention center across the river. 여행 사무실이 강 건너편 회의 센터 근처에 있다.

of prep. ~의(어떤 사람·사물에 속한, 관련된); ~에 대한; 중에서; ~을
in the event of ~의 경우에
on behalf of ~를 대신하여, 대표하여
of all the applicants 모든 후보자 중에서
lack of interest 관심의 부족
demonstration of the new product 신제품의 시연
application of refined animation techniques 세련된 애니메이션 기술의 적용
workers of Mr. Smith's ability 스미스 씨의 능력 정도를 가진 직원
your dream of owning a home 집을 소유하는 당신의 꿈

At the monthly meeting, we want you to give a demonstration **(of)** the new product for next year. 월례 회의에서 내년 신상품에 대한 발표를 해주시기 바랍니다.

In the event **(of)** rain, the concert will be moved indoors to the Jackson Auditorium. 비가 오는 경우에 콘서트는 잭슨 강당 실내로 옮겨질 것이다.

Our company's Human Resources Department is seeking workers **(of)** Mr. Smith's ability. 우리 회사 인사부에서는 스미스 씨 정도의 능력을 가진 직원을 찾고 있다.

The Johnson Foundation can help you to achieve your dream **(of)** owning a home. 존슨 재단은 집을 마련하고 싶은 당신의 꿈을 이룰 수 있도록 도와드릴 수 있습니다.

on   prep. ~ 위에; ~에 관해; 에 대해

on the left ~의 왼편에
on the 10th floor 10층에
on our website 웹사이트에
a discussion on business ethics 직장 윤리에 관한 토론
on Monday 월요일에
on[upon] arrival 도착 시

As you exit the subway station, you will see the King Museum **(on)** the left. 전철역을 나가면 왼쪽에 킹 박물관이 보일 것입니다.

Local businesses in Springville may advertise **(on)** our website at reduced rates. 스프링빌 지역에 있는 사업체들은 할인 가격으로 우리 웹사이트상에 광고할 수 있다.

There will be a discussion **(on)** business ethics in the conference room this afternoon. 직장 윤리에 관한 토론이 오늘 오후 회의실에서 있을 것이다.

The Hilton Hotel requests that its guests check in at the reception desk **(on)** arrival. 힐튼 호텔은 손님들에게 도착 시 접수처에서 투숙 절차를 밟도록 요구한다.

out of   prep. ~의 안에서 밖으로

out of the reach of children 어린아이들의 손이 미칠 수 없는

Medicine should be kept **(out of)** the reach of children for safety reasons. 의약품은 안전상의 이유도 어린아이들의 손이 미칠 수 없는 곳에 보관해야 한다.

over   prep. 위쪽에; ~을 넘어; ~하는 동안에

over 60 percent 60% 이상
over the last 6 months 지난 6개월 동안에

(Over) 60 percent of Aster Industries' revenues are generated from its Asian subsidiaries. 아스터 산업의 60% 이상의 재원은 아시아 자회사로부터 만들어진다.

Every employee whose telephone number has changed **(over)** the last 6 months should report to the Records Department. 지난 6개월 동안 전화번호가 변경된 모든 직원들은 기록 부서에 보고해야 한다.

CHECK UP 49

1. _____ the bad weather (나쁜 날씨에도 불구하고)
2. _____ a power failure (정전 때문에)
3. _____ approved visitors (승인을 받은 방문객을 제외하고는)
4. _____ months of uncertainty (몇 달간의 불확실성 후에)
5. _____ high startup costs (높은 초기 비용에도 불구하고)
6. _____ the director (이사를 포함해서)
7. _____ the following Monday (다음 월요일 대신에)
8. _____ the convention center (회의 센터 근처에)
9. _____ the reach of children (어린아이들의 손이 미칠 수 없는)
10. _____ 60 percent (60% 이상)

Answer Key 1. despite 2. due to 3. except for 4. following 5. in spite of 6. including 7. instead of 8. near 9. out of 10. over

Section 2 문맥에 어울리는 어휘 찾기 ❷ 기출정답 전치사

Unit 50 DAY

- ☐ ☐ ☐ 기출 정답 어휘 확인하기
- ☐ 기출 응용 문제 확인하기

past prep. (시간) 지나서; (장소·위치) 지나쳐서
walk past ~을 지나쳐 걸어가다

 To reach the Midday Café, turn left at Carrel Street and walk **(past)** the Greensmeadow Building. 미드데이 카페에 가기 위해서는 캐럴 가에서 왼쪽으로 돌아 그린메도우 빌딩을 지나서 가세요.

plus prep. ~도 또한, 더하기
plus digital music capabilities

 Winters Electronics has replaced the JB3 stereo system with the JB4, which has all the same features **(plus)** digital music capabilities. 윈터스 전자는 JB3 스테레오 시스템을 JB4 스테레오 시스템으로 대체시켰는데 JB4는 JB3의 모든 기능을 가지고 있으며 디지털 음원 기능이 추가되어 있다.

prior to prep. ~에 앞서
prior to their scheduled departure times 예정된 출발 시간 전에
prior to the filing deadline 접수 마감 전에
prior to publication 출판 이전에

 All airlines recommend that the passengers arrive a minimum of two hours **(prior to)** their scheduled departure times. 항공사들은 승객들에게 최소한 예정된 출발 시간 2시간 전에 도착하도록 권장한다.

regarding prep. ~에 관하여

receive questions regarding our service 서비스에 관한 질문을 받다

The Technical Support Department received questions **(regarding)** our high-speed Internet service. 기술 지원 부서는 고속 인터넷 서비스에 관한 질문을 받았다.

기출동의어 about regarding concerning ~에 관한

regardless of prep. ~에 상관없이

regardless of who plays the leading role 누가 주연을 맡든 상관없이

Ken Davidson and E.D. Hallows are both gifted actors, and the play is sure to be a success **(regardless of)** who plays the leading role. 켄 데이비드슨과 E.D. 할로우는 둘 다 재능이 있는 배우들이며, 그 연극은 누가 주연을 맡든지 상관없이 확실히 성공할 것이다.

since prep. ~ 이후

have focused on ~ since 1982 1982년 이후로
have not been working properly since 8 o'clock 8시 이후로

(Since) 1982, the Remarque Company has focused on developing new skin solutions for women. 리마크 사는 1982년 이후로부터 여성을 위한 피부 솔루션 개발에 집중해 왔다.

The computer system in Building C has not been working properly **(since)** 8:00 this morning. C 빌딩의 컴퓨터 시스템이 오늘 아침 8시부터 적절하게 작동되지 않았다.

현재완료와 현재완료진행 현재완료 시제(have focused on)나 현재완료진행 시제(has not been working)가 쓰인 문장에서 과거의 시점을 나타내기 위해 〈since+시점〉 구문을 쓴다.

subsequent to prep. ~의 다음에, ~에 뒤이어
subsequent to approval of the new business plan 신규 사업 구상 승인에 이어

(Subsequent to) approval of the new business plan, Kelein Importers generated important savings in overhead costs. 새로운 사업 계획의 승인에 뒤이어 Kelein Importers는 간접비에 있어 중대한 절약을 만들어냈다.

through prep. ~을 통하여; ~을 두루
pass through the building 건물을 통과하다
travel through the city 도시의 이곳저곳을 가다
be hired through the complicated process 복잡한 과정을 거쳐서 고용되다
access to ~ through computer linkups 컴퓨터 연결 장치를 통해 ~에 접근함
a horseback riding trip through the mountains 산을 넘는 승마 여행

The client has requested the new inner ventilation system be implemented for more air to pass **(through)** the building. 고객은 빌딩 전체에 걸쳐 더 많은 공기가 통과될 수 있도록 새로운 내부 환기 시스템이 적용되기를 요청했다.

Bus 502 travels **(through)** the city and makes stops at various locations to provide residents with an excellent service. 502버스는 도시의 거주자들에게 편리한 서비스를 제공하기 위해서 시의 이곳 저곳을 운행하며 여러 장소에서 정거를 한다.

throughout prep. 도처에, 구석구석까지; 처음부터 끝까지
throughout the area/region/country/world 지역 전체에 걸쳐서
throughout the day/the year/the month 하루 종일, 일 년 내내, 한 달 내내
throughout the electronics industry 전자 산업계 전체에 걸쳐

Signs will be posted **(throughout)** the area to encourage people to use public transportation instead of using their private vehicles. 개인용 차량을 이용하는 대신에 대중교통의 이용을 독려하는 사인이 전지역에 걸쳐서 부착될 것이다.

If you experience any kinds of technical problems while installing the new equipment, our technical support team will be available **(throughout)** the day at no cost. 새로운 장비를 설치과정에서 어떤 기술적인 어려움을 겪는다면, 비용 없이 우리의 기술지원을 하루 종일 받으실 수 있습니다.

The growth now occurring **(throughout)** the electronics industry reflects the increasing number of shares traded on electronic communication networks. 전자산업계전체에 일고 있는 성장은 전자 통신 네트워크에 있어서의 거래된 주식의 증가하는 숫자를 반영한다.

---

to   prep. ~로, ~까지
commit oneself to ~에 헌신하다
provide A to B A를 B로 화물로 실어보내다
a solution to the problem 문제 해결책
fell to 1.1 percent 1.1%까지 떨어졌다

She committed herself **(to)** improving morale by setting an example through hard work, motivation, and positive thinking. 그녀는 그녀 자신을 각고의 노력, 동기부여, 그리고 긍정적인 사고를 통해 모범을 보임으로서 도덕성을 향상하는데 헌신하기로 결심했다.

The proposed dam would provide additional electric power and water resources **(to)** all the close areas. 제안된 댐은 근처 모든 지역에 추가적인 전력과 수자원을 공급해 줄 것이다.

〈타동사 A to B〉
provide A to B A를 B에 제공하다(= provide B for A / provide B with A)
attribute A to B A를 B의 탓(덕분)으로 돌리다
charge A to B A에게 B를 청구하다
deliver A to B A를 B에게 배달하다
offer A to B A를 B에게 제공하다
return A to B A를 B에게 돌려주다
send A to B A를 B에게 보내다
ship A to B A를 B에게 화물로 실어 보내다
submit A to B A를 B에게 제출하다

〈대답을 나타내는 명사 to〉 대답이나 응답을 나타내는 명사들 뒤에는 전치사 to가 온다.
answer to / reply to / reaction to / response to ~에 대한 응답
cf. 동사 answer는 타동사로서 뒤에 to가 오지 않는다.

toward prep. ~을 향하여
toward the end of the month 월말 경에

 Labitron, Inc. expects to introduce its largest software **(toward)** the end of the month. 래비트론 사는 월말 경에 가장 큰 소프트웨어를 소개할 수 있을 것으로 예상한다.

under prep. ~아래에; (~ 되고 있는) 중인
be under consideration 고려중이다

 The research and development director at Prufer Pharmaceuticals was pleased that his department was **(under)** consideration for an award. Prufer Pharmaceuticals의 연구 개발 팀장은 자신의 부서가 수상 대상으로 고려되었다는 것에 기뻤다.

unlike prep. ~와 다른, ~와는 달리
unlike the previous edition 이전 판과는 다르게
unlike most other high-tech equipment 다른 첨단 기술 장비와 달리

 (Unlike) the previous edition, *Best Travels* updated guide to Europe includes a lot more tourists attractions. 이전 판과는 다르게 〈베스트 트래블스〉의 유럽에 대한 개정된 가이드는 훨씬 더 많은 관광지를 포함하고 있다.

until prep. (시간의 계속) ~까지, 이르기까지
be posponted until later this week 이번 주 후반까지 연기되다
be closed until further notice 추후 공지가 있을 때까지
stay open until 11 o'clock 11시까지 문을 열다
last until early July 7월 초까지 계속되다

 Mr. Myers called to ask if his Monday meeting could be postponed **(until)** later in the week. 마이어즈 씨는 월요일 모임이 이번 주 후반으로 연기될 수 있는지를 알아보기 위해 전화했다.

Although the conference center stays open **(until)** 11 p.m., the reception desk closes two hours earlier. 회의 센터는 저녁 11시까지 열려있지만 안내 데스크는 2시간 미리 닫는다.

> **By와 Until의 차이 구분하기** until은 상태가 언제까지 지속되는지를 나타내고 by는 완료 시점을 나타낸다.
> **접속사 Until** until은 전치사 외에 〈unitil 주어+동사 ~〉와 같이 접속사로도 쓰인다.
> ex. Until the new product is completed and ready to ship, the crew will stay and work into the night. 새로운 제품이 완성되어 선적할 준비가 될때까지 직원들은 밤늦게까지 머물면서 일할 것이다.

---

with prep. ~와 함께, ~을 포함하여; ~으로; ~에 대해

be complete with ~으로 완비되다
be enclosed with ~에 동봉되다
comply with ~에 따르다 (= abide by)
experiment with ~에 대해 실험하다
leave A with B A를 B에게 맡기다
reward A with B A에게 B를 보상으로 주다
a meeting with ~와의 만남
with the rest of the marketing team 마케팅팀의 나머지 사람들과 함께
with its production rates at an all-time low 생산률이 사상 최저이기 때문에
with the exception of ~을 제외하고는

Driving directions to the hotel and schedules for the conference are enclosed **(with)** the mail. 호텔로 가는 길 안내와 회의 일정이 우편물에 동봉되어 있다.

Retailers in many different industries have experimented **(with)** the concept of self-service checkout stations. 각종 산업 분야의 소매업자들은 셀프 서비스 계산대 개념을 실험적으로 운영해 보았다.

If you call after office hours, no one will answer the phone, so you should leave a message **(with)** our answering service. 근무 시간 이후에 전화를 하면 아무도 전화에 응답하지 않으므로 응답 서비스에 메시지를 남겨 주세요.

In recognition of the hard work done on the research project, the company will reward employees **(with)** performance bonuses. 연구 프로젝트에 대해 열심히 일한 보상으로 회사는 직원들에게 성과 보너스를 줄 것이다.

(With) its production rates at an all-time low, Marley Fashion, Inc. decided to develop a strategy to become more competitive in the new market. 생산률이 사상 최저이기 때문에 말리 패션 기업은 신흥 시장에서 보다 경쟁력을 갖추기 위한 전략을 계발하기로 결정했다.

within   prep. ~ 이내에

within ten business days 영업일 열흘 이내에
within 30 days of purchase 구입 후 30일 이내에
within two weeks of the date 그 날짜로부터 2주 이내에
within an hour's drive 자동차로 한 시간 거리 이내에
within two percentage points of its competitor 경쟁 업체와 2% 차이 이내에
within the Bangkok city limits 방콕 시내에서
within the company 회사 내에서
within an article 기사 내에서

In order to receive a complete refund, all items as well as their original packaging must be returned to the office **(within)** ten business days. 전액 환불을 받으려면 모든 제품들은 원래 포장재와 함께 사무실로 영업일 10일 이내에 반품되어야 한다.

Tourists can find many affordable restaurants **(within)** the Bangkok city limits. 관광객들은 방콕 시내에서 많은 저렴한 레스토랑을 찾을 수 있다.

The Danker Corporation's current market share of 15 percent brought it **(within)** two percentage points of its main competitor. Danker Corporation의 현재의 15% 시장 점유율은 주요 경쟁업체와의 차이를 2% 이내에 들어서게 했다.

without prep. ~ 없이

without a receipt 영수증이 없이
without written permission 서면 허가 없이
without consulting the lab manager 실험실 매니저와 상의 없이
without giving advance notice 사전 통보 없이
without presenting photo identification 신분증 제시 없이

Sam's Home and Office Superstore will no longer honor refund requests **(without)** a receipt. 샘스 홈 앤 오피스 수퍼스토어는 영수증 없이는 더 이상 환불 요청을 이행하지 않을 것이다.

Because most supplies are ordered in large quantities, please do not place an order **(without)** consulting the lab manager. 대부분의 비품들은 대량으로 주문이 이루어지기 때문에 실험실 매니저와의 상의 없이는 주문을 하지 마세요.

CHECK UP 50

1 _____ the filing deadline (접수 마감 전에)
2 receive questions _____ our service (서비스에 관한 질문을 받다)
3 _____ who plays the leading role (누가 주연을 맡든 상관없이)
4 have not been working properly _____ 8 o'clock (8시 이후로)
5 _____ approval of the new business plan (신규 사업 구상 승인에 이어)
6 pass _____ the building (건물을 통과하다)
7 commit oneself _____ (~에 헌신하다)
8 _____ the end of the month (월말 경에)
9 be _____ consideration (고려중이다)
10 _____ the previous edition (이전 판과는 다르게)
11 be posponted _____ later this week (이번 주 후반까지 연기되다)
12 _____ ten business days (영업일 열흘 이내에)

Answer Key 1. prior to 2. regarding 3. regardless of 4. since 5. subsequent to 6. through 7. to 8. toward 9. under 10. unlike 11. until 12. within

SECTION III DICTIONARY FOR TOEIC READING

독해문제 공략
주제별 어휘력 쌓기

독해문제어휘 ❶ 기출정답 동의어

독해문제어휘 ❷ 주제별 어휘

1 기업 · 생산 · 제품개발
2 채용 · 경영
3 업무 회의 · 일반 사무
4 경제
5 금융 · 투자 · 회계
6 주거 · 음식
7 교통 · 통신 · 컴퓨터
8 건강
9 무역 · 상거래
10 마케팅 · 쇼핑 · 서비스
11 출장 · 여행
12 대중매체 · 오락
13 규칙 · 법률 · 정치
14 교육 · 과학

SECTION III 독해문제어휘

1 기출정답 동의어

- **accommodate** (환경 따위에) ~을 적응시키다, 순응시키다 — fit (직무 따위에) 적응시키다
- **account** 설명, 기술, 해석 — narrative 서술, 묘사
- **acknowledge** 인정하다 — recognize 인정하다
- **address** 다루다, 고심하다 — give attention to ~에 주의하다
- **amount** 양 — portion 몫
- **appeal to** 마음을 끌다 — attract 마음을 끌다
- **applying** 쓰는, 적용하는 — putting to use 사용하는, 쓰는
- **appreciate** 진가를 알아보다 — understand 이해하다
- **article** (세트로 된 물건의 개별) 물품 — item (하나의) 물건
- **as** ~할 때 — when ~할 때
- **assemble** 조립하다 — build 만들다, 건설하다
- **assess** 평가하다 — judge 판단하다, ~을 심사하다
- **assume** (권력·책임 등을) 맡다, 추정하다 — take on 떠맡다 undertake (책임을 맡아서) 착수하다
- **break up** 나누다 — divide 나누다
- **broken down** 나누어진 — classified 주제별로 분류된
- **capacity** 용량, 수용력, (공식적인) 지위, 역할 — role 역할
- **case** (특정한 상황의) 경우 — situation 상황, 처지
- **cast** 배역을 정하다 — assign a role 역할을 배정하다
- **certain (1)** 특정한 — specific 특정한, 구체적인
- **certain (2)** 확실한, 틀림없는 — sure 확실한, 확신하는
- **chance** 기회 — opportunity 기회
- **charge** 요금 — expense 비용
- **charged** (요금 값이) 청구된 — demanded 요구된
- **commission** 수수료 — fee 수수료
- **complimentary** 공짜, 무료 — free 공짜, 무료
- **concern** 관심 — interest 관심
- **condition (1)** 상태 — state 상태
- **conditions (2)** (pl.) 조건 — terms (pl.) 조건
- **confirmed** 확인된 — approved 승인된
- **consider** 고려하다 — think about ~에 대해 생각하다

□ **coordinate** 조직화하다, 편성하다	organize 조직하다
□ **count on** ~을 확신하다	be certain of ~을 확신하다
□ **course** 방향	direction 방향
□ **cover** 포함시키다	include 포함하다
□ **cover** (무엇을 하기에 충분한 돈을) 지불하다	pay for 지불하다
□ **covered** 토론된	discussed 토론된
□ **deal** 거래하다	compromise 협상하다, 흥정하다
□ **declined** 거절된	rejected 거절된
□ **deliver** 전달하다	present 제시하다, 전달하다
□ **draw** 끌다	attract 끌다
□ **due** 예정된, ~하기로 되어 있는	scheduled 예정된
□ **effective** 시행되는, 발효되는, 효과적인	starting 시작하는
□ **effects** (pl.) 물건(goods), 개인자산, 소유물(personal property)	possessions (pl.) 소지품
□ **engagement** 업무, 약속	obligation (마땅히 해야 할) 의무
□ **entry** 출품작, 제출	submission 제출, 출품작
□ **expedite** 더 신속히 처리하다	speed up 속도를 올리다
□ **facility** 시설	establishment 기관, 시설
□ **flat** 고른, 평평한	fixed 고정의, 확고한, 변치 않는
□ **follow** 이해하다	understand 이해하다
□ **form** 형태, 방법	means 방법
□ **formed** 형성된	established 확립된, 확정된
□ **fresh** 신선한	young 젊은
□ **grow** 성장하다	develop 성장하다, 개발하다
□ **handle** 다루다	manage 다루다, 해내다
□ **immediate** 당면한, 현재의	current 현재의, 통용되는
□ **informed** 공지된, 잘 아는	told 통고된, 알려진
□ **interest** 관심, 흥미	attention 주의, 관심, 흥미
□ **keep** 유지하다, 계속 하다	continue 계속하다
□ **landmark** 획기적인	important 중요한
□ **learn** ~을 알게 되다	find out ~을 알게 되다

- **learning** 학습, 학식 — knowing 지식
- **leave** (정기 또는 특별 사유에 의한) 휴가 — absence 휴가
- **look into** 조사하다 — investigate 조사하다
- **maintain** 유지하다 — keep up 유지하다, 뒤처지지 않다
- **market** (특정 상품이나 서비스의 잠재적) 고객층, 구매층 — buyer 구매자
- **meet** (필요, 요구 등을) 충족시키다 — achieve 성취하다 fulfill 실행하다, 완성하다
- **model** 모델 — design 디자인
- **modest** 얌전한, 수수한 — stable 차분한, 안정된
- **note** 언급하다 — state 언급하다
- **ordered** 명령된 — commanded 명령된
- **outgoing** 외향적인 — friendly 다정한
- **outstanding** 미지불의 — unpaid 지불되지 않은
- **overlooked** 간과된 — neglected 방치된, 간과된
- **performance** 실적, 성과 — achievement 업적, 성취한 것
- **place** 두다, 놓다, 위치시키다 — put 두다, 놓다 submit 제출하다
- **pose** (위협·문제 등을) 제기하다, 제출하다 — present (심의를 위해) ~을 제출하다
- **positive** 긍정적인, 낙관적인 — optimistic 낙관적인
- **prominent** 유명한 — well-known 잘 알려진
- **promise** ~할 가망이 있다 — be expected (~할 것으로 기대되다)
- **promote** 촉진하다, 고취하다 — encourage 독려하다
- **provisions** (pl.) 공급품, 식량 — supplies (pl.) 물자
- **put off** 미루다, 연기하다 — postpone 연기하다 delay 미루다
- **randomly** 무작위로 — irregularly 불규칙적으로
- **range** 다양성, (변화 혹은 차이의) 범위 — variety 다양성, 각양각색
- **reaction** 반응 — response 대답, 응답, 반응
- **recognize** 인정하다 — acknowledge 인정하다
- **reflect** 반영하다, 나타내다 — show 나타내다, 보이다 indicate 나타내다
- **regarding** ~에 관한 — concerning ~에 관한
- **renew** 새롭게 하다 — refresh 생기를 되찾게 하다, 새롭게 하다
- **represent** 대표하다, 대신하다 — speak for ~를 대변하다
- **resolved** 결심한, 단호한 — decided 단호한, 결연한, 확고한
- **rest** 나머지 — remainder 나머지

- **restricted** 제한된 — limited 제한된
- **retain** 유지하다 — keep 유지하다
- **right** 정확히, 바로 — exactly 정확하게
- **run** 운영하다, 경영하다 — operate 운영하다
- **secure** (특히 힘들게) 얻어 내다, 단단히 고정시키다 — obtain 얻다
- **serve** 일하다 — act 직무를 맡아보다, work 일하다
- **sharp** 빠른, 급격한 — rapid 빠른
- **singular** 뛰어난, 두드러진 — exceptional 특출한, 뛰어난
- **sound** (신체·정신이) 건강한, (건물 등이) 견고한 — solid 견고한, 단단한
- **status** 상태 — state 상태
- **stock** 재고, 재고품 — inventory 재고, supplies 물자
- **stress** 강조하다 — emphasize 강조하다
- **stressed** 스트레스를 받은 — overburdened 과중한 부담이 지워진
- **submit** 항복하다 — surrender 항복하다
- **sustain** 지지하다 — support 후원하다, 지지하다
- **taste** 기호, 취향 — preference 선호, 애호
- **tentative** 잠정적인 — indefinite 분명히 규정되지 않은
- **tip** 요령, 정보 — suggestion 제안 사항
- **trace** 추적하다, 따라가다 — follow 따르다
- **track** 추적하다 — monitor 주시하다
- **treat** 다루다, 대하다 — deal with 취급하다
- **trend** 동향, 추세 — tendencies 성향, 기질, 경향, 동향, 추세
- **value** 가치 — worth 가치
- **volume** 양, 용량 — amount 양
- **warranted** 보증된 — guaranteed 보증된

SECTION III 독해문제어휘

2 주제별 어휘

1 기업 · 생산 · 제품개발

- **absolute** 완전한, 완전 무결한(=complete)
- **accounting year** 회계연도(=fiscal year)
- **accurate** 정확한(=precise)
- **advance** 진보, 전진
- **advertising** 광고, 선전 (=promotion, publicity)
- **affiliate** 계열 회사, 자매 회사, 제휴하다
- **alter** 수정하다(=revise)
- **alternately** 교대로
- **analysis** 분석
- **analyst** 분석가
- **analyze** 분석하다
- **appearance** 외관, 외양(=exterior)
- **appliance** (가정용) 기구, 설비, 가전제품
- **assemble** 조립하다(=bring together)
- **assembly line** 조립 라인
- **assess** (추산치를) 산정하다(=estimate)
- **assets and liabilities** 자산 및 부채
- **assign** (일 · 책임을) 맡기다(=allocate)
- **assignment** 임무, 맡은 일 (=task, job, duty)
- **assistant manager** 대리
- **assume responsibility** 책임을 떠맡다
- **audit** 회계 감사, 회계 감사를 하다
- **automate** 자동화하다
- **backlog of orders** 주문 잔고
- **be charged to the account** 은행 계좌에서 인출되다
- **be compatible with** 호환성이 있다
- **be in stock** 재고가 남아 있다
- **be liable for** ~에 책임이 있다
- **be operational** (설비가) 가동 중이다
- **be scheduled to** ~하기로 계획되어 있다
- **be subordinated to** ~에 복속되다
- **bewildering** 당황하게 하는
- **boost** 증가시키다(=improve, enhance)
- **breakthrough** (과학 등의) 비약적 발전
- **building** 건물, 사무실(=premises)
- **built-in microphone** 내부 장착형 마이크
- **bundle** (비교적) 작은 소포(=parcel)
- **broaden** 넓히다(=widen, expand)
- **cancel** 취소하다(=call off)
- **capable** ~할 능력이 있는
- **capacity** 수용력, 용량
- **coming** 다가오는(=upcoming, imminent)
- **commercial** (라디오 · TV)의 광고, 상업적인
- **comparable** 비교되는, 필적하는
- **compatible** 호환성의, 양립할 수 있는
- **competition** 경쟁(=rivalry)
- **competitive edge** 경쟁우위
- **complaint** 불만 사항
- **complement** 보완하다
- **component** 부품(=part, attachment)
- **concurrently** 동시에(=simultaneously)
- **confirm the order** 주문 내용이 맞는지 확인하다
- **consolidate** (새 회사를 만들기 위해 여러 회사가) 합병하다
- **consultation** 상담
- **consumer affairs** 고객 지원(=customer services)
- **conveyor** 제품 운반 장치, 컨베이어 벨트
- **corrosion** 부식

SECTION III 독해문제어휘 **2 주제별 어휘**

- **courier service** (직접) 배달 서비스
- **cover under the warranty** 보증해 주다
- **criticize** (잘못을) 지적하다, 비판하다 (=point out)
- **crude materials** 원자재(=raw materials)
- **customer service center** 고객 서비스 센터
- **customized** (고객의 요구에) 맞춤 제작된
- **damage** 제품 결함(=flaw, defect)
- **damaged** 손상된, 손해를 입은
- **declare bankruptcy** 파산 선고하다
- **deficit** 회계 상의 손해
- **delay** 연기하다(=postpone, put off)
- **delivery date** 납품일
- **demote** 좌천시키다(=downgrade)
- **development** 개발, 발전
- **device** 장치(=gadget, appliance)
- **devise** 고안하다, 발명하다
- **discontinue** 중단하다(=stop, cease)
- **dispatcher** 속달 배달부(=expediter)
- **disruption** 중단, 혼란 (=interruption, disturbance)
- **diversity** 다양하게 하다(=variety)
- **domestic market** 국내 시장
- **downsize** (기업) 규모를 줄이다
- **due date** 지불 만기일
- **durable** 내구성이 있는(=strong)
- **effective** 유효한, 효과적인(=useful)
- **efficient** 효율적인, 능률적인
- **efficiency** 효율, 능률
- **encase** 상자에 넣다
- **enclose** 동봉하다

- **enclosure** 함께 동봉하는 물건
- **entrepreneur** 기업가 (=industrialist, businessman)
- **envision** (장래의 일 등을) 상상하다, 계획하다
- **establish a niche in the market** 틈새시장을 공략하다
- **equipment** 장비
- **evaluate** 평가하다(=estimate, appraise)
- **evidently** 명백하게, 분명히
- **executive** 경영진, 간부
- **executive board** 집행 이사회, 운영 위원회
- **expense** 지출(=expenditure)
- **expense account** 필요경비
- **expense report** 경비 사용 내역서
- **expire** (보증 기간이) 만료되다
- **express mail** 속달우편
- **extend warranty** 보증 기간을 연장하다
- **fabricate** 제작하다(=manufacture)
- **facility** 시설
- **faulty product** 불량품
- **feature** 특징, 특색(=characteristic)
- **file for bankruptcy** 파산 신청하다
- **file for compensation** 배상을 청구하다
- **fill the order** 주문에 응하다
- **finished** 완성된
- **finished goods** 완제품
- **focus group** 표본 집단
- **fragile** 깨지기 쉬운(=breakable, frail)
- **frequent complaints** 빈번한 불만 사항
- **gain market share** 시장점유율이 높아지다
- **garner** (특히 곡물 등을) 저장하다
- **go bankrupt** 파산하다(=close a company, go into bankruptcy)

- **guarantee** 보증해 주다(=warrant)
- **grant** 주다, 수여하다
- **halt** 중단하다(=stop, bring to an end)
- **hallmark** 제품의 우수한 특징
- **have a narrow margin** 이익이 별로 없다
- **highly rated in review** 평가가 좋은
- **identification badge** 신분증
- **impending** (기한이) 임박해 오는
- **implement** 실행하다
  (=put into practice, apply)
- **in all price ranges** 모든 가격 범위대의
- **increasingly** 점점, 더욱 더
- **indication** 징후, 조짐
- **information material** 상품 정보
- **innovate** 혁신하다
- **installation** 설치(=set up)
- **instructions** 제품 설명서(=manual)
- **inventory** 재고품(=stock)
- **innovative** 혁신적인
- **innovation** 혁신
- **inspect** 조사하다, 검사하다
- **invoice for the shipping cost**
  운송비용 명세서
- **iron fitting** 철제 부품
- **janitor** 건물 잡역부, 수위
- **joint venture** 합작 회사
- **launch** (제품을) 출시하다
  (=introduce, debut)
- **letterhead** 회사 로고가 찍힌 편지지
- **liability** 책임(=responsibility)
- **liquidate** (회사를) 정리하다
- **loss** 손실(=damage)

- **lucrative** 돈벌이가 되는
  (=profitable, productive)
- **make a profit** 이익을 얻다
- **make provision for** ~를 준비해 놓다
- **malfunction** 작동 장애
  (=break down, failure)
- **manage** 관리하다, 감독하다
- **management** 경영진
- **manufacture** 제조(업)
- **manufacturer** 제조업자
  (=producer, maker)
- **manufactured goods** 생산품(=product)
- **mass-produce** 대량 생산하다
  (=produce in bulk)
- **material** 재료, 물질
- **merge** 합병하다(=combine, join together)
- **monopoly** 독점(=domination)
- **multinational corporation** 다국적 기업
- **net profit** 순이익
- **obsolete** 구식의, 시대에 뒤떨어진
  (=out of date, outdated)
- **office equipment** 회사 기물
- **office supplies** 회사 비품
- **off-limits** 출입 불가의
- **on request** 주문에 따라
- **on the receipt of** ~을 받자마자
- **operating expense** 운영비
- **operational** 작동하는, 작동 가능한
- **outstanding balance** 미지불 잔고
- **overestimate** 과대평가하다(=overrate)
- **overhead expense** 경상비, 고정비
- **place** ~을 한 상태에 두다, (주문을) 하다
- **place an order** 주문하다

- **pack** (상품을) 포장하다(=wrap, package)
- **patent** 특허권
- **patronize** ~을 단골로 삼다, ~와 거래하다
- **payment option** 지불 방식
- **payroll** 경리, 회계(=accounting)
- **performance appraisal** 업무 평가
- **personnel department** 인사부 (=human resources department)
- **place an order** 주문을 넣다 (=send in an order)
- **plumbing fixture** 배관 부품
- **potential customers** 미래의 잠재적 소비자
- **precaution** 예방 조치, 예방책
- **pre-paid envelope** 수신자 부담 우편
- **prevent** 막다
- **proceeds** 매상, 매출액 (=profits, income, earnings)
- **process** (가공) 처리하다(=treat)
- **processing** 처리, 가공
- **procurement** (필수품의) 조달
- **procrastinate** 미루다, 질질 끌다 (=put off, delay, postpone)
- **produce** 생산하다, 제조하다(=manufacture)
- **production figure** 생산 수치(량)
- **production line** 생산 라인
- **productivity** 생산성
- **profit** (금전적인) 이윤, 이익 (=gains, earnings, proceeds, income)
- **profit margin** 이윤 폭
- **profitable** 이익이 되는(=lucrative, gainful)
- **promote** 승진하다
- **promotion** 승진
- **protective** 보호하는
- **prototype** 표본 제품, 모형 제품(=model)
- **provision** 비축되어 있는 물품
- **put on the market** 시장에 선을 보이다
- **put into action** 실행하다(=practice)
- **quality control** 품질 관리
- **quota** 할당량, 할당
- **recall** (결함 있는 제품의) 회수(=callback)
- **recipient** 수신자
- **register a complaint** 고객 불만 사항을 접수시키다
- **reimburse** 배상하다
- **reliable** (품질이) 믿을 만한, 신뢰할 수 있는
- **remit money** 돈을 보내다
- **replacement** 제품 교환(=substitute)
- **replenish** 재고를 보충하다 (=refill, stock up, restock)
- **research and development** 연구와 개발
- **resolve a claim** 불만을 해결해 주다
- **respondent** 응답자
- **restructure** (경영 구조를) 재구성하다, 개편하다 (=reform, reorganize)
- **return** 반품
- **revenue** 세입, 정기적인 수입 (=income, profits)
- **review** 검토하다, 조사하다(=inspect)
- **run out** 재고가 떨어지다
- **safety code** 안전 수칙
- **sales promotion** 판촉 활동
- **sales representative** 영업 사원
- **scrutinize** 면밀히 조사하다 (=examine, inspect)
- **security alert** 안전 경보
- **separately** 개별적으로, 따로따로

- **security guard** 안전 요원 (=security personnel)
- **send** 보내다
- **serial number** (제품의) 일련번호
- **set out** 일에 착수하다(=tackle)
- **set up a date** 일정을 잡다 (=make an arrangement)
- **specification** 명세서, 설명서
- **share business operation** 업무를 분담하다(=work together)
- **shipment** 운송품, 화물(=freight, cargo)
- **shipping and handling** 포장 운송
- **sleek** 세련된
- **smoke detection system** 연기 감지 시스템
- **specialty** 특제품
- **specifications** 상세 설명서
- **standardize** 표준화하다, 규격화하다
- **state-of-the-art** 최신식의
- **start a company** 창업하다 (=open a company)
- **stationery** 문구류
- **stock up on** 물건을 들여놓다
- **store** 보관하다(=keep aside)
- **strategy** 전략(=plan, approach)
- **streamline** (일 등을) 능률적으로 하다, 합리화하다
- **subsidiary** 자회사
- **sufficiently** 충분히
- **superior** 우수한, 상급의
- **supervise** 감독하다, 지도하다
- **supervision** 감독, 지휘
- **supplier** (재료 등의) 공급업자
- **supply replacement** 제품을 교환해 주다
- **surface treatment** (제품의) 마감 처리
- **surplus** 회계상의 이익
- **survey** 연구, 조사(=research, study)
- **take on** ~을 맡다(=be in charge of, be responsible for)
- **take over** 경영권을 인수하다
- **target market** (마케팅의 대상이 되는) 표적 시장
- **technical** 기술적인
- **tentative** 잠정적인
- **terms and conditions** 사용 약관
- **tolerance** 관용(=patience)
- **track the package** 우편물의 현재 위치를 알아보다
- **trademark** 상표, 상표권
- **transparent** 투명한
- **tryout** 시험 사용(품)(=test)
- **underestimate** 과소평가하다(=undervalue)
- **undergo periodic check** 정기적으로 검사하다
- **undertake** (책임 · 일) 담당하다(=take on)
- **unemployment rate** 실업률
- **unload** (제품을) 하역하다(=discharge)
- **update** 갱신하다(=revise)
- **user-friendly** 사용하기 쉬운
- **utilize** 이용하다, 활용하다(=use)
- **venture** 투기, 모험적 기업
- **vulnerable** 취약한(=weak)
- **water-soluble** 수용성의
- **wide selection** 선택 폭이 다양함
- **working manual** 작업 지침

2 채용 · 경영

- **a notice of dismissal** 해고 통지
- **administrative employee** 행정직 직원
- **advisor** 고문(=consultant, mentor, counselor)
- **allowance** 수당(=stipend)
- **applicant** 지원자(=candidate)
- **application form** 지원서, 응시원서
- **apply for** (구체적인 일자리에) 지원하다
- **appoint** (직원을) 지명하다
- **appraisal** 평가(=evaluation)
- **aptitude** 적성
- **assistant** 보좌의(=supporter, helper)
- **award** 상
- **be in duty** 근무 중이다
- **be on strike** 파업하다
- **be on the short list** 최종 후보자 명단에 있다
- **be out of employment (work)** 실직 중이다
- **be qualified for** ~의 자격 요건을 갖추다
- **be wanted** ~을 구하다
- **beneficial** 유리하게 작용하는, 우대하는(=advantageous, preferred)
- **beneficiary** 복지 혜택 수혜자
- **benefit package** 종합적 복리 후생
- **candidate** 후보자(=contender)
- **career goal** 경력 상의 목표 (=career objective)
- **certificate** 수료증, 자격증서(=diploma)
- **certification** 증명서, 증명
- **commission** (성과에 대한) 배당금
- **communication skill** (주로 고객과의) 의사소통 능력
- **competent** 유능한
- **competitive salary** 경쟁력 있는 보수
- **compromise** 타협, 절충
- **confidence** 확신, 자신
- **consultant** 컨설턴트, 고문
- **coordinator** 조정자, 진행자
- **cordially** 진심으로(=warmly)
- **day shift** 주간 근무(조)
- **dedication** 헌신(=devotion)
- **degree** 학위
- **demanding** 과도하게 요구하는, 몹시 노력을 필요로 하는
- **designate** 임명하다, 지명하다
- **discharge** 해고하다 (=dismiss, fire, lay off)
- **dismissal pay** 해고 수당
- **dispatch** 파견하다
- **dividend** (주식, 매출 증가 등으로 인한) 이익 배당금(=allotment)
- **early retirement** 조기 퇴직
- **eligible** 자격이 있는, 적격의(=qualified)
- **employee of the month** 이달의 최우수 직원
- **employment** 고용
- **entitle** ~에게 ~할 자격을 주다
- **evaluate** 평가하다(=appraise)
- **exceptional** 예외적인, 아주 뛰어난
- **flexible hours** 딱 정해져 있지 않은 근무 시간
- **friction** 마찰
- **fringe benefit** 후생복지 급여, 부가 혜택
- **highly** 매우, 몹시

- **hiring freeze** 고용 동결
- **honorable retirement** 명예퇴직
- **ideal candidate** 적합한 지원자
- **in-house job posting** 사내 구인 광고
- **incentive wage system** 인센티브 제도
- **increment** 증가, 인상(=increase)
- **incumbent** 재직자, 현직에 있는 사람
- **interviewee** 면접 응시자
- **job fair** 채용 박람회
- **job opening** 공석, 일자리
- **job performance** 업무 성과
- **job posting** 구인 광고(=job ads)
- **lay off** 해고하다
- **leave a job** 사퇴하다, 그만두다 (=quit, resign)
- **leave of absence** 휴가
- **managerial** 관리의
- **maternity leave** 출산 휴가
- **meet** (필요·요구 등을) 충족시키다, 만족시키다
- **motivate** ~에게 동기를 부여하다
- **move into another department** 부서를 옮기다
- **negotiation** 협상, 교섭
- **night shift** 야간 근무(조)
- **nomination** 지명, 임명
- **occupation** 직업 (=job, profession, career)
- **occupational safety** 직업상의 안전
- **opening** 공석, 개장
- **optional** 꼭 없어도 되는, 선택 사항인
- **overtime allowance** 초과 근무 수당
- **paid leave** 유급 휴가

- **pay back** 환급하다(=reimburse)
- **pay increase** 임금인상 (=payment raise, salary increase)
- **paycheck** 급여(=salary, wage)
- **payroll** 임금 대장, 급료 명부
- **pension** 연금
- **performance rating** 근무 평점
- **placement** 인원 배치 (=staffing, station, post)
- **pre-tax** 세전의
- **predecessor** 전임자
- **predict** 예측하다
- **probationary period** 수습 기간 (=internship)
- **professional** 직업의, 전문적인
- **proficiency** 숙달, 능숙
- **promote** 진급시키다
- **prospective** 장래의, 미래의(=potential)
- **put in for transfer** 전출을 신청하다
- **qualification** 자격 요건(=requirement)
- **qualified** 자격 요건을 갖춘, 자격 있는
- **radically** 근본적으로, 완전히
- **recommendation** 추천서
- **recruit** 신입사원(을 모집하다)
- **reference** 추천서, 참고
- **reference letter** 추천서 (=a letter of recommendation)
- **referral** 추천, 소개된 사람
- **reinstate** 복직시키다
- **remuneration** 급여, 보상
- **reorganize** 재조직하다(=rearrange)
- **requirement** 필수 요건(=must, requisite)
- **resign one's post** 사임하다

- **resignation** 사임, 사직
- **resume** 이력서(=curriculum vitae)
- **retire under the working age limit** 정년퇴직하다
- **retirement allowance** 퇴직금
- **reward** ~에 보답하다, 포상
- **safety standards** 안전 기준
- **salary history** 급여 기록 (=history of compensation)
- **secretarial** 비서직의
- **secretary** 비서
- **serve** 근무하다
- **settle a dispute** 분쟁을 해결하다
- **shift** 교대제 근무
- **sick leave** 병가
- **skilled** 노련한, 숙련된
- **staff associate** (개별) 직원 (=staff member)
- **staff shortage** 인력 부족
- **starting salary** 초봉
- **successful candidate** 합격자
- **supporting staff** 지원 업무 직원
- **take over** (업무·책임) 인계 받다
- **take place of**~ 대신에
- **tax-deductible** 세금 공제가 가능한
- **tax exemption** 세금 면제(인) (=free from tax)
- **temporary position** 임시직
- **temporary worker** 임시 고용인
- **to change one's occupation** 전직, 직업을 바꿈
- **transfer** 전근시키다, 이체하다
- **unemployment compensation** 실업 수당
- **unemployment rate** 실업률
- **vacancy** 빈자리, 공석(=opening)
- **vacation** 휴가(=leave, time off)
- **volunteer** 자원해서 일하다
- **wage** 임금, 급료(=salary, pay, earnings)
- **work from home** 재택 근무하다
- **work full-time** 정규직으로 일하다
- **work on probation** 수습으로 일하다
- **work part-time** 시간제로 일하다, 비정규직으로 근무하다

3 업무 회의·일반 사무

- **abbreviate** 요약하다
- **absentee** 결석
- **accessible** 이용할 수 있는, 출입할 수 있는
- **accustomed** ~에 익숙한
- **accomplish** 성취하다(=achieve)
- **adjourn** 휴회하다
- **adjust** 적응하다
- **advisable** 바람직한(=desirable)
- **affiliate** 계열사, 지부
- **agenda** 의제, 의사일정
- **aggravate** 악화시키다 (=make worse, worsen)
- **alternative** 대안
- **appropriate** 적절한, 적당한
- **approval** 승인, 찬성(=consent)
- **approve** 찬성하다, 동의하다(=agree)
- **argue** 논쟁하다
- **assert** 단언하다, 주장하다(=stress)
- **aspiration** 포부, 열망

- **assign** 할당하다, 배정하다
- **assist** 돕다
- **assume** 가정하다(=suppose, presume)
- **attendance** 출석
- **attendee** 참석자
- **auditorium** 강당(=lecture hall)
- **brainstorm** 자유롭게 생각을 내다
- **breakthrough** (난관의) 타개, 획기적 발견
- **brief** 브리핑하다
- **brochure** 소책자
  (=booklet, leaflet, pamphlet)
- **by majority** 다수에 의해
- **call a meeting** 개회를 선언하다
- **charity banquet** 자선 연회
- **coherent** 일관성 있는(=logical, consistent)
- **colleague** (직장) 동료
  (=coworker, associate)
- **comment** 논평하다(=remark, state, note)
- **compromise** 타협하다
- **concentrate** 집중하다, 집중시키다
  (=focus on)
- **conclude** (토론 후에) 결론을 내다
- **conduct** (업무 등을) 수행하다
- **conference** 회담, 회의
  (=convention, session, assembly)
- **confidential** 기밀의
- **conglomerate** 거대 기업
- **consensus** 여론, 일치된 의견
- **contrary** 반대의
- **convene a meeting** 회의를 소집하다
- **convince** 확신시키다, 납득시키다
- **constructive** 건설적인
- **corporation** 주식회사, 법인
- **coordinate** 조정하다
- **creditable** 훌륭한, 칭찬할 만한
- **deadlock** (해결 불가능한) 교착 상태
- **debate** 토론(=argument)
- **decision-making** 의사 결정
- **decisive** 단호한
- **delegate** (권한 등을) 위임하다
- **demand** 요구하다(=request, insist)
- **demanding** 요구가 지나친, 요구가 많은
- **demonstrate** 증명하다, 설명하다
- **devise** 고안해 내다
- **division** 부서
- **disapproval** 불승인
- **disturbing** 방해하는
- **duplicate** 사본(=copy, reproduction)
- **efficiently** 효율적으로
- **electronically** 온라인으로, 컴퓨터 통신망으로
- **eminent** 저명한, 탁월한(=well-known, renowned, famous, distinguished)
- **endeavor** 노력하다, 애쓰다
  (=make an effort)
- **engage** 관여하다, 종사하다
- **execute** 실행하다, 수행하다
- **expertise** 전문적 기술
- **extended** 연장된
- **extension** 연장, (사내 전화의) 내선
- **fall through** (거래가) 성사되지 못하다
- **foster** 촉진하다, 육성하다
- **fundraising reception** 기금 마련 모임
- **impending** 임박한, 절박한
- **implement** 실행하다, 실시하다
- **in writing** 서면으로

- **intention** 의지, 의향
- **interruption** 중단, 방해
- **irrelevant** 적절치 않은
- **keynote speaker** 기조 연설자
- **mediate** 중재하다(=arbitrate)
- **memorandum** 회람
- **memorial service** 기념식
- **minutes** (pl.) 회의 의사록
- **negotiate** 협상하다
- **notification** 통보(서)
- **notify** 알리다, 공지하다
- **occasionally** 때때로, 가끔(=sometimes)
- **opening address** 개회사
- **oppose** 반대하다
- **orientation** (신입 사원을 위한) 예비 교육
- **outstanding** 우수한, (부채 등이) 미결제된
- **oversee** 관리하다, 감독하다(=supervise)
- **respectful** 정중한, 존중하는
- **respective** 각각의, 저마다의
- **persuasive** 설득력 있는
- **presentation** 업무상의 발표
- **preside** 사회를 맡다
- **press conference** 기자 회견
- **privilege** 특전, 특권
- **product presentation** 상품 소개 (=previewing)
- **promptly** 즉시, 정각에
- **put ~ on the list** ~을 등록시키다
- **quorum** (의결에 필요한) 정족수
- **recess** (회의·근무 중의) 휴식
- **recommend** 권유하다
- **refuse** 반대하다, 반박하다 (=disapprove, dispute)

- **refute** 반박하다
- **release** 공개하다, 발표하다
- **remind** ~에게 …을 상기시키다
- **request** 요청
- **resolve** 결정짓다(=reach a conclusion)
- **resume a meeting** 회의를 재개하다
- **revision** 개정, 수정
- **routinely** 정기적으로
- **settle a dispute** 타협점을 찾다
- **sign a contract** 계약을 체결하다
- **sign up** 등록하다(=register, enroll)
- **submit** 제출하다
- **subordinate** 부하직원, 하급자
- **subsequent** 그 이후의
- **subsidiary** 자회사
- **supervision** 감독
- **take on** (역할·일을) 떠맡다
- **timely** 시기적절한
- **translate** 번역하다
- **translation** 번역
- **translator** 번역가
- **transform** 바꾸다, 변모시키다
- **unanimous** 만장일치의
- **undertake** (일을) 떠맡다(=take on)
- **understanding** 이해심 있는
- **uphold** 지지하다, 떠받들다 (=support, sustain)
- **violation** 위반, 위배
- **voluntarily** 자발적으로(=willingly)
- **welcoming remark** 환영사
- **widely** 널리(=extensively)
- **workshop** 교육 행사(=training, seminar)

4 경제

- **abate** 누그러지다, 약해지다
- **a ratio of A to B** A대 B의 비율
- **additional order** 추가 주문
- **advance** (양, 수치, 가격 등이) 늘다
- **adversity** 역경(=hardship, difficulty)
- **agriculture** 농업
- **ailing** 병든, 괴로워하는(=ill, sick)
- **allocate** 할당하다
- **all-time low** 유례 없이 낮은(=record low)
- **apparel** 의류(=clothing, clothes, garment)
- **assert** 단언하다, 주장하다
- **assess** (과세하기 위해) 재산을 평가하다
- **at the rate of** ~의 비율로
- **auction** 경매
- **back order(reorder)** 재주문하다
- **balanced** 안정된(=impartial)
- **bankrupt** 도산한, 파산한
- **bankruptcy** 도산, 파산
- **be on the rise** 증가 추세이다
- **belongings** 소유물
- **boost** (경기를) 부양하다
- **brisk** 호황의, 활발한
- **budget** 예산(안)
- **business ability** 영업 능력
- **business correspondence** 상업 통신문
- **cancel an order** 주문을 취소하다
- **cattle raising** 축산업
- **changeable** (경기가) 불안정한
- **climb** (양·수치·가격 등이) 늘다
- **collapse** 붕괴(=fall down)
- **collateral** 담보(물)
- **commerce** 통상, 교역(=trade)
- **commodity** 생활 필수품
- **competitive edge** 경쟁우위
- **consequence** 결과
- **consignment** 위탁물
- **consume** 소비하다
- **consumption** 소비
- **credit standing** 신용 상태
- **curtail** 축소하다, 제한하다(=limit, restrain)
- **cutting jobs** 고용 감소
- **decrease** (양·수치·가격 등이) 줄다
- **default** (계약 등을) 이행하지 않다
- **deficit** 적자
- **deflation** 디플레이션, 통화 수축
- **delivery date** 납품일
- **deplete** 재고가 바닥나다
- **depressed** 침체된
- **depression** 불황
- **deteriorate** 악화되다, 나빠지다(=get worse)
- **diminish** 줄다, 감소하다
- **disposal income** 가처분소득
- **distribute** (상품을) 배급하다
- **domestic** 국내의
- **downturn** 경기침체
- **dramatically** 극적으로
- **economical** 경제적인, 절약하는
- **economic indicator** 경제 지표
- **embargo** 금수 조치
- **encourage** 경기를 부양하다
- **entail** 수반하다, 유발하다

- **expenditure** 지출
- **expiration** (계약·기간 등의) 만기
- **extract** 파내다, 채광하다
- **extravagant** 낭비하는
- **fabric** 섬유
- **financial conditions** 재정 상태 (=financial standing)
- **fiscal year** 회계연도
- **flourish** 번창하다
- **flourishing** 번영하는, 성공적인
- **fluctuate** 오르내리다, 급격히 변동하다
- **forestry** 임업
- **franchise** 독점판매권
- **free trade** 자유 무역(=trade without tax)
- **free trade agreement** 자유무역협정(=FTA)
- **frugal** 검소한
- **fulfill an order** 주문을 이행하다
- **full employment** 완전 고용
- **garment** 의류
- **having ups and downs** (경기가) 불안정한
- **heavy industry** 중공업
- **high percentage of** 높은 비율의
- **hike** (양·수치·가격 등을) 대폭 인상하다
- **impede** 저해하다, 방해하다
- **impose** 부과하다
- **impose(levy) tariff** 관세를 부과하다
- **income tax** 소득세
- **increasing employment** 고용 창출 증대
- **indicator** 지표, 지수
- **industrialized nation** 공업국
- **infrastructure** (수도·전력·도로·통신 등의) 기반시설
- **initial order** 첫 주문
- **insolvent** (빚을) 갚을 능력이 없는
- **international** 국제적인 (=overseas, foreign, global)
- **investment** 투자
- **investor** 투자자
- **large order** 대량 주문
- **lavish** 낭비하는
- **legacy** 유산
- **likely** ~할 것 같은
- **lift up** 경기를 부양하다
- **lively** (경기가) 활기찬
- **loss of jobs** 실업
- **lumber(timber) industry** 벌목업
- **manufacturing industry** 제조업
- **maximize** 최대화하다
- **merchandise** (주로 소매점에서 판매되는) 상품 (=goods)
- **minimize** 최소화하다
- **mortgage loan** 담보대출
- **multilateral** 다자간의
- **multiply** (양, 수치, 가격 등이) 늘다
- **order acknowledgement** 수주 확인 편지
- **order form** 주문장
- **overconsumption** 과소비
- **overall** 전반적인, 총체적인
- **place an order** 주문을 하다
- **plunge** 폭락하다(=crash, collapse, plummet)
- **premises** (건물을 포함한) 토지
- **price control** 가격 통제
- **price freeze** 가격 동결

- price stability 가격 안정
- produce 농산물, 생산하다
- promising 유망한, 전망이 좋은
- property tax 재산세
- prosperous 번영하는, 성공적인
- prosperity 번영
- providing more jobs 고용 창출 증대
- purchase order 구입 주문서
- ratio 비율
- real estate 부동산
- rebound 반등하다
- recession (일시적인) 경기침체
- reducing workforce 고용 감소
- reimbursement 변상
- reliability 믿을 수 있는 정도(=dependability)
- remainder rest 남은 잔량
- retailer 소매상인
- revenue 세입(=profits, income)
- scale down 규모를 축소하다
- setback 불황, 침체
- ship an order 주문을 선적하다
- shipment 선적, 발송
- skyrocket (가격 등이) 치솟다
- slowdown 불황, 침체
- sluggish 부진한, 침체된
- soar (물가 등이) 폭등하다, 높이 치솟다
- soaring price of material 원가 상승
- speculation 숙고하다, 투기하다
- stabilize 안정시키다
- stable 안정된
- stability 안정성
- stagnant 침체된
- stimulate 활성화하다
- stipulate (계약 조항으로) 명시하다
- stipulation 조항, 약정
- substitutes 대체품
- supplement 보완하다, 보충하다
- supplier 납품업체, 공급자
- surpass 능가하다
- surge 급등하다
- surplus 흑자
- tariff barrier 관세 장벽
- tax deduction 세금공제
- tax return 소득신고
- taxation 과세, 세금
- tenant (건물, 토지 등의) 임차인
- thrifty 절약하는(=frugal)
- thrive 번영하다, 성공하다
- trade deficit 무역수지 적자
- trade fair 무역박람회
- trade friction 무역 마찰
- trial order 시험 주문
- unemployment 실업
- unstable 불안정한, 변하기 쉬운
- valid (법적으로) 유효한
- volatile (경기가) 불안정한, (가격 등이) 심하게 변동하는
- wane 감소, 쇠퇴(=decrease, diminish)
- weak demand 수요 감소

5 금융·투자·회계

- accountant 회계사
- account balance 잔액
- accurately 정확하게
- account number 계좌번호
- accrue (이자 등이) 붙다, (결과로서) 생기다
- allocate 할당하다, 배분하다
- allot 배당하다(=assign)
- amend 수정하다
  (=modify, revise, make changes)
- amount 액수, 양
- audit 회계 감사, 심사
- automatic bank withdrawal
  은행 자동 인출
- balance 잔고
- bank account 예금 계좌
- bank loan 은행 융자
- bank statement 은행 거래 기록, 예금 내역서(=transaction record)
- belatedly 뒤늦게
- beneficiary (보험·연금 등의) 수령인
- borrow money 돈을 빌리다
- bounce (수표가) 부도나다
- bounced check 부도 수표
- budget 예산
- by wire 온라인으로
- cardholder 카드 소지자
- cash a check 수표를 현금으로 바꾸다
- cautiously 조심스럽게
  (=carefully, watchfully)
- checking account 결제용 계좌, 당좌 예금
- clear 결제하다

- collateral 담보(물)
- commercial bank 시중 은행
- commercial loan 기업 여신
- commercial paper 상업 어음
- committee 위원회
- compare 비교하다
- confidential access number 비밀번호
  cf. pin = personal identification lumber
- confiscate 압수하다, 몰수하다
- consumer loan 소비자 금융
- corporate bond 회사채
- counterfeit 위조지폐(=forgery bill)
- coverage 보상 범위
- convert 전환하다, 변환하다(=change, alter)
- credit 금융상의 신용(도), 신용거래, 외상, 입금된 돈, 예금(액)
- credit rating 신용도
- credit record 신용 평가 기록
- credit terms 상환 조건
- creditor 채권자(=lender, payee)
- cumulative interest 누적 이자
- currency 통화
- currency fluctuation 환율 변동
- currency fraud 불법 화폐 (유통)
  (=fraudulent use of money)
- currency value 통화 가치
- debt 채무(=liability)
- debtor 채무자
- deficit 적자, 부족액
- delinquent account 체납 계좌
- deposit 입금(예금)하다
- deposit slip 입금표

- **devaluate** (화폐 가치를) 내리다
- **discrepancy** 불일치, 차이
- **dividend** 배당금(=share)
- **down payment** 계약금, 착수금
- **draw a check** 수표를 발행하다
- **endorse** (수표에) 이서하다
- **endorsement** (수표의) 배서
- **entrepreneur** 사업가
- **exchange rate** 외환 시세, 환율
- **expenditure** 지출, 비용
- **finance** 재정, 재원
- **financial institution** 금융기관
- **fiscal year** 회계연도
- **foreign currency** 외화
- **foreseeable** 예견할 수 있는
- **forge** 위조하다
- **forged bills** 위조 지폐
- **full coverage** 종합 보험
- **generate** 창출하다
- **have an account** 은행에 계좌가 있다
- **home equity loan** 주택 담보 대출
- **incidental** 부수적인
- **inconsistency** 불일치
- **inherently** 본질적으로
- **identification** 신분 증명서
- **insecure** 불안한
- **insolvent** 변제 능력이 없는, 지급 불능의
- **insurance policy** 보험 증서, 보험 약관
- **insure** 보험에 들다, 가입하다
- **interest rate** 이자율
- **investigate** 조사하다
- **investor** 투자자

- **issue** 발행하다
- **joint account** 공동 계좌
- **liability** 책임, 책무
- **liability insurance** 책임 보험
- **liquidity** 유동 자산
- **lucrative** 수익성 있는
- **loan office** 대출 담당 부서
- **make a deposit** 입금하다
- **minimum balance** (계좌에 유지해야 할) 최소잔고
- **monetary** 금전의, 재정적인
- **money order** 은행[우편]환
- **mortgage** 담보 대출
- **mutual fund** 뮤추얼 펀드
- **open an account** 계좌를 개설하다
- **outlay** 지출, 경비
- **outlook** 전망
- **outstanding** 미지불의
- **outstanding balance** 미지불 잔고
- **overdue** (지불) 기한이 지난, 미지불의
- **partial coverage** 부분 보상
- **payable** 지불해야 하는
- **pay off** ~를 갚다
- **personal check** 개인 수표
- **plummet** 폭락하다
- **policy statements** 보험 약관, 보험 계약 조항들
- **policyholder** 보험 계약자
- **preferred** 우선의, 선호되는
- **premium** 보험료
- **promissory note** 약속 어음
- **property** 재산

- reach maturity 만기가 되다
- redeemable 상환할 수 있는
- regrettably 유감스럽게도
- reimburse 상환하다, 변제하다
- relation 관계
- remittance 송금
- restriction of price range 가격 제한폭
- save money 예금하다(=deposit)
- savings account 보통 예금
- savings bank 예금 은행
- scrutinize 면밀히 조사하다
- securities firm 증권 회사
- shareholder 주주(=stockholder)
- somewhat 다소, 얼마간
- stability 안정성
- statement 명세서, 성명서
- stringently 엄격히, 엄중하게
- stock broker 증권 중개인
- stock dividends 주식 배당 (=share dividends)
- stock exchange 증권 거래소
- stockholder 증권 보유자
- sustain 지속하다
- substantially 크게, 상당히
- transact 거래하다
- transaction 거래
- transfer 이체하다
- traveler's check 여행자 수표
- trust company 신탁 회사
- unexpected 예기치 않은
- unprecedented 전례 없는
- utility bill 공공요금

- wire transfer 온라인 송금
- withdraw (돈을) 인출하다(=take out)
- withdrawal slip 예금 청구서
- worth ~의 가치가 있는
- yield (배당금, 이자 등을)벌다

6 주거 · 음식

- accommodate 숙박시키다
- addictive 첨가물
- adjacent 인접한, 근접한(=neighboring)
- admit 들어가게 하다
- advertising brochure 광고용 책자
- aisle 복도, 통로
- appliance (주로 가정용 전기) 기구
- aroma 향기
- atrium (공공 건물의) 중앙홀
- attic 다락
- attire 의복, 옷차림
- bargain 가격을 인하하다(=discount)
- beam 들보, 도리
- billing period 청구 기간
- blend 섞다
- boarding house 하숙집
- boil 팔팔 끓이다
- brand-new 새로 나온
- broil (불 · 석쇠에) ~을 굽다
- browse 이것저것 보고 다니다
- bulk buying 대량 구입
- buy[purchase] insurance 보험에 들다
- cash register 계산대

- **chamber** 방(특히 침실)
- **chop** 잘게 썰다
- **clearance (sale)** 재고 정리 (세일)
- **closing-down sale** 폐업 정리 세일
- **collect** 징수하다
- **commercial property** 상업용 부동산
- **community** 공동체, 지역 사회
- **complimentary coupon** 무료 쿠폰
- **compulsory** 의무적인 (=obligatory, mandatory)
- **consumer protection bureau** 소비자 보호 기관
- **coordinate** (색상·디자인 등이) 조화를 이루다
- **corridor** 복도, 회랑
- **cosmetics** 화장품
- **cover** 보상해 주다
- **customer service representative** 고객 서비스 담당 직원
- **damage insurance** 상해 보험
- **defect** 결점
- **defective** 결함 있는(=faulty, imperfect)
- **delicious** 맛있는(=tasty)
- **detergent** 합성세제
- **devour** 게걸스럽게 먹다
- **dishwasher** 식기 세척기
- **do the laundry** 세탁하다
- **domicile** 주소의
- **demolish** 파괴하다(=tear down)
- **densely** 밀집하여
- **door-to-door** 호텔 방문의
- **dormitory** 기숙사
- **due date** 지불 만기일

- **durable** 내구성 있는
- **dwell** 살다, 거주하다
- **easy access to** ~에 접근성이 좋은(=conveniently located)
- **edible** 식용의(=safe to eat)
- **electricity** 전기(=power service)
- **emporium** 큰 상점, 상업중심지역
- **entree** 앙뜨레, 주요리
- **exclude** 들이지 않다, 막다, 거부하다
- **express counter** 빠른 계산대
- **fabric** 직물, 천
- **faucet** 수도꼭지
- **faulty** 흠이 있는, 결함 있는
- **for free** 공짜로, 공짜의 (=at no charge, complimentary)
- **full-credit** (상품 구매 후) 교환이나 환불을 보장해 주는 것
- **furnish** 가구를 비치하다
- **furnished** 가구가 비치된
- **gardening** 정원 가꾸기, 원예(=horticulture)
- **garment** 의류
- **giveaway** 무료 증정품
- **gourmet** 미식가, 식도락가
- **gratis** 무료로, 공짜로
- **groceries** (pl.) 식료품 및 잡화, cf. grocery store 식료품 잡화점
- **guarantee** 보증(서)
- **habitation** 주택, 거주
- **health insurance** 건강 보험
- **home-made** 집에서 만든
- **homesick** 향수병의
- **host a festival** 축제를 주관하다

SECTION Ⅲ 독해문제어휘 **2 주제별 어휘**

- **in the vicinity of** ~ 부근에
  (=in the proximity of)
- **ingredient** (요리 등의) 재료
- **inhabitant** 거주자, 주민
- **inherit** (유산 등을) 물려받다
- **install** 설치하다
- **installments** 할부금
- **insurance policy** 보험증서
- **intake** 섭취량
- **interfere** 방해하다, 해치다
- **interest-free** 무이자의
- **intoxicate** 취하게 하다
- **inventory** 재고
- **janitor** 수위; 건물 관리인
- **latch** 걸쇠, 빗장
- **late payment** 기한 후 납부
- **lavatory** 세면장, 화장실(=bathroom)
- **let** 세놓다(=rent, lease)
- **life insurance** 생명 보험
- **lodge** 숙박[하숙]시키다
- **lodging** 하숙방, 셋방
- **lodging-house** 하숙집
- **lounge** 휴게실
- **marital status** 배우자 유무
- **markdown** 가격 인하
- **marketplace**
  (상품·서비스 등의 경쟁이 벌어지는) 시장; 장터
- **mash** 짓이기다
- **medium (steak)** 중간 정도로 구운
- **merchant** 상인(=dealer, seller, vendor)
- **microwave oven** 전자레인지
- **nursing home** 요양소, 진료소

- **occupation** 거주, 점유, 점령
- **occupy** 살다, 거주하다, 점유하다
- **outlaying** 외딴, 외진
- **overcharge** 과잉 청구하다
- **past due** 지불 기한이 지난(=overdue)
- **patron** 고정 고객, 후원자
- **peel** 껍질을 벗기다
- **perform** 공연을 하다
  (=be played on the stage)
- **performance** 공연(=show)
- **permanent** 영구적인
- **porch** (돌출되어 있는) 현관
- **portal** (우람한) 정문
- **premium** 보험료
- **preservative** 방부제
- **product brochure** 제품 설명서
  (=booklet, pamphlet, leaflet)
- **proprietor** (토지, 건물 등의) 소유주
- **proximity** 근접, 가까움
- **purchase price** 구입 가격
- **real estate** 부동산(=property)
- **reasonable** (가격이) 저렴한, 적절한
- **reasonable price** 적정 가격
- **receipt** 영수증
- **recipe** 요리법
- **refrigerator** 냉장고
- **renewable lease** 계약을 갱신할 수 있음
- **renovation** 수리, 수선
- **residence** 집(=house, dwelling)
- **resident** 거주자(=inhabitant)
- **residential area** 주거 지역
- **restore** 복구하다, 회복시키다

- retail store 소매점
- retailer 소매업자
- roast (오븐 등에) 굽다
- roommate 집(방)을 같이 쓰는 사람
- sales receipt 영수증
 (=sales slip, proof of purchase)
- seasoning 양념, 조미료
- sell out 다 팔리다
- settle the bill 요금을 내다
 (=pay the balance, clear the bill)
- share a house with ~와 같이 살다
- shopping mall 대형 쇼핑센터, 쇼핑몰
- shrink (천 등이) 줄어들다
- spacious 넓은(=roomy)
- special offer 가격 인하
- specialty 전문으로 하는 음식
- specialty store 전문점
- stale 상한
- starve 굶주리다
- stiff price 비싼 가격
- stir (액체를) 휘젓다
- stock-up day 장보는 날
- stool (등받이가 없는) 의자
- storehouse 창고
- studio 원룸 형태의 소형 아파트
- stylish 유행의, 멋진
- suburb 교외, 외곽(=outskirts)
- surcharge 연체료, 추징금
 (=additional fee, extra charge)
- swallow (음식을) 삼키다
- symphony orchestra 교향악 연주
- synthetic fabric 합성섬유

- tenant 세입자
- tend to the plants 식물을 돌보다
- threshold 입구, 문간, 문지방
- topping (모양이나 맛을 위해서) 요리 위에 얹는 것
- tough (고기가) 질긴
- try on 입어보다, 착용해 보다
- two-for-one sale 하나 값에 두 개 주는 세일
 (=buy one get one)
- unfurnished 가구가 비치되지 않은
- usage slip 사용 설명서
- utility bill 공과금 고지서
- utility room 다용도실
- vacant (집이) 비어 있는
- vaccination 예방 접종
- vacuum cleaner 진공청소기
- valuables (pl.) 귀중품
- ventilate 환기하다
- veterinarian 수의사
- vogue 유행
- warehouse 창고
- well-done (steak) 바싹 구운 (스테이크)
- whole sale price 도매 가격
- withstand 견디다
- wrap 포장하다

7 교통 · 통신 · 컴퓨터

- accelerator 가속 페달
- addresser 발신인
- admission 입국 허가
- air freight 항공 화물

- airline ticket 항공권
- aisle seat 통로 좌석
- alleviate 완화하다
- alternative 대안
- answer the phone 전화를 받다
- answering machine 자동 응답기
- area code 지역 번호
- automate 자동화하다
- baggage claim area 수하물 찾는 곳
- basic rate 기본요금
- boarding area 탑승장
  cf. boarding pass 탑승권
- boulevard 대로(=avenue)
- breakdown 고장
- by mail 우편으로
- car maintenance 자동차 정비
- car rental 자동차대여
- carry-on baggage 탁송화물
- cellular phone 휴대폰
- change gear 변속하다(=shift gear)
- chartered bus 전세 버스
- chauffeur (고용된) 운전자
- check-in baggage 탁송화물
- claim area 수하물 찾는 곳
- claim check 수하물표
- coin slot (공중전화의) 동전 투입구
- collect call 수신자 부담 전화
- collide 충돌하다
- collision 충돌(=crash)
- commute (기차 · 버스 등으로) 통근하다
- compact car 소형차
- complimentary service 무료 서비스

- computerize 컴퓨터로 처리하다
- congestion 교통 체증
- connection 갈아탈 비행기
- contact 연락을 취하다
  (=keep in touch with)
- contact information 연락처
- convey 나르다, 운반하다
- cordless 무선의
- cordless phone 무선전화기
- correspond 서신 왕래하다
- counter 탑승 창구
- country code 국가 번호
- customs declaration form 여행자 휴대품 신고서
- customs official 세관원
- declare 신고하다
- delivery 배달
- dent 부딪혀서 움푹 들어간 곳
- departure 출발
- deplane 비행기에서 내리다
- designated 지정된
- destination 목적지
- detector 검색대
- detour 우회
- diagnose 진단하다
- direct call 직통 전화
- discount rate 할인 요금
- disembarkation card 입국 신고서
- dispatch 급송
- divert 우회시키다
- domestic line 국내선
- driveway (도로에서 차고로 들어오는) 진입로

- **duration of stay** 체류 기간
- **duty-free item** 면세품
- **duty-free shop** 면세점
- **electronic** 전자의
- **embark** (비행기·배에) 탑승(승선)하다
- **embarkation card** 출국 신고서
- **enclose** 동봉하다
- **enclosure** 동봉된 것
- **enter the number** 번호를 돌리다
- **equip** 설비하다, 장비를 갖추다
- **evening rate** 저녁 시간대 요금
- **excess baggage charge** 추가 수하물 운임
- **express** 빠른, 속달의
- **extension (number)** 내선(번호)
- **fasten** (벨트를) 매다
- **fine** 벌금
- **first-class mail** 속달우편
- **flat tire** 펑크 난 타이어
- **flight attendant** 기내 승무원
- **flight check-in** 탑승자 수속
- **fragile** 파손주의
- **fuel-efficient** 연료 효율이 뛰어난
- **garage** 정비소(=car service center)
- **give a call** 전화하다
- **hang up** 전화를 끊다
- **hold on** 전화를 끊지 않다
- **immigration** 출국 신고, 입국 심사
- **in-flight meal** 기내식
- **international line** 국제선
- **international mail** 국제 우편
- **jet lag** 항공 여행에서 시차 때문에 오는 피로
- **laptop computer** 휴대용 컴퓨터
- **launch** (배를) 진수하다, (계획을) 시작하다
- **leave a message** 메시지를 남기다
- **leave the phone off the hook** 수화기를 내려놓다
- **license number** 차량 번호
- **license plate** 차량 번호판
- **limousine bus** 리무진 버스
- **local call** 시내 전화
- **local time** 현지 시간
- **long distance call** 장거리 전화
- **machinery and parts** 부품
- **maintain liaison** 계속 연락하고 지내다
- **malfunction** 오작동
- **mechanic** 정비공(=service technician)
- **money order** 우편환
- **obstruct** (도로 등을) 막다
- **occupied** (화장실 등을) 사용중인
- **off-road vehicle** 비포장 도로용 차량
- **oil leakage** 기름 유출
- **opportunity** 기회
- **optical fiber** 광섬유
- **overhaul** 정비하다(=repair, fix)
- **overseas call** 국제 전화
- **patent** 특허권
- **peak rate** 통화량이 많은 시간대의 요금
- **pedestrian** 보행자
- **person-to-person call** 지명 통화
- **phone directory** 전화번호부
- **pick up the phone** 수화기를 들다
- **port** 항구
- **port of disembarkation** 도착지

SECTION III 독해문제어휘 2 주제별 어휘

- **postage** 우편요금(=postal rates)
- **postage free** 우편요금 무료
- **postage paid** 우편요금 완납
- **postscript** 추신
- **prominently** 두드러지게, 눈에 잘 띄게
- **public phone** 공중전화
- **public transportation** 대중교통
- **pull over** (차를) 길가에 대다, 세우다
- **purpose of visit** 방문 목적
- **quarantine** 검역소
- **receiver** 수화기
- **recharge the battery** 배터리를 충전하다
- **register** 등기우편으로 보내다
- **registered** 등기의
- **regular mail** 일반 우편
- **repair shop** 정비소
- **reserved parking lot** 주인이 정해진 주차 공간
- **retrieve** (정보를) 검색하다, 회수하다
- **return address** 발신인 주소
- **return one's call** ~의 전화에 회답하다
- **round trip ticket** 왕복표
- **safety instructions** 안전 지침
- **salutation** (편지의) 인사말
- **scarce parking place** 주차 공간의 부족
- **secondhand** 중고의(=used, recycled)
- **securely** 단단하게
- **security check** 보안 검색
- **self-addressed** 반신용의
- **semiconductor** 반도체
- **send a cable** 전보를 치다
- **shipment** (선적)화물, 탁송

- **shuttle** 왕복 교통수단
- **sophisticated** 정교한
- **special delivery** 속달
- **speed limit** 속도 제한
- **start engine** 시동을 걸다
- **state-of-the-art** 최첨단 기술을 이용한
- **stopover** 중간 기착(지)
- **surcharge** 추가 요금
- **telecommunication** 원격 통신
- **telephone directory** 전화번호부
- **the line is busy** 통화중이다
- **toll-free-call** 무료 전화 서비스
- **toll-free phone** 무료 전화
- **tow** 견인하다
- **transfer** 전화를 바꿔주다
- **transit card** 비행기를 갈아탈 때 이용하는 카드
- **transmission** 변속기
- **transportation** 운송
- **tune up the engine** 엔진을 튜닝하다
- **used car** 중고차
- **used car dealer** 중고차 매매업자
- **vehicle** 탈것
- **via** 경유하여
- **visit in person** 직접 방문하다
- **waiting list** 탑승 대기자 명단
- **watercraft** 배(=ship, boat, vessel)
- **wheel alignment** 바퀴의 정렬
- **white page** 인명 전화번호부
- **window seat** 창가 좌석
- **wreck** 충돌, 난파
- **yellow page** 업종별 전화번호부
- **zip code** 우편번호

8 건강

- **acute** 급성의
- **addiction** (마약 등의) 중독
- **addictive** 중독성의, 습관성의
- **administer** 투약하다
- **administration** 투약
- **allergy** 알레르기
- **anemia** 빈혈
- **antibiotic** 항생제
- **artificial respiration** 인공호흡
- **asthma** 천식
- **blood pressure** 혈압
- **blood test** 혈액 검사
- **breathe** 숨을 쉬다(=respire)
- **cardiologist** 심장병 의사
- **case** (병의) 증세, 환자
- **case history** 병력
- **cavity** 충치
- **checkup** (정기) 건강 검진
- **chronic** 만성의
- **clinic** 개인 병원, 전문 병원
- **come down with** (병에) 걸리다
- **complexion** 안색
- **comprehensive** 종합적인, 포괄적인
- **contagious** (접촉이나 공기에 의한) 전염성의
- **cough medicine** 기침약
- **daily allowance** 일일 섭취량 (=portion allotted per day)
- **dentist** 치과 의사
- **diabetes** 당뇨병
- **diagnose** (병을) 진단하다
- **diagnosis** 진단
- **diarrhea** 설사
- **digest** (음식을) 소화하다
- **digestion** 소화
- **disability** 신체장애
- **disabled** 신체장애가 있는, 불구의
- **disease** 병(=illness, ailment, sickness)
- **dispensary** (병원·학교 등의) 조제실, 약국
- **dizzy** 현기증 나는
- **dosage** (약의 1회분) 복용량, 투약
- **dose** (1회분의) 복용량
- **eliminate** 제거하다
- **endemic** 풍토병
- **eradicate** 근절하다, 뿌리 뽑다
- **examine** 진단하다(=diagnose 검진하다)
- **exhale** 숨을 내쉬다
- **exposure** 노출
- **fatal** 치명적인
- **fatigue** 피곤
- **fever** (평소보다 높은) 열, 고열
- **fill the prescription** (약사가) 처방에 따라 약을 조제해 주다
- **fit** 건강한(=healthy)
- **flu** 유행성 감기, 독감
- **food poisoning** 식중독
- **forbid** 금지하다
- **fracture** 골절, 좌상
- **gene** 유전자
- **general check-up** 정기 검진
- **general hospital** 종합병원
- **genetic** 유전의
- **genetic engineering** 유전공학

- germ 세균
- handicapped 장애가 있는
- heal (병·상처 등을) 고치다(=cure)
- health care 건강 관리, 의료
- health certificate 건강 증명서
- health inspector 위생 검사 반원
- health insurance 의료 보험
- healthcare facility 의료 시설
- heart attack 심장마비
- hospitalization 입원 (치료)
- hospitalize 입원시키다
- hygiene 위생학, 위생법, 위생
- immunization 면역
- immunize 면역성을 주다
- in shape 건강한
- indigestion 소화 불량
- induce 유발하다
- infect 감염시키다
- infection 감염, 전염
- infirmary (학교 등의) 양호실
- inflame 염증을 일으키다
- inhale 숨을 들이쉬다
- injection 주사
- injury 상처, 부상
- inoculate 예방 접종하다
- inoculation 예방 접종
- insomnia 불면증
- insurance 보험
- intensive care unit 중환자실
- life expectancy 평균 수명
- longevity 수명, 장수
- malnutrition 영양실조
- measles 홍역
- medical care 치료
- medical examination 건강 진단
- medical instruction 치료 지침
- medical services 의료 서비스
- medication 약, 투약
- medicine 구체적 용도로 사용되는 약
- migraine 편두통
- nausea 메스꺼움, 구역질
- neurologist 신경과 의사
- nourish 영양분을 주다
- nourishment 음식물, 영양분, 자양분
- nutrition 영양물 섭취, 영양물(=nourishment)
- nutritious 영양분이 풍부한
- obesity 비만
- operate 수술하다
- operating room 수술실
- organ transplant 장기 이식
- outpatient 외래 환자
- over-the-counter medicine 처방전 없이 사는 약
- paralysis 마비
- pediatrician 소아과 의사
- periodically 주기적으로
- perspiration 발한, 땀
- perspire 땀을 흘리다
- pharmacist 약사
- pharmacy 약국
- plague 전염병
- plastic surgery 성형 수술
- pneumonia 폐렴
- premium 보험료

- **prescribe medicine** (의사가 약을) 처방하다
- **prescription** 처방, 처방전
- **prevention** 예방
- **prevention** 예방
- **prolonged** 장기의, 오래 끄는
- **reaction** 반응
- **recover** (건강을) 회복하다
- **regimen** 식이요법
- **relieve pain** 통증을 완화시키다(=alleviate)
- **remedy** 치료법
- **respiratory system** 호흡기
- **respire** 호흡하다
- **robust** 건강한
- **runny** 콧물이 나오는
- **sanitary** 위생의
- **sanitation** 공중위생
- **side effect** 부작용
- **sneeze** 재채기 하다
- **soothe** 고통을 덜어주다
- **sore** 쑤신, 아픈
- **stature** 키
- **stomachache** 복통
- **sunstroke** 일사병
- **surgeon** 외과 의사
- **surgery** 수술
- **susceptible** 영향 받기 쉬운
- **sweat** 땀을 흘리다(=perspire)
- **swell** 부어오르다
- **symptom** 증상, 징후
- **tablet** 알약(=pill)
- **take a medicine** 약을 복용하다
- **take(feel) one's pulse** 맥박을 재다
- **tonsil** 편도선
- **toxication** 중독(=poisoning)
- **treat** 치료(하다)(=care, remedy, cure)
- **treatment** 치료
- **ulcer** 궤양
- **under the weather** 컨디션이 나쁜
- **vaccinate** 예방 접종을 하다
- **vaccination** 예방 접종
- **vigorous** 원기 왕성한
- **vomit** 토하다
- **ward** 병실, 입원실
- **wrist** 손목

9 무역 · 상거래

- **accelerate** 촉진하다, 가속화하다
- **acknowledge** 인정하다, (편지 등의) 수령을 알리다
- **acquisition** 습득
- **adequately** 적절히
- **affix** (우표 등을) 붙이다(=attach)
- **anticipate** 기대하다, 예상하다
- **assure** 보장하다
- **at the latest** 늦어도(=no later than)
- **attain** (목표를) 달성하다
- **bilateral** 쌍방의
- **by hand** 인편으로
- **capitalize on** ~을 이용하다, 기회로 삼다
- **caution** 주의, 조심(=care, concern)
- **commodity** 상품, 산물(=product, goods)
- **completely** 완전하게, 전적으로 (=fully, entirely)

- confirmation 확인, 확증
- consignment 위탁 판매
- contact ~와 연락하다
- correspondence 편지, 통신문
- courier 택배
- dealer 판매업자
- decline 감소, 하락
- decrease 감소하다
- deliver 배달하다
- deliver a talk 연설을 하다
- depot 창고, 저장소
- detach 떼다
- diminish 감소하다(=reduce)
- disappointing 실망스러운
- distribute 배급하다, 배포하다 (=hand out, give out)
- diversified 다양한
- efficient 효과적인, 능률적인
- embargo 무역 금지
- enact 제정하다
- enclose 동봉하다, 에워싸다
- encompass 포함하다, 둘러싸다
- engrave (문자·도안 등을) 새기다
- ensure 확실하게 하다, 보증하다
- envelop 봉투
- enviable 부러워할 만한(=desirable)
- exceed 초과하다
- expedite 진척시키다, 신속히 처리하다
- fragile 깨지기 쉬운
- growth 성장, 발전
- handle 취급하다
- impressive 인상적인

- impose 부과하다
- inaccurate 부정확한
- in bulk 대량으로
- increase 증가하다
- inventory 재고품, 재고 목록
- invoice 송장, 청구서
- markedly 현저하게, 눈에 띄게
- oblige ~에게 강요하다
- order 주문하다
- particularly 특히
- perishable 부패하기 쉬운
- postage 우편요금
- projection 예상, 예상치
- provide 제공하다, 공급하다(=give, offer)
- quote 견적 금액
- recipient 수령인, 수취인 (=beneficiary, receiver)
- reciprocal 상호의, 서로의
- reduce 줄이다, 감소시키다
- refuse 거절하다
- remarkable 현저한, 드러진 (=extraordinary, outstanding)
- represent 대표하다
- representative 대표자, 판매 대리인
- retail 소매
- retaliation 보복
- revenue 수입(=proceeds, profits)
- satisfactory 만족스러운
- selection 선택할 수 있는 것
- shipment 선적
- significantly 상당히, 두드러지게 (=considerably)

- step 단계, 조치
- stock 재고
- substantial 상당한(=considerable)
- supply 재고
- surplus 흑자, 잉여
- temporary 일시적으로
- unable ~할 수 없는
- whole sale 도매

10 마케팅 · 쇼핑 · 서비스

- advantage 이점, 강점
- advertisement 광고
- advise 충고하다
- affect ~에 영향을 미치다
- affordable (가격이) 알맞은, 감당할 수 있는
- aggressively 적극적으로
- alter 고치다, 바꾸다
- analysis 분석
- apologize 사과하다
- apparel 의복, 의류(=clothing, garments)
- appropriately 적절하게 (=suitably, properly)
- argumentative 논쟁적인
- attract 끌다, 유인하다
- auction 경매
- authentic 진품의, 진짜의
- await 기다리다
- benefit 혜택, 이익
- blemish 흠, 결점(=flaw)
- charge 요금, 청구 금액

- claim 요구하다
- closely 면밀히, 밀접하게
- commitment 헌신, 전념
- comparison 비교
- competition 경쟁
- competitively 경쟁적으로
- complaint 불평
- compliment 칭찬(=praise)
- complimentary 칭찬의, 무료의 (=free of charge, for free)
- confident 자신 있는(=sure, in on doubt)
- confront ~에 직면하다
- consecutive 연속적인
- consistently 항상, 일관되게
- consolidate (권력 · 지위 등을) 강화하다
- consumer 소비자
- courteous 예의 바른
- courtesy 예의(=politeness)
- creative 창조적인, 독창적인
- critical 비판적인
- customer 고객
- defective 결함이 있는 (=imperfect, flawed, faulty)
- deliberate 고의적인
- delivery 배달
- demand 수요, 요구하다
- description (제품 등의) 설명서
- disclose 공개하다, 드러내다 (=reveal, unveil, release)
- diversify 다양화하다
- effective 효과적인
- equivalent ~에 상당하는

- **especially** 특히
- **evaluation** 평가(=assessment)
- **exactly** 정확하게(=precisely)
- **examine** 조사하다(=inspect, look at)
- **exclusively** 독점적으로
- **expand** 확대하다, 넓히다
- **expectation** 기대, 예상
- **experiment** 실험하다
- **exquisite** 정교한, 우아한
- **extremely** 극도로, 대단히
- **favorably** 호의적으로, 순조롭게
- **feasible** 실행 가능한
- **fortify** 강화하다
- **get a refund** 환불 받다
- **genuine** 진짜의, 진품의(=authentic)
- **guarantee** 보장하다 (=assurance, warranty)
- **hesitate** 주저하다
- **impact** 영향, 충격
- **incentive** 혜택, 장려금
- **inconvenience** 불편
- **indicate** 나타내다, 보여 주다
- **influence** ~에 영향을 주다
- **infuriate** 화나게 하다, 격분시키다
- **inquire** 질문하다, 묻다(=ask, question)
- **installment** 할부
- **insert** 삽입하다(=put in)
- **instantly** 즉각적으로, 즉시
- **intervention** 간섭
- **jeopardize** 위태롭게 하다, 위험에 빠뜨리다
- **largely** 주로, 대부분
- **majority** 대다수, 대부분

- **marginal** 약간의
- **means** 방법, 수단
- **merchandise** 상품(=goods)
- **method** 방법, 방식
- **mistakenly** 잘못되게, 틀리게 (=wrongly, incorrectly, by mistake)
- **modesty** 겸손하게
- **monopoly** 독점, 전매
- **mounting** 증가하는, 오르는
- **necessarily** 반드시
- **officially** 공식적으로
- **outlet** 판매 대리점
- **perception** 인지, 지각
- **persistent** 계속되는, 끊임없는
- **probable** 유망한, 가망성 있는
- **purchase** 구매하다
- **randomly** 임의로, 무작위로
- **readily** 즉시, 손쉽게
- **rebate** (상품 대금의 일부) 환불, 리베이트
- **receipt** 영수증
- **redeemable** 상환할 수 있는, 되찾을 수 있는
- **reflective** 반영하는
- **refund** 환불
- **relatively** 상대적으로
- **replace** 교체하다, 대체하다
- **respondent** 응답자
- **satisfaction** 만족(=contentment)
- **scent** 향기, 냄새
- **seasonal** 계절의, 계절적인
- **segment** 부분, 조각
- **specific** 구체적인, 명확한(=exact, precise)
- **strategy** 전략

- **sturdy** 튼튼한
- **survey** 설문 조사
- **thrifty** 검소한
- **tool** 도구
- **under warranty** 보증 기간 중인
- **unwavering** 흔들리지 않는, 확고한 (=firm, steadfast)
- **valid** 유효한
- **voucher** (현금 대용의) 상품권(=coupon)
- **warranty** 품질 보증, 보증서 (=guarantee, assurance)

11 출장·여행

- **accommodation** 숙박 시설(=lodge)
- **accumulate** 축적하다
- **admission fee** 입장료(=entrance fee)
- **agreeably** 쾌적하게, 기분 좋게
- **alcoholic beverage** 알코올성 음료
- **allowance** 허용치
- **amenities** 편의 시설
- **amusement park** 놀이동산
- **approximately** 대략(=about, roughly)
- **aquarium** 수족관
- **arrange itinerary** 여행 일정을 짜다
- **art museum** 미술관
- **assorted** 다채로운(=various)
- **atmosphere** 분위기, 환경
- **attraction** 관광 명소
- **baggage** 수화물(=luggage)
- **baggage claim area** 짐 찾는 곳
- **be booked up** 예약이 차다

- **be bound for** ~행이다
- **beforehand** 미리(=in advance)
- **belongings** 소지품
- **beverage** 음료(=drink)
- **boarding pass** 비행기 탑승권
- **book** 예약하다 (=reserve, make a reservation for)
- **booked up** 예약이 모두 된
- **botanical garden** 식물원
- **brochure** 소책자 (=booklet, pamphlet, leaflet)
- **cafeteria** (대학, 회사 등의) 셀프 형식 식당
- **can the bag** 가방을 검색하다 (=check the bag)
- **cancel** 취소하다(=call off)
- **capacity** 수용 능력
- **carry-on baggage** 기내에 들고 탈 수 있는 짐
- **charge to one's room** 객실 요금에 포함시켜 달아 놓다
- **check in** 입실하다, 체크인
- **check out** 퇴실하다, 체크아웃, 퇴실
- **chef's special** 요리사 추천 요리
- **clear** 검색을 통과하다
- **closing** 폐장
- **compensate** 보상하다(=pay off)
- **conference room** 회의실
- **confirm** 확인하다
- **confiscate** 압수하다(=take away)
- **conveniently** 편리하게
- **courtesy phone** 무료 전화
- **cuisine** (지역 특성 등을 살린) 고유의 요리
- **culinary** 요리의
- **curator** 관장

- customs 세관
- decaffeinated 카페인을 뺀
- declare 신고하다
- delicatessen[deli] (치즈·햄 등) 조제 음식 판매점
- depart 출발하다
- desk clerk 데스크의 접수 직원 (=receptionist)
- destination 도착지, 목적지
- diverse 다양한(=varied, various)
- dramatic 극적인, 멋진 (=spectacular, impressive)
- duty 관세
- elegant 우아한, 고상한
- embassy 대사관
- excursion 짧은 여행(=tour, outing)
- exhibit 전시(=display)
- exotic 이국적인, 매혹적인
- extend the membership 회원 자격을 연장하다
- extensive 광범위한, 넓은
- flight attendant 비행기 승무원
- forbidden items 금지 물품
- frequent flyer program 비행기를 자주 이용하는 사람들을 위한 할인 프로그램
- go through customs 세관을 통과하다
- grocery 식료품점
- guided tour 안내원이 딸린 여행
- hospitality 환대, 친절 (=welcome, warmth, kindness)
- hospitality industry 요식 숙박업
- hours of operation 개장 시간
- immigration 입출국 관리(심사)
- indulge 탐닉하다, 빠지다
- itinerary 여행 일정
- jet leg 시차 피로
- key deposit 열쇠 보관소
- local time 현지 시각
- locate ~을 위치시키다
- maid service 객실 청소 서비스
- main course 주요리
- make a reservation ahead of time 미리 예약하다
- membership 회원, 회원 자격
- mileage (비행 거리의) 누적 서비스
- nationality 국적, 국민성
- occupancy (호텔 등의) 이용률
- one-way ticket 편도 승차권 (=single ticket)
- one serving 일인분
- overhead compartment 머리 위의 짐 넣는 칸
- package tour (교통비, 숙박비 등이 포함된) 여행
- planetarium 천문관
- precisely 정확히(=exactly, accurately)
- put on seat belt 안전벨트를 매다 (=fasten seat belt)
- recipe 요리법
- reconfirm reservation 예약을 재확인하다
- refreshment (음료 등의) 간식
- registration card 숙박 카드
- remains 유물
- renew the membership 회원 자격을 갱신하다
- reserve 예약하다(=make a reservation)

- restaurant manager 지배인
- retain 보유하다, 유지하다
- room rate 숙박료
- room service (음식·신문 등의) 룸서비스
- round-trip ticket 왕복 승차권
- route for a tour 여행 노선
- safety box 귀중품 보관함
- salad bar (직접 골라 먹는) 간소한 뷔페식 식당
- scenic 경치 좋은
- sea life 해양 생물
- seat belt 안전벨트
- seating 좌석 배열
- self-guided tour 안내원 없이 하는 여행
- service charge 봉사료, 팁(=tip)
- sightseeing 관광
- souvenir 기념품
- souvenir store 기념품점
- sporting facility 스포츠 시설
- superb 뛰어난, 최고의
- take-away 포장 요리점
- ticket agent 승차권 판매원
- tour package 패키지여행
- trained animal show 조련된 동물 쇼
- travel agency 여행사
- travel agent 여행사 직원
- unique 독특한
- unlimited 무제한의(=infinite)
- vegetarian dish 채식 요리
- wake-up call 모닝콜
- world time zones 국제 시차표

12 대중매체·오락

- amenity 생활 편의 시설
- amuse 즐겁게 하다
- announcement 발표
- audience 관객, 청중
- banquet (공식적인) 연회
- be released 개봉되다
- blockbuster 흥행에 성공한 영화
- box office 매표소(=ticket booth)
- broadcast 방송하다
- broadcasting station 방송사
- bulletin board 게시판
- cable cast 유선 방송
- cater (파티 등에) 음식을 제공하다
- cinema complex 복합 상영관
- circulation 발행 부수
- classified ad (신문·잡지의) 항목별 광고
- commentator 방송 해설가
- compile 책을 편찬하다
- contribute an article 기고하다
- correspondent 특파원
- director 감독
- draft 초고, 밑그림
- edit 편집하다
- edition 판(=print)
- editorial 편집자의, 사설
- entertain (음식물로) 대접하다, 즐겁게 하다
- extract 발췌하다
- feature 특집기사
- film critic 영화 평론가
- glossary 용어 풀이 사전

- guest of honor 내빈, 주빈
- have a large circulation 발행 부수가 많다
- in-depth coverage 심층보도
- intermission (공연 중의) 막간 휴식 시간
- line up 줄을 서다
- lottery 복권, 제비뽑기(=draw)
- luncheon party 오찬
- manuscript 원고
- movie industry 영화 산업
- moviegoer 영화 애호가, 영화팬
- news weekly 시사 주간지
- newsletter 사보, 회보
- newsstand 신문 가판대
- obituary (신문의) 부고란
- open house 개방 장소나 시간, 일반 공개일
- out of print 절판된
- pageant 가장 행렬
- periodical 정기 간행되는
- present (영화를) 제공하다
- press conference 기자 회견
- press release 보도 자료
- preview 시사회
- publication 출판, 출판물
- quarterly 계간(지)
- quotation 인용(구)
- rain check (우천이나 사고로 중지된 공연이나 경기의) 재입장권, 우천 보상권
- rating (영화의) 등급
- real time 실시간
- reference 참조
- refresh 심신을 상쾌하게 하다
- refreshment (파티 등에 제공되는) 다과

- relaxation 휴식, 긴장을 품
- release 발행(물)(=issue)
- renew the subscription 구독을 갱신하다
- revised edition 개정판
- running time 상영 시간
- satellite 위성
- scoop 특종
- section (신문의) 섹션, 난
- stroll 산책하다
- subscribe to (신문·잡지 케이블 등을) 구독하다
- subscriber 구독자
- subscription 구독, 구독료
- synopsis 줄거리, 개요
- tabloid 타블로이드판 신문
- ticket booth 매표소
- up-to-the-minute 최신의
- usher 좌석 안내원
- wrap-up 간추린 뉴스

13 규칙·법률·정치

- abolish (법·제도 등을) 폐지하다
- access 이용 권한, 접근
- accordance 일치, 조화
- accuse 고소하다, 비난하다
- adhere 고수하다, 지키다
- administer 행정적으로 처리하다
- advocate 지지하다
- agreement 계약, 합의
- amend (법률 등을) 개정하다
- appeal 항소, 상고

- apply to (법, 조항 등을) 적용하다
- approval 승인, 인가
- all the times 항상
- annulment 취소, 무효화(=cancellation)
- arbitration 중재(=mediation)
- authorize (공식적으로) 허가하다 (=give official permission)
- bail 보석금
- bid 입찰
- bureau (관청의) 국, 부
- burglary 강도죄
- cabinet 내각, 각료
- campaign 선거 유세
- cast a vote 투표하다
- clause (법·계약 등의) 조항(=terms)
- code 규범, 관례, 암호
- code of conduct 행동 규칙
- collaborate 협동하다, 공동으로 일하다
- commit (죄·과실을) 범하다
- compliance (명령·법규의) 준수
- comply with (규칙 등을) 따르다, 준수하다(=abide by)
- compromise 타협, 화해
- compulsory 강제의
- confess 인정하다
- confiscate (재산 등을) 몰수하다
- congress 의회
- conservative 보수적인
- conspire (불법을) 공모하다
- constituency 유권자
- constitution 헌법
- convention (정치·종교적인) 집회
- convict 유죄를 선고하다
- cooperatively 협력하여, 협조적으로
- custody 감금, 구류(=detention)
- deadlock 교착 상태
- defendant 피고
- demography 인구통계학
- deputy 대리의
- detain 감금하다
- dignitary (주로 고위) 관리
- dispute 논쟁, 분쟁
- dissolve (의회·단체를) 해산시키다
- dress code 복장에 대한 규칙
- effect 효과, 영향
- eligible (법적으로) ~할 자격이 있는
- enforce (법을) 시행하다
- exception 예외
- execute (명령·계획을) 실행하다
- exempt (책임을) 면제하다
- file (항의 등을) 제기하다
- forfeit (재산·권리 등을) 상실하다
- fraud 사기(꾼)
- fugitive 도망자(=escapee)
- govern 관리하다(=manage, control)
- hold office 재임하다, 재직하다
- homicide 살인죄
- illegal 위법의(=unlawful, against the law, prohibited)
- impartially 공명정대하게, 치우치지 않게(=fairly, objectively)
- impeach 탄핵하다
- imperative 필수적인, 반드시 해야 하는(=essential)

- **imprisonment** 투옥
- **in session** 개회중인
- **inauguration address** 취임 연설
- **incumbent** 현직의
- **infringement** 침해, 위반
- **inmate** 수감자
- **investigate** 상세히 조사하다
- **judicial branch** 사법부
- **kidnap** 유괴하다
- **lawsuit** 소송
- **legal adviser** 법률 고문
- **legitimate** 합법적인, 적법한
- **legislation** 입법, 법률 제정
- **legislative branch** 입법부(=legislature)
- **legislator** 입법부 의원(=lawmaker)
- **litigation** 소송, 기소
- **life expectancy** 평균 수명
- **litigation** 소송
- **mandatory** 강제성을 가진, 꼭 해야 하는 (=compulsory, obligatory)
- **mediation** 중재
- **modify** 수정하다(=alter, change, amend)
- **negotiation** 중재
- **nominate** 지명하다, 임명하다
- **nominee** 후보 지명자
- **obligation** 의무, (법적) 책임
- **observance** 준수
- **observe** (법·규칙 등을) 준수하다
- **opposing** 반대하는, 대립하는
- **oppress** 억압하다
- **organization** 단체, 모임(=association)
- **organize** 조직하다
- **outlaw** 불법화하다
- **penalty** 형벌, 벌금
- **petition** 청원(서)
- **plaintiff** 원고
- **procedure** 절차
- **prohibit** 금지하다
- **prosecute** 기소하다
- **prosecutor** 검사
- **proposal** 제안
- **provincial** 지방의(=regional, local)
- **provision** (조약의) 조항
- **punishment** 처벌(=penalty)
- **punitive** 징벌적인, 벌을 과하는
- **racial discrimination** 인종차별
- **rally** (정치적인) 집회
- **refrain** 자제하다, 삼가다
- **regime** 정권
- **regulation** 법규, 규정
- **release** 석방하다
- **renew** (계약 등을) 갱신하다
- **representative** 하원의원
- **restrict** 제한하다, 한정하다
- **riot** 소요, 폭동
- **run for** ~에 출마하다
- **sanction** 제재 조치
- **secretary** 장관
- **senator** 상원의원
- **senior citizen** 노령자
- **sentence** 선고
- **sentence** 형을 선고하다
- **settle** 해결하다, 처리하다
- **severely** 심하게, 엄격하게

- smuggle 밀수입하다
- social security 사회 보장 제도
- solicit 간청하다, 요청하다(=ask for, beg)
- stipulation 계약 조건
  (=requirement, condition)
- subpoena 소환장
- sue 고소하다
- suspicious 의심하는, 혐의를 두는
- take effect (법이) 발효하다(=go into effect)
- take legal action 소송하다
- testify (법정에서) 증언하다
- testimony 증언
- term 조건, 임기, 기한
- terminate 종결시키다, 끝내다
  (=end, come to an end)
- thoroughly 철저하게
- trail 재판
- urbanization 도시화
- verdict (배심원) 평결
- verify 진실임을 입증하다
- violate (법을) 위반하다
  (=infringe, be against the law)
- violation 위반
- waive (권리를) 포기하다
- waiver (권리·의무 등의) 포기
- warrant 영장
- witness 증인

14 교육·과학

- acid rain 산성비
- admission 입학 허가

- air pollution 대기 오염
- alumni association 동문회
- auditorium 강당
- avalanche 눈사태
- bad weather 악천후(=adverse weather conditions, unfavorable weather)
- breeze 산들바람
- centigrade 섭씨(온도계)
- conservation 보호
- conserve 보호하다
- contaminate 오염시키다
- contamination 오염(=pollution)
- credit (과목의) 학점
- devastate 황폐화시키다
- diploma 졸업 증서
- disaster 참사
- dispose 처리하다
- donation 기부금
- dormitory 기숙사(=dorm)
- draught 가뭄
- ecologically responsible 환경을 보호하는
- ecology 생태계
- ecosystem 생태학
- environment 환경
- environment problem 환경 문제
- environmental 환경의
- environmentalist 환경보호론자
  (=environmental activist)
- erupt (화산 등이) 폭발하다
- evacuate 피난시키다
- exhaust (자원 등을) 고갈시키다
- exploit 개발하다

- **faculty** 교직원
- **forecast** 예보하다
- **fossil fuels** 화석 연료
- **freshman** 1학년생
- **fumes** (pl.) 매연
- **gale** 강풍
- **garbage** 쓰레기
- **graduate school** 대학원
- **gulf** 만
- **gust** 돌풍
- **hail** 우박이 내리다
- **hemisphere** 반구
- **holes in the ozone layer** 오존층의 구멍
- **humid** 습한(=wet, moist, damp)
- **humidity** 습기
- **hydro power** 수력
- **inclement weather** 춥고 사나운 날씨
- **industrial discharge** 산업 폐기물 (=industrial waste)
- **infrared rays** 적외선
- **junior** 3학년생
- **latitude** 위도
- **liberal arts course** 교양 과목
- **lightening** 번개
- **litter** 버리다(=discard, dump)
- **longitude** 경도
- **lumber** (각목 등의) 목재
- **mammal** 포유류
- **natural resources** 천연자원
- **nuclear waste** 핵폐기물
- **oil refinery** 정유 공장
- **pesticide** 살충제
- **petroleum** 석유
- **pollutant** 오염 물질
- **pollute** 오염시키다
- **precipitation** 강우(=rainfall)
- **protect environment** 환경을 보호하다 (=preserve the wilderness)
- **purification** 정화
- **rainfall** 강우(량)
- **recycle** 재활용하다
- **red tide** 적조 현상
- **required course** 필수 과목
- **rescue** 구조하다
- **resource** 자원
- **scholarship** 장학금
- **scorching** 몹시 더운
- **semester** 학기
- **senior** 4학년생
- **sleet** 진눈깨비
- **solar power** 태양 에너지
- **sophomore** 2학년생
- **student association** 학생회
- **terrain** 지대, 지역
- **thermal power** 화력
- **tuition** 등록금
- **turbulence** 난기류
- **ultraviolet rays** 자외선
- **undergraduate students** 학부생
- **vapor** 수증기
- **victim** 피해자
- **weather forecast** 일기 예보
- **weather map** 일기도
- **wildlife** 야생동

Index

A

about	428	advantageous	95	anywhere	352
absolute	201	adversely	230	apology	354
absolutely	286	advisable	95	apparent	240
abstract	278	advise	228	applicable	97
accept	355	advisor	24	applicant	26, 355
access	231	affordable	96, 216	application	231
accessible	94, 202	after	429	appoint	276
accidentally	150	again	233	appointment	203
accommodate	356	against	430	appraisal	203
accomplishment	279	agreeably	286	appreciation	26
accordance	22, 227	agreement	24, 207	approach	27, 276
accordingly	286	ahead of	430	appropriate	348
according to	428	alarming	96	appropriately	151
account for	201	alert	218	approval	27, 363
accurate	229	alleviate	294	approximately	361
accurately	150, 230	allow	295	area	364
achieve	264	allowance	288	arrange	307
acquaintance	22	along	430	array	301
acquire	228	already	286	arrive	308
across	429	also	350	as	431
act	227	alternative	24, 297	assign	308
actively	150	altogether	351	assistance	27, 200
adaptation	22	always	352	assume	300
addition	23	amazing	96	assurance	28, 200
additional	94, 232	ambitious	239	assured	348
address	265	among	430	as to	431
adequately	151	amount	297	astonishingly	151
administrative	216	analysis	25, 237	at	431
admirable	95	anniversary	237	athletic	97
admission	23, 280	announce	296	atmosphere	204
advance	23, 354	announcement	26, 237	attached	98
advancement	354	answer	228	attempt	276
advantage	287	anticipate	274	attend	419
		anticipated	97, 239	attendance	28

attention	28, 362	**C**		committee	301
attentive	98	capable	250	common	250
attentively	294	capacity	222	communication	34
attract	419	carefully	152, 296	comparable	104, 230
attractive	99	cash	222	compare	420
attribute	317	cause	328	compensation	35
audience	362	cautious	101	competition	35, 223
authentic	99	cautiously	153, 361	competitive	104
authority	29, 205	celebrated	101	competitiveness	36
authorization	30	celebration	222	complaint	36
authorize	317	ceremony	200	complete	105, 230, 232
authorized	100	certification	31	completely	155, 391
automatically	152	challenge	31, 242	compliance	36, 226
available	245	change	356	complicated	105
award	317	characteristic	31, 201	compliment	37
		charge	213, 356	complimentary	251
B		charitably	153	component	292
because of	432	check	32	comprehensive	240
become	318	choice	32, 301	concentration	273
before	432	circumstance	298	concern	305
behind	433	clarity	33	concerning	436
below	433	cleaning	33	conclusion	37
beneath	433	cleanliness	33	condition	37, 305
beneficial	100, 349	clear	101	conduct	365
benefit	214	clearly	154, 361	conference	305
beside	434	cleverly	390	confident	257
between	434	close	102	confidential	106, 357
border	364	closely	155, 390	confirmation	39
brief	100, 349	close to	435	conflict	39, 306
briefly	296	coincide	231	confusion	273
broad	218	collaborate	357	congratulate	365
brochure	364	collaboratively	155	conjunction	313
budget	215	collection	34	connection	314
building	30	comfortable	103	conscientiously	156
by	434	commend	420	consecutive	357
		commercial	103	conserve	365
		commitment	219	consider	420

497

considerable	106, 257
considerably	156
considerate	106
consideration	40
consistently	156, 202
construction	40
consult	421
consultant	40
contact	41
contain	369
contingency	314
continuing	106
continuous	357
continuously	157
contract	41
contribution	41, 314
convene	370
convenient	358
conveniently	157, 392
convert	371
convincingly	158
cooperation	42
coordination	42
copy	315
correctly	159
correspondence	43
cost	233
cover	371
create	371
created	107
critical	108, 358
cultivation	235
current	241
currently	159, 361

D

deadline	274
decide	377
decision	43
decline	325
declining	241
decrease	328
defective	108
definitely	392
definitive	365
delay	43, 325, 328
delegation	325
deliberate	108
delicate	204
deliver	377
delivery	44
demonstrate	232
depart	329
dependable	109
dependent	109
deposit	274
description	292
design	329
desirable	109
despite	436
detail	44, 237
detailed	205
deteriorating	110
determine	378
develop	277
developer	45
development	45
diagnose	421
dignified	110
direction	45
directly	160, 424
discontinue	277

discontinued	366
discount	45, 293
discounted	366
discourage	277
discussion	308
display	46, 284
disruption	309
distinct	257
distinctive	110
distinguished	111
distract	284
distracting	111
distribution	47, 309
distributor	47
diverse	113
division	309
document	326
donation	48
doubtful	113
dramatically	160, 297
draw	385
due	209
due to	437
duplication	48
duration	326
during	438

E

eager	210
eagerly	160
early	297
easily	161, 424
economic	113
economical	114
economically	161
effective	114, 258
effectively	162, 425

effectiveness	48, 326	estimate	51, 349	**F**		
efficient	216	evaluate	239	face	347	
efficiently	162, 425	evaluation	51, 345	facilities	350	
effort	333	even	236	factor	346	
electronically	163	evenly	165	failure	346	
elegant	114, 258	event	345	fascinating	119	
eligible	262	ever	236	favorable	119	
eloquently	205	exceed	285	favorite	120	
emerge	385	excellent	116	feature	348	
emphasis	49, 334	except (for)	438	fee	358	
employee	334	exception	345	field	359	
employment	49	exceptional	116, 372	fill	350	
enable	238	exceptionally	165, 341	finally	167, 242	
enclosed	115	excessively	165	financial	120	
encouraging	263	exciting	117	financially	169	
energetic	115	exclusive	373	fluctuation	360	
enhance	386	exclusively	166, 341	following	264, 439	
enough	214	excursion	345	for	439	
enroll	386	exemplary	373	forecast	54, 202	
enrollment	49	exhibition	52, 346	form	235	
ensure	334	expansion	52, 329	formally	169	
enter	335	expectation	52	fortunately	170	
entertaining	264	expected	117	forward	245	
entertainment	49	expense	320	founder	55	
enthusiasm	50	expensive	118, 379	frequent	120, 264	
enthusiast	51	experimental	118	frequently	170, 341	
enthusiastic	115	expertise	53	friendly	121	
enthusiastically	164	expire	244	from	441	
enviable	366	express	346	fulfill	394	
environment	334	expressly	166, 247	funding	55	
environmentally	164	extension	53, 330			
equal	372	extensive	118, 214	**G**		
equally	164	extensively	248	generally	171	
equip	336	extract	53	generously	304	
escort	336	extremely	167	gladly	171	
especially	340			goal	241	
essential	372			gradually	304	

grant	245	
greater	122	
greatly	171	
grow	394	
growth	55, 242	
guarantee	394	
guide	373	

H

habitually	172	
handle	246	
handling	206	
happy	122	
hard	209	
hardly	209	
health	373	
healthy	272	
heavily	304	
heavy	293	
helpful	282	
hesitant	122	
hesitate	396	
high	123	
highly	172, 304	
hire	396	
historically	172	
hold	395	

I

ideal	123	
ideally	173	
idle	220	
ignored	282	
illegible	284	
immediately	313	
implement	285	
impression	380	
impressive	123	
improper	293	
in	442	
inaccurately	173	
incentive	381	
inception	249	
include	249	
including	443	
increase	56, 250, 389	
increased	124	
increasing	294	
increasingly	174	
indicate	352	
indicative	124, 294	
indirectly	313	
individually	313	
inevitably	174	
influence	204	
information	56	
informative	124, 379	
initial	379	
initially	175	
innovative	125, 380	
inquiry	389	
insecure	380	
inspect	353	
inspector	57	
in spite of	443	
install	353	
instead of	443	
instruction	57, 390	
instructional	388	
instrumental	125	
intend	302	
intention	58	
interact	302	
interaction	58	
interactive	388	
interest	58	
interruption	207	
invention	368	
investigation	368	
investor	59	
invigorate	300	
invitation	368	
issue	210	
itinerary	369	

J

journalist	60	
justification	369	

K

keep	403	
keeping	406	
key	300	
kindly	175	
knowingly	175	
knowledge	211	

L

lack	60, 406	
largely	175	
last	404	
later	211, 221	
latest	222	
launch	250	
leader	60	
leading	126, 301	
lecture	61	
length	255	
lengthy	127	
level	61	
limited	127, 388	

list	255	nearly	178, 215	organization	414
load	256	necessarily	415	orientation	260
locate	208	necessary	128	original	130
location	61	need	248	originally	179, 324
look	257	negotiation	66, 249	otherwise	223
loss	62	never	223	outgoing	246
		next	310	out of	445
		nomination	66	output	261

M

maintenance	62, 256	notable	389	outstanding	254
majority	62	notice	211	over	445
make	404	noticeable	128	overwhelmingly	179
manageable	127	noticeably	178		
management	256	notify	302		
manager	63	numerous	129, 246		
mandate	261				
manufacturer	63				

P

				pardon	410
market	407			participant	67
marketing	65			participation	67

O

matter	369	obligation	369	particularly	324
measure	248	obsolete	246	partly	180
medicine	65	obtain	303	past	447
member	242	occasionally	179, 323	payment	256
merchandise	244	occupy	262	peak	410
minor	309	of	444	perception	261
mistakenly	176, 211	offer	310	perfectly	180, 342
moderately	176	often	416	performance	68
modification	65	on	445	periodically	181, 342
monitor	405	once	324	permission	68, 218
motivated	128	ongoing	318	permit	411
motivation	66, 244	only	416	persistently	181
multiple	310	open	318	personal	131, 331
mutually	322	opening	390	personally	252
		operate	210	perspective	415
		operation	67	persuasive	131
		opportunity	376	pertain	312

N

		optimal	129	photographer	69
narrowly	176	optimistic	129, 318	place	262
nationally	177	optional	319	plan	70
near	310, 444	orderly	319	planning	70

501

pleasant	331	process	412	quickly	184, 368		
plus	447	product	72, 219	quietly	185		
point	415	productive	134, 326	quite	258		
policy	397	productively	183				
polluted	132	productivity	72, 392	**R**			
popular	332	professional	74, 134	raise	271		
popularity	376	professionalism	73	rapidly	399		
position	70, 376	profit	74, 392	rarely	185		
positively	181	profitability	74	readily	185		
possible	132	project	393	ready	136, 338		
postpone	411	prolong	270	reasonable	136, 338		
potential	71, 377	prominently	366	reasonably	258		
practice	377	promising	135, 332	receipt	401		
precaution	384	promote	270	receive	272		
precisely	181	promotion	75, 393	recently	185, 260		
predict	411	promotional	135	reception	401		
predictable	132	promptly	183, 332	recommend	353		
predictably	182	properly	367	recommendation	77, 402		
predicted	132	proportion	393	record	403		
preference	71, 384	proposal	75	recruit	213		
preparation	71, 384	propose	270	reduce	281		
presence	384	proposed	136	reduced	137		
present	262	protection	394	reference	78, 260		
presentation	385	protective	336	reform	78		
prevent	412	provide	312	refund	268		
preventable	133	provider	76	regain	281		
preventive	133	provisionally	367	regarding	448		
previous	254	publisher	76	regardless of	448		
previously	248	purchase	291	register	282		
pride	423	purposely	184	registration	79		
primarily	252			regretfully	186		
priority	423	**Q**		regular	137		
prior to	447	qualification	76	regularly	187, 265		
probable	133	qualified	336	reimburse	288		
probably	183, 252	qualify	292	reject	288		
procedure	424	quality	401	related	338		
proceed	212	question	77	relatively	399		

relevant	338	retain	343	severely	189
reliability	79, 280	return	253	sharply	189, 400
reliable	137, 397	review	83, 298	shortage	269
reliant	138	revised	140	shortly	400
remain	288	right	375	show	344
remainder	79	rigorously	188	sign	344
remarkably	187	ring	215	signature	85, 269
remind	289	rise	402	significant	141, 406
removal	80	rising	141	significantly	190
renew	220	routine	398	since	448
renovated	138	rush	216	sincere	406
reopen	353			single	142
repeatedly	188	**S**		site	269
repetitive	138	same	408	skilled	421
replace	337	satisfaction	409	so	381
replacement	280	schedule	84, 409	solely	265
report	206	scheduled	141	solution	417
reportedly	188	screened	398	somewhat	224
represent	312	sealed	398	source	418
reputation	219	search	409	southern	422
request	80, 360, 362	secure	315	space	85
require	362	securely	189	spacious	142, 422
requirement	80, 360	seek	235	sparingly	225
reservation	81	select	236	specialize	220
reserve	342	selection	84	specialized	142
resistance	81	sense	409	specially	266
resource	374	sensitive	229	specific	142, 412
respect	81	separately	400	specifically	190
respectfully	400	sequence	417	specification	85
respective	397	series	270	speculation	419
respond	289	serious	405	stand	425
response	82	serve	253	standard	412
responsibility	83	service	84, 417	start	344
responsible	140, 398	session	269	statement	86
restore	289	settle	220	station	86
result	226	set up	254	steadily	190
resume	290	severe	405	steep	413

still	383	template	321	urgent	266
strategic	143	temporarily	278	urgently	194
strategically	382	temporary	396	useful	266
strength	86	tentative	316	usually	416
strictly	191, 381	term	321		
stringent	413	thoroughly	193, 408	**V**	
strong	143, 413	through	449	vacant	146
strongly	192	throughout	449	valid	146, 267
submit	333	time	330	valuable	146
subscriber	426	timely	316	value	227
subscription	224	to	450	valued	268
subsequent	414	too	375	variety	89
subsequently	192	tool	330	various	147
subsequent to	449	totally	193	verify	299
substantial	144, 423	tour	330	versatile	268
substitute	321	training	340	very	375
success	87	transaction	340	view	90
successful	423	transfer	298	visitor	90
successfully	192	transition	340	vital	147, 273
suddenly	383	transportation	89	voluntarily	194
sufficient	144			vulnerable	273
suitable	145	**U**			
summarize	321	unanimous	337	**W**	
summary	224	unavailable	337	warranty	380
supervision	224	unbearably	383	wear	381
supervisor	88	uncertain	207	weeklong	147
supplies	88, 290	understandable	145	welcome	333
support	88, 322	unexpected	327	well	278
surely	226	unexpectedly	408	wide	281
surplus	290	unfamiliar	306	widely	194, 278
survey	89, 316	unfavorable	306	win	333
systematically	277	unique	306	work	90
		universally	193	worth	281
T		unprecedented	280	wrongly	195
take	322	unstable	266		
technician	89, 317	unveil	299	**Y**	
technique	320	updated	145	yet	375